ケガをさせない
エクササイズの科学

■ トレーニングから運動療法まで ■

西薗秀嗣　加賀谷善教　［編著］

大修館書店

編著者

西薗　秀嗣	鹿屋体育大学スポーツ生命科学系・教授	
加賀谷善教	昭和大学保健医療学部・准教授	

執筆者(執筆順)

西薗　秀嗣	鹿屋体育大学スポーツ生命科学系・教授	序章, 第1章, Column 3
福永　裕子	鹿屋体育大学スポーツトレーニング教育研究センター・研究員	Column 1, 第3章
長岡由紀子	常葉大学健康プロデュース学部・准教授	Column 2
加賀谷善教	昭和大学保健医療学部・准教授	第2章, Column 5, 第7章
佐藤　正裕	八王子スポーツ整形外科リハビリテーション科・主任	第4章, Column 6, 第10章
菅原　誠	松田整形外科記念病院・院長	第5章
山崎　弘嗣	昭和大学保健医療学部・講師	第6章
藤田　英二	鹿屋体育大学スポーツ生命科学系・講師	第8章
稲葉　康子	昭和大学保健医療学部・講師	Column 7
河端　将司	相模原協同病院医療技術部リハビリテーション室	第9章, Column 8
曹　振波	上海体育学院・教授	第11章
中畑　敏秀	恒心会おぐら病院リハビリテーション部・主任	第12章1節, 4～5節, Column10
松尾　彰文	鹿屋体育大学スポーツ・武道実践科学系・教授	第12章2～3節, Column 9
宮下　浩二	中部大学生命健康科学部・准教授	第13章
小山　太郎	まつした整形外科	第13章
前田　明	鹿屋体育大学スポーツ生命科学系・教授	Column 11
山田　哲	金沢大学人間社会研究域・准教授	第14章1～3節
川口浩太郎	兵庫医療大学リハビリテーション学部・教授	第14章4節
伊藤　渉	八王子スポーツ整形外科リハビリテーション科	Column 12

はじめに

　スポーツや運動，そして身体活動は，今や日常生活の一部として欠かせないものとなっている。

　スポーツ・運動に関する（学問）領域は，この半世紀において「エクササイズの科学」としての体裁を整え，バイオメカニクス，運動生理学，機能解剖学，運動学，理学療法学，作業療法学，スポーツ医学，心理学，栄養学などの領域を含む総合科学となりつつある。諸領域の専門家同士の連携も進み，スポーツの現場において体育・スポーツ科学系や医療系のスタッフ，アスレティックトレーナーらが共同して取り組む様子が，以前より広くみられるようになった。

　その結果，発育期の子どもから高齢者に至るまでスポーツを日常的に楽しむ環境が整備され，トップレベルにおいてもオリンピックなどの国際大会の場で一定の成果を挙げるようになっている。しかしその一方で，スポーツ人口の大幅な増加に伴い，スポーツ外傷・障害（ケガ）の発生頻度は年々増加傾向を示している。

　このような状況を受け，「エクササイズ」の理論と実際を分かりやすく配置し，スポーツ現場での指導，トレーニング，コンディショニングからスポーツ外傷予防まで，広く応用できるテキストの作成を企画するに至った。本書は，体育・スポーツ科学，リハビリテーションを学ぶ学生，スポーツ現場のトレーニング指導者やアスレティックトレーナー，そして理学療法士などの臨床家が最低限知っておくべき知識を，図表や写真を利用して分かりやすく解説している。

体育・スポーツ科学系が基礎としている"体力向上のためのトレーニング"と，医療系で用いられている"ケガから回復するための運動療法"は，別な学問を基礎とした実践的方法と思われがちである。しかし，実は対象者が異なるだけで筋力や持久力の増大，柔軟性の獲得などの基礎理論は共通している。そこで，この2つの領域に共通する基礎的で重要な知識について，統合的にバランスよく理解・学習できるようにすることを心がけた。さらに，お互いの領域で不足しがちな知識を補えるように，スポーツ外傷・障害に対する多様なリスク，スポーツ動作のバイオメカニクス・分析法など，少し踏み込んだ内容も取り上げた。

　スポーツ現場の指導者やアスレティックトレーナー，臨床の場でリハビリテーションに従事する理学療法士，そして研究者は，従来のスポーツ科学や運動学の領域で教わる範囲では解釈できない状況に遭遇し，日々苦労している現状がある。本書で取り上げる内容は，複雑きわまりないヒトのからだと運動に関する知識のごく一部であり，今後に向けた一里塚に過ぎない。多領域にまたがる「エクササイズの科学」のさらなる発展が求められている。

　人々が現代におけるエクササイズの重要性と新しい価値を共有し，さらに健康で文化的な生活を送る一助に本書がなれば幸いである。

2015年2月

編著者

目次

序章 エクササイズの科学 —スポーツ科学系領域と医療系領域— ... 1

1. エクササイズの科学 ... 1
2. エクササイズと身体 ... 4
3. 体力と運動能力 ... 6
4. エクササイズの基礎原理 —トレーニングの原理を中心に— ... 10

Column ① 文部科学省による体力・運動能力調査 ... 13
Column ② 選手の心理とケガの事例 —ウルトラマラソン選手の事例研究から ... 15

基礎編

第1章 運動と神経系 ... 18

1. 神経系の概観 ... 18
2. 中枢神経系の運動制御 ... 19
3. 末梢神経系の運動制御 ... 24
4. 運動単位レベルでの運動制御 ... 26
5. 筋活動の計測：筋電図 ... 29

第2章 筋・腱の構造と特性 ... 34

1. 筋の構造と収縮 ... 34
2. 筋・腱複合体の収縮特性 ... 41
3. 筋力増大の基礎 ... 42
4. 筋・腱の病態生理と修復 ... 43

Column ③ 筋肉の痛みのメカニズム ... 45

第3章 骨の発育と機能 ... 46

1. 骨の構造と役割 ... 46
2. 骨発育とその評価 ... 48
3. 骨と運動 ... 54

Column ④ 骨発育からみたオスグッドシュラッター病とその対策 ... 56

第4章 関節の構造と柔軟性 ... 57
1 関節の構造と機能 ... 57
2 関節のバイオメカニクス ... 61
3 関節機能異常 ... 71

第5章 スポーツ外傷・障害の基礎 ... 76
1 スポーツ外傷 ... 76
2 スポーツ障害 ... 82
Column 5 アスレティックトレーナーからみたケガの予防 ... 87

第6章 身体力学の基礎 —動作に関連する物理— ... 88
1 運動力学の視点 ... 88
2 運動の表記と単位 ... 88
3 力と安定（静力学） ... 89
4 力と運動（動力学） ... 94
5 力学的エネルギー ... 99

応用編

第7章 基礎体力を活かす身体の使い方とエクササイズ ... 104
1 基礎体力と姿勢 ... 104
2 アライメントコントロール ... 106
3 運動イメージ ... 113
4 バランス機能とエクササイズ ... 115
Column 6 関節固有感覚とスポーツ復帰 ... 119

第8章 科学的根拠に基づいた筋力エクササイズ —上肢・下肢の基礎理論— ... 121
1 筋力エクササイズの基礎理論 ... 121
2 筋力エクササイズに用いる負荷の質（種類） ... 124

目次

    3 対象に応じた筋力エクササイズの留意点 ……………………………………… 128
    4 測定・評価の具体例 …………………………………………………………… 132
    Column ⑦ 高齢者の体力向上エクササイズ ……………………………………… 136

第9章 科学的根拠に基づいた筋力エクササイズ ―体幹― …………………… 138
    1 体幹の筋の機能 ………………………………………………………………… 138
    2 可動性・不安定性・安定性 …………………………………………………… 139
    3 筋力エクササイズの具体的方法 ……………………………………………… 144
    Column ⑧ 体幹機能と腹腔内圧 …………………………………………………… 154

第10章 科学的根拠に基づいた柔軟性向上エクササイズ ……………………… 156
    1 柔軟性向上の基礎理論 ………………………………………………………… 156
    2 ストレッチングの理論と実際 ………………………………………………… 158
    3 モビライゼーションの基礎と具体例 ………………………………………… 166
    4 クリニカルマッサージの基礎と具体例 ……………………………………… 170

第11章 持久力評価法とエクササイズ …………………………………………… 175
    1 持久力とは ……………………………………………………………………… 175
    2 全身持久力の評価指標 ………………………………………………………… 175
    3 最大酸素摂取量の評価方法 …………………………………………………… 180
    4 全身持久力向上のためのエクササイズ（トレーニング） ………………… 183

第12章 歩行および走動作の分析と動作改善エクササイズ …………………… 188
    1 歩行のバイオメカニクスと評価 ……………………………………………… 188
    2 走動作の分析 …………………………………………………………………… 192
    3 疾走中のメカニズム分析 ……………………………………………………… 193
    4 ケガのリスクを高める動き …………………………………………………… 197
    5 動作改善の具体的方法 ………………………………………………………… 201
    Column ⑨ トップスプリンターの解析 ………………………………………… 204
    Column ⑩ 走の経済性（ランニングエコノミー） …………………………… 206

第13章 投球動作の分析と動作改善エクササイズ　207

1 投球動作の分析の基礎　207
2 投球の位相　208
3 投球動作における肩の運動　209
4 肩外旋運動を生じるメカニズム　209
5 肩外旋運動に影響を及ぼす要因　209
6 トップポジションに影響を及ぼす要因　211
7 各位相で障害が引き起こされる要因　211
8 動作改善の具体的方法　217

Column 11 スポーツ動作の3次元分析　224

第14章 ジャンプ・着地動作・切り返し動作の分析と動作改善エクササイズ　225

1 ジャンプ　225
2 着地動作　230
3 切り返し動作　233
4 ケガのリスクを高める動き，動作改善の具体的方法　236

Column 12 膝前十字靱帯（ACL）損傷の発生メカニズムと予防エクササイズ　242

付録：全身骨格・体表筋図（前面・後面）　244

索引　245

序章 エクササイズの科学
―スポーツ科学系領域と医療系領域―

本章のねらい

ヒトの身体活動を広くエクササイズとしてとらえ，スポーツ科学系領域と医療系領域を統一的に理解する基礎を展開する。発育期の子ども，成人，アスリート，中高齢者など多様な対象者に対応するためには，多くの専門スタッフによる連携が必要である。まずは最低限必要な知識として，体力，運動能力，エクササイズの原理・原則などを学ぶ。

Key word
- エクササイズ
- トレーニング科学
- スポーツの領域と医療系領域の連携
- 総合体力
- エクササイズの原理・原則

1 エクササイズの科学

1-1 エクササイズを取り巻く科学領域

エクササイズは，神経の活動電位によってもたらされた骨格筋の収縮により始まる。その収縮力が腱・骨格系と協調して関節運動となり，基本的な動作や多様な運動へと展開される。図0-1は，筋力が腱や関節の構造を通して外的に力を生み出し動きや運動を起こす，という流れを力の伝達と機能解剖学的視点からみたものである。運動は脳・脊髄の中枢神経系により制御され，伝達された力は身体外力として現れる。

この過程のなかで，身体のいずれかの部位にアンバランスが生じると，局部の疲労やケガ・障害が生まれることになる。その予防や対策ならびにリハビリテーションを多くの視点から考えることが必要となる。

本書では，まず基礎編で身体の構造，スポーツによるケガ，運動学の基礎などについて学ぶ。そして応用編で，運動療法やコンディショニング，トレーニングの観点から，上肢・下肢，体幹のエクササイズ，そして歩行・走行，投動作やジャンプなどについて，より具体的に述べていく。

オリンピックやサッカーのワールドカップなどの試合は，世界的な大イベントになっている。スポーツが，文化の祭典の枠を超え今や世界の社会・経済・政治にまで大きな影響をもたらす状況に至っている。そのなかで，最近の日本代表選手・チームの活躍が老若男女を問わず感動を巻き起こしているが，これらの背景にはエクササイズ（exercise：身体活動＝筋活動によって身体を動かすこと）に関連する科学の進展と，専門領域のスタッフやチームの国家的な連携があったといえよう。

エクササイズの科学とは，運動生理学，機能解剖学，バイオメカニクス，トレーニング科学，理学療法学，医学，リハビリテーション，心理学，栄養学などの多くの関連領域を含む総合科学を意味する（図0-2）。

スポーツ科学系領域と医療系領域は，これまで扱う対象（健常人・患者）の違いや，トレー

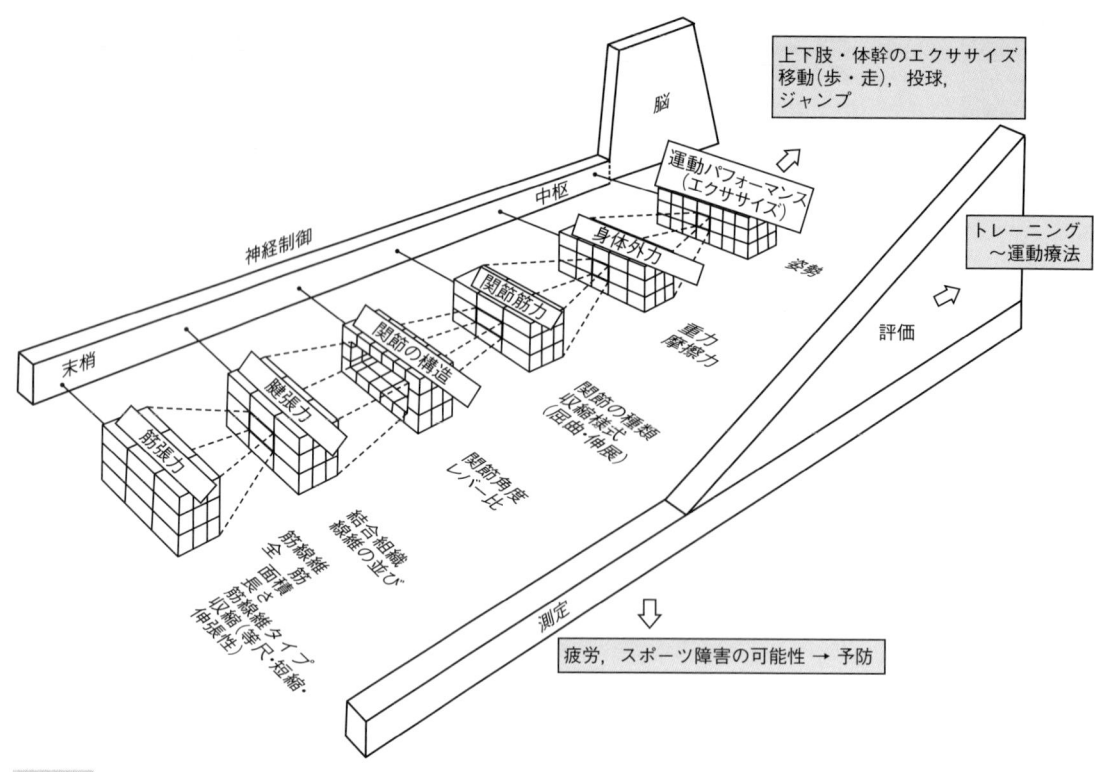

図0-1 エクササイズの成り立ち
　筋で発生した力は腱を通して関節を動かし，身体外力となって現れ，基礎的エクササイズ（上肢下肢，体幹，移動，投球，ジャンプ）を生み出す．

(福永哲夫：Jpn J Sports Sciences, 8(2)：52-53, 1989 より筆者改変)

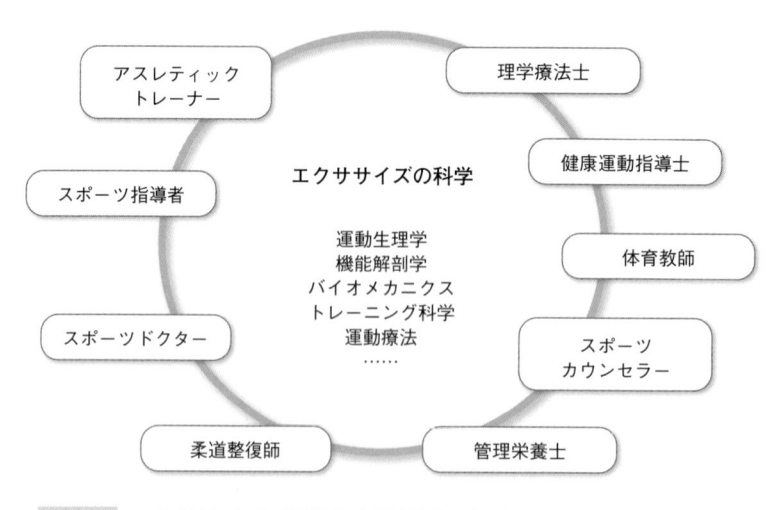

図0-2 エクササイズの科学と専門領域の広がり

ニングや運動療法の用語の違いから,やや異なる領域と見られがちであった。たとえば選手に対してトレーニングを実施するスポーツ指導者と,選手のケガを治療する理学療法士を比べると,指導法によって「筋力トレーニング」と「筋力増強運動」のように呼び方は異なる(図0-3)。しかし,トレーニング科学や生理学に関する基礎理論については共通している。

今後,エクササイズに関連する科学と専門領域のスタッフは,スポーツ現場,フィールド,臨床において連携をさらに緊密にし,科学的根拠に基づく指導がなされるべきである。そこで,関連領域で連携が深まるように,「エクササイズの科学」として共通の理解・考え方を深めることが重要である。

スポーツ科学系のトレーニング,医療系の運動療法と実施されるエクササイズでの関係について表0-1に示した。対象者が治療が必要な患者の場合は,消費エネルギーは少なく,基礎的で部分的な動作が,運動療法として実施される。一方,正常加齢の高齢者ではADL(activities of daily living:日常生活動作)レベルを目指した療法となる。またアスリートでは,4000〜6000kcalものエネルギーの消費・摂取を伴う高度で複雑なトレーニングが行われるであろう。

冒頭でも触れた日本のトップアスリートの支援においては,様々な領域が連携した理想的な体制が築かれつつある。医療系スタッフ,アスレティックトレーナー,スポーツ科学スタッフ,コーチングスタッフなどと広い領域から科学的根拠に基づいてトレーニング・エクササイズを評価・測定し,効果的な支援が可能になっている。図0-4にそのシステム例を紹介する。またオリンピックなどの国際大会レベルの支援には,国立スポーツ科学センター(JISS)やナショナルトレーニングセンター(NTC)などの施設が活用されるようになった。

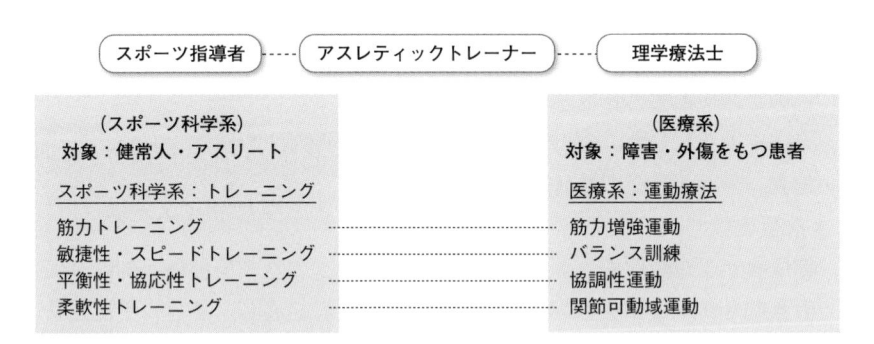

図0-3 スポーツ科学系と医療系との関係
―スポーツ指導者,アスレティックトレーナー,理学療法士―
両分野で名称は異なっても理論やエクササイズの内容は共通点が多い。対象が異なることによって生じるリスク管理の方法の違いが重要である。

表0-1 対象者による消費エネルギー,エクササイズの質と量の違い

対象	治療が必要な患者	高齢者	アスリート
消費エネルギー	小	中	極大
エクササイズレベル	基礎的・部分的動作	ADLレベル	高度で複雑な運動

※ADL(activities of daily living):日常生活動作

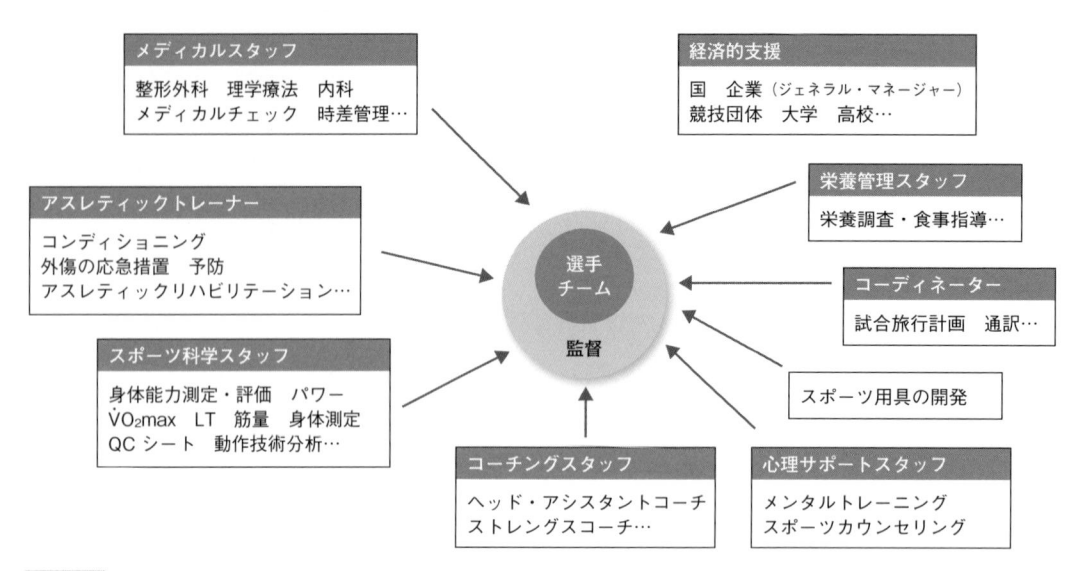

図0-4 トップアスリートを支援するシステム

1-2 現代におけるエクササイズの意義

　身体活動はヒトにとってなくてはならないものである。ヒトは，かつて自然環境に適応し，山野を走り回り知恵を働かせ食物を見つけ，生活を営んできた。しかし21世紀に生きるわれわれは，もはや狩猟もせず，動くことが極端に少なくなり，そのことが本来のヒトという種の存在を根底から変えようとしている。運動不足，栄養の偏り・飽食，ネット社会の進展などの日常生活の大きな変化は，からだの形（肥満），機能（腰痛，糖尿病，認知症）や，こころ（いじめ，孤立，引きこもり，精神疾患，自死）の変化に繋がっていく。これらは，生活習慣病（life-style related disease）へ形を変え，先進諸国では共通の緊急の問題となっている。

　また，ヒトは生まれてから年を重ね高齢者となり，支援・介護を受けるようになるまで，たとえば筋力は大きく変化する。筋力は発育期には大きく増強し，トレーニングによってさらに伸びる。しかし不幸にしてケガによって運動ができない場合もある。横軸に年齢，縦軸に機能をとり，筋力レベルが生涯にわたってどのように変化するかという概念図を示した（図0-5）。

健常者であっても，何らかの理由で機能が低下すれば，医療機関での治療・訓練，リハビリテーションを受けることになる。

　これらの状況で各領域の専門家が協力し，医療機関，教育機関やトレーニング現場が適切に連携することが求められる時代へと入っている。

2 エクササイズと身体

2-1 エクササイズとは

　ヒトの基本姿勢は，仰臥，伏臥，座位から立位へと発展し，さらに平衡運動（姿勢・重心），移動運動（歩く・跳ぶ・走る），投打運動（蹴る・投げる・打つ），他の運動（落ちる・踊る・受けとめる）などの複雑な動作へと発展する（図0-6）。

　日常生活動作（ADL），たとえば姿勢の保持，寝起き動作，摂食・排泄や移動動作などの生存にかかわる身体の動作から，さらに楽器を演奏したり，書道の筆で文字を書いたり，芸術活動や学習活動などの知的活動も広い意味でのエクササイズとして考えられる。

　また，ヒトのエクササイズは，骨格筋の活動によって安静時よりも多くのエネルギー消費を

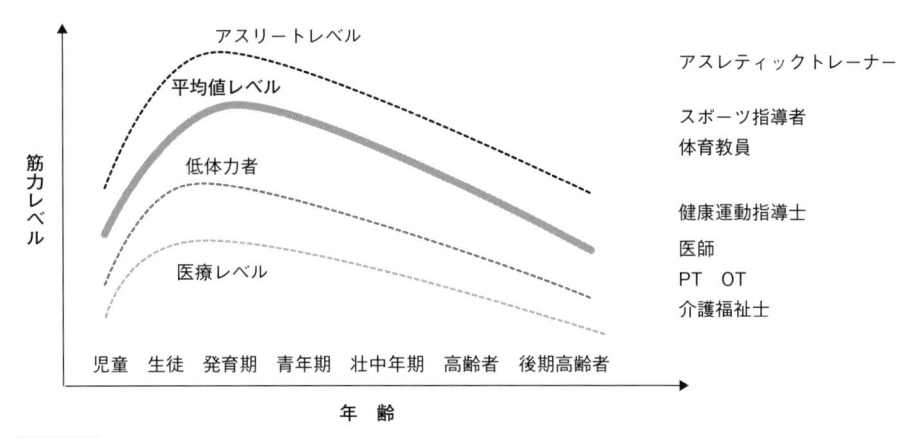

図0-5 筋力の加齢変化のイメージ
対象者の筋力レベルの違いによる，専門とする領域の広がりを示した。

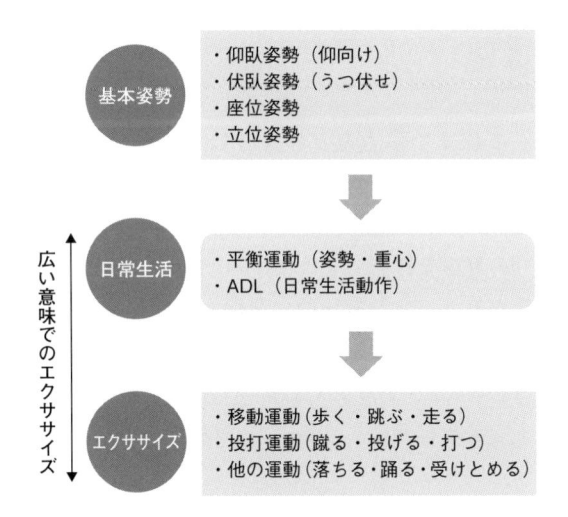

図0-6 基本動作から複雑なエクササイズまで
身体の空間的・時間的変化からみたエクササイズの構造を示す。

伴う活動であり，成人や高齢者では健康を維持するための課題として目標値が設定されている（「健康日本21」など）。

このように，ADLのレベルから，歩く，体操する，泳ぐといった，健康や体力を増進する目的や期待をもち身体を動かすこと（トレーニング）までを，すべてエクササイズということができる。

2-2 エクササイズが及ぼす一般的効果

エクササイズに期待される効果は，一般的には健康の増進である。さらに詳しく見ると，体力・身体機能の向上，生活習慣病の予防，心理社会的効果があげられ，広く障害・疾病予防の効果もあるだろう（表0-2）。

特にヒトのライフステージ別に，幼児・発育期や中高齢者への効果，高齢者の介護予防，認知症の予防・改善効果，また妊婦への運動療法（マタニティビクス）なども注目されている。

2-3 エクササイズがもたらす生理的変化

エクササイズによって身体の諸機能が動員され，全身の器官系が活動する。本章の初めに述べたように，エクササイズの発現は，脳・脊髄の中枢神経系からの指令を受けた筋線維の収縮によって始まる。筋線維の収縮は，それに必要な酸素を得るため心臓の心拍数を上げ，呼吸も促進させる。この呼吸循環器系の活動促進は，消化器系での栄養素の取り込みを盛んにする。しかし運動中は自律神経系の交感神経の活動が高まり，副交感神経支配の消化器系機能は低下する。

エクササイズは全身の生理機能すべてにかか

表 0-2　エクササイズによる身体機能上の効果および生活習慣病の予防と心理・社会的効果

体力・身体機能の向上	
筋	筋肥大，毛細血管の新生，酵素・筋内物質の増加，機械的効率の上昇
骨格系	骨・関節系の改善，柔軟性の向上，青少年期の体力向上
血液	赤血球の増加，緩衝能力の向上，血流量の増加
呼吸・循環系	肺・心容積の増加，毛細血管の増大，$\dot{V}O_2max$・無酸素性作業閾値の向上

生活習慣病の予防
脂肪組織・コレステロール・中性脂肪の減少，インスリン感受性の上昇
耐糖能の改善，血圧の低下
がん予防効果

心理・社会的効果
ストレスの減少，うつ状態の改善，自覚的な好ましい効果
医療費の低下

わる総合的な働きをもち，エクササイズの不足あるいは過多は人体に大きな影響をもたらす。

2-4　エクササイズにかかわる脳の働き

　運動は脳によって制御されている。米国のメジャーリーグで活躍しているイチロー選手のすばらしい走・打・投の能力は，ほぼ全身の筋の働きの結果であるが，その動きも，元は脳の働きによるものである。

　運動の遂行は，大きく①神経系，脳による制御，②筋・骨などの運動器，③エネルギーの供給の3点によって成り立つといえる。しかし，運動は「体力」であって，「脳力」には無関係だという誤解がある。これは体力という用語から受ける印象によるものであろう。そもそも知的活動，創造的な芸術活動ですら身体の運動から生じるものである。このことは案外，気づかれないことが多いと思われる。パソコンに文字を入力し，文章を書く，絵画を描く，ピアノを弾くこれらすべて脳が身体運動を司っている結果なのである。このようにみてくると，文化的な知の創造も身体の運動から成り立つといえよう。まさに，脳のアウトプット（出力）は筋であることがわかる（養老 1998）。

3　体力と運動能力

　これまで体力をどのように考えるかについて，多くの研究者が議論を重ねてきた。猪飼（1968）は「外からのストレスに対し防衛し自分の健康を維持しようとする」防衛体力と，「身体が外界に対し積極的に発揮する能力」としての行動体力の要素がある，という考え方を示した。また，「からだ（身体）が人間生活のさまざまな要求に適応しうる能力」（石河 1987）という定義もなされている。英語で体力に相当する言葉は physical fitness である。米国でも physical fitness を定義することに多くの試みがなされてきた。

　ここでは，最近のスポーツ科学の展開をふまえ，トレーニングに焦点を当てた「総合体力」（synthetic fitness）として示す（図0-7）。身体の外に現れる「行動系体力」を，次の3つに分ける。

①エネルギー的体力
②サイバネティクス的体力
③心理・精神的体力

さらに，外界から身体を防衛し抵抗する機能を「抵抗・防衛系体力」として，体温調節，免疫

```
                                             ・有酸素能力……全身持久性
                  ┌─ エネルギー的体力       ・無酸素 乳酸性能力……スピード持久性
                  │   energetics             ・無酸素 非乳酸性能力……筋力・瞬発力
                  │
                  │                           ・入力系  状況把握
   行動系体力 ──┼─ サイバネティクス的体力 ・出力系  正確・素早さ・持続性
                  │   cybernetics
                  │
                  │                           ・予測/判断力
                  └─ 心理・精神的体力       ・集中/安定力・意欲・自信・作戦能力
                      psychological mental skill  ・協調性（チームワーク）


                       ・温度調整
   抵抗・防衛系体力 ── ・免疫
                       ・適応能力
```

図0-7 総合体力の構成
（西薗秀嗣：総合体力とトレーニング科学．福永哲夫ほか編，体育・スポーツ科学概論，p132，大修館書店，2011）

機能や身体の適応能力にかかわる系を行動系体力と対比させた。

3-1 エネルギー的体力

身体がどれくらいエネルギーをもっているかは，その量の要素と，どれくらい続くかという持久性の要素からみることができる。物理学的にエネルギーとは「物体がもっている仕事をすることができる能力」であり，生物学的には「摂取した食物を消化・吸収して獲得した動力源」といえるだろう。このエネルギーによってヒトは呼吸し，心臓を収縮させ，筋を収縮させ身体を動かし，力（force）を発生させる。

このエネルギーは，有酸素性エネルギー系と無酸素性エネルギー系という代謝プロセスにより生まれる。低強度の運動では主に有酸素性エネルギー系によりまかなわれ，激しく強い運動と中程度の運動は無酸素性エネルギー系によって生み出される。

無酸素性エネルギー系は，さらにATP-CP系（非乳酸性）と乳酸系の2つに分けたほうが，ヒトのエネルギーのつくられ方と使われ方を理解しやすい。つまり，運動は主に3種類のギアによって成り立つといってよい（**図0-8**）。ただし，運動中，特に最大運動中では，運動の継続

1	低強度運動　酸化系（有酸素性運動） H_2O と CO_2 を生む TCA サイクル　有酸素性機構
2	中程度運動　解糖系（無酸素性運動） 乳酸ができる乳酸性機構
3	激しく強い運動　ATP-CP系（無酸素性運動） 乳酸をつくらない非乳酸性機構

図0-8 3つの運動強度によるエネルギー供給システム（筋線維にATPを供給する系）

に伴い，依存するエネルギー発生機構が変化する点に注意する必要がある。

ヒトから外部に発揮された物理的な量は，パワー（仕事率：力と速度の積）で統一的に表すことができる。この低強度の領域をローパワー，中強度をミドルパワー，激しく強い強度をハイパワーと表現し，これを体力の指標と関連させると全身持久力，筋持久力，スピード持久性・瞬発力となる（**表0-3**）。

有酸素性エネルギーによる運動を可能にするのは，筋を構成する筋線維の中でも遅筋線維（slow twitch fiber：ST線維）である。ヒトが食事から摂取した栄養素を代謝（消化・吸収）し，有酸素性運動に必要なATP（アデノシン三リン酸）を大量生産するのは，このST線維である。いうまでもなく，呼吸することにより多くの酸

表0-3 筋線維の運動単位の生理学的タイプ，出力パワーとエクササイズ強度の関係

運動単位の 生理学的タイプ	エネルギー 発生機構	エネルギー系 体力	出力パワー	エクササイズ強度 (%1RM)
Sタイプ slow twitch fiber （遅筋線維）	有酸素性 （酸化系）	全身持久性 (VO_2max)	ローパワー	30～50
FRタイプ fast twitch fatigue resistant （速筋線維）	無酸素性 （解糖系） 乳酸性パワー	筋持久力	ミドルパワー	60～70
FFタイプ fast-twitch fatiguable （速筋線維）	無酸素性 （ATP-CP系） 非乳酸性パワー	スピード持久性 瞬発力	ハイパワー	80～100

（西薗作表）

素が体内に取り入れられ，それを消費しながら運動が合理的に行われる。この過程は，TCAサイクルによりまかなわれ，持久性に優れている。

　無酸素性エネルギーによる運動は，主に速筋線維（fast twitch fiber：FT線維）が担う。これは，中程度の出力と激しく強い出力を生む筋線維が支え，スピードやパワーの源となる。栄養の代謝過程で表現すると，無酸素性の中でもそれぞれ乳酸性および非乳酸性機構が分担し，エネルギーを産出する。

　このようにヒトは出す力の大きさ，持久性，疲労に対する抵抗性など生理学的な要求に合わせるため，栄養の代謝過程を見事に整備しているのである。表0-3は運動単位タイプによる生理学的（運動単位の出力と耐疲労性）特徴，エネルギー発生機構，エネルギー系体力，出力パワーを連続的にとらえ，さらにエクササイズの強度まで関連させたものである。筋線維レベル（運動単位）への負荷方法，そして栄養（代謝過程）を総合した一貫した考え方が重要である。

3-2 サイバネティクス的体力

　体力の要素にサイバネティクス（cybernetics）に属するものがある（猪飼1973）。サイバネティクスという用語は，工学の自動制御の意味で用いられ，生理学では神経系の統合作用（integration of nervous system）を指す。これは，スキル（skill：巧緻性，調整力）に関わるもので，神経生理学的にはコーディネーション（供応作用coordination），運動制御（motor control）の領域になる。

　近年の脳科学の進歩のスピードには驚くばかりであるが，たとえばイチロー選手のすばらしい打撃のバットコントロールを計測し評価することは，はなはだ困難である。最近の研究から，ヒトの筋の運動単位レベルの制御や基本的な運動が，おぼろげに見え始めたくらいである。ヒトの神経系の制御の巧拙を体力の要素として捉えるには，パフォーマンス（表出されたもの）として測定可能でないといけない。

　スポーツをはじめ，あらゆる動作の巧拙は，脳の働きの善し悪しの影響が大きい。われわれが身体を動かす場合には，必ず脳が働いて，知覚，記憶，判断，予測などを行い，それに基づいて運動のためのプログラムを作成・実行している（大築1995）。運動とはヒトが長い間，知恵を絞ってつくり上げた文化であり，時代や地域などによってパフォーマンスは多岐にわたる。

　スキル（巧緻性）は，体力の中でサイバネティクス的調整機能を表す1つの特性（サイバネティクス的体力の一要素）として取り扱ったほ

うがわかりやすい。スキルを感覚神経の入力系と運動神経の出力系に分類すると（図0-9），以下の4項目として整理される（大築 1988）。

① 状況把握能力　視覚や運動感覚（筋感覚，筋運動感覚［kinesthesis］）による
② 正確さ　動作を正確に行う能力であり出力系の能力
③ すばやさ　動作開始の早さと動作の切り替えの早さ
④ 持続性　すばやさと正確さの持続性で集中力と呼ばれる能力

3-3 心理・精神的体力

日常生活やスポーツ競技などの場面で，あがりやすい人，日頃のパフォーマンスをうまく発揮できない人がいることは，普通に経験したことがあるだろう。このようにメンタルの要因によって，試合や競技に集中できなかったり，意欲が低下したり，対人関係やチームのなかでの協調性に問題を抱える，といったことが起こり得る。

猪飼は，外部に仕事をする限り意欲（motivation）や意志（will）が関係するという観点から，体力（fitness）の中身として，身体的なものと精神的なものを両立させた。たとえば筋力を出すとき，意欲がなくては最大筋力を発揮できない。また筋の持久力を測るとき意志の持続が十分でなくては，本当の能力はわからない。よって体力というものは，どうしても精神的要素を切り離せないとしている。

3-4 運動能力

運動能力とは，運動を遂行するための，総合体力の諸要素が組み合わさった能力であり，行動系体力の機能的な側面で，以下の要素があげられる。

① 筋力　muscle strength
② 敏捷性（スピード）　agility（speed）
③ 平衡性・協応性　balance, coordination
④ 持久性　endurance
⑤ 柔軟性　flexibility

これらの能力は，体格（形態）の要素によっ

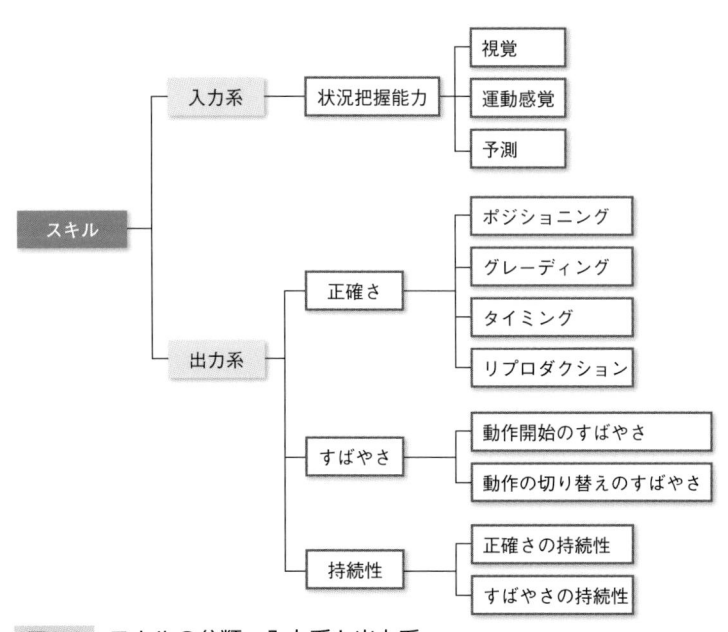

図0-9　スキルの分類―入力系と出力系

（大築立志：「たくみ」の科学，朝倉書店，1988）

ても左右され，姿勢の良さも関わってくる。

キュアトンは，体力の要素を筋力，敏捷性，スピード，パワー，平衡性，柔軟性，持久力，協応性としている。

4 エクササイズの基礎原理
―トレーニングの原理を中心に―

ヒトに運動を負荷することは古くから行われ，現在ほぼ確立した感がある。われわれの身体は，生理学的に恒常性（homeostasis）と適応性（adaptability）を備えている。前者は気温や湿度などの外部環境変化に対し，体温や体液を一定に保持するために発汗や皮膚血管を収縮したり拡張したりする。後者は，運動刺激に対して，身体の形態や機能を適応させる反応である。

エクササイズはからだに対する刺激であり，トレーニングや運動療法は，この適応性を利用し身体機能を向上させるものである。エクササイズとは，「運動刺激に対する人体の適応性を利用し，作業能をできるだけ発達させる過程である」といえる。

4-1 最も基礎的な2つの原理

特に重要なものとして以下の原理がある。

4-1-1 過負荷（overload）の原理

筋の活動性肥大については，一般にはルーの3法則がある（ルー 1895）。筋は，①運動によって発達し，日常生活以上の強度が必要であり，②強すぎれば疲労し，③弱すぎれば萎縮する。このような負荷のかけ方に関する特性を，過負荷の原理という。

現在では，エクササイズにより機能が向上した後に，さらに高い強度設定により，筋力，筋パワーなどの機能の向上をめざす工夫がなされている。対象や全身・局所運動によって，負荷の上げ方は，十分にコントロールしなければならない。特に発育期の子どもおよび高齢者の場合，初期値の評価，与える負荷量に考慮しなければならない。

4-1-2 特異性（specificity）の原理

筋力の増加は，大きな抵抗に対する少ない回数の反復刺激によるものであり，循環系機能の向上は小さい抵抗に対する多くの回数の反復刺激による（デ・ロルメ 1945）。この2つの方法と効果は互いに独立し交換できない。このような特性を，特異性の原理という。

4-2 5つの原則

以上の原理からエクササイズを安全かつ効果的に行うために，オゾーリンとロマノフ（1966）は5つの原則を提案している。これまでの研究成果も踏まえて説明する。

4-2-1 全面性の原則

一般的な薬剤は特定の疾病の治療に効果をもつが，エクササイズは身体全体に広汎な効果を及ぼす。比較的局所のエクササイズであっても多くの筋群，運動器に関わり，末梢・中枢神経系，呼吸・循環器系，多くの臓器も関与し，生体の全体的効果が認められる。さらに多くの運動を実施することによって全面的なバランスのとれた身体をめざすようにする。また発育期では，心身の機能の調和に留意しエクササイズを行うことが重要である。

4-2-2 意識性の原則

対象者がエクササイズの知識や目的を十分に自覚して行うと効果が高まる。よって指導者は対象者によくわかるように説明し理解してもらう必要があり，指導者は伝える能力をもたねばならない。

4-2-3 漸進性の原則

エクササイズの強度，量また動作や技術レベルを少しずつ高めることが重要である。軽い運

動から強い運動へ，簡単な運動から難しい運動へと個人の到達レベルに応じて内容を進める。

4-2-4 反復性の原則

エクササイズの効果が得られるには一定の期間繰り返し規則的に行う必要がある。スタミナ向上のためには，少なくとも週2回以上の反復性を必要とする強いエビデンスがある。

4-2-5 個別性の原則

エクササイズの対象者の性，年齢，体力レベル，生活環境，性格，運動への志向・経験年数など個人の特性を理解して運動を実施する。これについては，最近の知見により持久運動では最大酸素摂取量の測定法が確立され，正確な運動強度が個人に相対的に与えられるようになった。筋力測定も同様であり筋力レベル・運動時間によって目標の効果が狙えるようになった。

これらの原則をふまえて，ボンパ（1988）は，さらに積極性や多様性，モデル化の原則も加えている。エクササイズの目的が「健康づくり」であるのか，選手たちの「パフォーマンスの向上」なのか，医療での「リハビリテーション」なのかに応じて，より専門的になる。

4-3 中長期的な視点から見た理論

4-3-1 休　息

多くの疾病の原因となるメタボリックシンドロームなどの生活習慣病の予防と改善の「健康づくり」のためには，食事・運動・休息の生活習慣が主要な対策となる。現在でも基本となる旧ソ連で定義された身体活動後の回復過程（超回復）の考え方を図0-10に示す（ヤコブレフら 1961）。

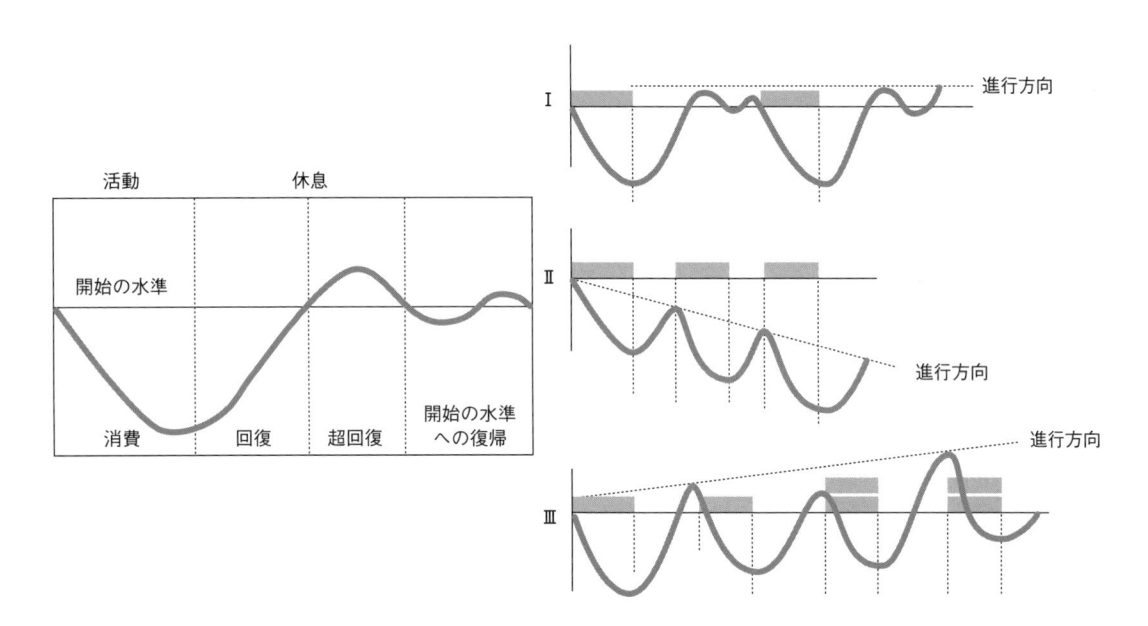

図0-10　超回復を生み出す休息期の重要性
身体活動によってエネルギーが消費され疲労状態に陥る（左図および右図Ⅰ）が，回復のための休息が短いと身体は進行方向として機能不全に向かう（Ⅱ）。休息を十分とることにより活動開始期より超回復が認められ，エクササイズの効果は高まる（Ⅲ）。

（ヤコブレフほか：ソ連スポーツ・トレーニングの理論と方法，不昧堂出版，1961）

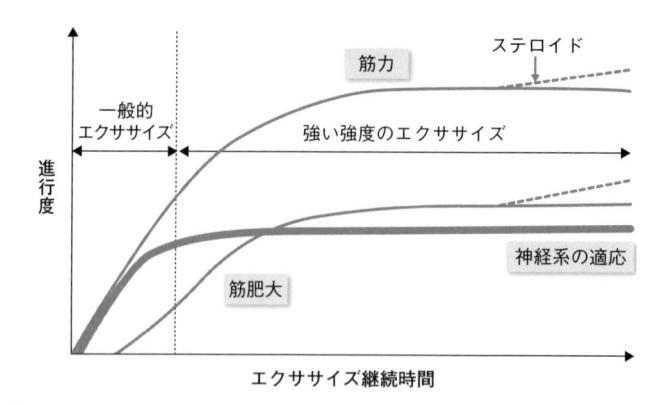

図0-11　エクササイズによる筋力向上のメカニズム
筋力エクササイズによる筋力向上は，短期的（8〜20週間）効果は主に神経系の適応により，中長期的には筋の肥大によってもたらされる。
(Wilmore and Costill : Physiology of Sport and Exercise, p72, Human Kinetics, 1994 より一部改変)

4-3-2　筋力の増強

エクササイズによって筋力が増強されるのは，どのような仕組みであろうか．一般的な負荷の場合，初期における増強は，筋電図による分析によると神経系の適応によるところが大きい（Sale 1991）．この時期は，筋・神経系の活動動員（recruitment）が増え，活動の同期現象（synchronization）などにより筋力が高まる．長期間エクササイズを続け，さらに強度を適切に上げることで筋の肥大が認められる（図0-11）．その際の強度の設定が重要になり，エクササイズの強度を定め，対象者によってどのように決めていくかの取り組みを継続していくことが求められる．

ケガの予防や回復のためにどのような手法があるのか？　健康づくりや生活習慣病予防のためには？　これらの問いへの解答は年々，多様で複雑になりつつある．

最新の科学知識・技術を動員しながら目標を設定し，体力要素，技術的要素に加えて心理的要素を考慮する．そして，エクササイズの考え方を柔軟にして対応し，多くの要素から最適解を求める限りない努力が重要である．

（西薗秀嗣）

参考文献
1) 平野裕一・加賀谷淳子編著：トレーニングによるからだの適応—スポーツ生理学トピックス，杏林書院，2002.
2) 西薗秀嗣編著：スポーツ選手と指導者のための体力・運動能力測定法，大修館書店，2004.
3) ジェイ・ホフマン（福林　徹監訳）：スポーツ生理学からみたスポーツトレーニング，大修館書店，2011.

Column ① 文部科学省による体力・運動能力調査

①測定項目の変遷と調査方法

これまで日本では1964（昭和39）年以来，文部省（当時）が体力・運動能力調査（スポーツテスト）を実施し，その結果を健康や体力の向上に役立ててきました．旧体力テストの主な項目には，現在実施されていない，斜懸垂や踏み台昇降，連続逆上がりなどが含まれていました．これらの体力テストと並行して，1990（平成2）年度より生活・運動習慣についての調査が開始されています（表1）．

1998（平成10）年度には，体力に関する学問的な考え方の変化や，健康に関連した体力にも考慮し，測定上の安全性，学校での授業時間の減少などでテストに必要な所要時間の短縮化，測定方法の簡易化とテスト項目の精選，そして天候の影響を受けずに実施できるテスト項目などを検討し「新体力テスト」が開発されました．義務教育における新体力テストは，学校保健体育授業の一環として全国的にほぼ全学年を対象とした抽出調査として行われてきました．また，2008（平成20）〜2009（平成21）年度，2013（平成25）年度には，小学5年生と中学2年生を対象とした悉皆調査が実施されています．

②近年の青少年の体力・運動能力

2012（平成24）年度調査の報告によると，握力および走，跳，投能力にかかわる項目は，体力水準が高かった1985（昭和60）年頃と比較し，中学生男子の50m走（スピード），ハンドボール投げ（巧緻性・筋パワー）および高校生男子の50m走を除き，依然低い水準になっています．参考として，小学生（11歳）男女の50m走についての年次推移を図1Aに示します．

また，新体力テスト施行後の15年間では，ほとんどの項目で横ばいまたは向上傾向がみられますが，小学生男子の立ち幅とび（筋パワー），19歳女子の

表1 文科省の体力テスト項目の変遷

	年齢	体格	体力	運動能力	生活・運動習慣調査
旧体力テスト （1964年〜） 標本数：25,360人	6〜59歳	身長 体重 座高	握力 上体起こし 立位体前屈 背筋力 伏臥上体そらし 懸垂（斜懸垂）腕屈伸 踏み台昇降運動	とび越しくぐり 持ち運び走 走り幅とび 連続さか上がり 垂直とび ジグザグドリブル 50m走 持久走	1990年より下記と同項目を実施
新体力テスト （1998年〜） 標本数：74,000人位	6〜79歳	身長 体重 座高	握力 上体起こし 長座体前屈	反復横とび 20mシャトルラン 50m走 立ち幅跳び ソフトボール投げ ハンドボール投げ	◆運動部やスポーツクラブの所属 ◆運動・スポーツの実施頻度 ◆1日の運動・スポーツ実施時間 ◆朝食の有無 ◆1日の睡眠時間 ◆1日のテレビ視聴時間
全国体力・運動能力， 運動習慣等調査 （2008年〜） 悉皆調査**	小学5年生	新体力テスト「6〜11歳」の項目と同じ			参加人数：734,272人*（70.1%）
	中学2年生	新体力テスト「12〜19歳」の項目と同じ			参加人数：772,958人*（71.0%）

＊平成20年度文部科学省報告より（%は同学年の人口に対する割合）
＊＊抽出調査によって実施される年度もある

持久走（全身持久力）で低下傾向にあります．**図1B**は，19歳男女の持久走についての年次推移です．

さらに新体力テスト得点合計の年次推移をみると，過去15年間の小学校高学年以上の年代では，緩やかな向上傾向を示しています（**図1C**）．

（福永裕子）

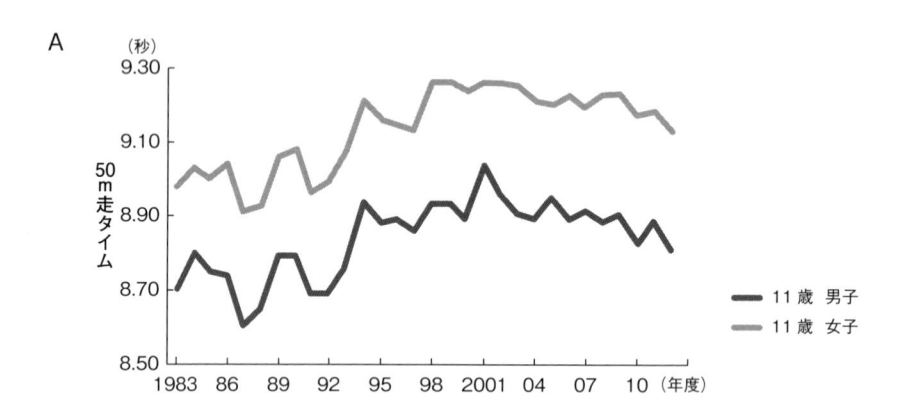

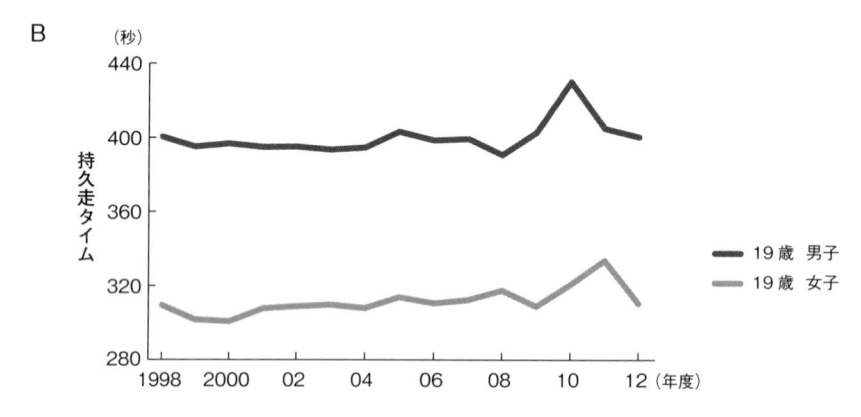

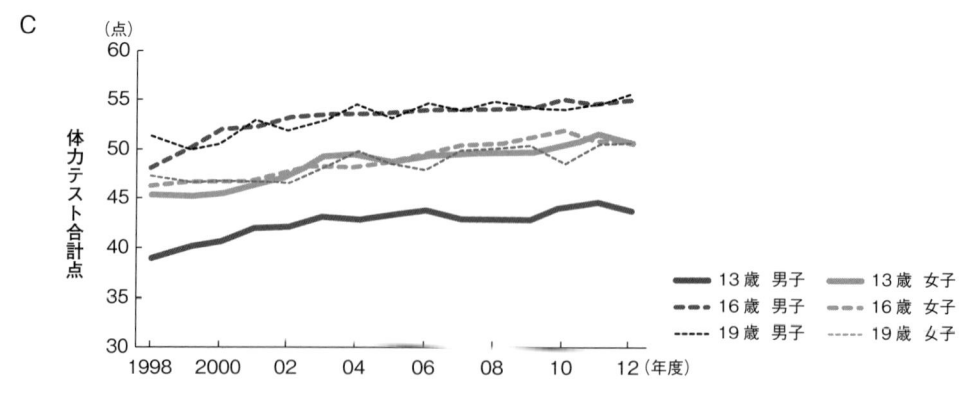

図1 体力・運動能力の変遷
A：11歳男女の50m走の年次推移，B：19歳男女の持久走の年次推移，C：新体力テスト合計点の年次推移．

Column ❷ 選手の心理とケガの事例 —ウルトラマラソン選手の事例研究から—

①心と身体のつながり

　心と身体になんらかの関係があるということは，言わずと知れた事実でしょう。おそらくこのことは，スポーツ現場において競技者のみならず，彼らにかかわる人々も実感していることだと思います。たとえば，緊張しているときに胸がドキドキするというわかりやすいものから，やる気が起きない練習の最中にケガをしたという「心あたり」があるもの，そして，試合前には感じていたケガの痛みを試合中はまったく感じなかったという「不思議」なものまで，その現象は多岐にわたります。特にスポーツの領域においては，「痛み」というものをきっかけとして，心と身体について意識するようになることは少なくないでしょう。

②「痛み」の体験をみていくこと

　森岡（2005）は，痛みの定義について国際疼痛学会によるものを示しながらも，定義上も痛みは「体験」であるとし，そこには「主観的要素がある」としています。このような視点から，痛みを捉える難しさは，痛みを「感覚」としてではなく「体験」として定義せざるを得ないこと，とされています（岸本 2005）。

　そのため，特に心の側面から「痛み」について考える際には，何らかの客観的な指標をもとにするというよりも，痛みを体験しているその人が「どうあるか」ということをみていくことのほうが，より実践的な何かを示唆するのではないでしょうか。これは，河合（1967）が，心の事象を現象学的に捉えることが，実際に役に立つ心理学を目指すことになるとしたことに通底する視点でもあります。すなわち，生じていることそのものを「その人にとっての心的現実」として捉えて追及することが，本質的には「他の人にも通じる心的現実」という普遍的知見を提示することになるという考えです。そこで，本コラムではこのような視点で論じることを目的に，筆者が関わったある事例を取り上げたいと思います。

③ある事例研究からみえてきたこと

　筆者は，2つの大陸横断ウルトラマラソンにサポーターとして関わったことがあります。そこでは1人の選手に付きそい，レース中の車での伴走や給水の他，レース外での身の回りの世話などを行いました。そして，2つの大会で関わったそれぞれの選手は，レース中に脚（ともに下腿前部）を痛めることになりました。一方の選手はレース期間中にその痛みは終息し完走を果たし，もう一方の選手は痛みが終息することなくリタイアをすることになりました。そこで，なぜこのように違う結果となったのか，ということについて心理的側面から検討を行うために，痛みを抱えた選手がどのようにそのレースの中で存在していたのかという視点から，完走とリタイアを分けた要因について，筆者は両者の事例をもとに考察を行いました（長岡 2011）。

　まず，それぞれの選手のレース経過について概観をしました。各選手らがレースをどのように過ごしていたのかというその過程を，彼らの特徴的な言動や様相という外的事実と，筆者が彼らと関わって感じたこと，すなわち内的事実（心的現実）の両方から記述しました。そして，これらの記述をもとに，彼らがレース期間中をどのようなありよう[注]で過ごしていたのかということをみていくと，その過程で彼らのケガが示唆することについて，ある見解が浮き彫りになってきました。それは，彼らのありようが引き起こした「守り」のあり方の違いでした。

　「守り」というのは，明確に客観化される概念で

はありません。しかし，たとえばピークパフォーマンスの心理的構成要素の1つである「安全感」の中に「何かに守られている感じ」が示されているように（中込 1994），競技場面においては無視することはできない概念でしょう。この事例研究によりみえてきた守りのあり方の違いとは，完走した選手（以下A選手とする）のほうが，リタイアした選手（以下B選手とする）より自分を守る要素を多く有していた，ということでした。

注：この「ありよう」は，人と対したときに感じられる相手の雰囲気を含め相手から感じられること，という意味で用いている。漠然とした概念ではあるが，実際に人と関わったときには最も直接的に感じられる事柄ではないかと思われる。そこで今回の事例研究では，このような「感じ」をできるだけ言語化し，それらと外的事実とを総合的に検討するようにした。

④競技者における「痛み」と「守り」

競技者は，競技場面という常に変化する状況や，そこにかかわるさまざまな人の中で，自らの勝負に挑み結果を出すことが求められます。そのような中で，よりよいパフォーマンスを発揮できるような状態であることは，自身が守られている存在であると言えるのではないでしょうか。

そのような意味で言えば，A選手は，感情の起伏が激しく，人とよくしゃべり，よく関わったかと思うと，時には陰鬱になるなど，その様相は多彩なものでした。しかし，過酷なレースの経過とともにみると，それらの変化はとても自然な態度とも捉えられました。そして，ネガティブなことも含めてこれだけ自分が感じたことを表出することができるということは，それだけ周囲に対して拓かれている存在であり，そのことが守られている存在であることを示しているのではないか，と考えられました。一方，B選手は自己管理を徹底しより速く走ることを追究するなど，常にストイックにレースに挑んでおり，確かに途中までの成績は評価されるものでした。しかし，長期間の過酷な状況下でのレースにおいては，その厳格さは反面ではゆとりのなさにもなり，それがケガという「亀裂」が入ったときに，修復可能なほどの柔軟な力を生み出すことができなかったのではないか，と考えられました。このような側面から，B選手の守りの弱さが推察されました。

言うまでもなく，2人の選手にはケガによる痛みはありました。しかし，A選手においては「痛みのことは聞くな」と筆者は言われ，B選手においてはケガが悪化してかなりペースが落ちるまで，そのような状態である様子を筆者に見せませんでした。つまり，彼らは痛みを「あるけどないもの」として捉え，意識的にこのような形で自らを痛みから守っていたのだと思われます。そして，この意識的な守りを支えるものが彼ら自身のありようであり，レースの過程におけるこのありようの違いが勝敗を左右することになったのではないかと考えられました。このようなありようの違い（守りの強さの違い）は，それまでの彼らが生きてきた環境や生き方そのものにより形作られてくるものと思われます。

⑤「過程」をみること

本コラムでは事例を用いて検討を行いました。このような事例研究は，個人という限られた対象を検討するものです。そのため，その個人が何をどのように体験しているのかということを，より直接的に知ることができ，その過程の流れの読み解き方が，その論考の信頼性や妥当性を左右することになります。そして，競技においても勝敗に「流れ」は無視できない要因であるからこそ，その過程をみることで見えてくるものがあると思います（長岡 2012）。

競技者は常に悩み苦しみながらも前へ進み続けようとしている存在だと思います。彼らが体験していることを可能な限りともにみていこうとすることが，さらなる突破口を開く手がかりを与えてくれるのではないでしょうか。しかし，この「流れ」は視点が狭く限定的になってしまうと捉えるのが難しくなってきます。経験が浅い選手や指導者の場合は，得てしてこのような事態に陥ることも少なくありません。現場に生きながらも，一方で自らを客観的に眺める視点をもつことが，これらを回避する1つの指針になるのではないかと思われます。

（長岡由紀子）

参考文献
1）長岡由紀子：身体を象徴的に捉えることの限界と可能性．臨床心理身体運動学研究，13(1)：31-51，2011．
2）長岡由紀子：スポーツ現場の事例研究．精神療法，38(5)：52-59，2012．

基礎編

第1章	運動と神経系
第2章	筋・腱の構造と特性
第3章	骨の発育と機能
第4章	関節の構造と柔軟性
第5章	スポーツ外傷・障害の基礎
第6章	身体力学の基礎 ―動作に関連する物理―

第1章 運動と神経系

本章のねらい

ヒトは植物とは異なり，自然環境を積極的に利用するために行動し，適切に周りの状況を刺激として受け入れ，目的にあうように反応・適応してきた。この合目的性を実現するために，受容器（感覚器系）と効果器（筋骨格系）のあいだで重要な役割を果たすのが神経系である。

本章では，神経系の構造と働き，筋・腱の形状も含めた観点から運動の制御について学ぶ。

Key word

- 神経細胞と活動電位
- 中枢および末梢神経系
- 運動単位
- 随意運動と反射
- Ia抑制とIb抑制
- 筋電図

ヒトのエクササイズを理解することは，数多くの筋に入力される神経ドライブ（駆動）を読み解くことを意味する（図1-1）。この過程は，中枢神経系（脳・脊髄），末梢神経系（脳神経・脊髄神経）の活動から始まり，運動単位が動員され，筋全体あるいは共同筋（群）や拮抗筋の活動状態・レベルが決定され，筋（筋線維の走行）・骨格系の力学的構造（関節の構造，テコの種類）から筋の張力が発生する。そして，関節の動きを生むトルク（回転力）などによって外的に運動が遂行されていく。これら諸事象の基本的理解が，多くのスポーツ障害の予防とリハビリテーション，ひいては運動療法からトレーニングの領域にとって重要となる。

1 神経系の概観

1-1 神経系の進化

神経系は，単細胞生物から無脊椎動物，脊椎動物へと系統発生的に進化を重ねてきた。はじめは感覚細胞から筋細胞への連絡であったものが，途中に神経細胞が介在し制御（コントロール）するようになり，さらに神経節から脳や脊髄へと複雑な分化が生じた（図1-2）。

このように末梢から入力される情報を統合して適切な反応を決定し，筋へ情報を出力するように，神経系は進化した。ヒトで考えれば，取り巻く環境に応じて神経系が分化・適応し，単純な運動から時間的・空間的に統合された巧みで協調性のあるエクササイズが形成されるようになった，といえるかもしれない。

1-2 神経細胞と活動電位

神経系は神経細胞（ニューロン）とそれを支える神経膠細胞（グリア）からなる。代表的な神経細胞である運動ニューロンは，細胞体，樹状突起，軸索，神経終末（終板）から構成される（図1-3A）。神経細胞は他からの刺激により興奮し，活度電位が発生して軸索を伝導し，神経終末に達すると神経伝達物質を放出する。神経

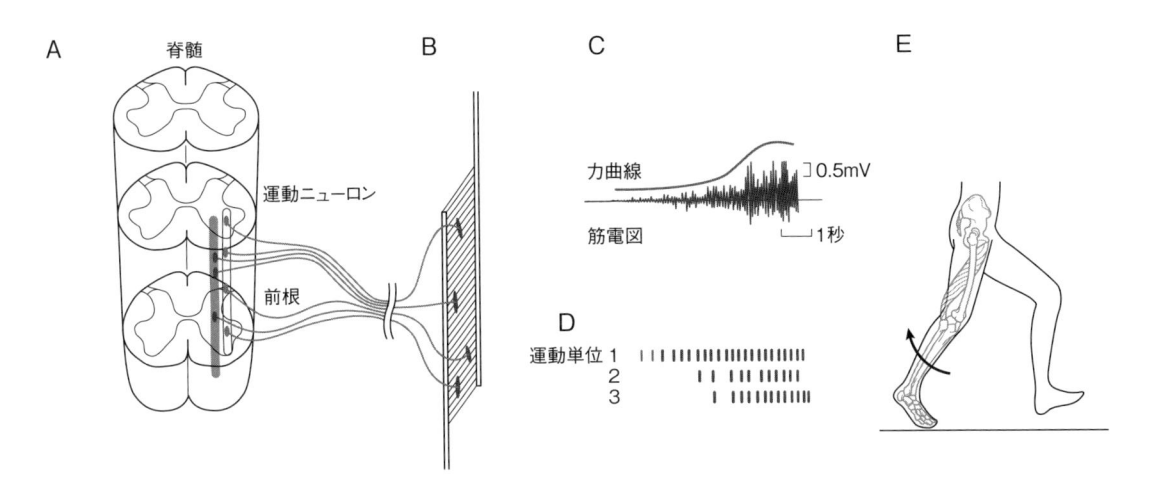

図1-1 エクササイズの過程
脳で発せられた各筋への運動指令は，脊髄・前根を通じて脊髄分節まで下降する（A）。脊髄から運動神経が各筋に遠心性の活動電位を運動終板に送る（B）。筋の電気的活動（筋電図）から力が発生し，力曲線が得られる（C）。その背景には筋の多くの運動単位（1, 2, 3, …）の活動がある（D）。各筋の活動が各関節を動かす力（回転トルク）となり，総合的に身体の外にエクササイズを生み出す（E）。
（西薗作図）

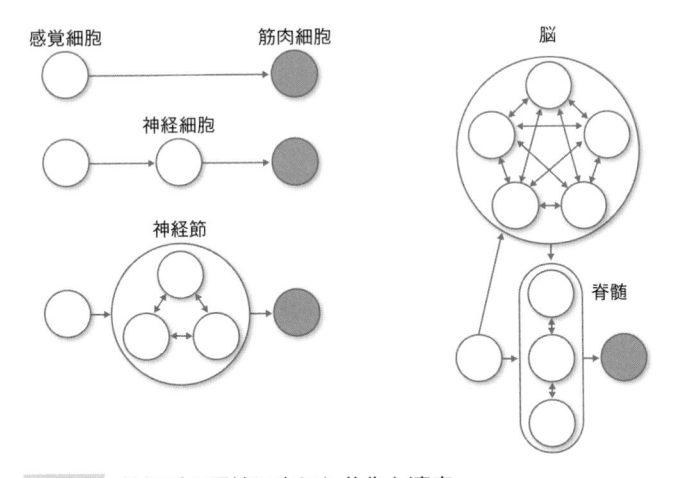

図1-2 神経系の環境に応じた分化と適応
（時実利彦：目でみる脳 その構造と機能，p4，東京大学出版会，1969）

細胞どうしの接続はシナプスであり，興奮性と抑制性のものがある。図1-3Bに細胞内記録による静止膜電位から刺激によって活動電位が発生する様子が図示されている。

神経線維は通常，髄鞘（ミエリン）を有する有髄神経と無髄神経に分けられ，さらに神経線維の伝導速度，直径によって分類される。一番太くて伝導速度の速い神経線維である α（アルファ）運動ニューロンは直径15μmで，伝導速度は毎秒50m程度である。ちなみに筋線維の伝導速度は毎秒5m程度である。

2 中枢神経系の運動制御

2-1 中枢神経系と運動の概要

脳と脊髄は，中枢神経系として分類される

第1章 運動と神経系

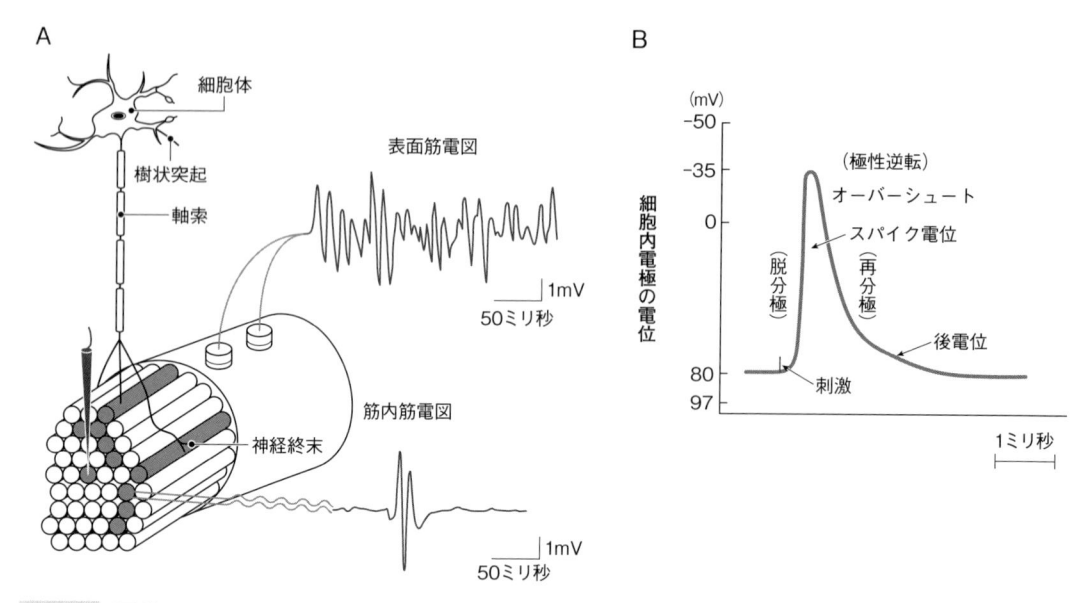

図1-3 運動ニューロンから神経終末を経た筋の運動単位の活動
A：ニューロン・筋線維の構造と筋電図，B：細胞内電極による記録（模式図）。
（西薗秀嗣：筋電図．バイオメカニクス―身体運動の科学的基礎．杏林書院，p444，2004）

（図1-4）。脳・脊髄の矢状断面図を示す（図1-5）。

運動は，意識的・意図的な随意運動と，意志で制御できない不随意運動に分けられる。外部からの刺激によって不随意運動が誘発される場合は，反射である。たとえば同じ膝関節の伸展運動でも，サッカーボールを蹴る動作は随意運動であり，膝蓋腱を叩いて生じる膝の伸展は反射となる。

歩行という単純にみえる動作も，姿勢，反射や随意運動を制御する複雑なシステムで成り立っているが，どのような動作も最終的に運動神経の興奮によって各筋が張力を発生することに変わりはない。よって，これを最終共通路（final common pathway）とも呼ぶ。

中枢神経系による運動の計画，準備および遂行についての模式図を図1-6に示す。運動を始めるきっかけは，①「内的要求」（空腹感や喉の渇きなど），②自らの「意志」，③「外的刺激」（ボールが飛んできたなど）の3条件である。「内的要求」は，ヒトの生存に重要な食事・摂水や本能行動に関係する感覚が，脳の中心部に位置する辺縁系（辺縁系の名は境界や端を意味するラテン語から来ており，大脳皮質，神経路，脳の深部の神経核の間に丸い帯状に位置する）で統合され，皮質連合野から1次運動野を経て運動につながる。「意志」は皮質連合野で生まれ統合され，どのような運動を行うか決めるため運動前野，補足運動野を経由し1次運動野へ連絡される。「外的刺激」は視覚，聴覚などから感覚野へ連絡され皮質連合野に送られる。これら皮質連合野の情報は，補足運動野や前運動野ならびに大脳基底核，小脳外側部に送られ，どの筋をどのような順序でどの程度活動させるかといった具体的なプログラムがつくられる。そして，この運動プログラムが1次運動野に伝わり，運動指令が最終共通路である脊髄の運動ニューロンに行って運動が実行される。また，体性感覚によるフィードバック調整や平衡感覚などの情報を受けながら，小脳中間部を介して外界の変化に応じた運動が行われている。

基 礎 編

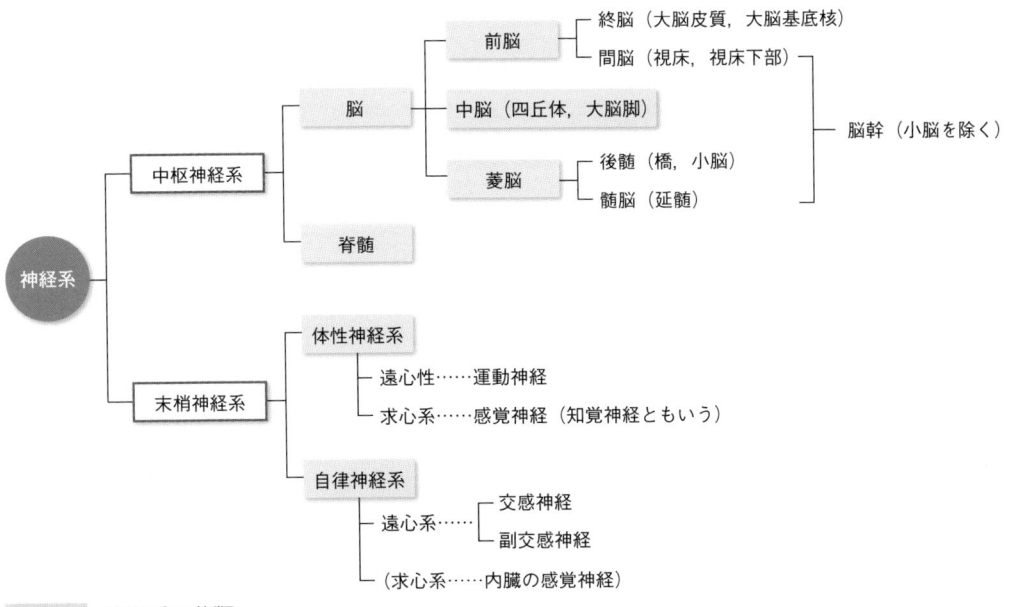

```
神経系 ─┬─ 中枢神経系 ─┬─ 脳 ─┬─ 前脳 ─┬─ 終脳（大脳皮質，大脳基底核）
       │             │     │       └─ 間脳（視床，視床下部）
       │             │     ├─ 中脳（四丘体，大脳脚）
       │             │     └─ 菱脳 ─┬─ 後髄（橋，小脳）
       │             │             └─ 髄脳（延髄）
       │             └─ 脊髄
       │                                          脳幹（小脳を除く）
       └─ 末梢神経系 ─┬─ 体性神経系
                    │   ├─ 遠心性……運動神経
                    │   └─ 求心系……感覚神経（知覚神経ともいう）
                    └─ 自律神経系
                        ├─ 遠心系 ─┬─ 交感神経
                        │         └─ 副交感神経
                        └─（求心系……内臓の感覚神経）
```

図1-4 神経系の分類

（真島英信：生理学，文光堂，p120, 137, 1976 より筆者改変）

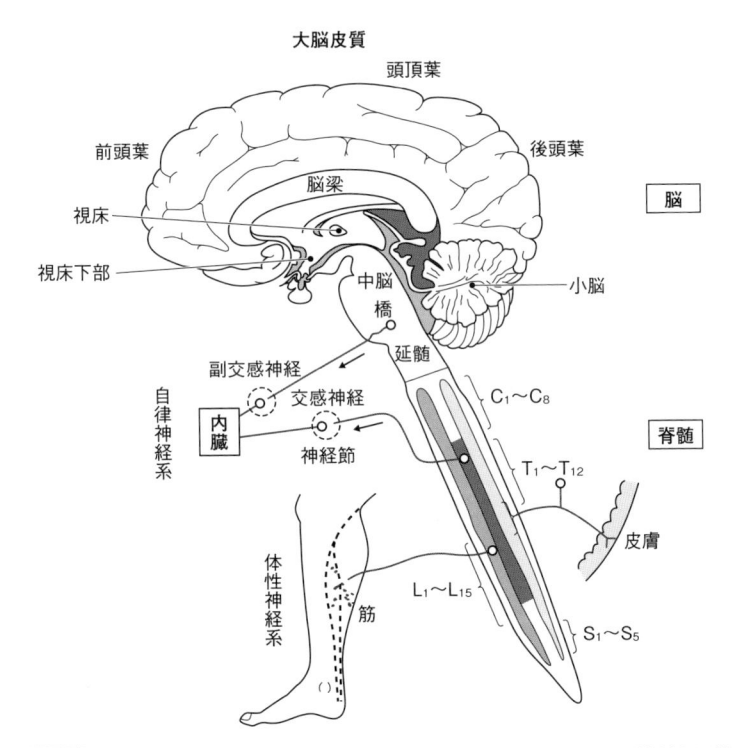

図1-5 中枢神経系（脳と脊髄）と末梢神経系（自律神経系と体性神経系）

（真島英信：生理学，文光堂，p119, 1976 より筆者改変）

第1章 運動と神経系 21

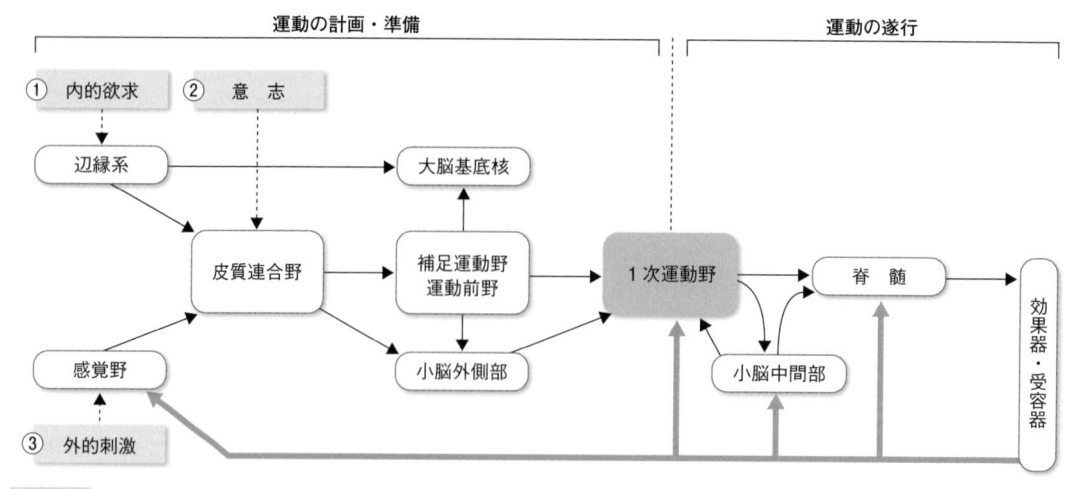

図1-6 中枢神経系での運動の計画・準備・遂行に関わる各部位の関連
(藤木稔・古林秀則：臨床スポーツ医学，21(9)：965-972，2004)

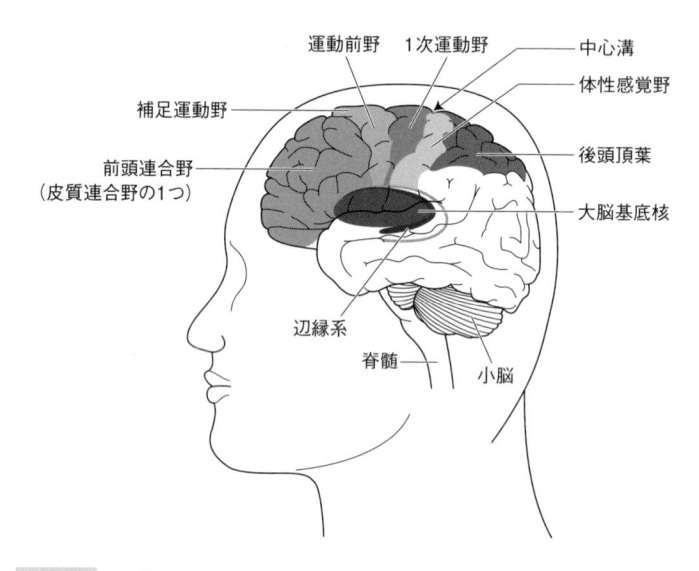

図1-7 運動に関わる脳の領域
1次運動野は反射を除くすべての運動に関わり，脊髄を経て筋を支配する運動神経に信号を送る。意志による運動は，前頭連合野を含む皮質連合野が関わる。
(リタ・カーターほか著・養老孟司監訳：ブレインブック　みえる脳，p113，115，南江堂，2012より改変)

2-2 大脳皮質

　運動にかかわる脳の領域を**図1-7**に示す。頭頂部の中心溝の前に1次運動野があり，さらに補足運動野と運動前野が位置する。その前の広い前頭葉領域は皮質（前頭）連合野と呼ばれる。中心溝の後ろには体性感覚野がある。

　大脳皮質からは，脊髄へ随意運動が実行される重要な①皮質脊髄路（体幹や四肢の細かい随意運動を制御；大脳皮質の中心前回の領域から活動が始まる）と，②皮質延髄脊髄路（頭部の随意運動および脊髄の制御に間接的にかかわ

る）が出ている。両者は延髄の錐体を通ることから錐体路と呼ばれる。

　神経線維は下肢，上肢，体幹へ機能的に下行し，延髄の錐体を経て，多くは脊髄で反対側に交差する。これを錐体交叉という。脳から脊髄に下行する線維は上位運動ニューロンとも呼ばれ，脊髄前角に細胞体があり直接筋を支配する線維を下位運動ニューロンと呼ぶこともある。

2-3 脳　幹

　脳幹は間脳（視床，視床下部），橋，延髄からなり，姿勢制御や四肢の屈曲・伸展反射にかかわる。視床は間脳を構成する最大の神経核で様々な情報を送る中継核である。

　脳幹から脊髄への経路は錐体外路と呼ばれ，随意運動にとって不可欠の補助回路と考えられている。

① 網様体脊髄路：運動系では外側（延髄）の経路で伸筋脊髄反射を抑制し，内側（橋）では伸筋脊髄反射を促進し，さらに自律神経に仲介し，痛みにかかわる3つの異なった系がある。
② 前庭脊髄路：直立姿勢やバランスを維持する筋を制御する。
③ 赤核脊髄路：屈筋の運動ニューロンの働きを促進する。
④ 視蓋脊髄路：視覚や聴覚の情報から頭部の運動方向を決める。

2-4 大脳基底核，小脳

　表面からは見えないが，脳の中心部に大脳基底核がある。ニューロンの細胞体が集まった部位を神経核と呼び，脳の左右対称に30対以上が認められている。大脳基底核とは大脳半球の基底部の核の総称であり，被核，尾状核，淡蒼球，黒質，視床下核などが含まれる。大脳基底核は，皮質脊髄路の大部分を構成する中心前回（運動野）と運動前野のニューロンに作用する（図1-8）。

　小脳は運動にかかわるすべての部位から入力

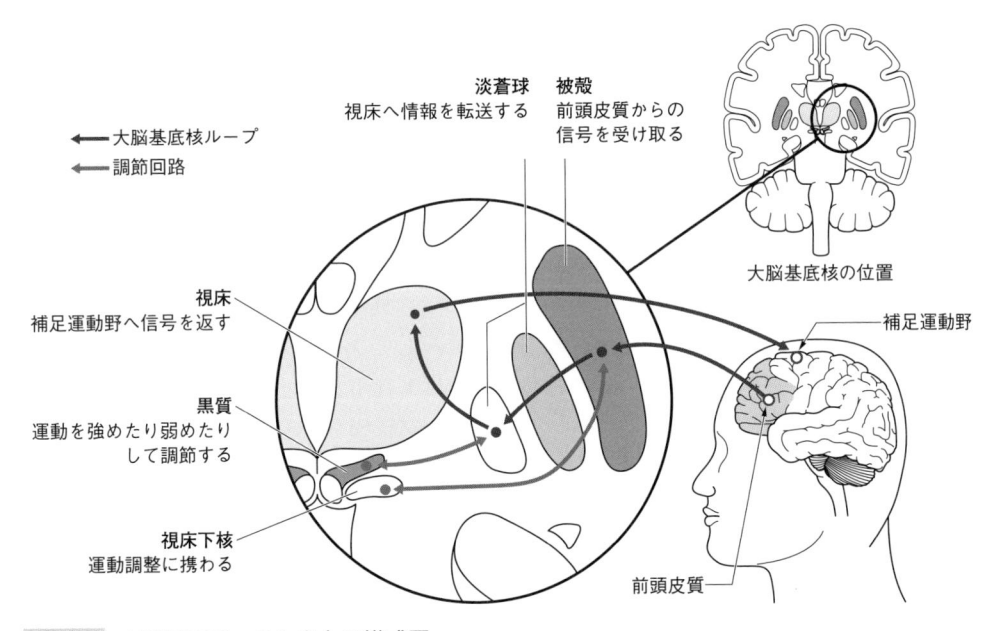

図1-8　大脳基底核への入出力の模式図
意志による運動をはじめ，すべての意識的な運動は皮質連合野でまとめられ，運動前野と補足運動野，基底核のさまざまな神経核で調整される。
（リタ・カーターほか著・養老孟司監訳：ブレインブック みえる脳，p115，南江堂，2012より一部改変）

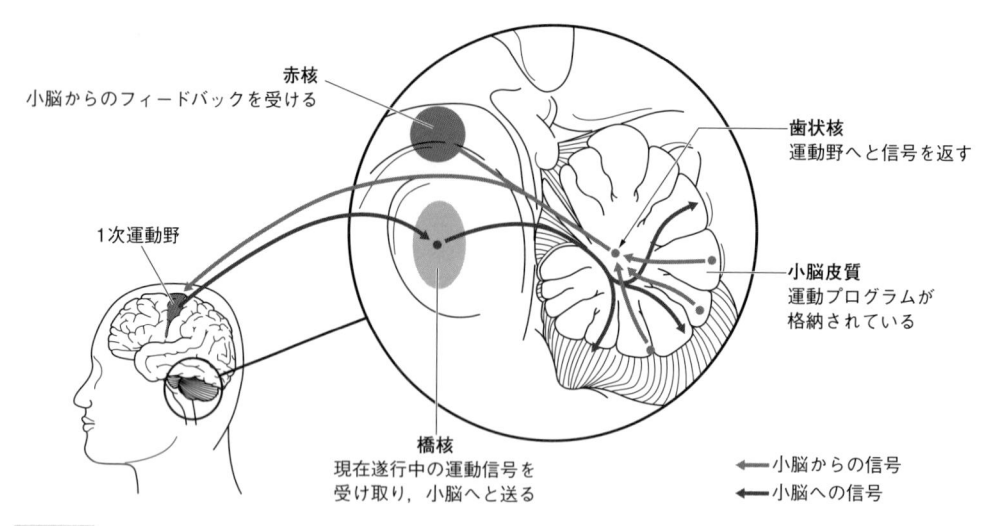

図1-9　小脳への入出力の模式図
より複雑な動きは，筋活動の順番，タイミング，強度を正確に決める必要があり，小脳の回路でつくられる。1次運動野からの信号で橋核を介し，小脳皮質の運動プログラムに照合し，求心性に歯状核，赤核（中脳）を介し1次運動野へ計算結果を返し，実行プランが脊髄に送られる。
（リタ・カーターほか著・養老孟司監訳：ブレインブック みえる脳，p115，南江堂，2012より一部改変）

を受け処理し，運動機能の中心的な情報統合部位として働き，脳幹に作用し運動機能に大きく影響する（図1-9）。これは，スキルが獲得されると熟練した動作は意識しなくても自動的になされるような，小脳の運動学習機構として理解されている。

3　末梢神経系の運動制御

中枢神経系から出て，身体のあらゆる場所に興奮を伝える経路が末梢神経系である（図1-4，1-5参照）。末梢神経は形態学的には脳と脊髄から発するので脳脊髄神経ともいわれ，脳からの12対の脳神経，脊髄から発する31対の脊髄神経がある。

3-1　脊髄神経

3-1-1　解剖学的特徴

脊髄神経は以下のように分類される。
- 頸髄：C_1～C_8から発する8対の頸神経
- 胸髄：T_1～T_{12}から発する12対の胸神経
- 腰髄：L_1～L_5から発する5対の腰神経
- 仙髄：S_1～S_5から発する5対の仙骨神経
- 尾髄：C_0から発する1対の尾骨神経

3-1-2　脊髄反射

脊髄反射は，感覚系（求心性）と運動系（遠心性）の相互調整のための神経回路によって，脊髄レベルで起こる反射運動である。

3-2　筋紡錘と腱器官

3-2-1　構造

筋の出力を連続的かつ滑らかに発揮するためには，筋の状態（長さと長さの変化）をモニターしてフィードバックを行い，次の動作を正確に実行することが重要である。そのために筋の内部状態を知る感覚器として筋紡錘（muscle spindle）がある（図1-10）。内部には錘内筋線維（核袋・核鎖線維）があり，適切な緊張を保つためγ（ガンマ）運動神経で遠心性に支配されている。その微妙な変化がIa群感覚線維（1次終末）やⅡ群感覚線維（2次終末）から動的や静的反応として促通（＋）的に作用する。腱にはゴルジ腱器官（Golgi tendon organ）が存在する。

Ib群線維から抑制（−）的に作用し，筋の過大な張力による断裂や損傷を防ぐ役割をもつ．

3-2-2　伸張反射とIa抑制

ハンマーで膝蓋腱を叩くと大腿四頭筋が引き伸ばされ，その刺激が同名筋の筋紡錘からIa線維を通して求心性に脊髄へ伝わる．そして，α運動神経を興奮させ筋が収縮し，膝関節が反射的に伸展する（図1-11）．これを伸張反射（stretch reflex）という．このとき拮抗筋のハムストリングスは弛緩する．つまり脊髄内で抑制性の介在神経により，ハムストリングスの運動神経活動が抑制される．このように伸張反射と対になって拮抗筋が抑制されることをIa抑制という．

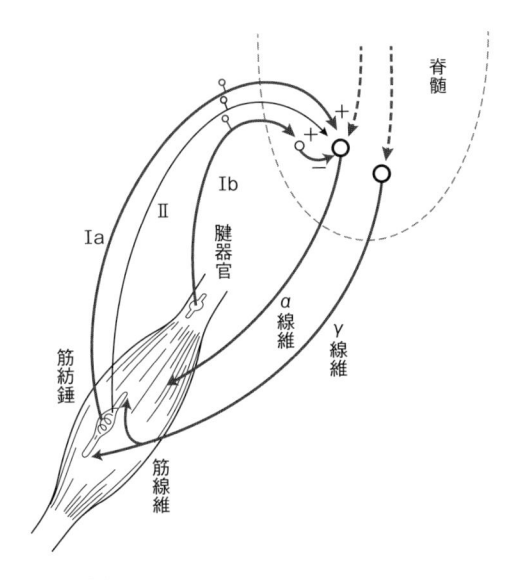

図1-10　筋，筋紡錘，腱器官と脊髄との連絡
　＋は促通，−は抑制を表す．
　（真島英信：生理学，p146，文光堂，1976より筆者改変）

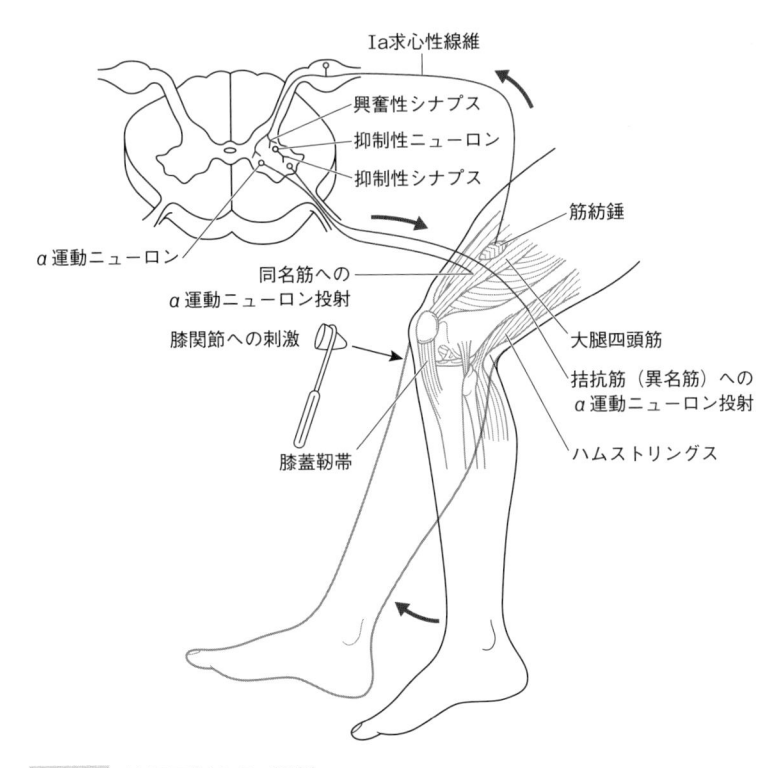

図1-11　伸張反射とIa抑制
　刺激によるIa求心性線維の活性化は同名筋の収縮を起こす一方で，拮抗筋の相反抑制をつくる．
　（アラン・シーゲルほか著・前田正信監訳：エッセンシャル神経科学，p158，丸善より一部改変）

3-2-3 自己抑制とIb抑制

筋が生理的限界を超えて張力を発揮すると損傷の危険性がある。それを避けるために自分自身の筋の興奮を抑制する必要があり，腱器官のIb線維を介し，反射的に抑制する。これを自己抑制という。これはフィードバック作用により筋張力を一定に保つ機構としても意義がある。

3-3 交叉性伸展反射

釘などを踏むと反射的に足を引っ込めようとし，侵害刺激から下肢を遠ざけようとする（屈曲反射）。これは皮膚の受容器からの同側下肢の屈筋を興奮させ，一方で反体側の伸筋に興奮性の作用を及ぼし身体が転倒しないように立ち直る。この伸張反射は反対側四肢の受容器からの信号によるので，交叉性伸展反射という。

4 運動単位レベルでの運動制御

先に述べたように脳から続く脊髄から31対の脊髄神経（神経根）が左右側に出ているが，身体の大部分の筋は複数以上の脊髄分節により支配されている（図1-12）。1分節の神経根は，脊髄の腹側から出る運動神経根（前根）と背側から出る感覚神経根（後根）が混在している。前根から出る1個の運動ニューロン（神経）から筋に向かって伸びる軸索は，神経叢などを形成しながら枝分かれし，多数の筋線維の終板で終わる。この1個の運動ニューロンと支配する筋線維を機能的に運動単位（motor unit）という。

4-1 運動単位の分類

運動単位は筋線維の収縮特性によって3種類程度に分類される（図1-13）。刺激による力学的応答から，単収縮時間の短いタイプF（fast twitch）と単収縮時間の長いタイプS（slow twitch）に分けられる。さらにタイプFは疲労しやすいFF（fast twitch fatigable）と，疲労しにくいFR（fast twitch fatigue resistant）に分類される。

これら3種類の運動単位の強縮張力はS → FR → FFの順に大きくなり，筋全体の筋力や持久性の制御が合目的的になされている。

4-2 動員と発火頻度の制御

筋収縮の調節は，運動単位（motor unit）の動員（recruitment）とインパルスの発射頻度の調節（rate coding）によって行われている。インパルスを発射する運動単位の数が多くなれば，収縮に参加する筋線維の数も増え，効果的に筋全体としての張力が大きくなる。

一般に静的でアイソメトリックな状態で筋の張力を次第に増加させるとき，運動単位は運動ニューロンの小さいものから順に活動に参加する。これをサイズの原理（size principle）という。これは細胞膜の興奮閾値によって動員順序が生理学的にほぼ決まることを示唆し，前述の運動単位のタイプSからタイプFへと順次活動に参加する。力の発揮レベルを上げると，すでに動員されている運動単位は発火の頻度が高まる。これは力の制御において合理的であり，実験的にも容易に検出できる。

しかし，すべての筋の力制御にあてはまるわけでなく，伸張性の筋活動や急速な（ballistic）運動ではタイプFの運動単位がタイプSより先行する。また，疲労による運動単位の活動交代や，多極表面電極による研究から，歩行時の大腿直筋で体重を支える局面では筋全体が活動し，つま先で踏みつける局面では筋の近位に活動中心がシフトする，という合目的的な運動単位活動の変化が報告されている。

4-3 神経筋支配比

1つの運動ニューロンに支配される筋線維数（神経筋支配比［innervation ratio］）は，筋によって異なる（Enoka 2008）。一般的には，微細な動きに用いられる眼筋や手指の筋では神経支配比が小さく，粗大運動を行う下肢や体幹では大きい（表1-1）。支配比が小さいと，すばやく微

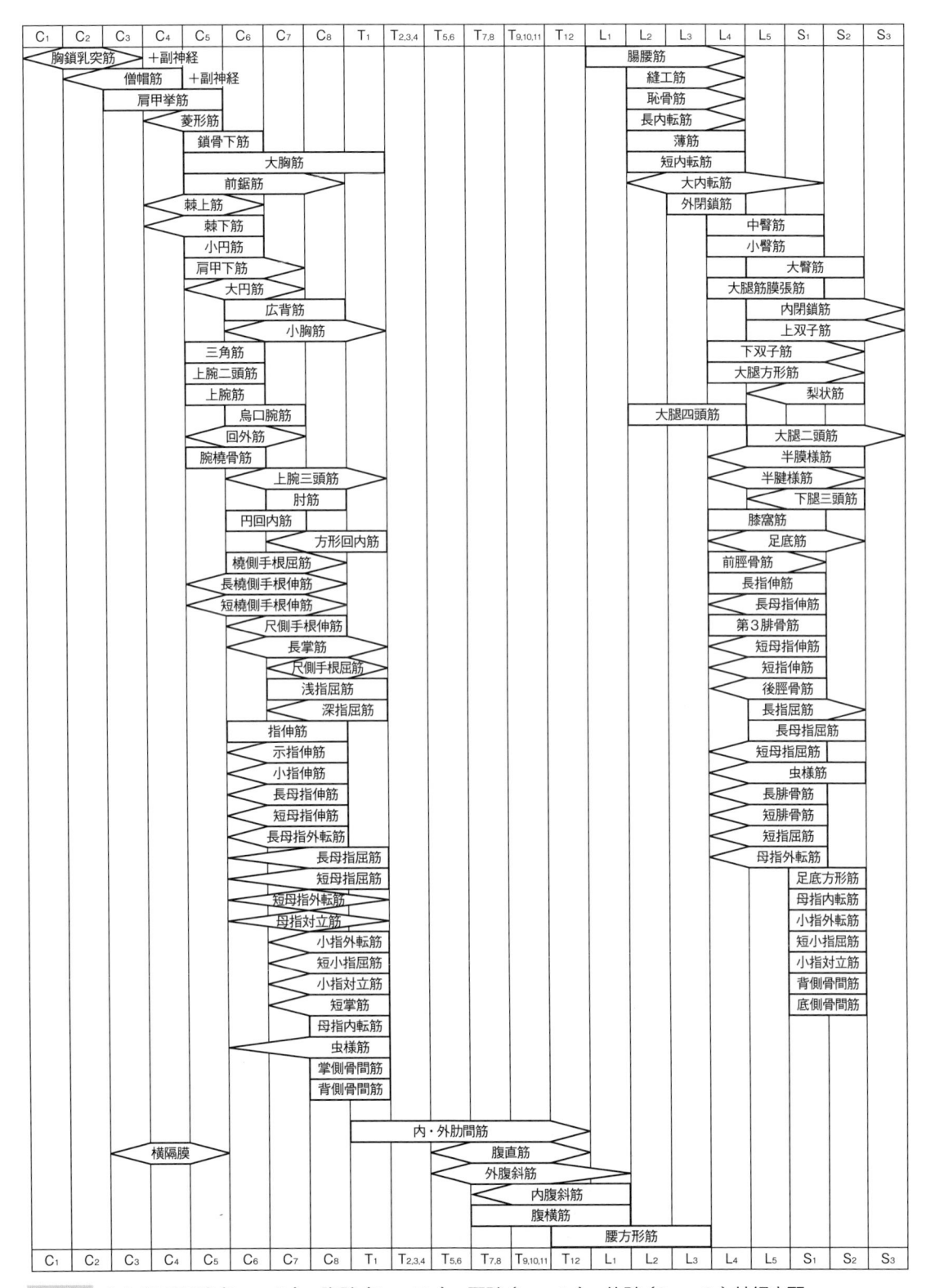

図1-12 主な筋の頸髄（C_1〜C_8），胸髄（T_1〜T_{12}），腰髄（L_1〜L_5），仙髄（S_1〜S_3）神経支配

（Kendall HO et al.: Muscles – Testing and Function [2nd ed]，William & Wilkins, 1971）

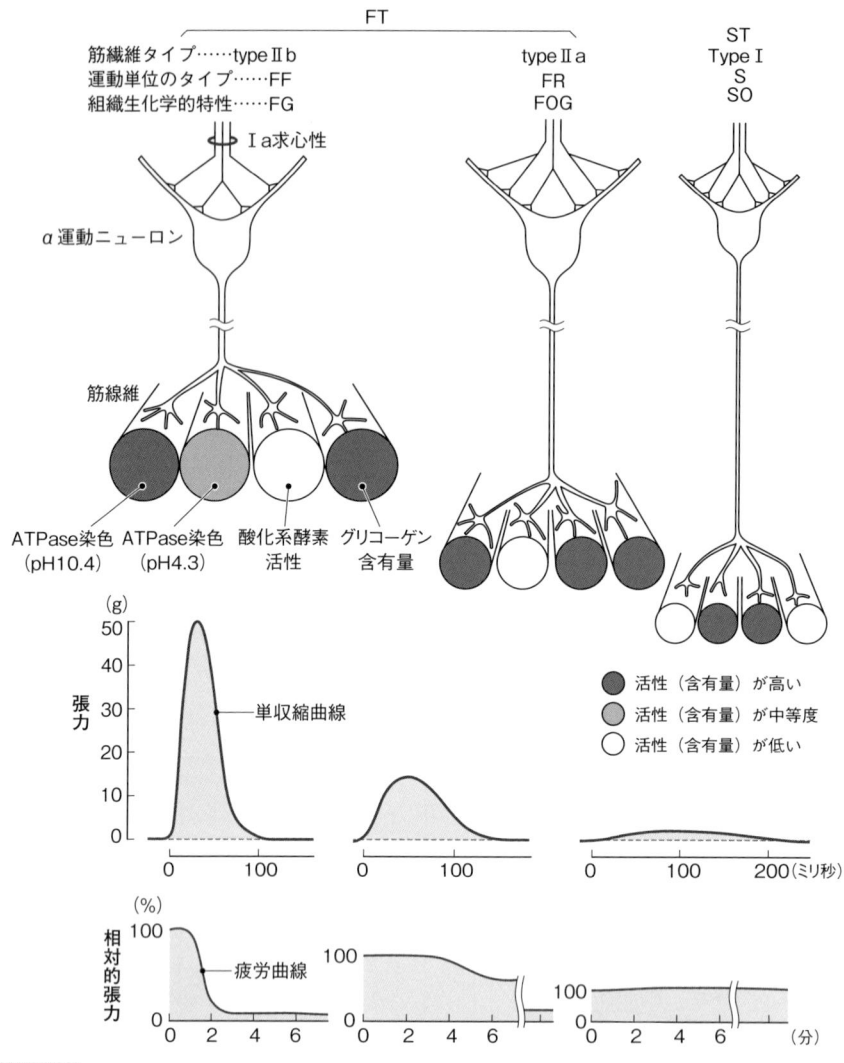

図1-13 3種類の運動単位の特性
運動単位のタイプ：FF（fast fatiguable，易疲労性），FR（fatigue-resistant，疲労抵抗性），S（slow，緩徐性）。筋線維タイプ：FT（fast twitch），ST（slow twitch）。
（Burke RE, Edgerton VE : Exercise and Sports Science Reviews, pp31-81, Academic Press, 1975）

表1-1 筋の神経支配比の例

筋名	運動神経数	筋線維数	支配比
上腕二頭筋	774	580,000	750
腓腹筋（内側）	579	1,042,000	1,800
前脛骨筋	445	272,850	613

（Enoka R : Neuromechanics of Human Movement [4th ed.]. Human Kinetics, 2008）

【スポーツ障害との関連性】
フィードバックとフィードフォワード

　スポーツ外傷の予防や再発予防を目的としたエクササイズを作成する場合，スポーツ動作中に生じる不意な外力への反応を改善するためには予測制御（フィードフォワード制御）が重要で，反応制御（フィードバック制御）で対処するには遅すぎるといわれている。フィードバックとは知覚された諸情報を統合し，進行している運動を修正して合目的な運動に導く制御様式で，フィードフォワードは考えられる事象を予測し，フィードバック情報を待たずに運動を制御する。
　Popeら（1979）は，膝関節に不意な外反ストレスが生じた際の膝内側側副靱帯（MCL）と外反を制動する筋（縫工筋，内側広筋）の反応時間を理論的に計算し，筋収縮の開始はMCL断裂後に起こることを報告した。同様に，Yasudaら（1993）も筋の防御反応ではMCL損傷と膝前十字靱帯損傷を防ぐことはできないことを示しており，靱帯に生じる負荷を感知してから筋が反応するフィードバック制御では，不意な外乱から関節を守ることは困難である。
　非予測的外乱刺激に対応するためには，たとえば足関節内反捻挫に対する腓骨筋エクササイズのような，単関節運動だけが必要なわけではない。不意な外乱刺激を想定した多関節運動や多重課題を繰り返し練習することで，運動前野や補足運動野といった運動プログラム中枢における運動パターンの構築を促通し，予測性を増して非予測性を少なくすることが重要である。

（加賀谷善教）

参考文献
1) Pope MH et al.: The role of the musculature in injuries to the medial collateral ligament. J Bone Joint Surg Am, 61（3）: 398-402, 1979.
2) Yasuda K et al.: Dynamic elongation behavior in the medial collateral and anterior cruciate ligaments during lateral impact loading. J Orthop Res, 11（2）: 190-198, 1993.

妙な制御が可能となる。

5 筋活動の計測：筋電図

　筋の活動の状況を知る方法に筋電図（EMG：electromyography）がある。筋電信号を適切に導出・記録・処理して神経筋機能を分析することができ，神経筋疾患の補助診断法として用いられる。目的に応じて，神経伝導速度，誘発筋電図，筋線維伝導速度の計測などにも応用されている。

5-1 筋の活動電位とその測定

　ヒトの運動は，脊髄のα運動ニューロン（図1-3A）の興奮が筋の神経筋接合部に到達し，筋線維（細胞）が脱分極を起こし（図1-3B），活動電位が膜に沿って伝わり筋線維が収縮することによって生み出される。
　計測される波の形は，筋細胞内の電極で観察したときは単相性で，針電極や皮膚表面からの表面電極では複雑な多相性となり運動単位活動の活動電位（motor unit action potential：MUAP）の集合としてとらえられる。
　この波形や振幅は多くの要因によって変化する（図1-14）。測定上の技術的要因では，電極の形やMUAPからの相対的な位置，さらには神経筋終板の位置に影響を受ける。また，生理学的な要因としては，筋の収縮様式や疲労，筋温などが関係する。

5-2 筋電図の計測・分析

5-2-1 計測に用いる電極と波形分析

　筋電図計測に使用する電極（表1-2）および処理法（表1-3）と分析目的についてまとめた。
　電極は，運動単位の活動電位を集めるアンテナの役割をする。筋が皮膚表面に近い浅層に位置するか，深層かによって表面電極，針電極，ワイヤー電極を特性に応じて使う。分析目的も

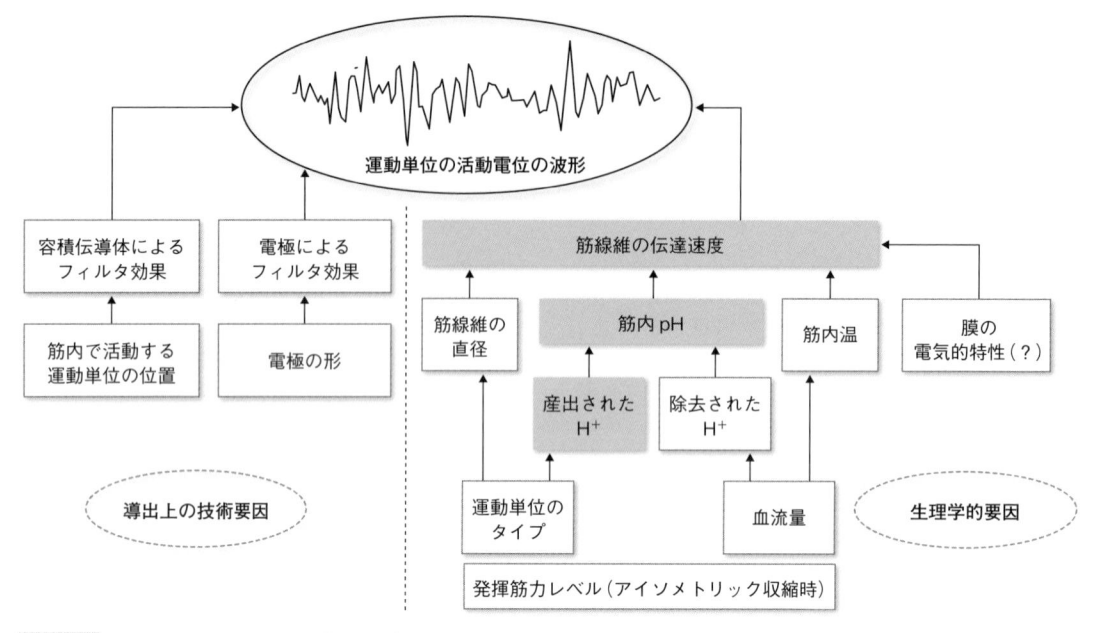

図1-14 運動単位の活動電位（MUAP）の波形を決める要因
導出上の技術要因と生理学的要因に大きく分けられる．灰色の部分は最大収縮30％のアイソメトリック収縮時を示す．
(De Luca CJ：J Appl Biomech, 13：135-163, 1997 より改変)

表1-2 筋電図の電極と分析目的

表面電極	表在筋の共働・拮抗活動の時間計測 表在筋の中枢制御（誘発筋電図） 多極表面電極による筋内運動単位活動
針電極	運動単位活動（頻度，動員） 神経筋疾患の診断
ワイヤー電極	深層筋活動の時間計測

表1-3 筋電図の処理法と分析目的

整流・スムージング
導出・増幅された生波形は交流信号のため負の成分を正に変換（絶対値化）したり，適切なフィルターで滑らかにすることで張力や関節の変位信号と比較する．

平均値（積分値）筋電図（RMS）
整流波の面積や累積加算した値を時間で除し，単位時間当たりの平均的電位を算出したり（平均値筋電図），単位時間当たりの電位の二乗和の平方根で表す（root mean square；RMS）．定量的な分析で使われる．

同期加算平均
特定の刺激によって誘発される特定の応答を何回も足し合わせることによって周辺のノイズから際立たせる．歩行や運動時の動作筋電図は何回も加算平均することによって安定した放電パターンが観察される．

多岐にわたる．

筋の電気信号の処理は大きく，整流・スムージング，平均値かRMS，加算平均法があげられる．最近は色に変換し視覚的に被験者にフィードバックするなど，イメージトレーニングにも利用されるようになった．

5-2-2 表面筋電図測定の標準化

表面筋電図は痛み伴わない非侵襲的手法であり，分析できる範囲が広い．

表面筋電図を導出する際の基本（EMG stndards）が，ISEK（国際筋電図キネシオロジー学会）によって提案されている．電極（素材，形状，電極間距離など），増幅器（単・双極，フィルタによる周波数特性），コンピュータへの取り込み条件（A/D変換のサンプリング周波数），処理法（RMS，平均値筋電図の条件など），クロストーク（混信）の確認などが求められ，正確に記述する必要がある．

今後，エルゴノミクス（筋疲労，コンピュータ作業条件の指標），リハビリテーション，運

【測定の具体例】
筋電図計測の様々な応用例

①多数の筋活動を計測して運動制御をマクロ的に分析

　被験者（健常者，腰痛者）には，光刺激後に上肢を上げるという課題を与える．その反応時の6個の筋活動をみると健常者の筋活動と比べ，腰痛者では腹横筋活動が遅れ，動作に不安定性がみられる（図1）．これは痛みに伴う身体コントロールに乱れが生じたものである．

②同じ筋内の異なる運動単位の活動をミクロ的に分析

　図2は羽状筋（pennate muscle）である腓腹筋における4個の運動単位の運動終板を模式化している．ヒトの大部分の筋は羽状筋であり，筋線維（数本集まり筋束：fascicleを形成する）の走行は腱に近くなると膜状の構造（腱膜：aponeurosis）となり筋束として腱に斜めに付着する．運動ニューロンAの活動で筋線維1から5が発火すれば皮膚上の電極cdefから導出され，Aのエリアで部分的な収縮が起きる．運動ニューロンDの活動で筋線維12から17が発火すれば，電極jからpで導出され，皮膚上でDのエリ

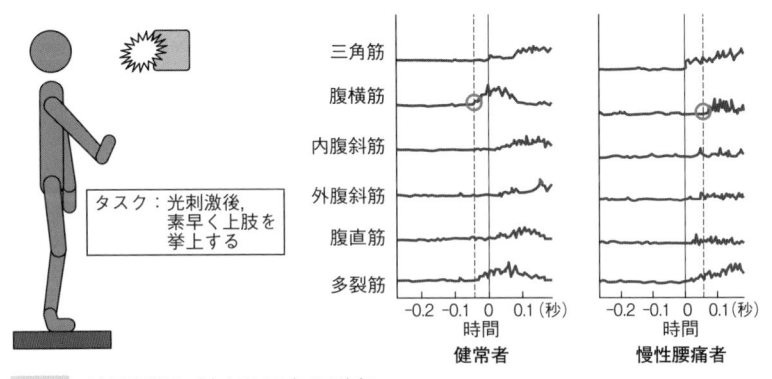

図1 外部刺激に対する反応の測定

（Hodges PW et al. : Spine, 21 : 2640-2650, 1996）

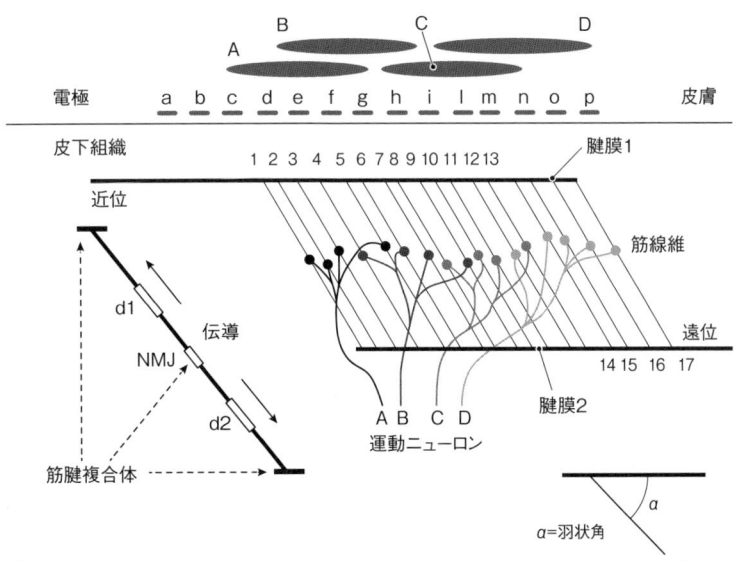

図2 多極表面筋電図による運動単位の検出と半羽状筋や腱膜の構造

（Barbero M et al.: Atlas of Muscle Innervation Zones, p36, Springer, 2012）

アが活動する。運動ニューロンＡＢＣＤは独立して発火するので，多くの表面電極で観察することにより筋内のミクロ的制御がわかるようなった。

③その他の例

上腕二頭筋（紡錘状筋：fusiform muscle）を対象として，皮膚上に皿状の表面電極を7個並べて貼る（図3）。近傍の針電極からのスパイク状の活動電位を基準にして，表面筋電図をコンピューターで加算平均すると活動電位の伝導が観察でき，終板の位置が推定できる（Nishizono ら 1979）。また張力曲線を加算平均処理することにより，運動単位の収縮力や収縮時間が計測できる（図4）。

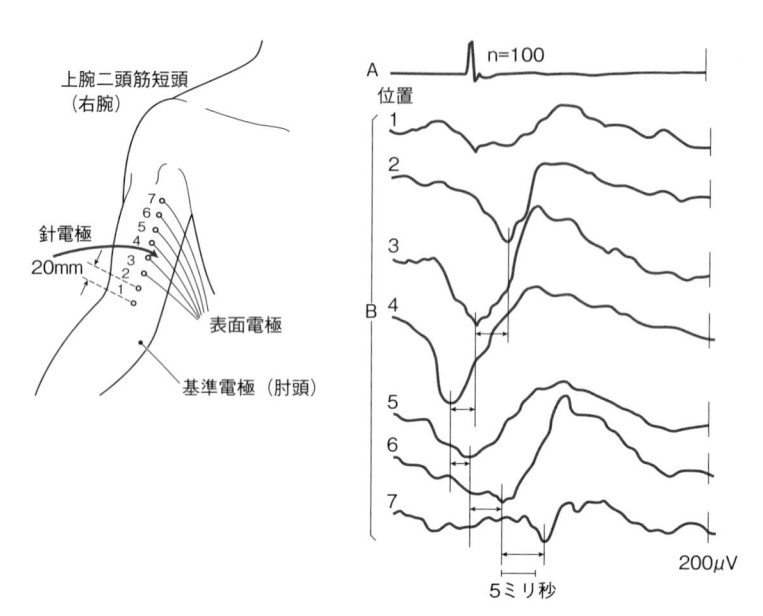

図3 上腕二頭筋の皮膚表面から行う活動電位の伝導速度測定

右図で筋中央の針電極から得たスパイク状波形（A）をトリガーにしてコンピュータ処理し，電極の場所によって波形のピークが移動する（B）。この時間遅れから伝導速度がわかる。

（Nishizono H et al.: Elctroenceph Clin Neurophysiol, 46：659-664, 1979）

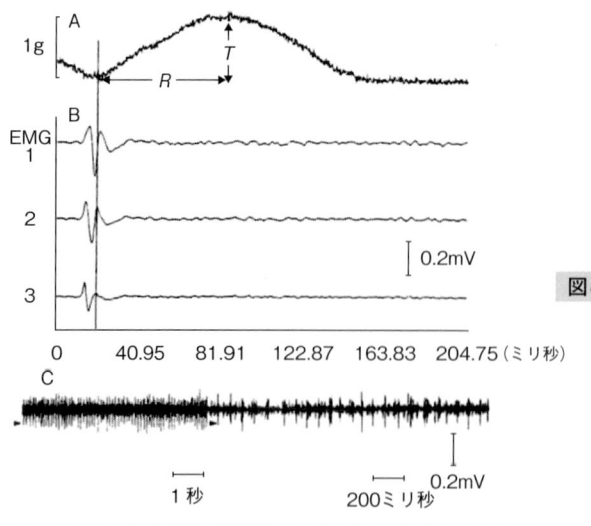

図4 表面筋電図からみる筋の運動単位の収縮特性

表面筋電図からコンピュータ処理した例。Aは手の第一背側骨間筋の等尺性収縮時の運動単位活動を加算平均したもので，収縮張力（T）や収縮時間（R）を測定でき生理学的特徴がわかる。

（Nishizono H et al.: Elctroenceph Clin Neurophysiol, 75：75-81, 1990）

動学，スポーツバイオメカニクス，医療での生理検査領域また神経筋の病理の診断手法として，電極や処理法に関する新たな技術革新により応用範囲が広がるであろう。

5-3 筋電図計測の意義

脳・神経系，筋・骨格系による運動制御（motor control）は，結果として脊髄からの最終共通路を経て運動単位の活動となる。この運動制御を考えるうえで，神経系の駆動ドライブを①タイミング（timing），②スペーシング（spacing），③グレーディング（grading）の観点からみることができる（図1-15：猪飼 1978）。タイミングは，筋活動がいつ発現するかという時間軸でとらえ（反射，反応時間，動作のすばやさ），スペーシングは，身体空間でどの筋が共働し活動するかをみる（あるいは拮抗筋のように抑制）。グレーディングは，活動の強さの調整（筋力変化や疲労による振幅増大など）をみて，そこから運動調節のメカニズムを分析することができる。

また，筋線維伝導速度を計測・モニターすることによって，筋線維膜の興奮水準を調べることができる（Kevinら 2011）。

5-4 同じ筋内の活動を部位ごとに分析

股関節や膝関節をまたぐ二関節筋（大腿直筋，大腿二頭筋長頭，腓腹筋）は，すばやい運動にかかわる。長い筋（30〜50cm）では部位によって機能が分化しないとスムーズな制御ができずケガを起こしやすい。大腿直筋の近位部と遠位部では，単関節筋の内側広筋などとの合目的的な筋機能が報告されている（Miyamotoら 2012）。

また，多極表面電極を利用することによって，筋の各部位の運動単位が多様な機能をもち活動することが明らかになった（Barberoら 2012）。

最後に

ここまで，脳や脊髄での神経系による運動制御や，筋の神経活動の計測などについてみてきた。

ケガの発生要因については，まだまだ不明な点が多い。たとえば大腿後面のハムストリングスには肉離れの筋損傷が多発する。このような比較的長い筋では，筋線維全体が多重支配されているとはいえ，終板から筋全体に活動電位が伝導するのに時間がかかり，局在的な筋張力の不均衡が生ずることが予想される。

これらのことから，神経系による運動制御は終板の位置も含めた具体的な筋・腱の構造形状（羽状筋や紡錘状筋など）に左右されよう。このことは神経系の中枢制御の負担を軽くすることに役立つ。また筋の張力発揮は，筋線維（サルコメア）の力発揮特性と筋線維以外の結合組織，筋束レベル，筋形状などの筋・腱複合体としての挙動に大きく影響される。今後明らかにされていくべき課題である。

（西薗秀嗣）

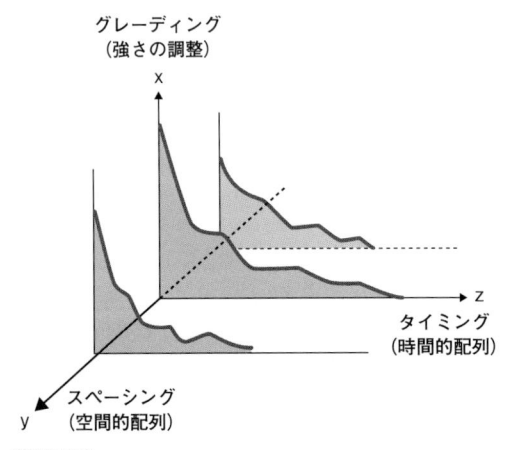

図1-15 運動制御の3次元展開
（猪飼道夫ほか：身体教育の原理，p202，東京大学出版会，1973）

参考文献
1) 木塚朝博ほか・バイオメカニズム学会編：表面筋電図，東京電気大学出版局，2009．
2) 福永哲夫編著：筋の科学事典－構造・機能・運動－，朝倉書店，2002．
3) Kandel ER et al.: Principles of Neural Science (5th ed.), McGraw-Hill, 2013.

第2章 筋・腱の構造と特性

本章のねらい

トレーニングや運動療法などを含むエクササイズは，筋力や筋持久力増大に限らず，柔軟性の獲得やバランス能力の向上など，筋・腱に対するアプローチが多い。本章では，筋・腱の構造と特性を理解し，効果的なエクササイズを実践するための基礎知識を習得することを目的とした。また，対象者がケガを有する場合でも応用できるよう，スポーツ外傷との関連性やリスクマネージメント，筋・腱の病態生理と修復に関する内容についても触れた。

Key word
- 筋の構造と収縮
- 腱の機能
- 筋・腱複合体の特性
- 筋・腱の損傷と修復
- 筋力増大の基礎

1 筋の構造と収縮

1-1 筋の形態

筋は形態的に，骨格筋と心筋，平滑筋の3つに分類される。骨格筋と心筋は横紋をもつが，平滑筋は横紋をもたず血管や内臓などを形成する。骨格筋は運動神経に支配される随意筋で，その多くの筋の両端は腱を介して骨に付着する。一方，心筋と平滑筋は自律神経に支配される不随意筋である。

生体内での筋の形状は複雑であり，その形状は機能を反映し，紡錘状筋は筋線維が腱に向かって平行に走行する。筋頭が複数存在する場合は多頭筋，筋腹が腱で分かれるときは多腹筋と呼ぶ。また，羽状筋は筋線維長が短く，筋線維が斜めに走行し中央の腱に付着する（図2-1）。一般的に，羽状筋は腱長に対して多くの筋線維を停止させることができるため，同じサイズの紡錘状筋より大きな力が生じ，その力は2.5倍ともいわれている（Karpovich 1976）。

羽状筋の走行と腱がなす角度は羽状角と呼ばれ，筋線維の走行と腱がなす角度により求められる。羽状角が0°の場合，発生したすべての力は腱を介して伝達される（例：上腕二頭筋，縫工筋）。中央の腱に対して羽状角が30°の場合（例：ヒラメ筋），筋線維の力のベクトルの大きさは$\cos 30°$（≒0.866）で表すことができるため，理論上，86%の力しか腱の長軸に伝達することができない（図2-2）。

運動神経が筋に接合する位置を神経筋接合部（終板）という。これは筋において神経支配帯を形成するが筋によって異なる。羽状筋である橈側手根屈筋では筋線維の中央に位置するようにみえる。また半羽状筋である内側広筋ではほぼ中央に位置している（図2-3）。

しかしながら，最近の多極表面電極を用いた研究から筋への神経支配はより複雑で，筋・腱の形状などにより機能的に分化されている（図2-4）。

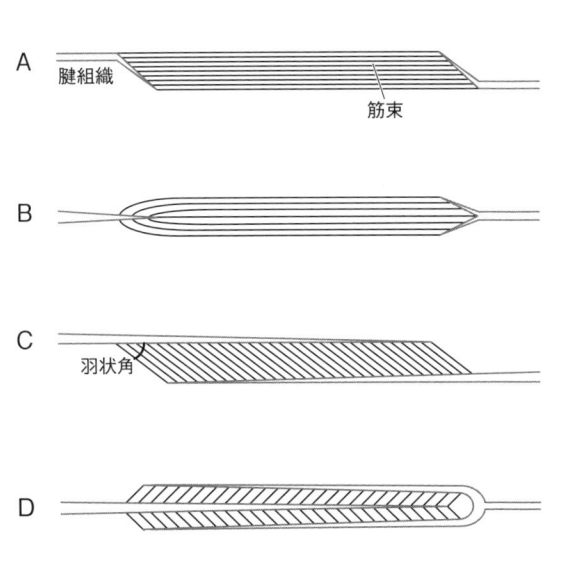

図2-1 一般的な筋の形態
A：平行筋，B：紡錘状筋，C：半羽状筋，D：羽状筋。
A，Bは可動域，短縮速度が大きい。C，Dは，筋容積当たりの発生する力が大きい。

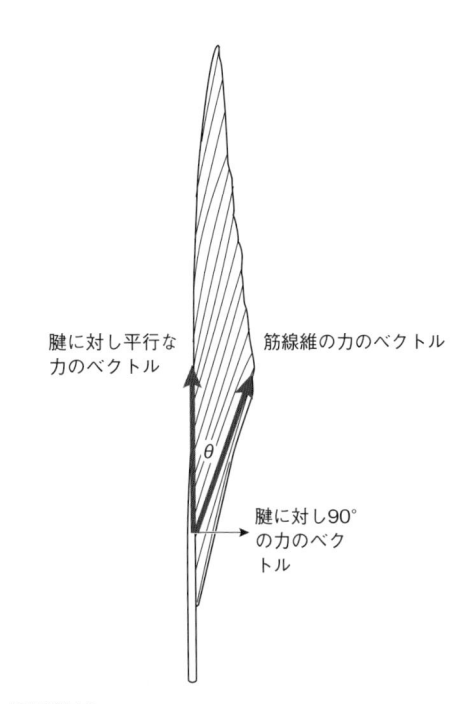

図2-2 半羽状筋の構造と力の発揮

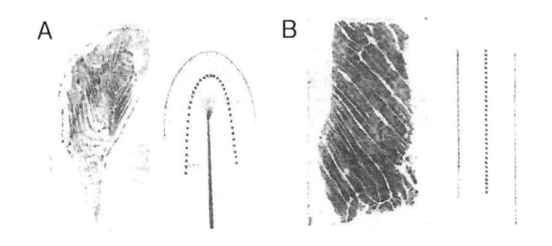

図2-3 骨格筋における神経筋接合部（終板）の位置
A：橈側手根屈筋，B：内側広筋。
(Basmajian JV, De Luca CJ：Muscle Alive-Their Function Revealed by Electromyography [5th ed.], Williams & Wilkins, 1985)

1-2 骨格筋の構造

骨格筋は，筋線維（muscle fiber）と結合組織（connective tissue）からなる。筋線維の直径は約10～100μm，長さは約1～50cmで（Yamaguchi 1990），筋線維が集まり筋線維束（筋束）を形成する。筋内の結合組織は筋基質の中に一定の構造をなさずに存在し，大部分は膠原線維（コラーゲン）で，残りは弾性線維（エラスチン）である。

これら2つのタンパク質の組み合わせにより，筋に強さ，構造的支持性，弾力性を与えている。

筋線維の表面は筋線維鞘（筋形質膜）で覆われ，この細胞の内部は筋形質とともに筋原線維の束が長軸方向に並んでいる。筋上膜は個々の筋または筋群を包み，種々の筋の滑りをよくしている。また，筋上膜は，筋の内部の筋線維の束である筋束を囲む筋周膜になる。

筋原線維は，直径7mmの細いフィラメント（アクチンフィラメント）と直径15mmの太いフィラメント（ミオシンフィラメント）からなり，筋の長軸方向に平行に配列されている。このフィラメントの重なりを光学顕微鏡で観察すると明暗の縞模様（横紋）がみられることより，横紋筋といわれている。この横紋はA帯と呼ばれる暗い部分と，I帯と呼ばれる明るい部分からなっている。A帯の中央にはやや明るいH帯，さらにI帯の中央には暗く狭いZ帯が存在する。1つのZ帯から隣のZ帯までは筋節（サルコメ

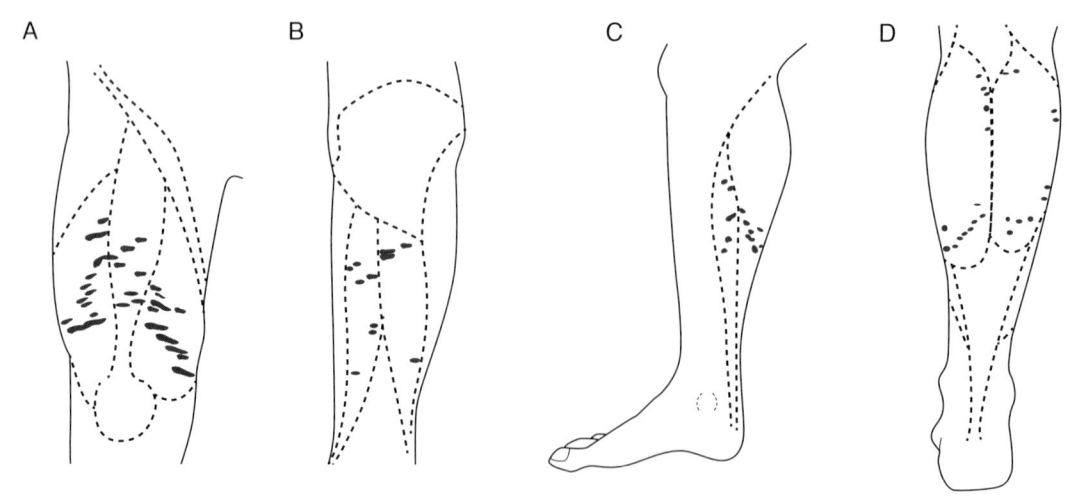

図2-4 骨格筋における神経筋接合部（終板）の機能的分化
A：外側広筋，大腿直筋，内側広筋の神経支配帯（Subj. NKI），B：半腱様筋，大腿二頭筋の神経支配帯（Subj. NKI），
C：腓骨筋の神経支配帯（Subj. HBY），D：ヒラメ筋，腓腹筋内側の神経支配帯（Subj. HBY）。
（木塚朝博ほか：表面筋電図，p151-154，東京電気大出版局，2006）

ア）と呼ばれ，これが筋収縮の基本単位となっている（図2-5）。

Huxley（1954）によって提唱された滑走説（sliding filament theory）によると，筋の収縮はミオシンフィラメントとアクチンフィラメントが相互に滑り込み，サルコメアが短くなることで生じる。その際，各フィラメントの長さは変わらず，お互いの重複する部分が増えるため，サルコメアにおいてA帯の長さは変化しないが，I帯およびH帯は狭くなる。

1-3 骨格筋の収縮

神経からの刺激がシナプス（神経筋接合部）で筋の活動電位を発生し，筋線維の全長に伝導する（図2-6A）が，電気的な変化としての膜電位（興奮）は力学的な筋フィラメントの滑走に変換される。これを興奮収縮連関という。その過程をまとめると，以下のようになる。

①筋線維細胞内での活動電位が始まる（興奮）
②横行小管に沿った電位変化の筋線維細胞内への伝わり
③横行小管から筋小胞体への信号の伝わり
④筋小胞体からのカルシウムイオン放出
⑤カルシウムイオンとトロポニンの結合
⑥筋フィラメントの滑走の開始（収縮）

活動電位の開始から収縮が始まる潜時は数ミリ秒の速さである（図2-6B）。逆に弛緩する過程は活動電位の発生が止まり，筋小胞体からのカルシウムイオン放出も停止する。その後，筋小胞体にカルシウムイオンが再吸収され（図2-7），トロポニンとの結合が消失し，筋線維は弛緩するに至る。放出された活動電位は，ある速度で筋線維に沿って伝導する（筋線維伝導速度）。収縮波は，筋線維の活動電位の伝導と同じ速度で伝播する。

1-4 単収縮と強縮

単一のインパルスによる短い収縮を単収縮（twitch）と呼ぶ（図2-8）。インパルスの発射頻度は運動の速度に依存しているが，最大張力に達してからの発射はほぼ一定となる。ただ，この発射頻度は筋や運動単位の種類に依存する。

単収縮の刺激を反復すると，刺激の間隔が広い場合はそれぞれの刺激に対する単収縮の張力曲線が描かれるが，刺激間隔が毎秒5～10回以上狭くなると，その張力曲線は融合してより

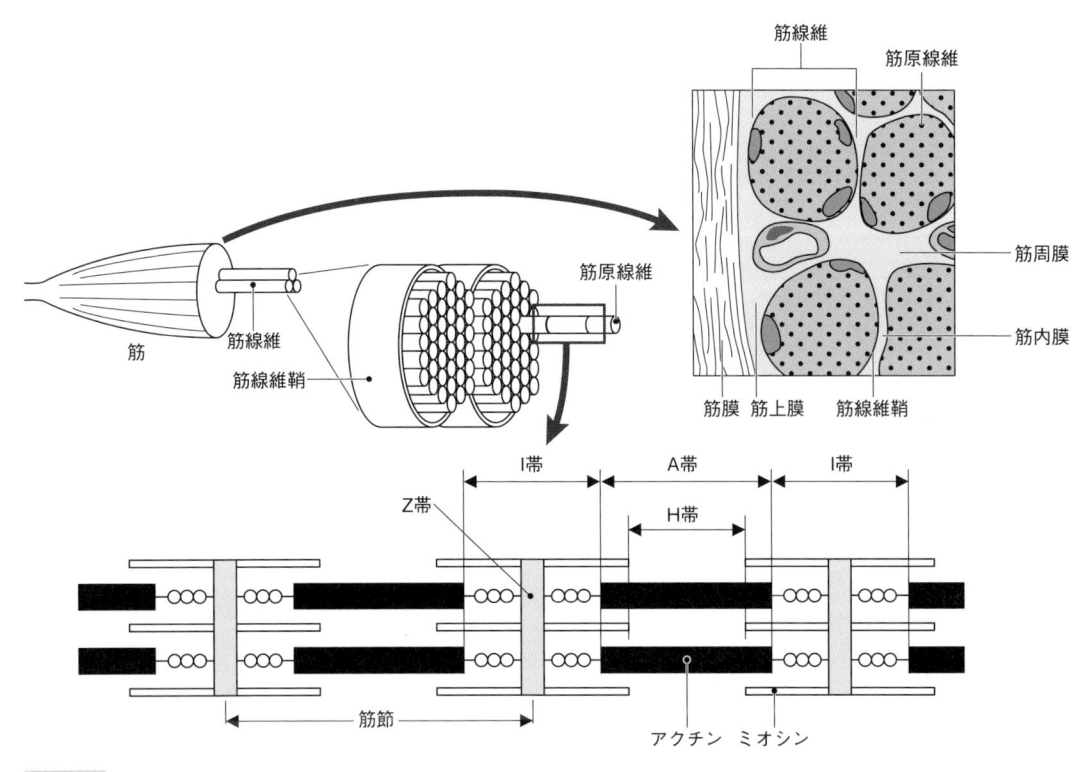

図2-5 骨格筋の構造と滑走説
(吉尾雅春ほか:標準理学療法学 運動療法学総論, p47, 医学書院, 2001;坂井建雄ほか完訳:プロメテウス解剖学アトラス, p41, 医学書院, 2011より作成)

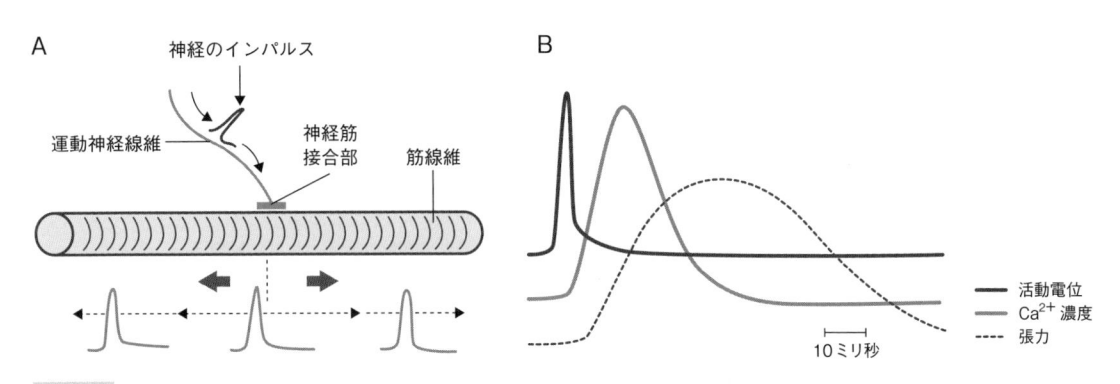

図2-6 神経筋接合部での活動電位

(杉 晴夫ほか編著:人体機能生理学 改訂第2版, p69, 南江堂, 1991)

高いピークが生み出される。これを加重現象という。単収縮の張力曲線において,そのピークまでの収縮時間は筋線維によって異なり,力学的(速度,力)に分類すれば収縮時間の短い筋は速筋線維(FT線維:fast twitch fiber),長い筋線維は遅筋線維(ST線維:slow twitch fiber)という。反復の回数を増やして刺激間隔を狭くし,毎秒10〜100回の頻度で刺激すると強縮(tetanus)を起こして,さらに高いピークを生み出すことができる。

速筋線維は遅筋線維と比較し,単収縮の張力曲線の立ち上がりからピークまでの時間(収

第2章 筋・腱の構造と特性 **37**

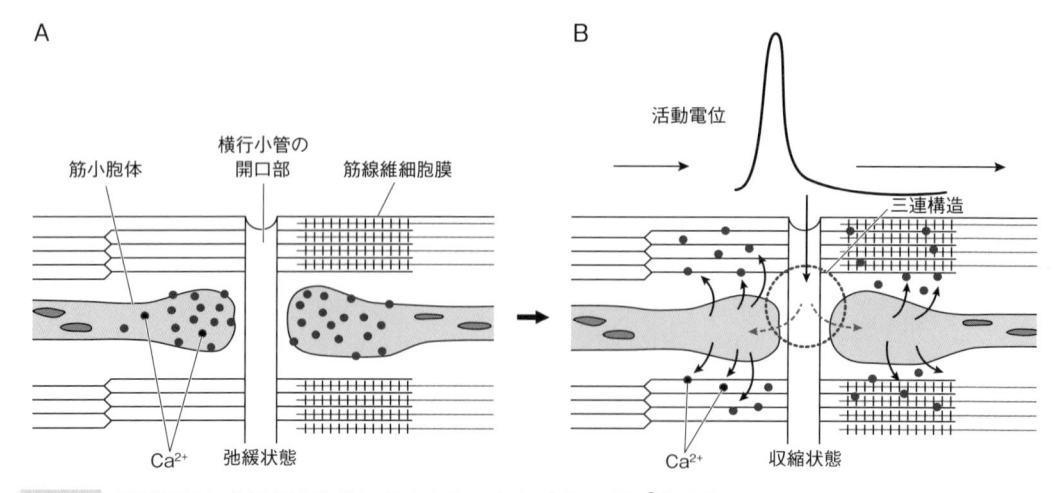

図2-7 活動電位による筋小胞体からのカルシウムイオン（Ca²⁺）の放出

（杉 晴夫ほか編著：人体機能生理学 改訂第2版, p70, 南江堂, 1991）

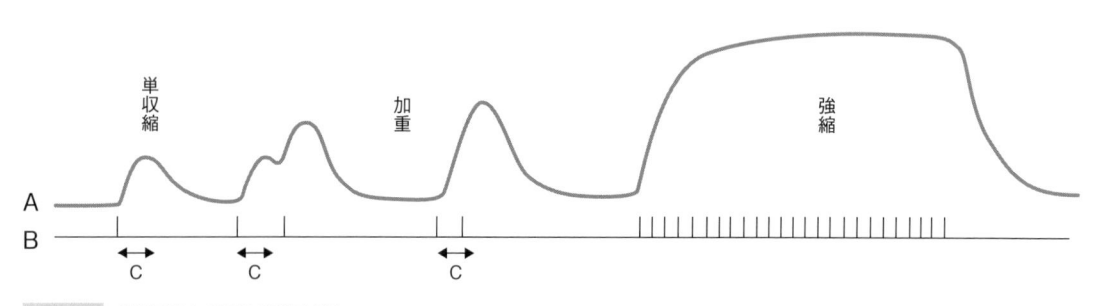

図2-8 単収縮と強縮（等尺性）
A：筋線維の張力曲線, B：筋線維への刺激, C：収縮時間

（真島英信：生理学, p64, 文光堂, 1986）

縮時間）が速く，ピーク値（最大張力）も大きい（**図2-9**．スケールの違いに注意）。また強縮に至るまでの活動電位の頻度が速筋線維では46〜100Hzに対し，遅筋線維では17〜100Hzと小さい。速筋線維のピーク値は6倍程度も遅筋線維より大きいことがわかる。遅筋線維は疲労特性に優れており，これら力学的特性とエネルギー供給系を含めた生化学特性によって運動に適した合理的な活動がなされている。

一方，筋線維に腱などの直列弾性要素を残した刺激実験では速筋線維で短縮力は小さく，頻度が上がるにしたがって張力は増える。このように筋線維の種類，腱の特性などによって単縮や強縮張力は異なることに留意しなければならない（石井 2001）。

1-5 筋線維の生化学的分類

筋線維は，ATP分解酵素の活性に基づく染色法によって，淡く染まるtypeⅠ線維と濃く染まるtypeⅡ線維に分類でき，前者が遅筋線維（slow muscle），後者が速筋線維（fast muscle）に相当するが，typeⅡ線維はpHによる活性の違いからⅡaとⅡbに分類される（**表2-1**）。遅筋線維にはミオグロビンが多く含まれ赤く見えることから，赤筋（red muscle）とも呼ばれる。一方で，速筋は白筋（white muscle）とも呼ばれる。色の違いは収縮速度ではなく，持久力に対応しているので，実際には赤い速筋線維も存在する。

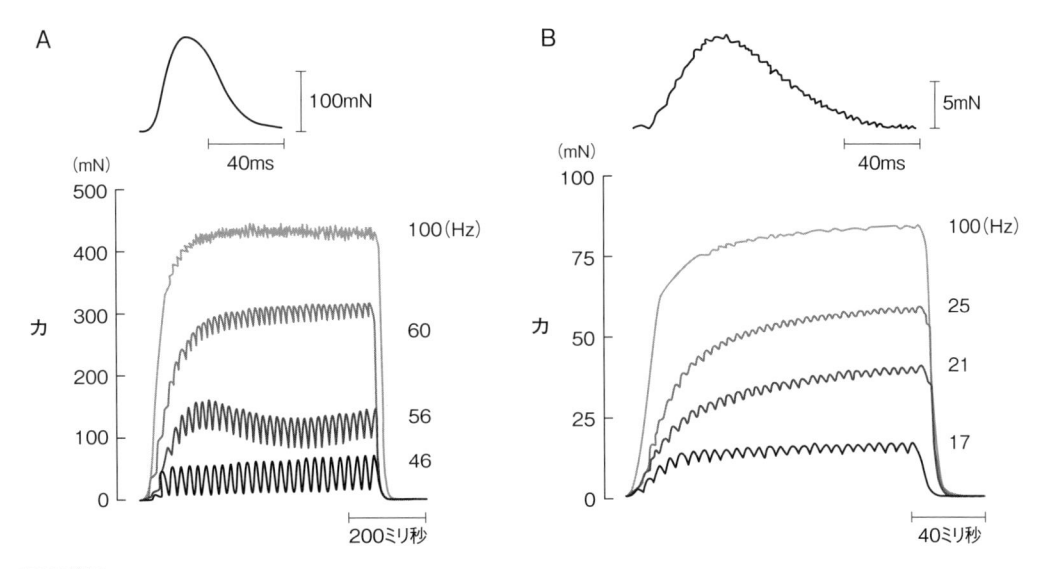

図2-9 速筋線維（A）と遅筋線維（B）の単収縮および強縮の張力曲線

(Kandel ER et al.: Principles of Neural Science [5th ed]，p771，McGraw-Hill，2013)

表2-1 筋線維のタイプ

	type I	type Ⅱa	type Ⅱb	
	遅筋	速筋	速筋	……ATPase染色による分類
	赤筋	赤筋	白筋	……収縮時間による分類
				……ミオグロビン量による分類
筋線維の直径	小さい	中間	大きい	
収縮速度	遅い	速い	速い	
易疲労性	低い	中間	高い	

エネルギー代謝による特性から，SO線維（slow-twitch oxidative fiber），FOG線維（fast-twitch oxidative glycolytic fiber），FG線維（fast-twitch glycolytic fiber）に分類する方法もある。この区分は，完全に一致はしていないが，各々typeⅠ，typeⅡa，typeⅡbに対応している（第1章：図1-13の生理学的分類参照）。

1-6 筋の収縮形態

筋の収縮形態には，等尺性収縮，等張性収縮，等速度性収縮がある。

①等尺性収縮（isometric contraction）

筋が収縮しても筋の長さが変化しない収縮形態で，関節が固定されている場合でもエクササイズが可能であるが，特定の関節角度での筋力増加に留まる。

②等張性収縮（isotonic contraction）

筋の長さは変化するが，筋張力が変化しない収縮で，求心性（concentric）・遠心性（eccentric）収縮ともに起こる。求心性収縮は，筋が短縮して負荷に打ち勝つ筋力を発揮する。遠心性収縮は，筋が伸張されながら収縮し，張力より負荷が勝る。

③等速度性収縮（isokinetic contraction）

筋長の短縮・伸張の変化をもった筋収縮様式で，一定の速さで筋収縮が行われる。一般に，

骨格筋による随意運動では動作に加速度が生じ，運動速度が一定になることはない。従って，客観的な等速度性収縮を行うには特別な運動機器が必要となる。

1-7 筋収縮のエネルギー源

筋収縮にはアデノシン三リン酸（ATP）がエネルギー源として用いられ，そのATPを生み出す経路には3つある。運動の初期では，高エネルギーリン酸化合物，特にクレアチンリン酸（CP）を消費しながら無酸素性・非乳酸性でアデノシン二リン酸（ADP）からATPが産生される。このATP-CP系はATPを再合成する反応としては最も高速だが，持続性がない。

解糖系は酸素供給がない場合に主として働き，時間経過とともに運動開始直後のATP-CP系に置き換わってATPを供給する。筋内のグリコーゲンやブドウ糖（グルコース）を乳酸に分解する過程においてADPからATPを産生する。

この経路は運動強度が強い場合にも働き，ピルビン酸が乳酸になる過程でニコチンアミドアデニンジヌクレオチド（NAD）が再酸化される

【測定・評価の具体例】
等速度性筋力測定

BiodexやCybexといった等速度性筋力測定機器は，等速度性の求心性運動だけでなく，遠心性運動や等尺性収縮の測定も可能で，スポーツ分野での筋力評価には有用である。

再現性のある正確な値を得るためには，関節軸やレバーアームのパッドの位置，背もたれの角度を調整し，固定をしっかり行ったうえで関節運動の範囲を統一し，最大努力で測定を行うことが重要である

一般的な測定値の解析は，最大トルク（peak torque：PT）を算出し，患側との比較（患健比）やPTを体重で除した体重比を用いることが多い。膝関節疾患などでは，患健比80％以上をスポーツ復帰基準としているが，健側の筋力が低下すると患健比は大きくなるため，評価には体重比も併用する場合が多い。

一方，PTに限定した解析は，運動最終域での筋力低下など疾患固有の問題を見落とす可能性もある。状況に合わせて，仕事量や特定角度でのトルク，PT発揮角度，トルクカーブの形状，主動作筋/拮抗筋比など多くの情報を分析する必要がある（図）。

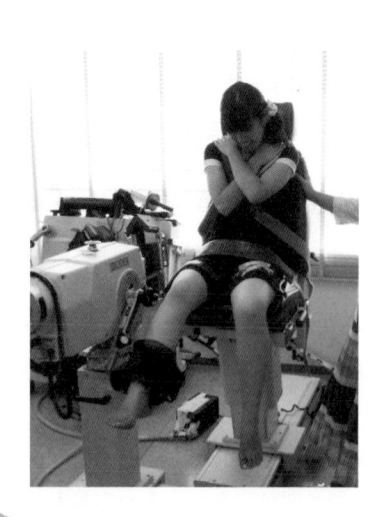

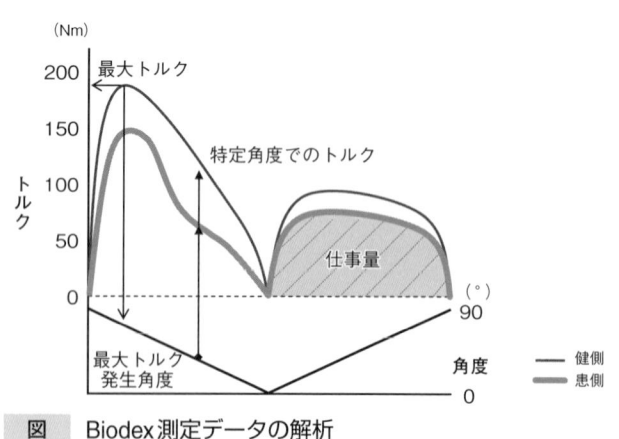

図 Biodex測定データの解析

ため，この経路が反応し続けることができるが，それゆえに乳酸も蓄積する。

　有酸素系は酸素供給がある場合に働き，筋のミトコンドリア内で行われるTCA回路とそれに続く水素の電子伝達系における酸化がATP合成酵素の働きを促す。この反応は酸化の過程を含むため血液からの酸素を必要とし，ATP産生の方法としてやや効率は悪いが，1ブドウ糖分子に対して36分子のATPを生み出すことができる。

2　筋・腱複合体の収縮特性

2-1　腱の構造と機能

　腱細胞が集まった腱束は腱内膜に包まれ，腱束が集まって腱を形成し，全体はエピテノン（epitenon）で覆われる（Kannus 2000）（図2-10）。腱はパラテノン（paratenon）と呼ばれる血管に富む疎性結合組織によって周囲と連結する。腱の走行が大きく変わる部位では，骨と連結する面に線維軟骨があり支点の役割を果たす。手指などの腱では内層が滑膜で覆われた腱鞘（tendon sheath）が周囲を包む。

　筋腱移行部は一見，筋線維と腱のコラーゲン線維から形成される指状陥入を特徴とする形態を呈する。筋線維は腱線維と混ざり合い，その程度は90％以上にもおよび，それにより直径

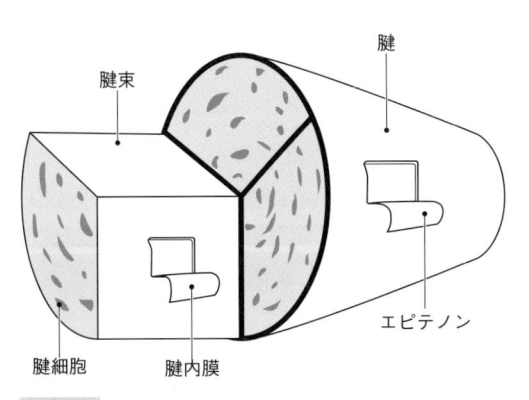

図2-10　腱の構造
（Dwight AT et al.：J Clin Investigation, 116（4）：864, 2006 より改変）

を減少させる（Loeb 1987）。その結果，断面積あたりの筋線維にかかる力は増加する。

2-2　腱の粘弾性

　筋は運動を起こす力の発生源であるが，腱は引き伸ばされると縮もうとするバネの働きがある（Woo 1981）。また，腱は粘弾性を有するため速度を生み出す。そのため，筋腱複合体としてはパワーを発揮し，スポーツ動作に大きな影響を与える（Fukunaga 2002）。

　腱の弾性（elasticity）は筋力エクササイズによって上昇するが（Kubo 2002），ストレッチングを実施しても変化がないと報告されている（Mahieu 2009）。一方，腱の粘性（viscosity）の存在は，"張力－伸張量関係"においてヒステリシスを呈する。この腱のヒステリシスは，伸張－短縮サイクル運動（stretch-shortening cycle：SSC）において伸張期に蓄えられた弾性エネルギーが逸脱する量を示し，ストレッチングによってヒステリシスが減少することが認められている（Kubo 2001, 2002）。

2-3　筋・腱複合体の収縮特性

　筋を伸張すると張力が発生するが，こうした刺激による収縮のない状態で得られる張力のことを受動張力（passive tension）と呼ぶ。受動張力に，電気的な刺激による収縮を起こして得られる活動張力（active tension）を加えた張力が筋の全張力（total tension）である。受動張力も活動張力も，筋が伸張されるにつれて増加するが，活動張力はある長さ以上になると減少する。この活動張力が最大となる長さは静止長（resting length）と呼ばれる。

　筋の長さによる活動張力の変化は，筋フィラメントの重なり具合によって引き起こされるため，張力の発揮は筋節の長さに影響を受ける（図2-11）。活動張力は筋フィラメントの重なりが最も大きくなる静止長でピークとなり（図のB, C），筋節が静止長より伸張しすぎると両フィ

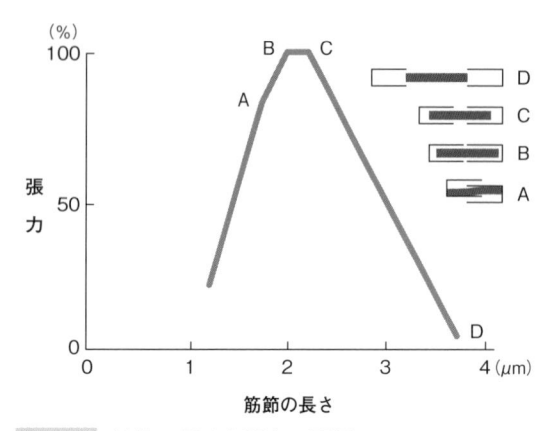

図2-11 筋節の長さと張力の関係

(Guyton AC, Hall JE : Textbook of Medical Physiology (10th ed), W.B. Saunders, 2000 より改変)

ラメント間が離れるため，たとえ最大収縮時であっても発生する張力は小さくなる（図のD）。また，静止長より短くなった場合はアクチン同士の重なり，ミオシンとZ帯の衝突などにより張力は減少する（図のA）。

3 筋力増大の基礎

3-1 筋力の概念と力の発揮

　筋力とは筋の収縮によって発揮される力である。筋力の発揮に影響を与える主たる要因は，筋の断面積と筋の形状，筋を支配する運動単位の興奮水準，大脳の興奮水準である。筋の潜在的な最大筋力は，全線維の断面積の総和に比例する。福永は，単位面積あたりの筋力のことを絶対筋力と呼び，個人差はあるものの，統計的に4～8kg/cm^{2}であると報告している。

3-2 筋力エクササイズの原理

　運動の種類には，①他動運動，②自動介助運動，③自動運動，④自動抵抗運動の4種類があり，筋力増大には自動抵抗運動が用いられる。
　一般的に，エクササイズの原理として，①過負荷の原理（over load principle），②特異性の原理，③可逆性の原理が知られているが，筋力増大に必要な要因には，強度と量，頻度，セット間インターバルがあり，これらを目的に合わせて設定する必要がある。
　日常生活で発揮する筋力は最大筋力の20～30％程度といわれており，筋力増強にはこれより強めの負荷（30％以上）が必要となる。等尺性収縮では最大随意収縮（MVC：maximum voluntary contraction）の約20～30％の負荷では不感域にあたり，筋力増強効果はなく萎縮し，筋力低下が起こる。刺激強度が30％を超えると筋力増強効果が期待できる。
　筋力増大エクササイズの目的には筋肥大や最大筋力向上，筋持久力の増大などがあり，目的によってエクササイズの方法が異なる。たとえ

【スポーツ障害との関連性】
筋・腱損傷

　筋の損傷には，自己収縮力により筋線維束が断裂する肉離れ（muscle strain）や直接的な外力を受けて発生する挫傷（contusion）がある。張力に対して最も脆弱な部位は筋腱移行部であり，急激な筋収縮力や外力によって肉離れが発生しやすい。また，肉離れは羽状筋や二関節に多発するといわれ，頻度の多いハムストリングスでは，大腿二頭筋長頭が62％，半膜様筋が28％と報告されている（奥脇2007）。
　一般的に，肉離れの重症度はKredjei（1979）の分類に基づき，軽症（Ⅰ度：わずかな筋線維損傷），中等症（Ⅱ度：部分断裂），重症（Ⅲ度：完全断裂）の3段階に分けられる。Ⅰ度損傷は2週間程度で回復するが，明らかな筋腱移行部の損傷が認められるⅡ度損傷では，回復に4～6週間を要することが多い。Ⅲ度損傷の場合は，12週以上を要する難治例も存在し，特に共同腱付着部の断裂は手術の適応となる。
　慢性的な腱障害は骨腱接合部に発症することが多く，線維軟骨層の肥厚や石灰化が認められる場合は，骨接合部障害（enthesopathy）と定義される。腱傍組織炎（paratenonitis）は，骨隆起と腱が衝突して生じる滑液包炎をはじめ，腱周膜や滑膜，腱鞘などに生じる炎症性変化の総称である。

ば，負荷を小さくし運動回数を多くすると筋持久力の向上が得られるが，最大筋力の増大を目的とする場合は負荷を大きくし運動回数を少なくしなければ効果は得られない。エクササイズの種類によっては，その効果が異なるため，目的に応じてエクササイズの種類を選ぶ必要がある。

3-3 筋の収縮形態と筋力増大エクササイズ

　筋力増大エクササイズの至適強度は最大筋力の60～80％といわれ，高強度では最大筋力向上，中強度では筋肥大が認められる。頻度は一般的に筋力増大を目的とする場合，週2～3回とされており，週1回程度では維持効果しかないといわれている。セット間のインターバルに関しては，最大筋力増大を目的とする場合は長インターバル，筋肥大のためには短インターバルに設定する。

　力と速度の関係については，無負荷では速度が最大となり，速度が0において最大筋力が発揮される（図2-12）。これらの関係は曲線となることが報告されており（Fenn 1935），パワーの増大を目的とした筋力エクササイズでは，"力×速度"が最大となる条件を選択する必要がある。

4 筋・腱の病態生理と修復

4-1 筋損傷の修復（図2-13）

　損傷した筋は筋衛星細胞が活性化され，筋芽細胞が発生する。筋芽細胞は残った筋線維の一端に接着し，徐々に癒合して成長する。受傷後5～6日経つと，再生中の筋線維とみなされている筋管細胞が出現する。再生した筋管細胞は，中心部に多くの核を有して一列に並び，断面には中央部に空胞があって，その中に大きな核が存在する。

　受傷後2週を経過すると，多くの線維では空胞が消失して角は細胞周辺に寄り，中心部は筋原細胞が規則正しく配列し，正常な筋線維の形態に近づく。筋原線維の再生に関連して，同時にコラーゲン産生による瘢痕組織の形成が行われるため，損傷が強度の場合には筋組織の陥凹を残した瘢痕治癒となり，再損傷をきたすことがある。

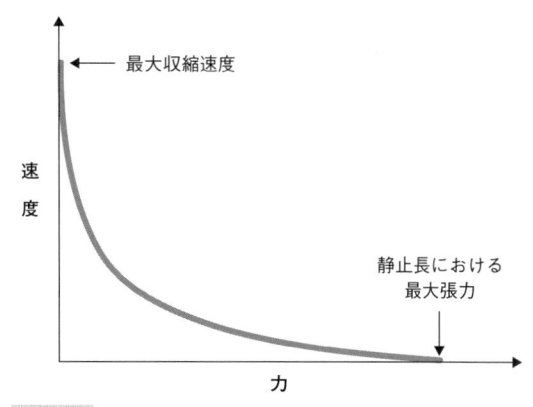

図2-12 力－速度曲線

【リスクマネージメント】
筋力エクササイズによる血圧反応

　等張性収縮では筋の収縮と弛緩を繰り返し，末梢の細動脈は拡張して末梢血管抵抗が減少するため，収縮期血圧は増大するものの拡張期血圧はほとんど変化しない（鰺坂 1995）。一方，等尺性収縮では，収縮期血圧・拡張期血圧や胸腔内圧の上昇がみられるため，高血圧や冠状動脈に異常がある人には危険である。血圧反応に対しては，以下の点に注意する。
　①参加筋群を少なくする。
　②筋収縮を中等度（40～60％RM）にとどめる。
　③収縮時間を短くする。
　④1セットの反復回数を少なくする。
　⑤セット間のインターバルを長く取る。
　⑥息こらえを避ける。

　これらを厳密に適応すると，エクササイズは単関節運動を中心とした低負荷・長インターバルの等張性を選択せざるを得ない。特に高齢者に対する運動処方においては，対象者の既往や合併症，服薬状況などを把握し，注意深い観察の下で目的としたエクササイズを実施する。

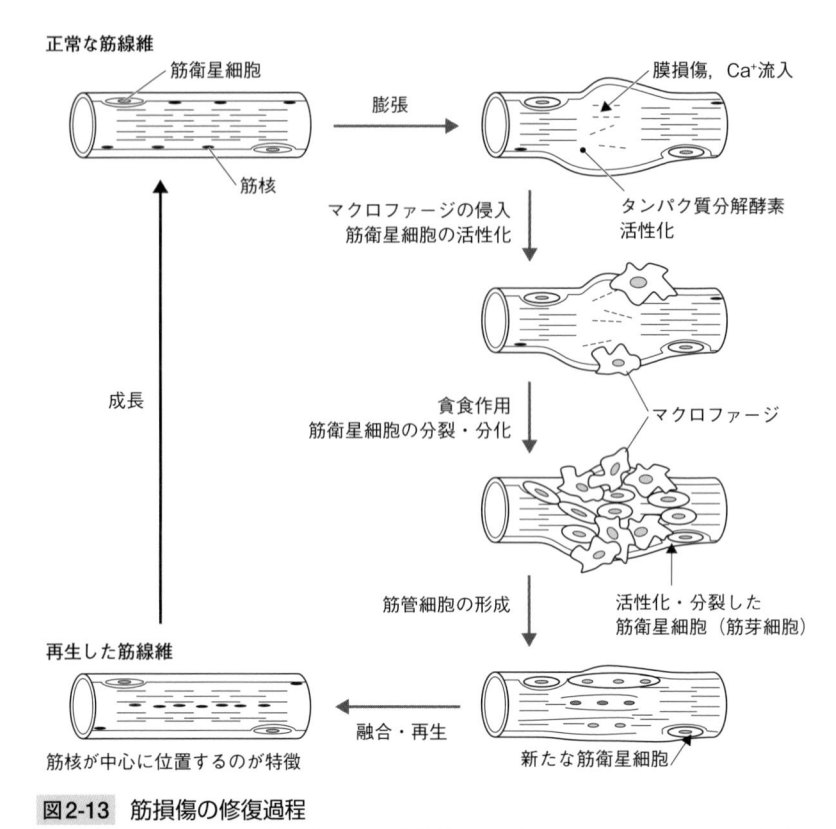

図2-13 筋損傷の修復過程
(中野治朗ほか：理学療法, 30(11)：1245-1253, 2013より一部改変)

4-2 腱損傷の修復

　腱損傷の治癒過程には，損傷を受けた周辺組織の瘢痕組織による治癒過程と，腱組織自体の再生がある。

　腱断裂後，3〜4週で腱断端間の線維細胞および線維芽細胞の増殖が著明となり，5〜6週で腱断端間の癒合はほぼ完成するが，新生組織は正常腱組織ではなく瘢痕組織である。6〜8週で瘢痕組織はリモデリングを受け，コラーゲン線維は腱部の走行に沿って縦に並び，周囲は横の方向に並び，腱鞘様組織となる。

(加賀谷善教)

参考文献

1) Guyton AC, Hall JE : Textbook of Medical Physiology (10th ed.), W.B. Saunders, 2000.
2) Neumann DA : Kinesiology of the Musculoskeletal System (2nd ed.), Mosby, 2009.
3) Zatsiorsky VM, Prilutsky BI : Biomechanics of Skeletal Muscles, Human Kinetics, 2012.

Column ③ 筋肉の痛みのメカニズム

　痛みは，「組織の実質的・潜在的傷害に基づいて起こる不快な感覚的・情動的体験」と定義され（国際疼痛学会 1986），ケガや病気に伴って起きます。痛みは生体の警報信号として，生存に不可欠な感覚ともいえます。

　痛みは主観的・個人的なものですが，客観的にVAS法（visual analog scale：視覚アナログ尺度）やフェイススケール法（痛みを顔つきの段階で示す：図1），ナンバースケール（痛みの量を数字で表す）などによって評価されます。

　筋に痛みが生ずるメカニズムには，筋炎などの病気や筋線維断裂のような筋損傷（肉離れ），打撲などの筋の傷害，筋疲労，筋痙攣（けいれん），筋の「こり」などがあります。運動による筋痙攣は，運動中や直後に起きる筋の痛みを伴う発作性の不随意収縮であって，発生しやすい条件はマラソンなどの持久性運動後の疲労状態，暑熱環境下，伸張性から短縮性収縮に切り替わる局面などです。これは，疲労などによる運動神経の脊髄レベルでのコントロール異常による筋紡錘活動の増強と，腱器官の抑制の相乗効果により強い収縮を生じたもの（筋制御異常説）と考えられています（野坂 2011）。対策としては，ストレッチングが有効です。

　筋の「こり」は肩こりに代表されますが，その原因は複雑であると考えられます。持続的緊張や疲労により筋が硬くなり，血管を圧迫して血行を阻害し，疲労物質が蓄積し痛みを生じ，さらに悪循環で痛みが増強していく状態とされています。生理学的メカニズムとして，筋細胞内のカルシウムイオン（Ca^{2+}）の回収が遅れることで，筋収縮の弛緩ができなくなることも関連している可能性があります。肩こりには，ストレッチング，首・肩のエクササイズやマッサージなどが有効です。

　運動後数時間から1日以上経過して発現する痛みを遅発性筋痛（DOMS）とよび，原因は筋線維や結合組織の損傷（図2参照）による炎症によるとされています。予防として主要因である伸張性の負荷を急にかけず段階的にすること，準備運動にストレッチングを十分に実施することが提案されています。

（西薗秀嗣）

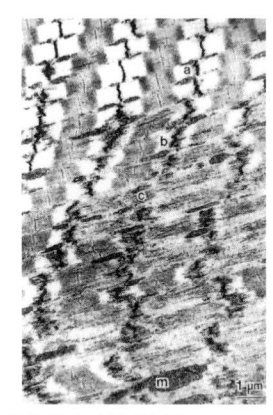

図2　損傷した筋原線維
（Sjostrom and Friden : Medicine Sport Sci, 17, 1984）

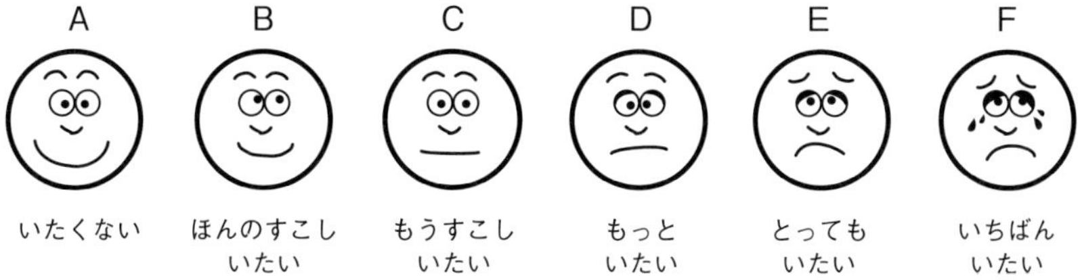

A	B	C	D	E	F
いたくない	ほんのすこしいたい	もうすこしいたい	もっといたい	とってもいたい	いちばんいたい

図1　フェイススケールの例
（飯村ほか：日本小児看護学会誌，11(2)：21-27, 2002）

第3章 骨の発育と機能

本章のねらい

本章では，身体運動における骨の役割という観点から，骨の発育と運動との関係について述べる。

骨と運動との関連を理解するために，まず骨が組織学的にどのような構造をもつかを理解し，それが力学的・生理学的にどのような役割を担っているかを知ることが重要である。そして，骨の発育についていくつかの評価方法を紹介し，実際どのように骨の発育が運動と関わっているかを解説する。

Key word

▶骨組織　　▶骨構造　　▶形態発育　　▶レバーアーム

骨は，活発に代謝を行う筋や神経と同様，活性組織に分類される。そのサイズは出生から成人にかけて一定のパターンに従って発育し（Malinaら 2004），出生後の長管骨の長さでいうと出生後1年で約1.5倍，成人にいたるまでに約6～8倍にも増大する。また，成人後も代謝を持続しながら，組織の形状と強度を保持するなど，骨の役割は生物の生命維持や活動に欠かせない。

1 骨の構造と役割

脊椎動物の骨は連結して骨格をなす。ヒトの骨格は200余りの骨からなり（Standing 2004），体の大きさと形の基礎的な枠組みとなる。骨および骨格は，部位によって特有の発育機序と構造をもち，①臓器の支持や保護，②関節運動における"てこ"のレバー，③造血，④ミネラル貯蔵といった，生命維持や身体運動にとって欠かせない，重要な役割を担っている。

1-1 骨と骨格の役割

身体にあるほぼすべての骨は，形から長管骨，短骨，扁平骨，不規則骨，種子骨の5種類に分類され，かかる負荷の大きさや筋の付着などの特性に応じて，それぞれの役割に適した形状を有している。部位別でみると，全身の骨格は体幹骨（体軸骨格）と体肢骨（上肢骨と下肢骨）に大別される。体幹骨は，頭蓋骨，脊柱（7個の頸椎，12個の胸椎，5個の腰椎，5個の仙椎，3～5個の尾椎），肋骨および胸骨を含む（巻末の付録参照）。これらの体幹骨が担う最も重要な役割は，脳や脊髄，および内臓を保護することである。また，脊柱は躯幹の中心軸となり，頭蓋を支える役割をもつ。さらに胸椎，肋骨，肋軟骨と胸骨が成す胸郭は，肺や心臓を保護するだけでなく，肋間筋群の収縮により上下運動を行い，横隔膜と連動して，呼吸運動を担っている。

体肢骨は上肢骨と下肢骨があり，これらが成す関節は，軟骨組織，靭帯，筋が覆うことで，強靭かつ運動性の高い連結となっている。体肢

骨の主な役割は，体幹骨の支持および姿勢保持を担うことである。また，強靭かつ可動性の高い関節運動を行うことにより，移動や物の操作など，複雑かつダイナミックな身体運動を可能にしている。

1-2 骨組織と造血作用

骨は骨質（海綿骨と皮質骨），関節軟骨，骨膜，骨髄の4組織からなり，豊富な血管や神経が分布する（図3-1）。骨の形成・再構築のはたらきをする骨芽細胞，破骨細胞とあわせて説明する（正常な骨は常に代謝によって置き換わっている〔成人においても同様である〕。）。

1-2-1 骨芽細胞

骨芽細胞（osteoblasts）は，骨組織の表面に単層に配列し，主に骨基質形成を担う。骨細胞の網目と細胞突起により結合して骨芽細胞-骨細胞系をつくり，骨からのカルシウムやリンの血中への移動を調整していると考えられている。

1-2-2 骨細胞

骨細胞（bone cell, osteocyte）は核をもち，細胞間質で薄く覆われる。骨芽細胞が自ら分泌した骨基質中に埋め込まれると骨細胞になる。細胞突起が樹状に伸びることにより，骨細胞同士が結合する。骨細胞は，海綿骨と皮質骨を形成する。

1-2-3 海綿骨

海綿骨（trabecular bone）は，骨髄腔内に広がる蜂の巣様の海綿質である。海綿骨は立体的な網目構造である骨梁（骨小柱）を成す。その網目に存在する小腔は骨髄組織によって埋められる。

1-2-4 皮質骨

皮質骨（cortical bone）は骨単位が密集した硬い組織であり，骨髄腔を取り囲む。緻密骨とも呼ばれ，成人では骨組織全体の80％を占める。皮質骨には骨に栄養を供給する血管の通路であるハバース管やフォルクマン管が走る。ハ

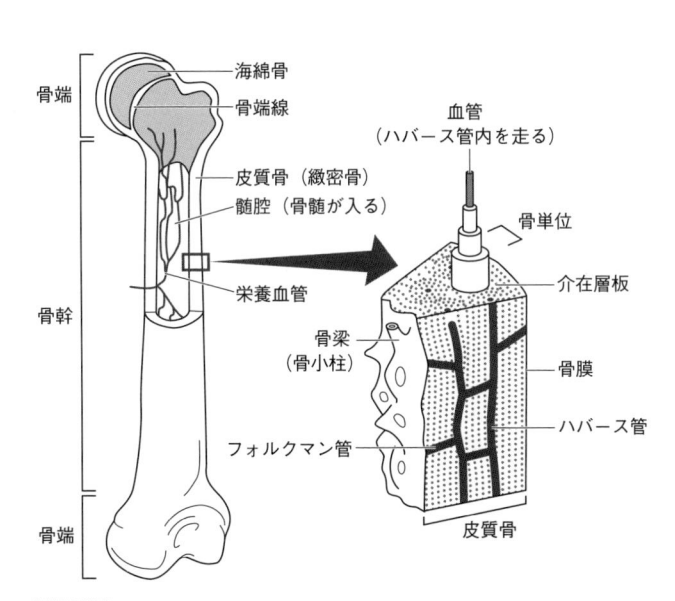

図3-1　骨の構造
骨端線は子どものみに見られ，成人になるにつれて消失する（2-1-1項参照）。関節軟骨は図4-1（第4章）を参照。
（松村譲兒：臨床につながる解剖学イラストレイテッド．p26，2011より改変）

バース管と周囲の層板構造をあわせて骨単位という。

1-2-5 骨髄

骨髄（bone marrow）は血液に富み，あらゆる血球系細胞（赤血球，白血球，リンパ球，血小板のもとになる巨核球など）に分化できる造血幹細胞が存在する。血液のガンである白血病の治療に骨髄移植が行われるのは，骨（骨髄）が血液をつくる器官であり，骨髄の遺伝子異常によって白血病が起こるためである。

1-2-6 破骨細胞

骨組織で骨を吸収し（骨吸収），骨の構築（再構築）の主役を果たす。破骨細胞は造血幹細胞に由来する細胞からつくられ，血流を介して骨表面へ運ばれると考えられている。

1-3 骨の生化学的な役割

骨の成分は主にリンやカルシウムといった，ミネラル（無機質）である。カルシウムは，生体膜の活性制御，筋収縮と神経パルス伝導，血液のpH制御と凝固阻止，細胞分裂の制御およびホルモン分泌などに働く。一方，リンはDNAの構成成分であり，エネルギー搬送や情報伝達および細胞内液や外液のpH制御などに作用する。その他，マグネシウムも骨組織にとって重要なミネラルである（表3-1）。これらの成分が生体内で不足または欠乏すると，上記のような生理機能が阻害され，適切な健康状態を維持できなくなる。骨は，このようなミネラルの貯蔵庫として働き，生体内の生理的状態を一定に保っている。

2 骨発育とその評価

生後から成人にかけ，骨は質・サイズともに劇的に変化し，成人後も骨の質は代謝によって維持される。ここでは，骨がどのように発育するのかを生理学的に理解し，現在用いられている骨発育の程度を評価する方向について知ることを目的とする。

表3-1 生体内の主なミネラル成分

無機質	元素記号	生体内の含有量	主な機能
カルシウム	Ca	人体の1.5～2.2%を占める。その99%は骨と歯にあり，残りが体液や組織に存在する	①リン酸化カルシウム（ヒドロキシアパタイト）を形成し，骨組織をつくる ②血液凝固を促進する ③筋小胞に含まれるカルシウムイオンの放出により，筋収縮が始まる ④神経・筋の興奮性を高める ⑤生体膜の活性 ⑥酵素を活性化する
リン	P	体内ではリン酸イオンPO_4の形で存在し，その90%が骨や歯に含まれ，残り10%ぐらいが組織中に含まれる	①リン酸化カルシウム（ヒドロキシアパタイト）やリン酸化マグネシウムの形で骨・歯を形成する ②核酸，ATP，リン脂質や補酵素など，有機リン酸化合物として含まれる ③リン酸塩は体液のpHの調整に関与する
マグネシウム	Mg	体内のマグネシウムの70%はリン酸塩，炭酸塩として骨・歯に存在する	①リン酸化マグネシウムの形で骨・歯を形成する ②20%はタンパク質と結合して多くの酵素の補助因子として働く ③ATP活性に関与 ④神経・筋の正常な機能を保持する

(中野昭一：図説・からだの仕組と働き．医歯薬出版．pp193-197, 1997を一部改変)

2-1 骨発育

2-1-1 骨発育と骨形成

骨形成は，骨内膜において未分化な細胞が骨芽細胞に分化し，直接骨が形成される膜性骨化（intramembranous ossification）と，既存の軟骨支柱内に骨が形成される内軟骨性骨化（enchondral ossification）がある（中村ら 2008）。前者は主に胎児の骨形成の機序であり，後者は主に発育期の体肢骨の骨形成を担う機序である。より運動性を必要とする動物は，カルシウム，リンの貯蔵庫ならびに支柱として内軟骨性骨化が発達したと考えられている。

胎児期から第2次性徴期にかけ，長管骨の長軸方向への成長は，内軟骨性骨化により骨端軟骨の発育にともなって行われる。図3-2のように，骨端軟骨組織を構成する軟骨細胞は，長軸方向に特徴的な形態変化を示す。

①まず，胎児期に未分化の細胞から骨の原型となる軟骨性の組織に分化し，後に骨幹となるさや状の軟骨膜が現れる。
②次第に柱状になり肥大していき，カルシウムの沈着を伴い石灰化する。
③同時に骨のさやの内面部は原始骨髄となる。
④石灰化した軟骨を貫く栄養孔から動脈が侵入し，血液による栄養供給を受けて徐々に長く発育していく。また，骨芽細胞が石灰化した軟骨の表面上に骨基質を沈着し始める。この部位は1次骨化中心といい，骨によっては受胎後45日ほどで骨化が始まる

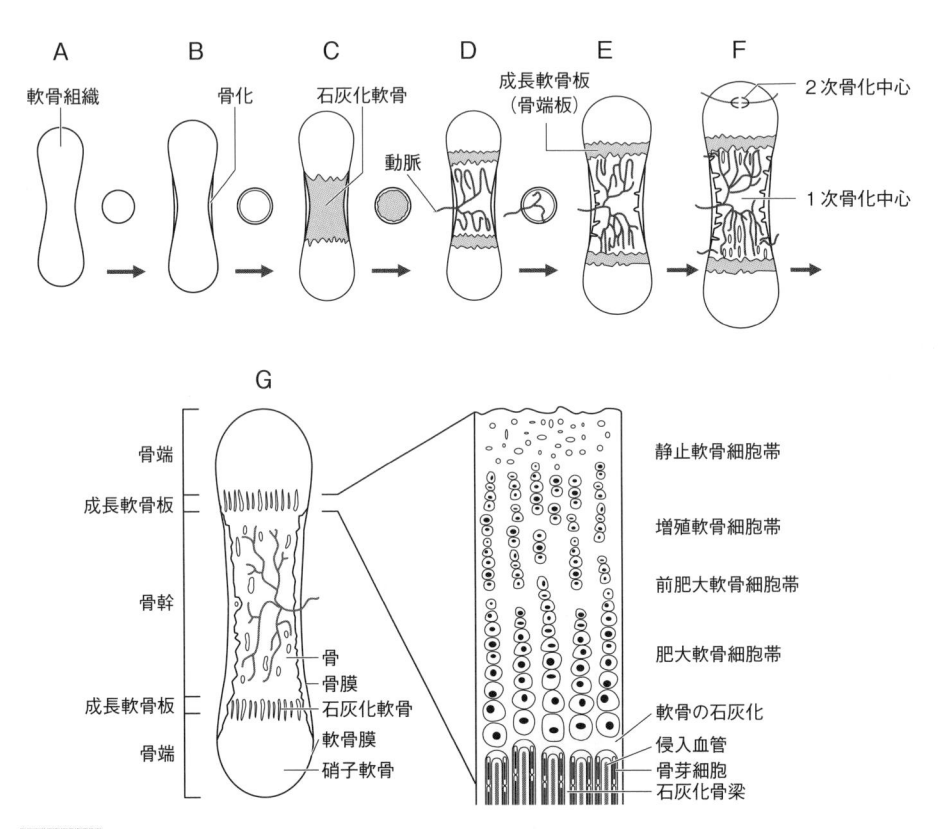

図3-2 内軟骨性骨化
図の左から右へ骨化が進む。成長軟骨板（骨端板）の部分は，X線像だと線状に抜けてみえるので，骨端線と呼ぶ。

(中村利孝ほか編：運動器の生物学と生体力学. 最新整形外科学大系1, pp2-11, 中山書店, 2008)

とされている (Moore 1988)。
⑤長管骨の両端には成長軟骨板（骨端板）と呼ばれる，骨軟骨増殖の細胞層を有する。
⑥胎児期の終わり近くの上腕骨，大腿骨，脛骨などでは，この骨端の軟骨（硝子軟骨）にも骨化中心が現れ，これを2次骨化中心という。
⑦長管骨のサイズの増大は，主に1次骨化中心と2次骨化中心が発達することにより成り立つ。すなわち，長管骨骨幹の長さの成長は，2次骨化中心による内軟骨性骨化により，骨幹端で軟骨細胞が増殖することで成り立つ。それと並行しながら，骨幹中央部の骨内膜側では，1次骨化中心による膜性骨化が行われる。

骨細胞が増加して骨皮質の厚さが増すと同時に，骨内膜下の骨細胞が破骨細胞に吸収されていくことによって，骨髄腔は拡大し，ほぼ一定の皮質骨の厚さを保ちながら，より太い骨幹部をもった骨が形成され，骨幹径が成長する。

骨幹端と2次骨化中心の間の肥大した軟骨細胞層は骨端線と呼ばれる。骨端線は骨発育の一定の段階ですべて骨基質となり消失するが，その時期は骨によって異なる (Hansman 1962)。

2-1-2 骨発育とホルモン

軟骨細胞の増殖・分化プロセスに決定的な影響を与える因子は成長ホルモンである。成長ホルモンは脳下垂体から分泌され，肝臓でソマトメジンと呼ばれるペプチドを形成し，軟骨細胞の増殖や分化機能の発現に促進的に働く。ヒトの胎生期の軟骨細胞増殖・分化は，主として成長ホルモンに依存しない局所産生性のソマトメジン（軟骨・骨組織そのものに由来する因子や先天性の増殖刺激ペプチド）によって調節される。一方，思春期の軟骨細胞増殖・分化は，主に成長ホルモン依存性の全身循環性ソマトメジンや性ホルモンによって調節される。その他，細胞の分化のみを司る因子としては，副甲状腺ホルモン（PTH）やビタミンCが関与している（図3-3）。

骨細胞の分化には，PTHが骨芽細胞に抑制的に働き，骨吸収を促進していると考えられている。また，ビタミンDが破骨細胞形成のプロ

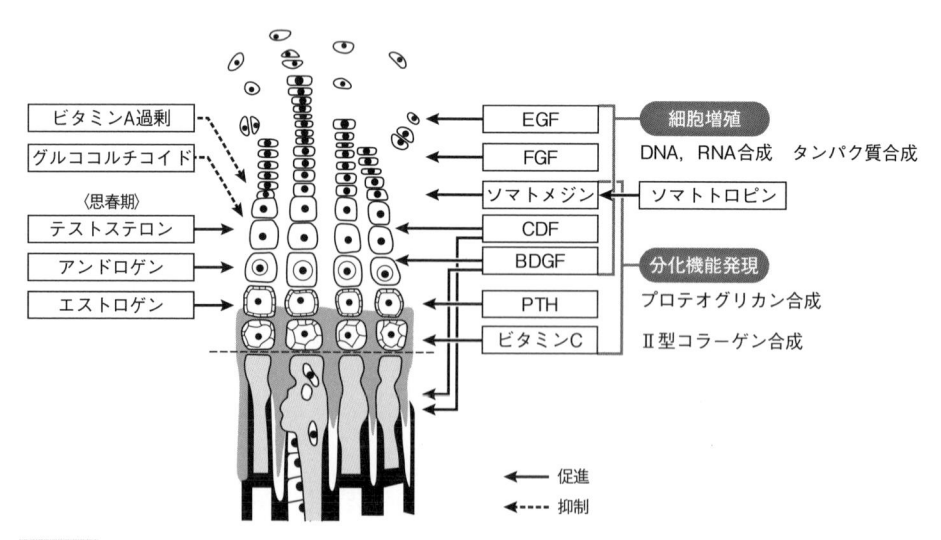

図3-3 軟骨細胞の増殖と分化に与える因子
EGF：上皮成長因子，FGF：線維芽細胞増殖因子，CDF：軟骨由来因子，BDGF：骨由来成長因子，PTH：副甲状腺ホルモン．

(鈴木不二男：代謝．19(9)：222, 1982)

セスに重要な誘導因子として働いている可能性が示唆されている。

2-1-3 骨のリモデリング

骨形成は不規則なコラーゲン線維の配列をもとにして行われるが、血管を中心としてやや同心円状に進行する。いったん形成された皮質骨は血管周囲から分化してきた破骨細胞によって吸収・浸食され、そこに再び新たな骨組織を再構築（リモデリング）する。このようなリモデリング現象は皮質骨でも常に生じており、骨組織は常に変化し、置き換わっている（図3-4）。

2-2 骨発育の評価

2-2-1 骨密度

骨密度とは、体内の骨の量の指標であり、基本的に、単位体積あたりの骨量（g/cm³）で表される。病院や診療所で用いられる骨密度測定には、以下の4種類がある。

①DEXA法（dual energy X-ray absorptiometry）

二重エックス線吸収法といわれ、2種類の異なるエネルギーのX線を同時に、または交互に照射することによって、骨と軟部組織の吸収率の差により骨密度を測定する方法を指す。骨密度測定のスタンダードとされている。骨密度は照射して体をすり抜けてきたX線量をもとに測定値が算出される。DEXA法では、体の厚みを考慮して照射ポイントの縦と横方向から得られる2次元的な情報から骨密度を算出する。一般に骨密度（bone mineral density）と同義で用いられる骨量（bone mass）とは、本来は皮質骨や海綿骨、ミネラル（骨塩）を含んだ総量（単位g）を表すものであるが、DEXA法などで測定される骨密度は、単位面積あたりの骨塩量（bone mineral content、単位：g/cm²）を示している。より正確に全身の骨塩量を測るため、大腿骨、腰椎、前腕などの複数の部位で測定を行う。

②CT法（computed tomography）

CT法ではコンピュータX線断層撮影装置にて撮影を行い、画像に現れる骨の映像の濃度で骨密度をコンピューターが測定する。しかし、設備が高価なため、現状としてCT法を実施する医療機関は少ない。

③MD法（micro densitometry）

MD法による骨密度測定では、第2中手骨のレントゲン写真をアルミニウム板と同時に撮影し、写真の陰影濃度をアルミニウム量階段の陰影濃度と比較して、骨密度を測定する。しかし、この第2中手骨部分は皮質骨が優位であり、海綿骨の多い部分とは違い、若年者の骨密度減少をとらえることは困難である。

④超音波法

超音波法では、手首や踵の骨について骨密度を測定する。踵に照射した超音波の音速と周波数から2種類の指標を測定し、両方の特性を反映した、総合的な指標OSI（音響的骨評価値）

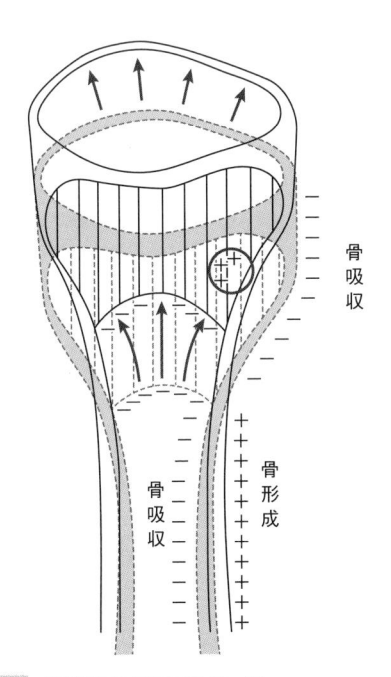

図3-4　長管骨のリモデリング
骨幹では、骨皮質の内部で骨吸収、骨皮質の外側で骨形成がほぼ同時に起こり、徐々に骨幹の太さが増す。一方、骨端では骨幹側と外側で骨吸収、骨端の内側で骨形成が起こるため、長幹骨全体の長さが増す。
(Jee WSS : The Skeletal Tissues (5th ed.), p200, The MacMillan Press, 1983)

によって，骨の硬さ（スティフネス）を推定する。この方法は，X線を利用しない測定方法であり，測定自体も安易に行えるため，現在でも広く普及している測定法である。

2-2-2 形態計測

形態計測は，体のサイズ（大きさ，長さ，太さ）を測る測定である。身体の各器官は独自のタイミングと幅をもって発育する。身長や四肢長は形態計測における長さの指標であるが，発育期においてこれらの指標を縦断的に計測することは，骨発育を捉えるうえで簡便かつ有効な方法である。

身体の各器官ごとの発育の割合を表したものに，スキャモンの発育曲線がある。これは，成人期の各器官のサイズに対してどの程度発育したかを示すものである（図3-5）。

①一般型：一般型は身長・体重や肝臓，腎臓などの胸腹部臓器の発育を示す。特徴は乳幼児期まで急速に発達し，その後は次第に穏やかになり，2次性徴が出現し始める思春期に再び急激に発達する。思春期以降に再び発育のスパートがみられ，大人のレベルに達する。

②神経系型：器用さやリズム感を担う神経系の発達は脳の重量や頭囲で計測。出生直後から急激に発達し，4～5歳までには成人の80%程度（6歳で90%）にも達する。

③リンパ系型：リンパ系型は免疫力を向上させる扁桃，リンパ節などのリンパ組織の発達。生後から12～13歳までにかけて急激に発達し，大人のレベルを超えるが，思春期過ぎから大人のレベルに戻る。

④生殖器系型：生殖器系型は男児の陰茎・睾丸，女児の卵巣・子宮などの発育。小学校前半までは，わずかに成長するだけだが，14歳あたりから急激に発達する。生殖器系の発達によって男性ホルモンや女性ホルモンなどの性ホルモンの分泌も多くなる。

縦断的な計測から身長の伸びを速度（cm/年）で表したものを，身長発育速度という。また，身長の1年ごとの記録の差を結んで得られる曲

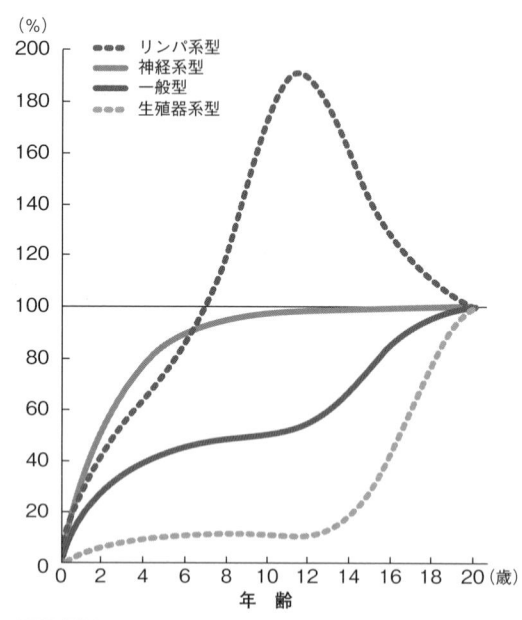

図3-5 スキャモンの発育曲線
（Schammon RE : The Measurement of the Body in Childhood. Univ. Minnesota Press, 1930）

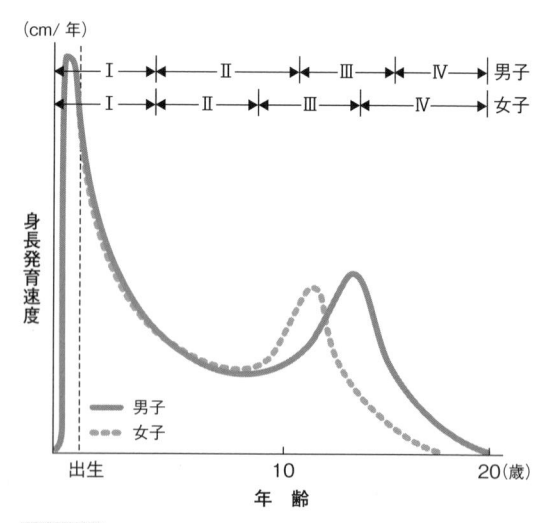

図3-6 身長発育速度曲線
（高石昌弘・宮下充正：スポーツと年齢．大修館書店，1977）

線を身長発育速度曲線という（図3-6）。通常，男子は13歳頃，女子は11歳頃にピーク（peak height velocity：PHV）を迎える。PHVの大きさは，男子で9cm/年，女子で8cm/年である。女子においては，このPHVの約1年後に初潮が出現するといわれ，性成熟度の指標として用いられる。

2-2-3 骨年齢

骨年齢とは，発育期の骨の成熟度を評価し，骨の年齢が何歳相当であるのかを年齢で表したものである。骨年齢の評価方法は，TannerとWhitehouseが考案したTW2法と新たに改正されたTW3法，および超音波法の3種類がある。

TW2法とは，子どもの手首の骨のX線画像から骨年齢を算出する方法である。世界的に最も普及している骨年齢の評価方法である。

TW3法は2001年にTW2法よりさらに予測の精度の高い評価として発表されており，エリート選手発掘のために，この方法を応用する国もある。

超音波法は手首の骨に超音波を照射し，スティフネス値から骨年齢を推定する方法である。

骨年齢は，前述した軟骨内骨化の段階として，骨化中心の出現する時期・順序あるいは進行状態が骨により決まっていることから，骨化中心の出現数と暦年齢との関係を用いて推定される。しかし，生後からの時間経過を示す「暦年齢」と，個々の身体発育段階を表す「骨年齢」とは必ずしも一致しない。そのため，暦年齢に対して，骨年齢を生理学的年齢ともいい，簡便かつ有用な発育の個人差を含めた指標として，特に身長発育速度によって生理学的年齢を段階的に捉える方法は，発育の個人差を含めた指標として簡便かつ有用である。

2-2-4 成人期の骨年齢

発育期の骨の場合，成人期に至るまで刻々と分化・増殖し，質的にも量的にも大きく発育する。しかし，成人期を超えて加齢を重ねていくと，骨は発育期とはまったく異なる変化を示す。最も顕著なのが，骨の質的な変化であり，骨基質に含まれる無機質が減少する。20歳から80歳までに50〜65%の無機質が減少するともいわれ，特に女性で著しいとされる（保志1988）。

骨は生きている限り，再生能をもっているが，老齢によって再生の進行速度が遅くなる。また，加齢に伴う生体内の酸化ストレス（活性酸素により細胞が傷害されること）が増えることも，骨組織の再生や骨量の維持を阻害することが明らかにされている（Almeida 2012）。

加齢による骨量の減少には，部位差や男女差があり，男性では上肢や下肢に比べて腰椎において骨量が急速に減少し，女性では閉経後の女性ホルモン分泌低下によるカルシウムの調節能が低下することなど個人の要素が重なり，男性

【測定・評価の具体例】
形態計測が必要とされる場合

骨密度や骨年齢を測定するより簡便に骨発育を評価する方法に，形態計測がある。たとえば，身長は全身の骨格の発育を表しており，発育期の子どもは年1回の測定が少なくとも必要とされ，文部科学省による全国統計値が毎年発表されている。発育には個人差が大きいので，ジュニアスポーツにおいては，それぞれの子どものPHV（本文参照）を評価し，発育の程度にあった指導をすることが必要だともいわれている。

また発育の評価以外にも，骨の計測が必要となる場合がある。たとえば，身体運動に伴って発揮される筋力は，てこの原理に従い，骨の長さをレバーアームとする。そのため，たとえば肘関節の等尺性筋収縮の測定おいては，筋力の測定と同時に，前腕の長管骨の長さ（前腕長）を併せて測定する必要がある（測定された筋力と骨の長さを掛けあわせて，関節まわりのモーメントである「肘関節トルク」を算出することができる）。

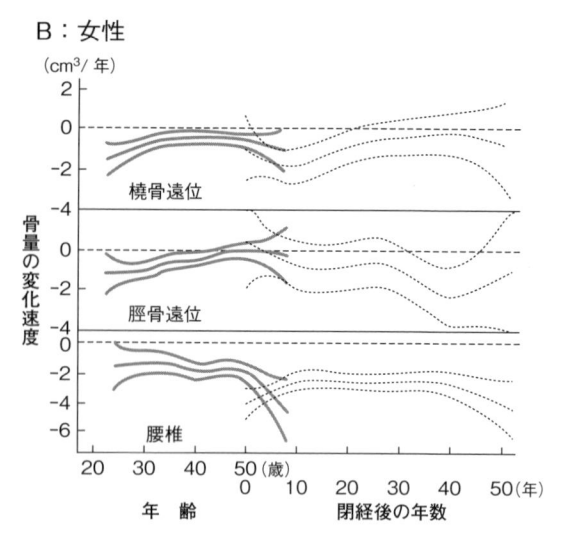

図3-7 骨量の減少
A：点線は95%信頼区間を示す。B：実線は閉経前の女性，点線は閉経後の女性のデータ。閉経前後とも95%信頼区間と一緒に示されている。

(Riggs BL et al.：Journal of Bone and Mineral Research, 23(2)：205-214, 2008)

【スポーツ障害との関連性】
発育期特有の骨のスポーツ障害

発育期の骨・軟骨のスポーツ障害は下肢に多く発症し，その中でも膝関節における障害発生の頻度は高い（中村 2001）。

膝関節には，下肢長径成長の約7割を生ずる骨端線が，大腿骨遠位と脛骨近位に存在する。そのため発育期には，この膝関節周辺部位で軟部組織の緊張が急激に増加する。そのような身体的状況に，小学校高学年から中学生にかけて本格的にスポーツ活動を開始し活発な運動トレーニングを行うという状況が重なり，オーバーユースによる膝関節障害が多発するといわれている（古賀 2001）。

オスグッドシュラッテル病やシンディング・ラーセン病，および分裂膝蓋骨は，膝関節周囲に生ずる骨端線が関与する障害である。これらは，膝関節伸展筋である大腿四頭筋の柔軟性低下や筋力増大に伴い，この筋の停止部である膝蓋骨または，それを介して付着する膝蓋腱付着部において，ランニングやジャンプなどの強力な張力や衝撃が繰り返しかかるなどのメカニカルストレスによって，骨化過程の未熟な骨端軟骨の損傷をきたし，発症すると考えられている。

より骨量の減少速度に個人差が出る。また女性の骨量減少は男性とは異なり，下肢において顕著に現れる（**図3-7**）。このような加齢による骨量の減少の標準値から，成人期の骨年齢として個々の測定値を判定する方法も用いられており，骨粗鬆症予防や加齢による骨関節疾患の予防のために活用されている。

3 骨と運動

3-1 発育期の骨と運動

発育期には，骨端線周囲で盛んに骨細胞が増殖することによって，骨の長さが増大する。それと同時に骨の太さも増大するため，骨密度も増大する。この時期に，より骨密度を増す要因としては，栄養（カルシウムやビタミンDの摂取），身体活動量，運動があげられている。中でも運動については，発育期に体重の3倍以上の衝撃負荷がかかるスポーツ（ランニング，体操，タンブリング，ダンス）を1回60分，週3回以上，6年間実施することにより，下肢の骨密度が高まることが明らかにされている。また，除脂肪体重（体重から脂肪量を差し引いた量）

が多いほど骨密度が高いことも確認されており，衝撃負荷だけでなく，筋量を増大するようなエクササイズでも骨のたわみを起こし，それが骨密度増加に作用することが示唆されている。

3-2 女性の骨と運動

女性ホルモンの代表であるエストロゲンは，骨代謝にかかわるとされており，骨芽細胞の働きを促進して，破骨細胞の働きを抑制する。この作用は骨代謝のバランスを保ち，それにより骨量を一定に保つ働きがある。運動をすることによって血中のエストロゲンが高くなる。

卵巣だけでなく脂肪組織においてもホルモンの代謝が行われ，女性の副腎でつくられた男性ホルモンは脂肪組織の中でエストロゲンに変換される。そのため，運動をすると適度な脂肪がある女性では，男性ホルモンが女性ホルモンに変換され，骨密度の増大も促進される。しかし，長距離ランナーのオーバートレーニング状態で無月経症状のある女性においては，卵巣の機能が低下していることに加え，体脂肪率が極端に低下し，前述のエストロゲンの作用が十分に得られないことによって，疲労骨折を発症することが指摘されている。

3-3 高齢者の骨と運動

加齢により骨基質の無機質は減少する。20歳に比べ80歳では50〜65％減少し，特に女性で著しい。また，関節軟骨も加齢の進行とともに弾性が低下し，変性が進む。

しかし，高齢の男女いずれにおいても，運動することによって骨密度を高められることが明らかにされている。特に女性においては，前述のエストロゲンの作用が閉経後に急激に低下することから，骨粗鬆症予防の観点からも，高齢者への運動が推奨されている。

〔福永裕子〕

参考文献

1) Moore KL : Study Guide and Review Manual of Human Embryology〔3rd ed.〕, p247, W. B. Saunders Company, 1988
2) Malina RM et al. : Maturation, and Physical Activity〔2nd ed.〕, Human Kinetics, pp124-126, 2004
3) 中村利孝，吉川秀樹：運動器の生物学と生体力学．最新整形外科学体系，pp2-11，中山書店，2008.
4) Standing S : Musculoskeletal system. Gray's Anatomy〔39th ed.〕, pp83-135, Elsevier, 2004
5) 石河利寛：健康・体力のための運動生理学．杏林書院．p22，2001.

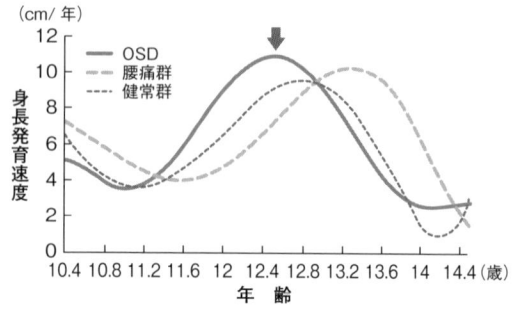

Column 4　骨発育からみたオスグッドシュラッター病とその対策

　オスグッドシュラッター病（Osgood-Schlatter Disease：OSD）は，1903年にオスグッド（R. B. Osgood）とシュラッター（C. Schlatter）によって同時期に発表され，以後臨床現場では代表的な発育期のスポーツ障害です。これは，発育期に発症する骨端症の一種で，骨・軟骨接合部に加わる牽引性のストレスによって微小裂離を生じ，骨端部の阻血性・無腐性壊死を呈するものと定義されています。主な症状は，ランニングやジャンプ中の膝の疼痛で，進行すると，膝蓋骨の下にある脛骨粗面という部分の骨が隆起し，炎症を呈します。一度，重症化すると，この脛骨粗面部の隆起は生涯残ったままとなります。

①身長発育速度曲線

　身長が伸びる速さを身長発育速度といいます。これは，1年間にどれだけ伸びたかを表します。身長の1年ごとの記録の差を結んだ曲線を身長発育速度曲線といいます。図1に，発育期にオスグッドシュラッター病を経験した人と腰痛を経験した人，そうでない人の身長発育速度曲線を示します。オスグッドシュラッター病群では，PHVが早くて大きいことが特徴です（矢印）。このことは，オスグッドシュラッター病の原因の1つが，骨の長軸方向への発育が著しいことを示唆しています。

②疼痛発生の力学的機序

　オスグッドシュラッター病の症状がなぜ膝蓋腱に起こるのか，はっきりとした機序は明らかにされていません。可能性としては，①骨の伸びに筋の伸びが追いつかず，大腿四頭筋の柔軟性が低下し，屈伸運動で脛骨粗面において極端な伸張が生ずることや，②下肢（大腿および下腿）の筋柔軟性が低下することにより，かがんだ際に上半身重心の前方移動が十分にできず，膝周囲の関節トルクが極端に大きくなることが指摘されています。

③オスグッドシュラッター病チェック＆予防エクササイズ

(1) スクワット姿勢をとる：痛みの出ない範囲で浅いスクワット姿勢をとって横からみて，頭とお尻の先端を結んだ線の中点から降ろした垂線が，つま先と踵を結んだ線のどの位置に来るかをチェックします。より踵側に垂線がくる場合は，下肢の柔軟性が低く，オスグッドシュラッター病や膝の障害を起こしやすいといえます。

(2) 片脚立ち膝曲げ：壁を背中にして片脚立ちになり，もち上げるほうの大腿が水平になるまで膝を曲げ，脚をもち上げて保持します。上げていないほうの手は机や椅子につかまり，上半身が横や前にずれないように意識して，固定します。脚がうまく上がらないか，上げていないほうの脚が曲がってしまう場合は，オスグッドシュラッター病になりやすいといえます。

(3) アキレス腱伸ばし＆ヒラメ筋伸ばし：一般的に行われるアキレス腱伸ばしを行った後，膝を曲げたままでアキレス腱を伸ばすような姿勢（足関節背屈）をとると，二関節筋である腓腹筋でなく，単関節筋であるヒラメ筋がストレッチされます。腓腹筋だけでなく，ヒラメ筋の柔軟性も併せて獲得することが，オスグッドシュラッター病の予防に重要です。

(4) 上体起こし：つま先をベルトや棒を使って壁に固定し，上体起こしを行います。オスグッドシュラッター病では，大腿四頭筋の活動が極端に高まることが要因の1つであるので，動作中の大腿四頭筋の負担を補う，前脛骨筋，腸腰筋，腹直筋を強化します。

（福永裕子）

図1　オスグッドシュラッター病の身長発育速度
OSD：オスグッドシュラッター病群。
（福永裕子：体力科学, 59：521-528, 2010より一部改変）

第4章 関節の構造と柔軟性

> **本章のねらい**
>
> 正常な関節の運動を理解するためには，まず関節の構造と機能について理解する必要がある．本章では，関節の運動と柔軟性（および関節可動域）を構成する関節構成体の要素と，柔軟性低下に関与する関節構成体の病態の基礎知識をまとめ，柔軟性や関節可動域を評価するための各種検査・測定方法について学ぶ．

Key word
- 関節の構造
- 関節の制限因子
- 骨関節運動と関節包内運動
- 関節のバイオメカニクス
- エンドフィール

1 関節の構造と機能

1-1 関節の分類

骨格系において，2つかそれ以上の骨の連結あるいはその中心点を関節（jointまたはarticulation）という．関節の分類は様々あるが，可動性に基づく分類として，可動関節と不動関節に分けられる（表4-1）．

可動関節（diarthrosis）は，骨同士間の関節腔に関節液がある関節である．滑膜の存在により滑膜性関節（synovial joint）と呼ばれることのほうが多い．機能は支持性と可動性の2つの重要な役割を担い，上肢・下肢の関節のほとんどが可動関節すなわち滑膜性関節であるため，一般的にはこれを狭義の「関節」と表現している．本項においても可動関節および滑膜性関節を「関節」と称する．

不動関節（synarthrosis）は，可動性はまった

表4-1 可動性に基づく関節の分類

可動性による分類			代表的な部位	関節運動の範囲	主な機能
可動関節	滑膜性関節		肩甲上腕関節（肩関節） 脛骨大腿関節（膝関節） 股関節・肘関節　など	広範囲	筋骨格系の運動と支持性
不動関節	線維性関節	靭帯結合	後頭部と頸椎間の項靭帯 橈尺骨間・脛腓骨間の骨間膜	無視できる	骨の結合と骨間の力の分散
		縫合	頭蓋骨の冠状縫合など 鼻骨上顎縫合		
	軟骨性関節	軟骨結合	幼年期の頭蓋底，骨端成長板のような硝子軟骨による結合	最小から中等度	比較的抑制された運動と衝撃吸収
		線維軟骨結合	恥骨間円板，肩鎖関節間円板 椎体間の椎間板		

くないかごくわずかの関節をいう。機能は大きな接触面とわずかな可動性を介して骨間の力を伝達あるいは分散することで主に支持性が重要な役割となる。不動関節の中で，線維性結合を呈する関節を線維性関節（fibrous joint）といい，さらに靭帯結合（syndesmodial joint）と縫合（sutura）に分けられる。また，軟骨性の連結を呈する関節を軟骨性関節（cartilaginous joint）ともいい，さらに軟骨結合（synchondrosis）と線維軟骨結合（symphysis）に分けられる。それぞれの代表例や機能を表4-1に示す。

1-2 関節（滑膜性関節）の構造（図4-1）

柔軟性には可動性をもつ滑膜性関節が大きくかかわるため，その構造の理解が不可欠となる。多くの関節では両骨端の一方が凸面，他方が凹面を呈し，前者を関節頭，後者を関節窩という。両骨端の表面は硝子軟骨（hyaline cartilage）に覆われ，これを関節軟骨（articular cartilage）という。関節頭と関節窩は骨膜から続いている線維性結合組織である関節包（joint capsule）に取り囲まれ，その内腔を関節腔という。関節包の最内面は疎性結合組織である滑膜（synovial membrane）からなり，関節腔は滑膜から分泌される滑液（synovial fluid）に満たされている。関節包は血管（blood vessels）より血液供給を受け，毛細血管は滑膜の移行部まで到達する。関節の多くの組織には感覚神経（sensory nerves）によって疼痛と固有感覚の適切な受容体が供給されている。関節包の周囲には，関節を補強するために結合組織性の靭帯（joint ligament）が存在する。関節の内外側にある靭帯を側副靭帯（肘，手，中手，手指の関節，膝，中足，足趾の関節）といい，関節腔内にある靭帯を関節内靭帯（股関節，膝関節）という。

一部の関節では関節窩の深さを補うために，その縁に線維軟骨性の関節唇（peripheral labrum：肩関節，股関節）がある。関節面への圧迫力に対する緩衝作用や適合を良くするために関節円板（intraarticular discs：顎関節と下橈尺関節，胸鎖関節，肩鎖関節）や半月（menisci：膝関節）が存在する関節もある。脂肪体（fat pad）は関節包内部に位置し，骨が関節を形成していない空間を満たす。滑膜ヒダ（synovial plica）は関節包の最内層の組織が緩んで重なった組織で，大きな関節包をもつ膝と肘でみられる。関節の動きに伴って周囲の骨，腱，筋が滑らかに滑走できるように関節包の一部が外に膨れ出して滑液を含む嚢を形成し，これを滑液包（bursa synovialis）という。

関節を動かす原動力は骨格筋であり，骨端の関節包外には筋肉と骨を結ぶ腱を備え，筋の収縮により関節運動を可能とする。これらすべての構成体が相互に働くことで円滑な関節運動を行うことができる。

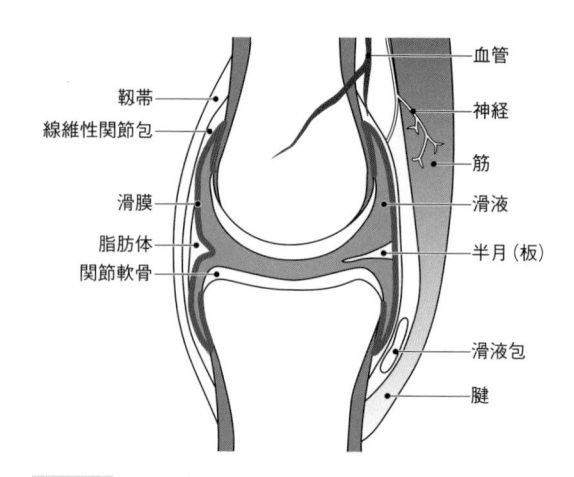

図4-1 関節（滑膜性関節）の構造
(Neumann, DA著，嶋田智明ほか監訳：筋骨格系のキネシオロジー，p28，医歯薬出版，2012)

1-3 滑膜性関節の分類（表4-2，図4-2）

関節の形状は関節運動の可動域を決定する要因となる。許容される運動軸の数によって1軸性・2軸性・多軸性関節に分けられる。

1軸性関節は運動軸が1つであり，1つの面だけで運動が可能な関節である。蝶番関節（hinge joint）は，ドアの蝶番（ちょうつがい）

表 4-2 滑膜性関節の分類

運動軸の分類	関節形状の分類	代表的な関節	運動方向
1軸性関節	蝶番関節	指節間関節	屈曲と伸展のみ
	(らせん関節)	腕尺関節 距腿関節	屈曲と伸展（背屈と底屈）のみ
	車軸関節	環軸関節 上橈尺関節	1つの回転軸まわりの回旋
2軸性関節	顆状関節	環椎後頭関節 脛骨大腿関節	屈曲と伸展，側屈 屈曲と伸展，外旋と内旋
	(楕円関節)	橈骨手根関節	屈曲と伸展，橈屈と尺屈
	鞍関節	母指手根中手関節	屈曲と伸展，外転と内転（組み合わせで対立動作）
		胸鎖関節	挙上と下制，屈曲と伸展（組み合わせで鎖骨の軸回旋）
多軸関節	球関節	肩関節	屈曲と伸展，外転と内転，外旋と内旋
	(臼状関節)	股関節	
	平面関節	手根間関節 足根間関節	並進と回転を組み合わせた運動
	(半関節)	仙腸関節	起き上がり運動とうなずき運動

の形状に近似した関節で，運動軸は骨の長軸に直角で1方向だけの運動が行われる。らせん関節は，蝶番関節の変形とみるべきもので，一方の関節面が隆起，他方が溝状となる。運動軸は骨の長軸と直角ではなく鋭角で交わり，運動はらせん状となる。車軸関節（trochoid〔pivot〕joint）は骨の長軸のまわりに，車輪のような回転運動だけが可能な関節である。

2軸性関節は2つの運動軸をもち，2つの面で運動が起こる。2つを組み合わせると分回し運動が可能な関節である。顆状関節（condylar joint）は，関節頭が楕円形，関節窩がこれに対応したくぼみを成し，関節頭の長短軸のまわりに動く。その形状から楕円関節ともいう。鞍関節（seller〔saddle〕joint）は，相対する関節面が鞍を背中合わせにしたような形で適合している。

多軸関節は運動軸と運動面が多数あり，あらゆる方向への運動が可能な関節である。球関節（spheroid joint）は，関節頭はほぼ半球状，関節窩は浅いくぼみとなっている。球関節のうち，特に股関節を臼状関節（ball and socket joint）という。股関節は肩関節と比べると，関節窩が深く骨頭のほぼ3/4を収め，可動範囲は狭められている。平面関節（plane joint）は，相対する関節面が形も大きさもほぼ同じ平面で，関節包と靭帯で硬く包まれ，運動は著しく制限される。半関節は，平面関節の一種で関節面が平面ではなく，関節面がよく適合するために運動範囲は平面関節よりもさらに小さい。

1-4 関節構成体の構造と機能

1-4-1 関節軟骨

関節軟骨は硝子軟骨から構成される。生化学的には水分が総重量の80％を占め，その他はコラーゲン線維とプロテオグリカンからなる。表面は弾力性に富み肉眼的には平滑であるが，電子顕微鏡でみると凹凸不整のうねりがあり，凹面に水分を含むことで関節の潤滑性に寄与する。健常な関節の摩擦係数は0.001〜0.006（歩行時は0.003〜0.02）で，金属対金属の0.3〜0.8，

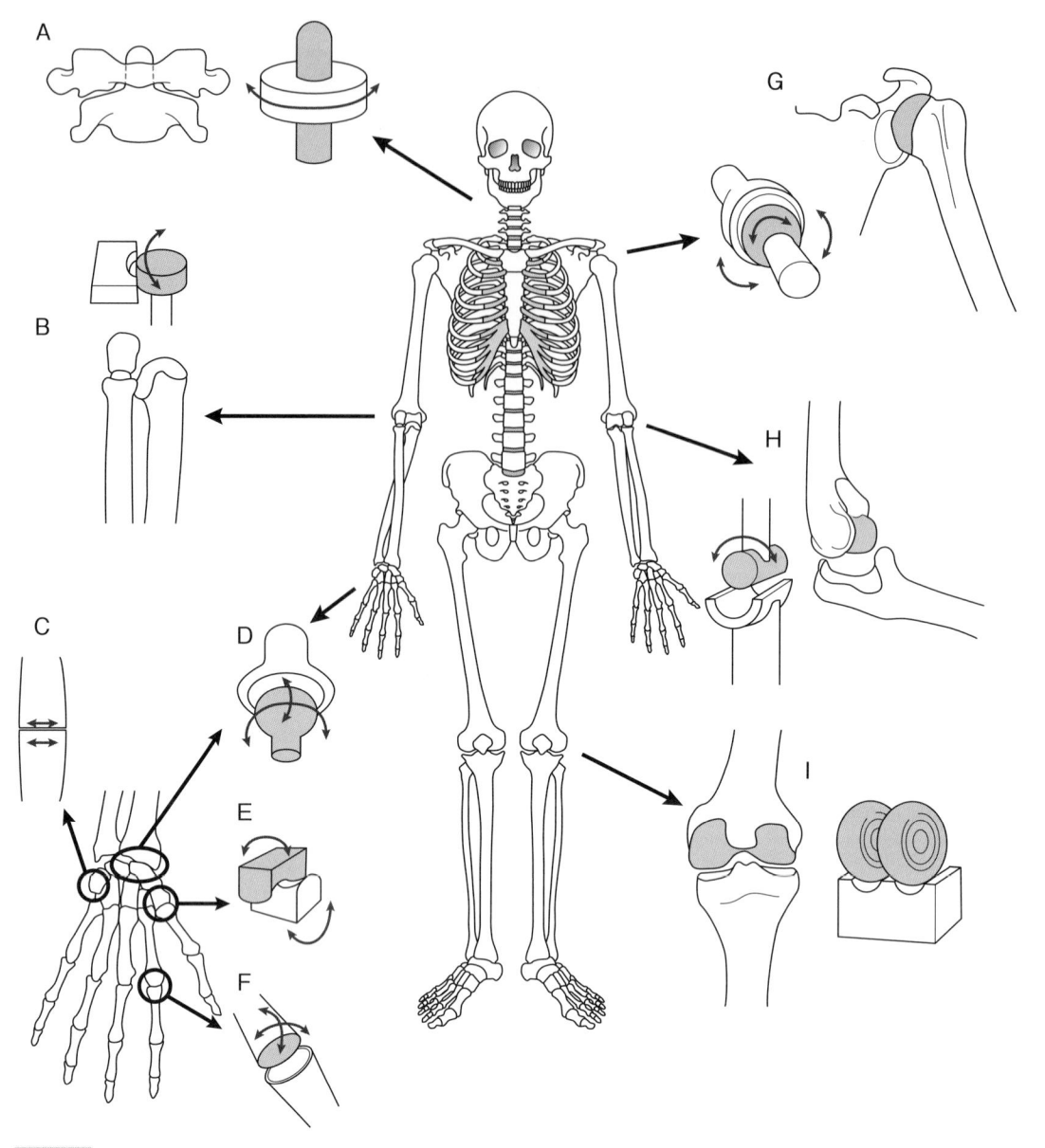

図4-2 関節の形態にもとづく滑膜性関節の分類
A：車軸関節（車輪状の関節），B：車軸関節（栓状の関節），C：平面関節，D：楕円関節，E：鞍関節，F：顆状関節，G：球関節，H：蝶番関節，I：二重顆状関節。

（岸　清監修：触診機能解剖カラーアトラス，p28，文光堂，2008）

プラスティック対プラスティックの0.1〜0.3と比べて潤滑性は著しく高い。コラーゲン線維は力学的強度、とくに抗張力に働く。プロテオグリカンは弾力性に関係する。外部から加重がかかるとコラーゲンの網の目を押し広げて外力を吸収し、加重が除かれれば原型に戻る働きがあり、その際の滑液中の圧力変化によって起こる拡散作用を利用して軟骨−滑液間の物質が循環する（**図4-3**）。成熟関節軟骨では血管やリンパ管、神経が分布しておらず、栄養は滑液により供給される。

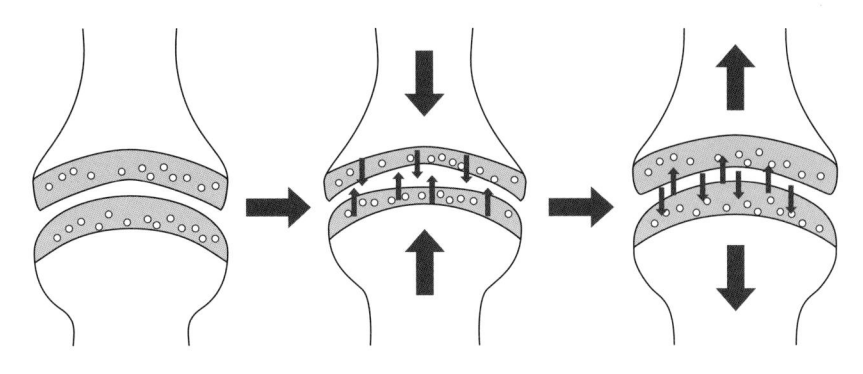

図4-3 関節軟骨に加わる圧力と滑液の動き
関節軟骨に圧力が加わるとそれに応じて変形し，軟骨組織内の滑液が関節腔に出され，圧力が除かれると滑液が軟骨組織内に取り込まれる。
（沖田　実：関節可動域制限，p129，三輪書店，2013）

1-4-2　関節包

関節包は外側の線維膜と内側の滑膜とからなる。線維膜は強靭な膠原線維からなり，骨膜の線維層と連結している。弾力性に乏しく，部分的に厚みを増して関節内靭帯を形成して関節の安定性に寄与している。線維関節包は血液供給が乏しいため損傷を受けると修復は遅い。神経支配は豊富で，固有感覚や痛覚の情報を伝達する。

1-4-3　滑膜と滑液

滑膜は関節包の内側で関節腔の内壁を形成し，関節軟骨以外の関節内骨表面，関節内靭帯，滑液包の表面も覆っている。表層の滑膜細胞と固有層（弾性線維，血管，神経を含む）からなる。滑膜表面の毛細血管から血液の一部が滑液成分として通過し，これに滑膜細胞から分泌されるヒアルロン酸が加わって滑液となる。滑液内の代謝産物としての老廃物は毛細血管やリンパ管を通って排泄され，滑膜内の貪食細胞により異物として貪食される。滑液は淡黄色，透明，粘稠性の高い，弱アルカリ性の液体で，膝関節のような大関節でも正常では2ml程度しか存在しない。滑液の働きは関節軟骨の栄養作用，関節の衝撃の緩和作用，潤滑作用とされている。

1-4-4　靭　帯

靭帯は関節の内外で骨と骨とを結合し，関節の安定性保持，関節の動きの制限あるいは動きの誘導の役割を担っている。コラーゲンを主成分とする密で一様な紐状の膠原組織であり，組織学的には腱に似た構造をもつ。生化学的には約65％は水分で，約25％はコラーゲンで，乾燥重量に換算すると約80％がコラーゲンとなる。コラーゲン線維は長軸方向に並行に走行するため，引張り張力に対して強力な抵抗性を示すが，ところどころでうねり（crimp）を認め，これが伸長に対する緩衝作用を有していると考えられる。靭帯が骨に付着する部位は，骨膜に付着する様式と直接骨に付着する様式の2種類がある。

2　関節のバイオメカニクス

2-1　身体運動と関節運動

身体運動とは，身体各部分の空間的位置の時間的変化である。運動には並進と回転があり，並進は身体のある部分がほかの部分と並行に，あるいは同じ方向に直線的または曲線的に動くことである。歩行時の頭部では，進行方向に並進し，上下左右に曲線的に運動する。この身体

【測定・評価の具体例】
関節可動域測定

　関節可動域（range of motion：ROM）とは，関節がとりうる最大限の運動範囲である．関節可動域表示ならびに測定法は，1995年に日本整形外科学会と日本リハビリテーション学会により制定された．これは，関連職種が各関節の運動（骨運動）の方向と運動範囲を共通して理解するためのものである．関節可動域測定の目的として，関節機能の客観的把握や可動障害の程度の判定，治療効果の判定資料などがあげられる．

　基本肢位は解剖学的肢位と一致し，関節の動きは3つの基本面（矢状面，前額面，水平面）のいずれかの面上で，それの相応する3つの軸（前額－水平軸，矢状－水平軸，垂直軸）で行われる運動とする．矢状面上（前額－水平軸）の運動は，屈曲と伸展・背屈と底屈・前屈と後屈である．前額面上（矢状－水平軸）の運動は外転と内転・側屈・尺屈と橈屈・外がえしと内がえしである．水平面上（垂直軸）の運動は内旋と外旋・体幹および頸部の回旋である．その他，身体の特定部位に特異的な運動として，母指の運動（掌側外転と掌側内転，橈側外転と尺側内転）などがある．正常な関節可動域の運動範囲は各関節の各運動方向に参考可動域角度が設定されているが，これは健常人の平均値であり絶対的なものではないことに注意が必要である．

　関節可動域の測定は角度計を用いて行われる．固定されている骨の軸を基本軸，測定のために動かされる軸を移動軸，その交点を運動軸（軸心）という．角度計の中心を運動軸に合わせて1本の腕木を基本軸に並行に置き，他方の腕木を移動軸に合わせて動かすことで測定される（図）．必要に応じて角度計の中心や移動軸を平行に移動して測定してもよい（投影法）．

　測定は自動運動でも他動運動でも可能であるが，原則として他動運動による測定値を表記する．自動運動による測定値は（　）に囲んで表記するか，その旨を明記する．測定肢位を別法で測定した際や，多関節筋を緊張させた状態で測定した際，痛みなどが測定値に影響した際はその旨を明記する．すべての関節の参考可動域角度，基本軸，移動軸，測定肢位および注意点基準の肢位は，紙幅の関係上，章末の参考文献を参照されたい．

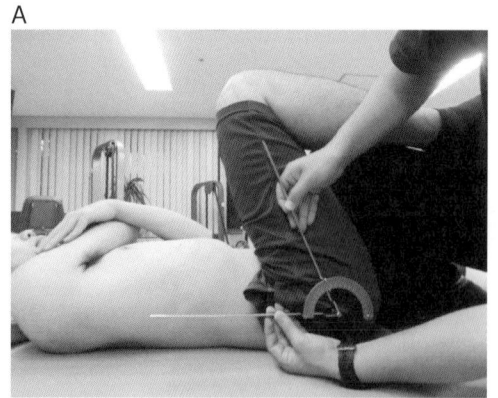

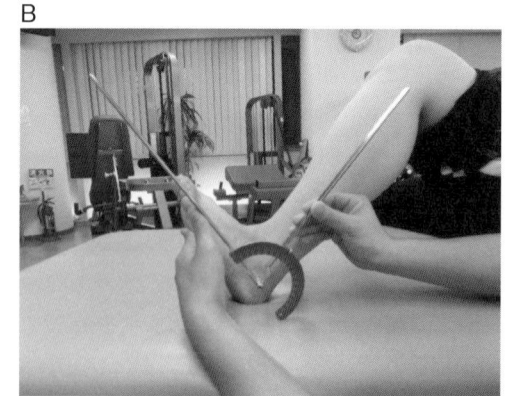

図 関節可動域（ROM）測定の風景

A：股関節屈曲可動域測定：基本軸は体幹と平行な線で，移動軸は大腿骨（大転子と大腿骨外顆の中心を結ぶ線），参考可動域は125°である．B：足関節背屈可動域測定：基本軸は腓骨への垂直線で，移動軸は第5中足骨，参考可動域は20°である．

の並進運動は，四肢の関節運動によって動力を受けている．関節運動は自動と他動に分けられ，自動運動は筋の収縮により生じ，他動運動は他人からの押しや重力など自身の筋以外の力源により生ずる．関節運動には，屈曲伸展などで表現される関節包外の骨運動（骨運動学：osteokinematics）と関節包内の関節面相互で起こる関節包内運動（関節運動学：arthrokinematics）に分けられる．

2-2 骨運動（骨運動学：osteokinematics）

2-2-1 骨運動と生理的運動

骨運動は，3次元空間で骨が機械的軸を中心に運動する状態を表し，解剖学的立位肢位における3つの基本的平面を基準として，生理学的運動と呼ばれる屈曲・伸展，外転・内転，外旋・内旋といった用語で表される．運動の範囲は，一般的に関節可動域（range of motion：ROM）として関節の可動範囲を表す共通言語となっている．運動様式は軸回旋（spin）と振り子運動（swing）に大別される．軸回旋では，回旋の中心となる軸を機械的軸といい，骨の長軸と一致する場合と一致しない場合とに分けられる（図4-4）．振り子運動は，軸回旋以外で骨が機械的軸まわりを変位する運動で，一平面上である肢位から別の肢位まで軸回旋を伴わずに最短距離を経る蝶番振り子運動と，軸回旋を伴って最短距離を経ないで弯曲した経路を移動する弯曲振り子運動に分けられる（図4-5）．

2-2-2 基本肢位

立位姿勢で顔面を正面に向け，両上肢は体側に沿って下垂して手掌を体側に向け，下肢は平行にして左右の踵を着けてつま先を軽く開いた直立位を基本的立位肢位という．基本的立位肢位から，前腕を回外位にして手掌を前方に向けた直立位を解剖学的立位肢位という．（図4-6）．身体運動を記載する場合の開始肢位として，一般に解剖学的立位肢位が用いられる．

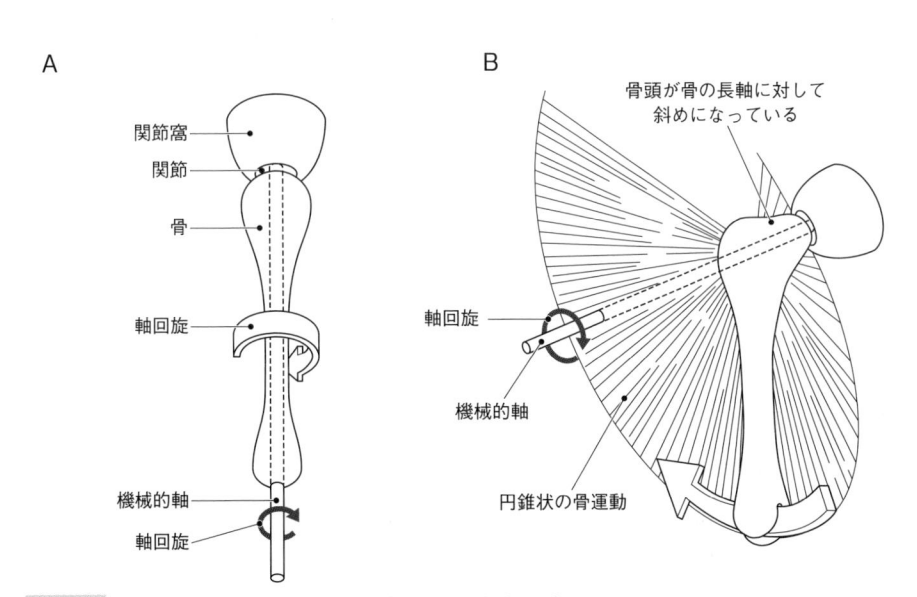

図4-4 機械的軸（mechanical axis）と軸回旋（spin）
A：機械的軸と骨の長軸が一致した軸回旋を呈する．B：機械的軸と骨の長軸が一致しない軸回旋で，骨は円錐状に運動する．

（奈良 勲ほか編集：系統別・治療手技の展開，p288，協同医書出版社，2007）

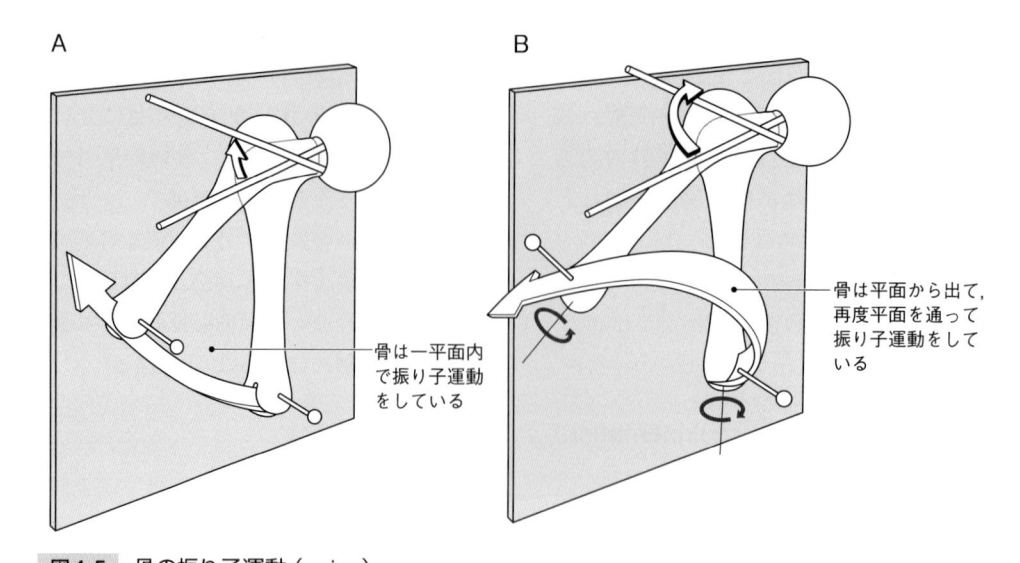

図4-5 骨の振り子運動（swing）
A：蝶番振り子運動（cardinal swing），B：弯曲振り子運動（arcuate〔impure〕swing）。
（奈良　勲ほか編集：系統別・治療手技の展開，p288，協同医書出版社，2007）

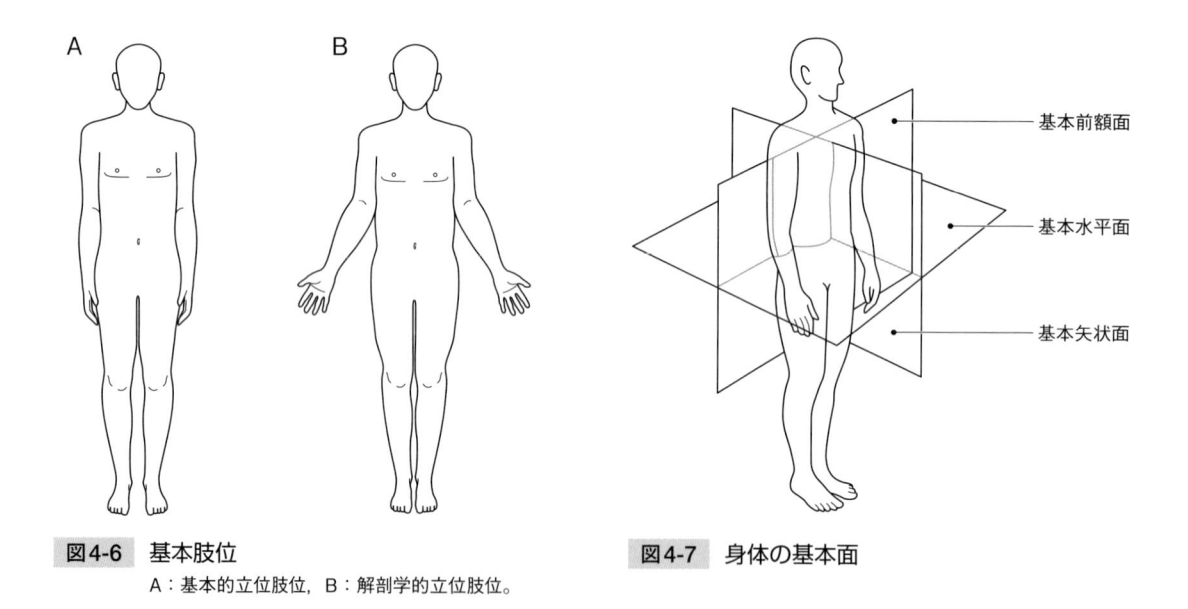

図4-6 基本肢位
A：基本的立位肢位，B：解剖学的立位肢位。

図4-7 身体の基本面

2-2-3　運動の面と軸

　骨運動は身体内部に想定される3つの面で行われる。矢状面（sagittal plane）は身体の正中を通る垂直な平面で，身体を左右に分ける。前額面（frontal plane）は身体を前部と後部に分ける平面で，水平面（horizontal plane）は身体を上部と下部に分ける平面である。身体内部に想定される重心点を通る各々の面を基本面（基本矢状面，基本前額面，基本水平面）という（図4-7）。

　運動軸は運動の面に対して直角に交わり，関節が回転運動をする際の支点あるいは中心として回る軸をいう。垂直軸（vertical axis）は垂直方向の軸で，運動の面は水平面にある。矢状-水平軸（saggital-horizontal axis）は前後方向の

軸で，運動の面は前額面にある。前額−水平軸（frontal-horizontal axis）は左右方向の軸で，運動の面は矢状面にある。たとえば，肩関節の外転と内転は前額面の矢状−水平軸で行われ，屈曲と伸展は矢状面の前額−水平軸で行われる。

2-3 関節包内運動 （関節運動学：arthrokinematics）

2-3-1 関節運動学と関節包内運動（副運動）

関節が正常な可動域を運動するために必要な関節内での運動を副運動（accessory movements）といい，関節運動学（arthrokinematics）によって運動が表現される。副運動は随意的にはできない関節包内運動であり，構成運動（component motions）と関節の遊び（joint play）に分けることがある。

構成運動は自動運動でも他動運動での骨運動に伴って必ず生じる関節包内の運動を指し，転がり（roll），滑り（slide），軸回旋（spin）が含まれる。たとえば，肩関節の下垂位での外旋運動の際に上腕骨頭が肩甲骨の関節窩に対して前方に滑る運動や，膝関節を伸展させる際に大腿骨に対して脛骨が前へ滑ると同時に外旋する運動である。関節の遊びは関節のゆるみの肢位で生じる骨運動を伴わないで他動的にのみ起こる関節包内の運動を指し，滑り（glide），離開（distraction），圧迫（compression）が含まれる。関節の遊びは，特に膝関節や足関節では他動的な滑り（glide）による骨の並進の量が関節靱帯の健常さを確認するテスト（関節不安定性テスト）として用いられている。

2-3-2 関節面上の運動

関節面上では，転がり，滑り，軸回旋の組み合わせで運動が行われている。

転がりは，一方の骨表面がもう一方の骨表面上を転がることで骨は角運動を行う。回転方向は関節面の凹凸に関係なく常に骨の各運動の方向と同じである（図4-8）。関節内で転がりだけが生じると，骨の角運動と同じ側の関節面は圧迫されて他方の面は離開して関節の損傷を招く可能性がある（図4-9）。正常な関節では転がり

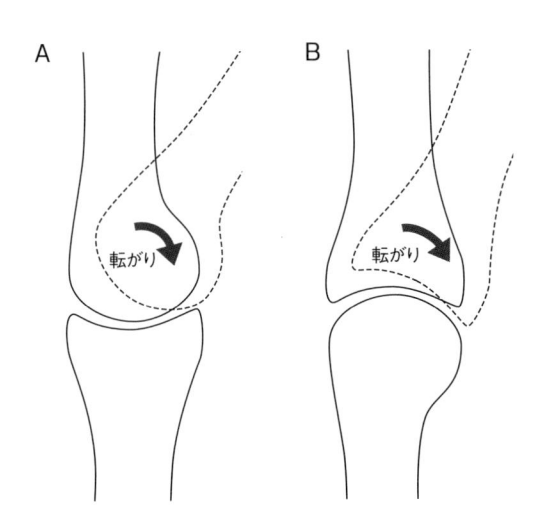

図4-8 関節内での転がり運動
A：凸の関節面，B：凹の関節面．

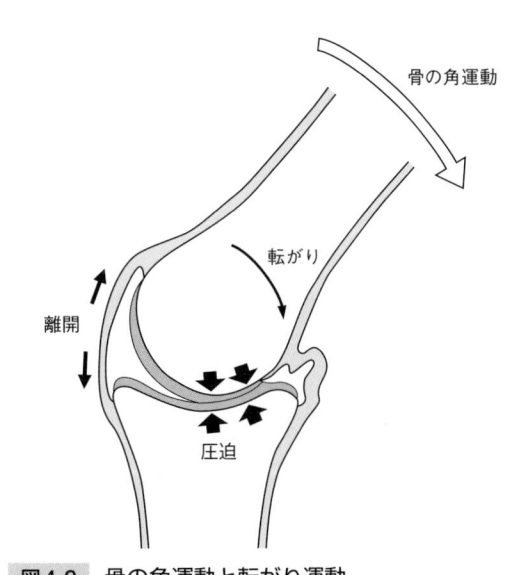

図4-9 骨の角運動と転がり運動
関節包内の正常な滑走がないと，一方の関節面に過度な圧迫や他方に過度な離開が生じる。
（奈良　勲ほか編集：系統別・治療手技の展開，p290，協同医書出版社，2007）

【測定・評価の具体例】
筋柔軟性（タイトネス）テスト

　筋柔軟性（muscle tightness）とは，筋を触診したときの柔らかさを表現することが多い。関節運動にかかわる筋肉の硬さや柔らかさは，ある筋が他動的な関節運動により伸長されたときの硬さ（柔らかさ）を表現し，関節角度や距離が測定され，これを筋柔軟性（タイトネス）テストという。

　関節可動域測定は原則として多関節筋の影響をできるだけ取り除いた肢位で測定するが，筋柔軟性テストで検査される筋が最も伸張される肢位で測定されるため，スポーツ動作に必要な多関節運動の影響を把握することで，アスレティックリハビリテーションや傷害発生予防のためのプログラムを作成するうえで重要な指標となる。

　体幹や下肢では，腰部およびハムストリングスは立位体前屈での指床間距離（finger-floor distance：FFD），ハムストリングスは下肢伸展挙上（straight leg raising：SLR）や股関節90°屈曲位から膝伸展させた際の膝関節屈曲角度，腸腰筋は膝抱え姿勢での膝窩から床までの距離，大腿四頭筋は腹臥位での踵臀距離（heel-buttock distance：HBD），下腿三頭筋は特にヒラメ筋では膝屈曲位で最大に踏み込んだ際の下腿前傾角度を，腓腹筋では立位膝伸展位での足関節最大背屈角度を測定する（図1）。上肢では投球障害との関連が深い肩関節の柔軟性低下が評価される。背臥位で肩甲骨を固定して肩甲上腕関節のみでの外転角度を測定するCAT（combined abduction test）

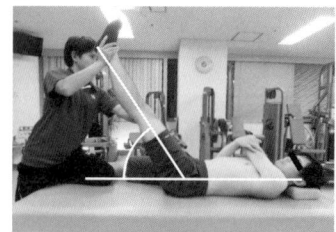

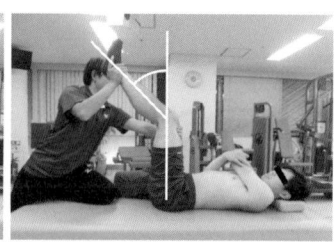

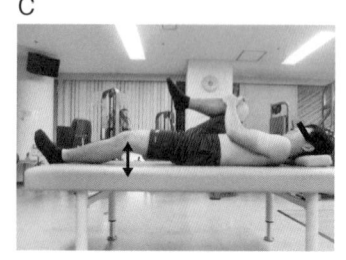

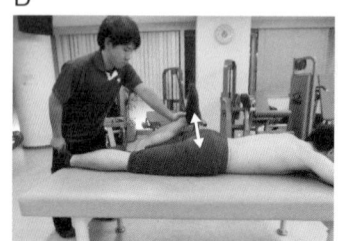

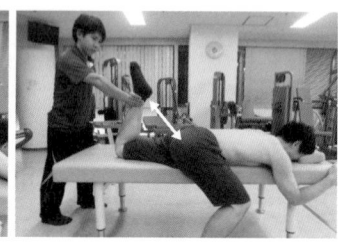

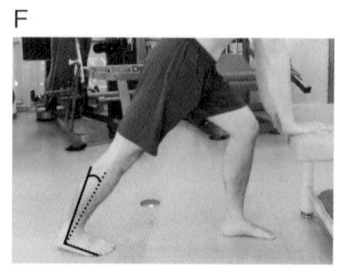

図1　体幹と下肢の筋柔軟性（筋タイトネス）テスト
A：FFD（cm），B：SLR（°）と股関節90°屈曲位からの膝伸展角度（°），C：膝抱え膝窩床距離（cm），D：通常の踵臀距離（cm）と骨盤固定位での踵臀距離（cm），E：下腿前傾角度（°），F：膝伸展位での足関節最大背屈角度（°）。

と水平屈曲角度を測定するHFT（horizontal flexion test）や（図2），外転外旋および伸展内旋の複合運動の評価として結髪動作と結帯動作での母指から第7棘突起までの指椎間距離（finger vertebral distance：FVD）があげられる（図3）。

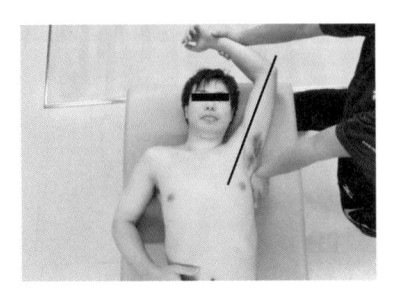

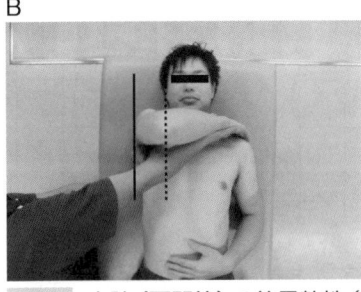

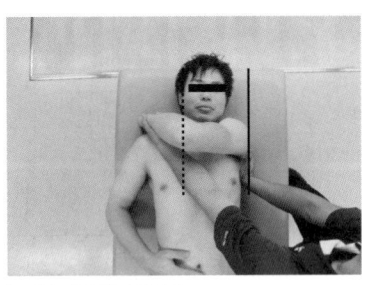

図2 上肢（肩関節）の筋柔軟性（筋タイトネス）テスト
A：CAT（左：投球側，右：非投球側），B：HFT（左：投球側，右：非投球側）。

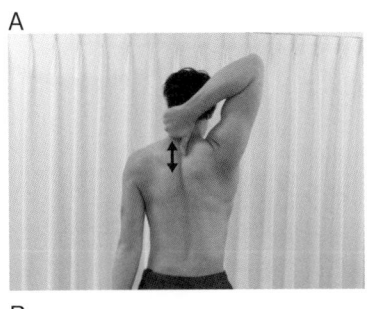

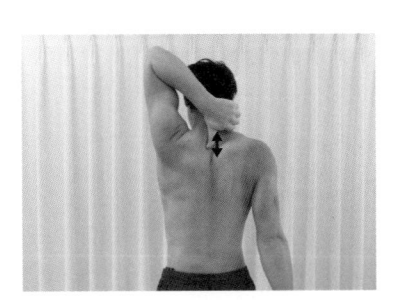

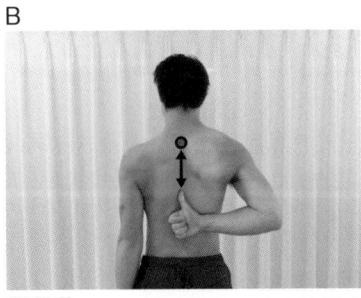

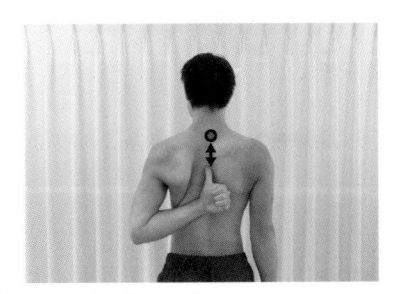

図3 上肢（肩関節）の筋柔軟性（筋タイトネス）テスト
A：FVD上（左：投球側，右：非投球側），B：FVD下（左：投球側，右：非投球側）。

だけの運動は生じず，必ず滑り（slide）や軸回旋を伴う．

滑り（slide）とは，一方の骨表面がもう一方の骨表面上を滑ることで，骨表面が平面の場合は骨の並進運動，曲面の場合は骨の角運動が生じる（図4-10）．

軸回旋は，骨が機械的軸まわりをコマのように回旋する運動である（図4-11）．関節で軸回旋が生じる主な例として，上腕骨の屈曲伸展，大腿骨の屈曲伸展，橈骨頭の回内回外である．

2-3-3 凹凸の法則（convex-concave rule：図4-12）

運動する関節面が凸の場合，滑り（slide）は骨の角運動とは反対方向に生じる（凸の法則：convex-on-concave rule）．運動する関節面が凹の場合，滑り（slide）は骨の角運動と同じ方向に生じる（凹の法則：concave-on-convex rule）．関節内では上記の転がり，滑り（slide），軸回旋の関節包内運動が組み合わさって生じており，関節面がより一致していれば滑る割合が大きく，より不一致であれば転がる割合が大きくなる特徴をもつ．近年では実際の関節運動において，凹凸の法則通りの運動が起こらないことも報告されており（市橋 2012），正しい個別の評価が重要となる．

2-4 固定の肢位とゆるみの肢位

ほとんどの関節では，通常最終可動域に近い位置において最も適合する（表4-3）．この肢位を固定の肢位（close-packed position：CPP）と呼び，多くの靱帯や関節包が緊張することで関節に自然な安定性を与え，副運動（関節の遊び）は最小となる．反対に，関節の緊張が最小で副運動が最大となる肢位をゆるみの肢位（loose-packed position：LPP）と呼ぶ．この位置は解剖学的な安静位に近いことが多く，関節面の接触が少なく，可動域の中間位で疼痛や筋スパズ

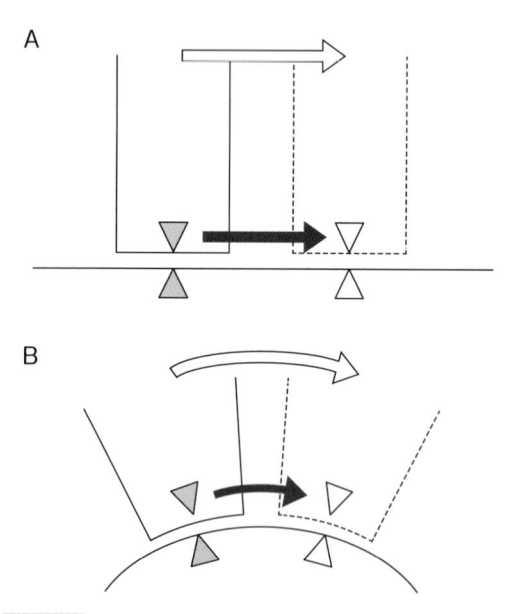

図4-10　滑り運動（slide）
A：平面の関節面の場合，骨は並進運動を呈する．
B：曲面の関節面の場合，骨は角運動を呈する．

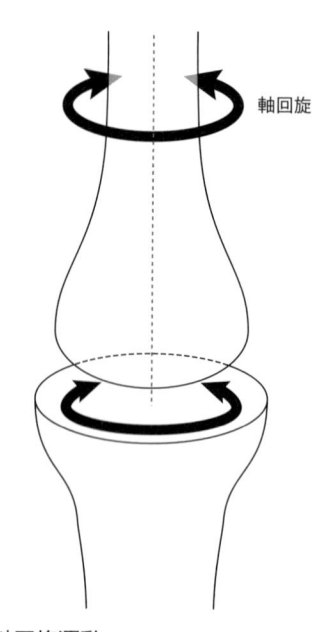

図4-11　軸回旋運動

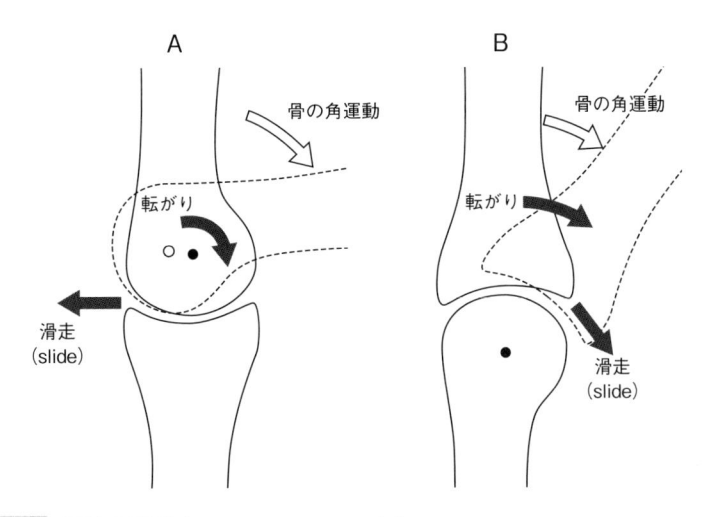

図4-12 凹凸の法則（convex-concave rule）
A：凸の法則（convex-on-concave rule），B：凹の法則（concave-on-canvex rule）。
(奈良　勲ほか編集：系統別・治療手技の展開．p291, 協同医書出版社, 2007)

表4-3 固定の肢位（CPP）とゆるみの肢位（LPP）

関節	CPP	LPP
肩甲上腕関節	水平外転，外旋位	55°外転，30°水平内転位
腕尺関節	完全伸展位	70°屈曲，10°回外位
橈骨手根関節	背屈，橈屈位	中間位に近い掌屈，やや尺屈位
第2～5中手指節関節	完全屈曲位	軽度屈曲，尺屈位
指節間関節	完全伸展位	軽度屈曲位
第1手根中手関節	完全対立位	外内転と屈曲伸展の中間位
股関節	伸展，内旋位	30°屈曲，30°外転，軽度外旋位
膝関節	完全伸展位	25°屈曲位
距腿関節	完全背屈位	10°底屈，内外反中間位
距骨下関節	内反位	底背屈中間位での内外反中間位
足根中足関節	回外位	回内外中間位
趾節間関節	完全伸展位	軽度屈曲位
椎間関節	伸展位	屈曲伸展中間位

(岸　清監修：触診機能解剖カラーアトラス，p32, 文光堂, 2008)

【測定・評価の具体例】
関節弛緩性テスト

　関節弛緩性（joint laxity）とは，関節の運動方向は正常であるが，過剰な可動性を有している状態をいう。関節の過度の動きを表す言葉として「関節弛緩性」のほかに「関節不安定性（joint instability）」があげられるが，不安定性は異常な関節の運動方向への過剰な可動性も加わった状態と定義される。

　身体が柔らかいとされる状態には筋と関節の柔軟性に起因され，特に関節では関節構成体（関節包，靱帯など）の性状に影響される。元来，関節が硬く柔軟性に乏しいことがスポーツ外傷・障害につながりやすいと考えられてきたが，関節が柔らかすぎてもスポーツ外傷が発生するリスクファクターとなることがわかってきた。特に女子選手では関節弛緩性とスポーツ傷害発生の関連が強いとされ，また特有の疾患（Marfan症候群など）における早期発見などのリスクマネージメントの観点から，メディカルチェックには必須の検査となっている。

　本邦では中嶋が発表した東大式全身関節弛緩性テスト（general joint laxity test：GJL test）の利用が多い。このテストでは6大関節と脊柱を加えた7項目について検査する方法である（図）。手関節は掌屈して母指が前腕に触れる場合を陽性（＋）とする。肘関節は過伸展15°以上ある場合を陽性とする。肩関節は背中で左右の指を握れる場合を陽性とする。膝関節は過伸展10°以上ある場合を陽性とする。足関節は背屈が45°以上ある場合を陽性とする。脊柱は立位体前屈で手掌全体が床に着く場合を陽性とする。股関節は立位で左右外旋し，足先が180°以上開く場合を陽性とする。陽性の場合1点とし（ただし，手，肘，肩，膝，足関節のような左右がある場合は，それぞれ0.5点とする），7点満点中4点以上を全身の関節弛緩性があると判定する。

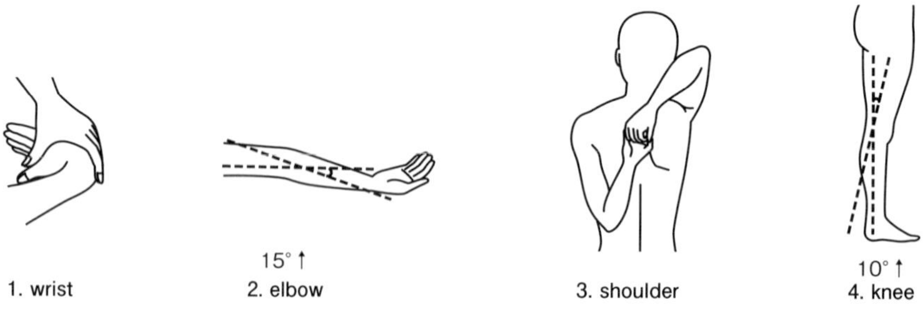

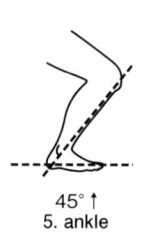

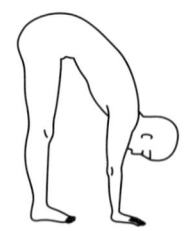

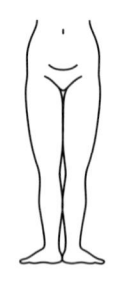

1. wrist
2. elbow　15°↑
3. shoulder
4. knee　10°↑
5. ankle　45°↑
6. spine
7. hip

	Rt	Lt
1. wrist	（＋・－）	（＋・－）
2. elbow	（＋・－）	（＋・－）
3. shoulder	（＋・－）	（＋・－）
4. knee	（＋・－）	（＋・－）
5. ankle	（＋・－）	（＋・－）
6. spine	（＋・－）	
7. hip	（＋・－）	
total：	/7	

図　全身弛緩性テスト

（日本体育協会：公認アスレティックトレーナー専門科目テキスト⑤検査・測定と評価．p33, 2013）

ムが少ないことも知られている。

2-5 開放運動連鎖と閉鎖運動連鎖

関節運動は，近位体節が固定された遠位体節に対して回転する場合と，遠位体節が固定された近位体節に対して回転する場合に分けられる。たとえば，坐位姿勢での膝関節の伸展－屈曲運動では，近位体節の大腿骨に対して遠位体節の脛骨が回転している。一方，立位姿勢からのしゃがみこみでは，遠位体節の脛骨に対して近位体節の大腿骨が回転している（図4-13）。前者のような，肢の末端が地面や床に固定されていない状態で自由に動く運動を開放運動連鎖（open kinetic chain：OKC）といい，後者のような，肢の末端が固定された状態で近位が自由に動く運動を閉鎖運動連鎖（closed kinetic chain：CKC）という。

3 関節機能異常

関節機能異常（joint dysfunction）は，対象が訴える症状として痛みと異常な関節可動域があげられる。異常な関節可動域の徴候は，可動域が過剰となっている場合（関節過可動性：hypermobility）と可動域が制限されている場合（関節可動域制限：hypomobility）があり，いわゆる関節がゆるい状態とかたい状態がある。しかし，関節可動域の正常範囲には個人差があるため，単純な可動域の大小で判断はできない。たとえば，平均値（参考可動域）よりも大きい可動域であったとしても，左右差を比較すると患側の可動域が明らかに小さく，それが症状を伴っていれば可動域制限となる。

関節運動の障害の原因特定には関節可動域測定のみならず，関節不安定性や関節弛緩性，筋柔軟性，筋力，神経学的検査，X線・MRI所見などで総合的に判断することが必要である。関節過可動性では関節不安定性や関節弛緩性の評価が重要となり，靭帯の弛緩や関節支持組織の過可動性，筋の弱化や筋のコントロールの障害などが原因としてあげられる。本項では，柔軟性の低下をきたす関節可動域制限を中心に詳細を述べる。一般的には関節可動域制限の原因として，図4-14のように様々な要因が考えられる。整理すると筋収縮による制限と，拘縮の発生による制限，強直の発生による制限に分けること

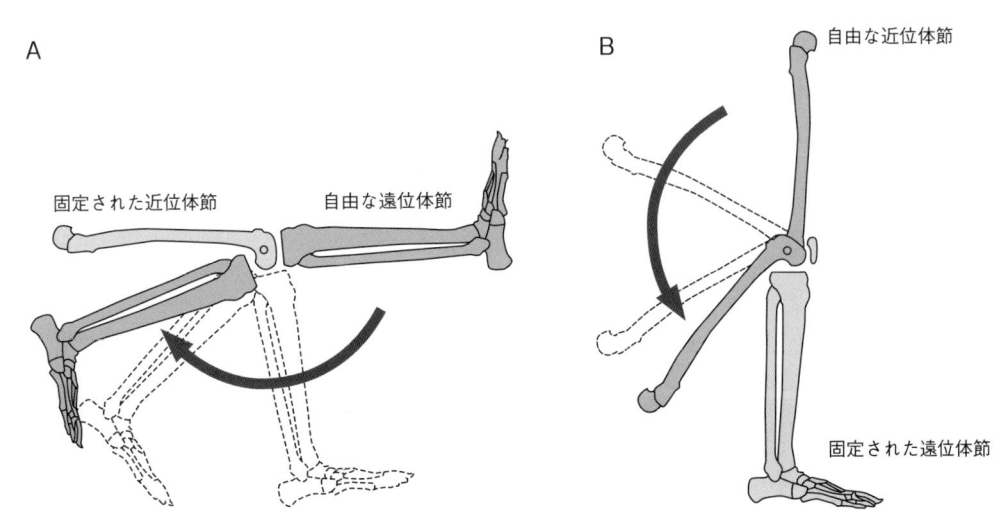

図4-13 膝関節屈曲運動における開放運動連鎖（OKC）と閉鎖運動連鎖（CKC）
A：開放運動連鎖の場合，B：閉鎖運動連鎖の場合。
(Neumann, DA著，嶋田智明ほか監訳：筋骨格系のキネシオロジー，pp30-32，医歯薬出版，2012)

ができる。

3-1 筋収縮による制限

　筋収縮による関節可動域の制限として，中枢性疾患にみられる痙性麻痺による筋緊張の亢進のための拘縮があげられる。健常者においては，疼痛が強く発生すると反射的な筋スパズムによる防御性筋収縮がおこり，逃避肢位をとる。これが長期間続くと阻血や代謝うっ帯により筋や結合組織の拘縮が発生して柔軟性の低下が生じる。

3-2 拘縮の発生による制限

　拘縮の発生による制限は先天性内反足に代表される先天性拘縮と，後天性に発生するものに分けられる。また，その原因により結合組織性と筋線維性に分類できる。
　結合組織性の拘縮は，結合組織によって構成される組織が原因となり，すなわち皮膚，皮下組織，筋膜，靭帯，腱，関節包（滑膜を含む）があげられる（図4-14B，C，D）。特に皮膚，皮下組織，筋膜，関節包は主成分であるコラーゲン線維が長軸方向に対して密な構成をしており，また様々な方向に走行しているため，炎症や不動による結合組織の器質的変化が及ぶと伸長性低下が著明となる。
　筋線維性の拘縮は，骨格筋の筋節長の短縮や筋原線維の配列の乱れ，筋組織の損傷後の癒着など（図4-15），筋線維自体の器質的変化により筋原線維の滑走が制限されることに由来していると考えられる（図4-14C）。

3-3 強直による制限

　強直についても先天性骨癒合症に代表される先天性強直と，後天的な原因によるものに分けられる。また，その原因により結合組織の器質的変化による線維性強直と，軟骨破壊後の骨性強直に分類できる。
　線維性強直は，関節面に増生した結合組織の線維化や関節周囲の軟部組織の非可逆的変化

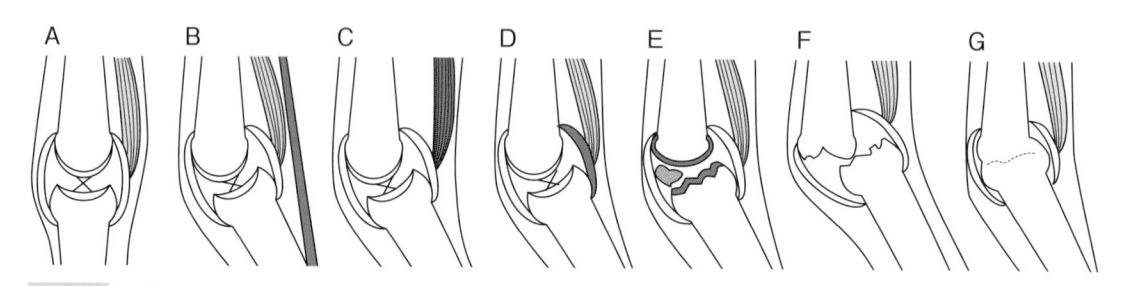

図4-14　関節可動域制限のさまざまな原因
A：正常関節。B：皮膚，皮下組織。C：筋膜，筋・腱。D：関節包，靭帯。E：骨・軟骨，関節内遊離体，F：脱臼，変位，G：強直。

（沖田　実：関節可動域制限，p129，三輪書店，2013）

図4-15　筋組織の微細損傷と回復過程における配列の乱れ
A：筋組織の微細損傷，B：回復過程での癒着，C：筋組織の癒着による配列の乱れ。

（奈良　勲ほか編集：系統別・治療手技の展開，p297，協同医書出版社，2007）

によるもので，多少可動性が残っている場合もある。

骨性強直は，関節リウマチなどで軟骨が破壊された後に発生することがあり，関節面の両端の骨梁が連続して1本の骨のようになる（図4-14G）。可動性はまったくないといってもよいほど消失する。

3-4 固定や不動による関節構成体への影響

傷害を被った際には関節の固定が必要な場合があるが，関節の固定による不動が柔軟性へ及ぼす影響は大きい。動物実験において関節の最大短縮位で固定した場合，筋長は固定後1週間で約11%短縮し（沖田2000），3週間で筋節数が減少することが報告されている（Tabary 1972；Williams 1978；Gomes 2004）。骨格筋を覆う筋膜への影響では，2週間の固定で筋周膜や筋内膜の肥厚が認められ，筋内の結合組織占有面積が増加した（沖田2000）。この変化は靭帯においても同様に起こり，結合組織を構成するコラーゲン線維の配列変化とコラーゲン架橋により可動域の制限が生じるとしている（図4-16）。

関節構成体への影響では，関節包や滑液，関節軟骨にも器質的変化を招来する。固定後4週程度で関節包の線維化が生じ，8週で滑膜と関節軟骨の癒着が生じて可動域制限が大きくなる。さらに固定期間が長くなると滑液内のヒアルロン酸濃度が減少し，関節軟骨の厚さが4〜11%減少を認めたことから関節軟骨の栄養供給にも影響する可能性が推測されている。

これらの報告は，健常な動物実験によるものであるが，外傷後や外科手術後は組織侵襲が伴うため，軟部組織および関節構成体の変化はもっと早期から癒着形成や線維化が生じると思われる。外科的手術措置を加えた固定による関節内の影響を調査した動物実験では，固定後6週間で剥離できないほどの癒着が形成されたと報告している。

3-5 エンドフィール（end feel：最終域感）

エンドフィールとは，セラピストが関節可動域の最終域で他動的にさらに動かした際に感じる抵抗感のことで，最終域感ともいう。整形外科医Cyriaxにより紹介され，元々は軟部組織損傷の診断手技として用いられていた。徒手療法の分野では非常に重要視されており，いくつかの分類がなされている。

正常な関節におけるエンドフィールは，①軟部組織の接近感，②軟部組織の伸長感（筋および関節包，靭帯），③骨と骨の衝突感がある（表4-4）。

関節に機能障害があると，これらのエンド

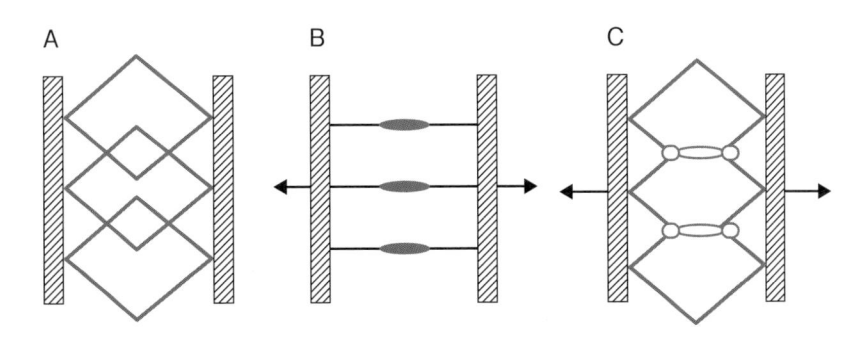

図4-16 コラーゲン線維の配列の模式図と不動による配列変化
A：正常組織のコラーゲン線維の配列。B：正常組織の伸長時は伸長方向にコラーゲン線維が走行する。C：不動によりコラーゲン線維間に架橋が起こった組織では，コラーゲン線維の可動性が減少して柔軟性が低下する。
（奈良　勲ほか編集：系統別・治療手技の展開，p288，協同医書出版社，2007）

表 4-4　正常なエンドフィール

エンドフィール		停止感	代表例
ソフト (soft)	soft tissue approximation 軟部組織の衝突感	筋の接近によるしなやかな圧迫感	膝関節屈曲での大腿と下腿後面組織の接触
	muscular end feel 筋の伸長感	ゴムのような弾力感のある停止感	SLRでのハムストリングの緊張
ファーム (firm)	tissue stretch 軟部組織の伸長感	関節包や靱帯が伸長された停止感	手指MP関節伸展（関節包の伸長） 肩関節外旋（関節包の伸長）
ハード (hard)	bone to bone 骨と骨の衝突感	骨と骨の接触による停止感	肘関節伸展での肘頭と肘頭窩の衝突感

表 4-5　異常なエンドフィール

エンドフィール	代表例
early muscle spasm 早い筋スパズム	痛みや恐怖心による運動初期に起こる防御性筋収縮。急性期の損傷に多い。
late muscle spasm 遅い筋スパズム	運動最終域に起こる筋スパズム。不安定性や痛みが原因の場合が多い。
"mushy" tissue stretch 弱々しい組織伸長感	筋緊張の亢進や短縮した筋や結合組織、瘢痕組織など、伸長性の低下した軟部組織の伸長感。
soft capsular 軟らかい関節包性	滑膜炎や軟部組織の浮腫、関節内腫張のある関節での関節包の抵抗感。
hard capsular 硬い関節包性	関節包や靱帯が短縮して慢性の関節拘縮を生じた状態で関節包パターンを示す。凍結肩など。
springy block バネ様の弾性制止	半月板損傷によるロッキングや関節唇のインピンジメントにより生じる跳ね返り。
empty end feel 空虚感、抵抗感の喪失	抵抗感のない急性の疼痛、急性肩峰下滑液包炎など。心理的要因が影響することもある。
bone to bone 骨と骨の衝突感	骨棘形成や軟骨損傷などによる軟骨や骨の衝突。変形性関節症や骨折治癒後の骨肥大や関節遊離体の影響。

フィールに異常が認められることが多く、関節可動域の制限因子を特定するうえで重要な評価となる。異常な関節のエンドフィールには、①early muscle spasm（運動初期の筋スパズム）、②late muscle spasm（運動終期の筋スパズム）、③"mushy" tissue stretch（"弱々しい"組織伸張感）、④soft capsular（軟らかい関節包性）、⑤hard capsular（硬い関節包性）、⑥springy block（バネ様の弾性制止）、⑦empty end feel（空虚感、抵抗感の喪失）、⑧bone to bone（骨と骨の衝突感）などに分類されている（表4-5）。

　各組織の力学特性は異なり、機能障害によっても変化するため、どの組織が伸張されているか、またはインピンジメントされているかはエ

【スポーツ傷害との関連性】
靭帯損傷

靭帯は骨と骨とを結び，その緊張によって両者の位置関係を保つ役割をしている。よって，瞬間的に関節が生理的な範囲を超えて運動を強制された場合，関節包や靭帯の一部が損傷される。損傷の際に関節の適合性が保たれている状態を捻挫（sprain）と呼び，関節の安定性に関与する重要な靭帯の損傷を伴って関節不安定性が生じた場合を靭帯損傷（ligament injury）としている。一般的に捻挫の重症度は3段階（Ⅰ度・Ⅱ度・Ⅲ度）に分類されている。

Ⅰ度は狭義の捻挫で，靭帯の明らかな損傷を伴わず，受傷時の機能障害はないかあっても軽度である。腫張はないかあっても軽度で，痛みは靭帯に圧痛と伸長時痛が軽度ある程度で，関節不安定性を残すことはほとんどない。Ⅱ度は靭帯損傷となり，いわゆる部分断裂を意味する。下肢の場合，受傷直後に体重支持が不能であることが多く（立てない），損傷程度の目安となる。局所の腫張と皮下出血を伴うことがあり，圧痛と靭帯を伸張させると強い痛みが誘発される。関節不安定性を来すが，靭帯の連続性は保たれているため初期治療が適切であれば不安定性を残さないことが多い。Ⅲ度は一般的には靭帯の完全断裂であり，局所の強い腫れと皮下出血が生じる。関節の著明な不安定性が生じるため，多くはギプスなどの固定が必要となる。関節外靭帯の損傷では，適切な初期治療とその後のリハビリテーションにより不安定性を残すことなく治癒することが期待できるが，靭帯の不全治癒が起こった場合や靭帯の自然治癒が望めない関節内靭帯の場合は不安定性が残存し，治癒には手術治療が必要になる。

足関節では前距腓靭帯と踵腓靭帯が，膝関節では前十字靭帯と内側側副靭帯が損傷されやすい。靭帯が断裂する強度は新鮮屍体膝を用いた研究での報告が多くあり，前十字靭帯の最大破断強度は20歳代で約2000N（約200kg），後十字靭帯では約2500N（約250kg）とされている。

ンドフィールの強さと質によってある程度判断できる。そのためには正常な状態と異常な状態を数多く経験することが必須となる。

（佐藤正裕）

参考文献
1) DAニューマン 著（嶋田智明ほか監訳）：筋骨格系のキネシオロジー カラー版，医歯薬出版，2012.
2) 中村隆一ほか：基礎運動学 第6版，医歯薬出版，2003.
3) 沖田　実編：関節可動域制限－病態の理解と治療の考え方－，三輪書店，2013.

第5章 スポーツ外傷・障害の基礎

> **本章のねらい**
>
> スポーツ活動によって発生する傷害は，発生状況により「スポーツ外傷」と「スポーツ障害」に分けられる。本章では，とくに発育期と女性に特有な外傷・障害を取り上げ，それぞれの特徴を理解し，発生した傷害に対する正しい知識・対応と予防ができることを目的とする。

Key word
- スポーツ外傷
- スポーツ障害
- 捻挫
- 前十字靭帯損傷
- 発育期の骨折
- 疲労骨折

　スポーツ活動は子どもから高齢者まであらゆる年齢層で行われており，活動レベルも初心者からプロフェッショナルなレベルまで様々である。活動様式も遊びのレベルのスポーツから，レクレーショナルレベル，競技レベルと多岐にわたる。スポーツ活動そのものは身体にとって刺激であり，その刺激の大きさは個体のおかれている状況により変化する。適度な刺激の大きさと間隔は身体機能を向上させる効果があるが，反対に刺激の与え方を誤ると身体にとっては負の効果となる。

　スポーツ活動によって発生する傷害は，発生状況によりスポーツ外傷とスポーツ障害に分類される。

1 スポーツ外傷

　「スポーツ外傷」は，スポーツ活動で1回の外力により発生し，急性外傷ともいわれる。関節の外傷や，筋肉・腱の損傷が多い。外傷の病態としては，交通外傷や労働災害などで受けた外傷と変わりはない。しかしスポーツ外傷には，受傷機転を明らかにすることができるものもあり，共通した受傷機転によるスポーツに特徴的な外傷が存在する。受症機転を明らかにすることにより，外傷発生の予防対策が可能となる。

　スポーツ選手の治療にあたり，正しい診断と適切な治療，さらに競技復帰までのきめ細かな指導が求められる。治療期間を短縮しスポーツ復帰を早めるため，治療方法の選択，開発が進められてきた。また，スポーツ現場によりよい状態で選手を復帰させるため，初期治療，医療機関での治療から，トレーナーとの連携などを含めたシステムが進歩した。医療の関わりが，広範囲にわたるようになってきたともいえる。

1-1 発生頻度

　スポーツ安全協会の統計（平成8年度と平成18年度）によれば，スポーツで発生する外傷は，①捻挫，②骨折，③挫傷・創傷の順で10年間に大きな違いはない（図5-1）。

　一方，発育期と女性には特有の外傷がある。6〜15歳の小中学生におけるスポーツ外傷の発生内訳をみると，骨折41.5％，捻挫・靭帯損

基 礎 編

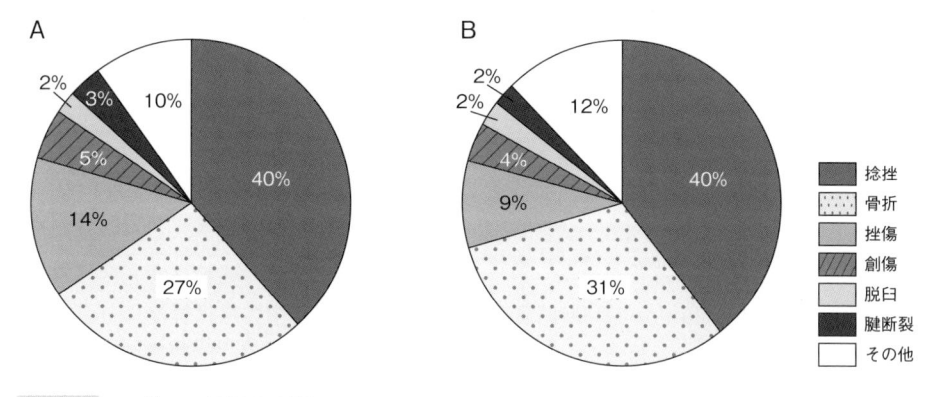

図5-1 スポーツ外傷の内訳
A：1996（平成8）年，B：2006（平成18）年
（スポーツ安全協会：スポーツ等活動中の傷害調査17, 1999；スポーツ安全協会：平成18年度　スポーツ安全保険の概要1, 2009より改変）

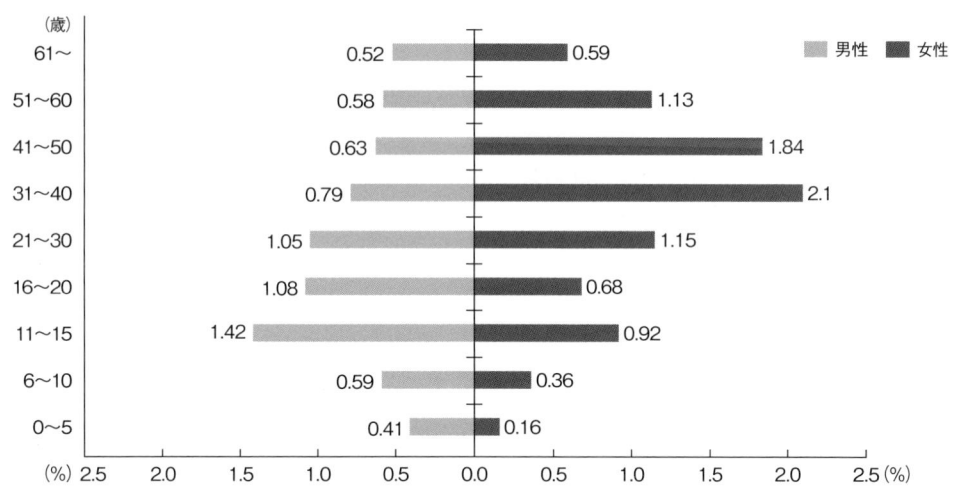

図5-2 男女別スポーツ外傷発生率
（スポーツ安全協会：スポーツ等活動中の傷害調査17, 1999より改変）

傷26.6％，打撲・創傷18.4％が主要なものであり，骨折の割合が成人に比べ高い。

女性にも形態的・生理的特徴を基盤に，発生頻度の高い外傷が存在する。1999（平成11）年度に発生した外傷の内訳は，捻挫・靱帯損傷が49.5％と最も多く，次いで骨折22.5％，打撲・創傷19.8％の順であった。また女性全体の発生率は1.17％であり，男性の0.83％より高率である。年齢別でみると，女性では31～40歳が2.1％，41～50歳が1.84％と中年層での発生率が最も高かった。男性では11～15歳が1.42％，21～30歳が1.05％と，若年層での発生率が高かった（図5-2）。

損傷頻度の表示方法として，1000人あたり，練習や試合参加数（athlete-exposure：A-E）または時間（player hour）で，どのくらいの頻度で受傷をするかによって，示すことができる。

Aokiら（2012）は，1993～2007年までの15年間にJリーグの試合で発生した，7日以上の練習参加ができなかった傷害を調査し，

第5章　スポーツ外傷・障害の基礎　77

21.77/1000player hours（つまり1000時間あたり21.77人が受傷）と報告している。

Kristensonら（2013）は，2001〜2010年までの9年間のヨーロッパサッカー協会に属する男子プロサッカー新人選手の傷害を調べている。全体では7.7であり，練習時は4.0，試合時は27.0と試合での受傷が圧倒的に多かった（数字の単位はinjuries per 1000hours：1000時間あたりの受傷者数）。

Hootman（2007）らは，1988〜2003年までの16年間のNCAA（National Collegiate Athletic Association）に属する15競技の傷害調査をまとめ様々な分析をしている（以下の数字の単位はinjuries per 1000 A-Es：1000試合または練習参加1000回あたりの受傷者数）。全競技において，試合では13.8，練習時は4.0，プレシーズンでは6.6，インシーズンでは2.3，ポストシーズンでは1.4であった。発生頻度の最も高いスポーツはアメリカンフットボールで，練習時9.6，試合時で35.9であり，男性バスケットボールが最低で試合時で1.9であった。

1-2 スポーツに特徴的な外傷

スポーツ外傷は捻挫，脱臼の他に骨折があるが，その中にも関節近傍または関節内骨折があり，関節周囲に発生が多いことが特徴である。

捻挫は「関節が，正常な関節可動範囲以上の動きが強制され，関節を支持している靭帯，関節包が損傷された状態」であり，靭帯損傷と同じ病態である。

捻挫の重症度は，軽症（Ⅰ度）中等症（Ⅱ度）重症（Ⅲ度）に分類される。軽症は靭帯の部分損傷であり靭帯の連続性が完全に保たれている状態である。中等症は軽症よりさらに損傷の程度が高度であり，一部靭帯の連続性が絶たれている状態である。重症は靭帯が完全に断裂し連続性が絶たれている状態である（図5-3）。捻挫の発生部位の頻度は手指，足関節，膝関節の順であるが，スポーツ活動への支障度，外科的治療の必要度から膝関節捻挫をとりあげる。

膝関節は大腿骨と脛骨を連結する関節であり，関節外に内側側副靭帯（MCL），外側側副靭帯（LCL），関節内に前十字靭帯（ACL），後十字靭帯（PCL）が存在し，4つの靭帯によりすべての方向に対し関節が安定する構造となっている（図5-4）。膝関節の靭帯損傷で内側側副靭帯が最も発生頻度が高いが，関節外靭帯のため，原則保存的治療が選択され，障害も少ない。前十字靭帯損傷は，様々なスポーツで発生し，スポーツ活動に支障をきたし外科的治療が必要なことが多いため，この外傷に対し多くの知見が得られている。

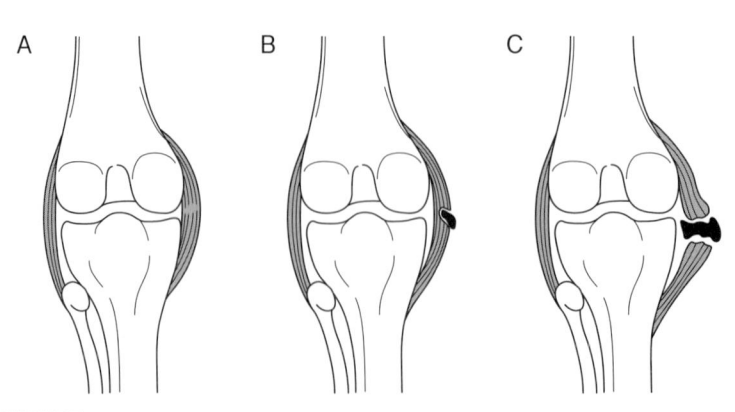

図5-3 捻挫の重症度
A：軽症，B：中等症，C：重症。

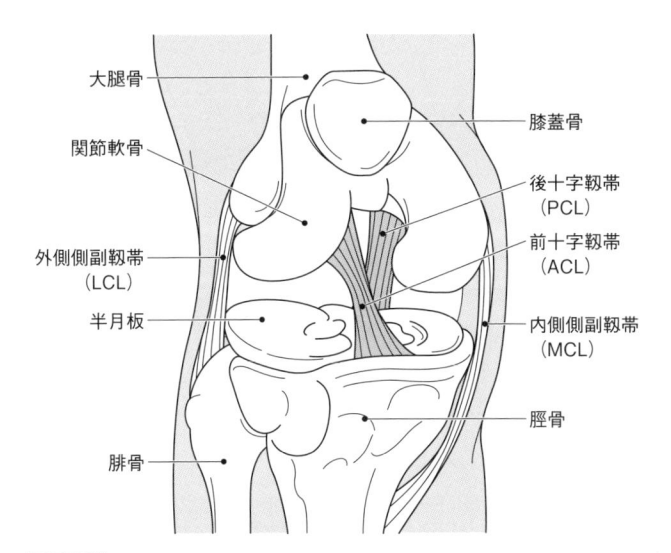

図5-4 膝関節の解剖（右膝を前方から見た図）

図5-5 前十字靱帯損傷受傷時の映像
矢印が受傷側。スキーの例は，右膝外反位の受傷例である。

1-3 前十字靱帯損傷の特徴

1-3-1 性差

女性に多く男性より4〜6倍の発生率である。

1-3-2 受傷機転

ジャンプの着地，急な方向転換など，相手プレーヤーとの接触をせずに受傷する非接触型損傷が多い。

バスケットボール，バレーボール，ハンドボールやバドミントンなどジャンプの着地や減速動作の多いスポーツや，スキーなどの競技に頻発する。受傷時の膝関節の運動方向は，①伸展・内旋，②外反・外旋，③過伸展，④前方引き出しという4つのパターンに分類されている。代表的な受傷肢位は，ジャンプの着地など片脚で体を支えたとき重心が後方・側方に移動した体勢が多い（**図5-5**）。

Kogaら（2010）は，受症時のビデオ撮影の画像を分析し，受傷時の膝関節の動きを詳細に分析している。典型的な受症機転である膝の外反・外旋損傷では，受症時に外反・外旋の後に内旋したときに靱帯が断裂していると報告している（**図5-6**）。

1-3-3 危険因子

女性に発生頻度が高い原因として，解剖学的な特徴（顆間窩の狭小，脛骨内側高原が浅く，外側高原の後方が増加），下肢のアライメント（外反膝，回内足），ホルモンの影響（卵胞期に多い），関節の弛緩性，筋活動の問題（ジャンプ着地やカッティング動作で，ハムストリングスに比べ大腿四頭筋が優位に活動），体幹の支持性低下，エクササイズやスポーツ活動の動作様式（ジャンプの着地動作で膝外反モーメントが大きい）などの危険因子が指摘されている（Smithら 2012）。

1-4 骨折

あらゆる年代で発生するが，発育期に特有の骨折があり，適切な治療が行われなければ後に障害を残すことがある。『学校管理下の災害』による1974年（昭和49）年から2008（平成20）年までの35年間の統計では，小学生のみならず中学生，高校生も全児童に対する骨折の発生率が増加している（**図5-7**）。その原因として屋

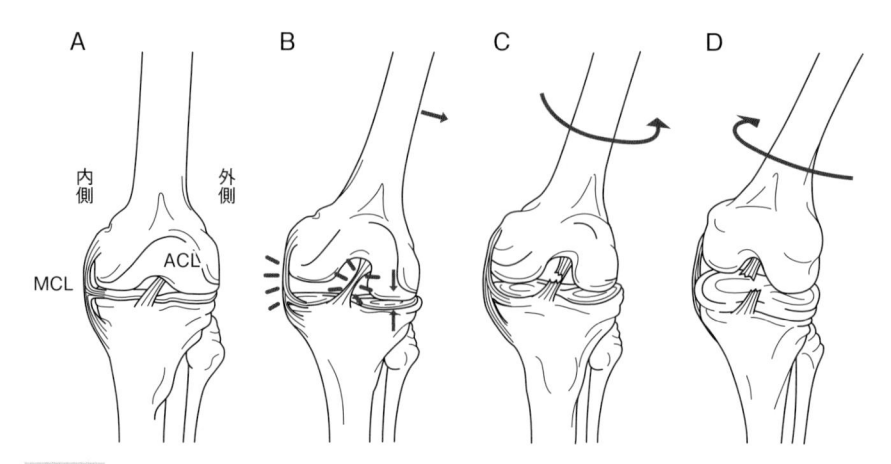

図5-6 非接触型前十字靱帯損傷のメカニズム（左膝を前方から見た図）

A：無負荷。B：外反負荷によりMCLが緊張，外側に圧迫力。C：大腿四頭筋による前方偏位と圧迫力により，大腿骨外顆が後方に，脛骨が前方内旋し，ACL損傷が発生する。D：ACL損傷発生後，脛骨の前方偏位に対する抑制が消失，大腿骨内顆が後方に偏位し，脛骨が外旋する。

（Koga H et al.: Am J Sports Med, 38（11）：2218-2225, 2010より一部改変）

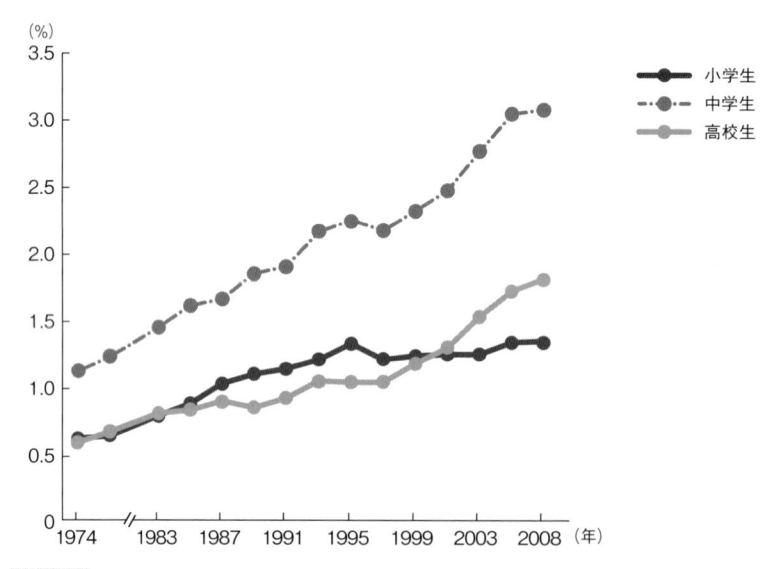

図5-7 小学生，中学生，高校生における骨折発生率の年次推移

（日本スポーツ振興センター：学校管理下の災害-23-基本統計）

外での運動経験が少なくなったため，バランス保持能力が低下，筋力低下，瞬発力，柔軟性低下し負傷回避能力が低下，さらに運動器の脆弱化，特にカルシウム摂取やビタミンD不足による骨強度の低下，などが推測されている（鳥居 2004）。

発育期の骨は，骨皮質が多孔性であり柔らかく，骨膜が厚い。骨折の際，弾力に富む骨皮質と厚い骨膜が転位を妨げる。発育期特有の骨折型として骨端線損傷や剝離骨折がある。

成長軟骨板は，骨端と骨幹端の間にあり骨の発育を司る。3層の軟骨細胞層からなり，発育が完了すると骨化する。力学的に脆弱な部分であり，容易に損傷を受ける。転位した骨端線損

傷は，解剖学的な整復が必要である。Salterと Haris（1963）は骨端線損傷をⅠ～Ⅴ型に分類している（図5-8）。Ⅰ型は骨端が骨幹端から離れた状態である。Ⅱ型は成長軟骨板から骨幹端にかけて骨折が生じている状態であり，最も多い。Ⅲ型は骨端から成長軟骨板にかけて骨折が生じている状態である。関節内に骨折が存在しているため，正確な整復が必要である。Ⅳ型は骨折が骨端から成長軟骨板を通過し骨幹端にいたる状態である。損傷をうけた成長軟骨板が発育障害を起こし変形を残すことがある。Ⅴ型は成長軟骨板が圧挫され，骨端線の早期閉鎖が起こる。とくにⅡ，Ⅲ，Ⅳ型では解剖学的な整復が必要であり，正しい診断と適切な治療が求められる。

裂離骨折は，筋の急激な収縮により付着部の骨折が発生したものである。骨盤と膝周辺に多く発生する。縫工筋付着部の上前腸骨棘，大腿直筋付着部の下前腸骨棘の剥離骨折は，急に全力疾走したときやサッカーでシュートをしたときなどに発生する。ハムストリングス付着部の坐骨結節の剥離骨折は，スライディングなどでハムストリングスが伸展されたときに発生する。他に，ジャンプの際に発生する膝蓋腱付着部の脛骨粗面の剥離骨折がある（図5-9）。

1-5 応急処置

発生したスポーツ外傷に対し，ただちに現場で応急処置が必要である。

1-5-1 切創・挫創・擦過創

創部から出血している場合，ガーゼやタオルを出血部位に当て，直接圧迫止血する。さらに圧迫したまま，患部を挙上する。創が深部まで達するときは縫合が必要となる。傷口が小さくとも深部に達していることがある。しびれや運動障害があるときには，神経損傷の可能性があるため，ただちに医療機関を受診させる。

擦過創は水で十分洗い流し，異物を除去し傷を乾かさないようラップフィルムで傷を被い閉鎖する。創が小さいときは市販の湿潤療法用の絆創膏を使用してもよい。

ただし次のような傷の場合は，直ちに医療機関を受診すべきである。
①深い創傷
②汚染がひどい場合，土壌が多く付着している場合
③出血が多く，止血が困難な場合
④動物による咬み傷（狂犬病や破傷風の危険がある）

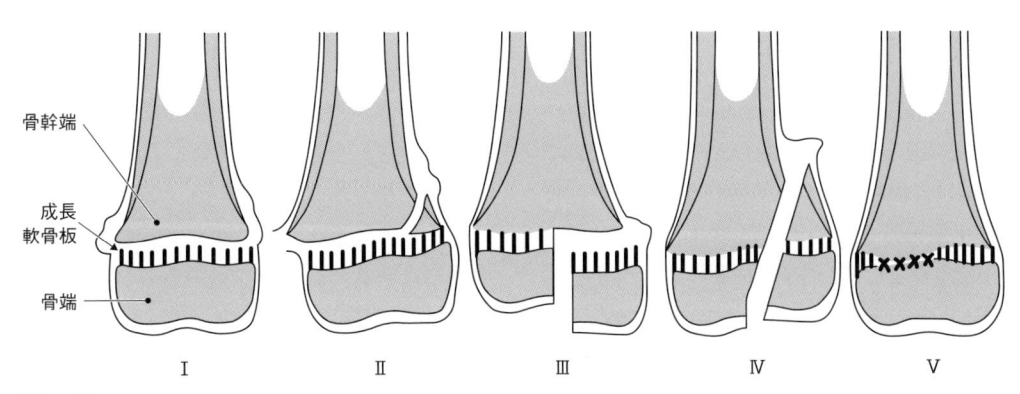

図5-8　骨端線損傷の分類

（Salter RB & Harris WR : J Bone and Joint Surg. 45A : 587, 1963）

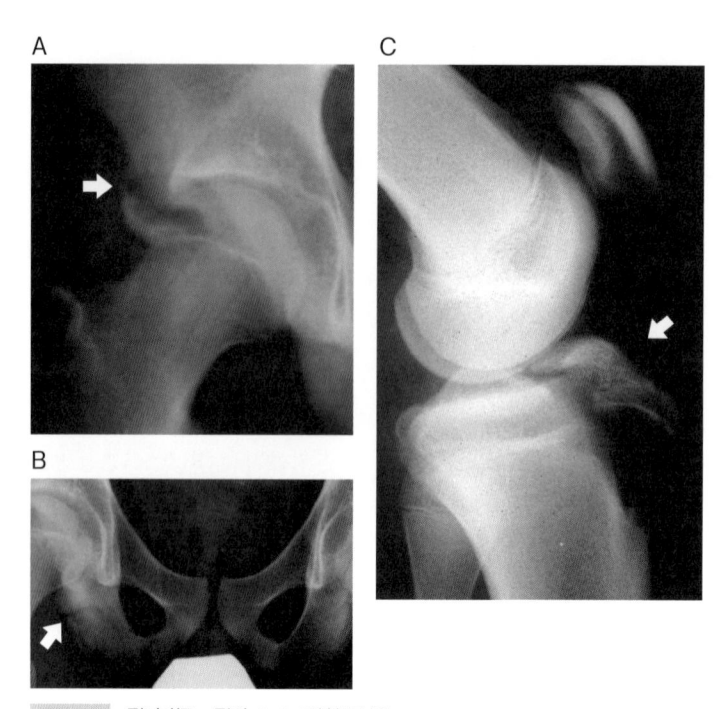

図5-9 発育期に発生した剥離骨折
A：腸骨下前腸骨棘，B：坐骨結節，C：脛骨粗面。矢印が骨折受傷部位。

1-5-2 捻挫・靱帯損傷

患部のアイシングと圧迫固定によるRICE処置が原則である。RICEとは，Rest：安静，Ice：冷やす，Compression：圧迫する，Elevation：挙上する，の4つの処置である。受傷後直ちにRICE処置を施行することにより，損傷組織の代謝を抑制し損傷の拡大を防ぐことができ，治癒の促進につながる。

1-6 スポーツ外傷の予防

スポーツ外傷は不可抗力で起こることが多いが，受傷状況および危険因子を把握することにより事前に外傷を回避する準備が可能である。前述の前十字靱帯損傷の予防について様々な取り組みがなされている。筋神経活動のエクササイズ（バランスボード，バランストレーニング，プライオメトリクス，スピード&アジリティプログラム，コアスタビリティ）などや，危険肢位の教育（身体エクササイズ，イメージトレーニング）などにより発生の減少（51〜73％）が報告されている（Voskanian 2013；Myerら 2013；Gagnierら 2013）。

あらゆる状況下で，からだを安定して支えることができるようなエクササイズが必要である。とくに片脚での支持性が重要で，常に足部-骨盤-体幹-上体が安定した姿勢を保つことができることが傷害予防につながる。

ルールの遵守も大切である。サッカーでのバックチャージによる下腿の損傷，ラグビーでのタックル，スクラムでの頸椎損傷などがあり，危険なプレーを避けることにより外傷が防げる。

コンタクトスポーツ（アメリカンフットボール，アイスホッケー，サッカーなど）であれば，適切な防具の使用が求められる。

2 スポーツ障害

「スポーツ障害」はスポーツを継続するなか

で身体の一部にストレスが集中して，その組織に微細な外傷が発生したものである。損傷される組織は骨，軟骨，筋，腱，神経など運動器に関するすべての組織が関与する。スポーツ動作の違いによりストレスの加わる部位が異なるため，スポーツ種目により特徴的な障害が存在する。投球動作で発生する肩・肘の障害である野球肩・野球肘，ランニング動作で発生するランニング膝，シンスプリントなどがある。すべてのスポーツ障害は，障害発生部位の疼痛として表現される。慢性外傷，使いすぎ症候群（overuse syndrome）ともいわれる。

　スポーツ障害の発生には，①内的要因：年齢，性，体力，アライメントなど，②外的要因：エクササイズなど，③環境要因：気候，用具，サーフェスなどの要因がある（スポーツ安全協会1999）。個々の内的要因を基盤に，オーバートレーニングによって障害が引き起こされる。スポーツ障害の治療にあたり，疼痛に対する対処の他に，障害を起こす要因として考えられる問題点を是正する対策，エクササイズ指導に対しては指導者，保護者の理解を得る対応も大切である。

2-1 発育期におけるスポーツ障害の特徴と子どもの身体

　スポーツクラブやスポーツ少年団活動が盛んになったことで，オーバートレーニング，使いすぎによる発育期に特有な障害が存在する。近年，生活環境，栄養状態が著しく改善され，子どもの体格が大型化している。11歳における1960年度と2010年度の比較では，男子は身長が136.2cm→145cmと8.8cm，体重が30.7kg→38.4kgと7.7kg増加している。女子は身長が138.1cm→146.8cmと8.7cmの増加，体重が32.3kg→39kgと6.7kg増加している（平成22年度「学校保健統計調査」）。一方，最近の子どもは生活習慣の乱れ，生活環境の変化や外あそびの機会の減少から体力の低下が指摘されている（平成20年度「体力・運動能力調査」）。

　またアレルギーに代表されるように，身体に変調をきたしている子ども増加している（子どものからだと心・連絡会議，2010）。少年団，中学部活動，高校部活動で発生したスポーツ障害と外傷の調査によると，年齢が若いほどスポーツ障害の比率が高くなり，しかもスポーツ障害のなかでも骨軟骨障害が多いことが注目される（図5-10）。

2-2 子どものスポーツ障害の対応・予防

　スポーツクラブやスポーツ少年団など組織されたスポーツ活動の場では，競技成績に眼が奪われがちになって，いわゆる「スポーツ漬け」となりオーバートレーニングになりやすい。小

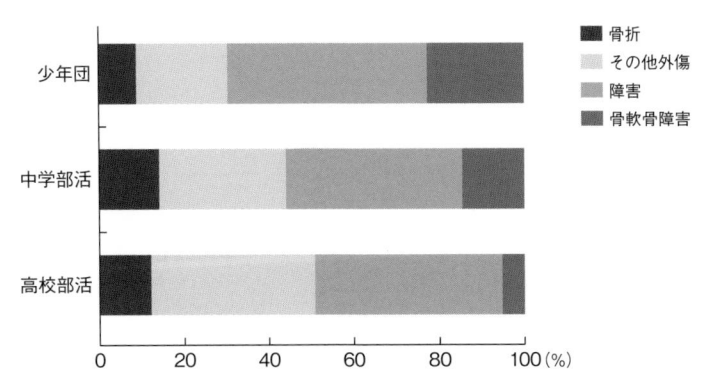

図5-10 少年団，中学・高校部活におけるスポーツ外傷と障害の割合
（日本体育協会日本スポーツ少年団：スポーツ少年臨時増刊号No.264，p17，1991）

中学生の実際の活動状況は，小学校で1週間の練習日数が6日と5日を合わせて45%，1回の練習時間は2時間以下が65.9%，3時間を越える練習時間は6.5%あり，特にスポーツ少年団では21.9%存在した。中学校では週6〜7日活動が72.4%，活動時間が2〜3時間が54.8%であった。また日曜日の活動が73.9%で，活動時間が3〜4時間未満が28.6%，2〜3時間が23%，4時間以上が18.1%存在し，特に中学ではほぼ毎日練習しているのが実情である（杢子1999）。

スポーツ障害の発生はエクササイズと密接な関係があり，子どものスポーツ活動のあり方そのものが問題となる。指導者はクラブ活動の意義を再確認するとともに，子どもの身体の発育・発達とこころの成熟に則するような指導が求められる。子どもに特有のスポーツ障害として，オスグットシュラッター病やシーバー病に代表される骨端症，野球肘などがある。発症には，骨の発育が早いため，骨端に付着する筋・腱が相対的に短縮した状態となることが関連する。スポーツ障害は早期に察知して対応することが大切である。とくに思春期発育促進現象（スパート）が始まる前後に障害の発生が多いため，定期的な身長測定による発育過程の把握は有用である。

発育期の子どもは身体的にも精神的にも発達途上にあり，一度発生した障害が後遺症として生涯残ることがある。スポーツ障害の実態を把握し，障害の治療のみならず予防に対しても取り組む必要がある。そのためには楽しい遊びの中で基本的な動作が獲得できていくような，各年代に応じた対応が最善の方策である。

2-3 女性におけるスポーツ障害の特徴と対応・予防

最近のオリンピックで，わが国の女性の活躍が目覚ましいことに象徴されるように，女性のスポーツ競技参加が増加している。オリンピックにおける女性の参加も毎回増加の一途をたどっている（図5-11）。2004年シドニーオリンピックでは40.7%，2008年北京オリンピックでは42.4%，2012年ロンドンオリンピックでは44.3%が女性選手で占められ，すべての参加国から女性選手が参加した歴史的な大会となった。またライフスタイルの一環として，特に中高年層のスポーツ参加も著しく増加している（平成20年度「国民健康・栄養調査」）。女性の身体は，男性とは質的・量的に異なる特性を有している。また，心理，思考，行動パターンにも女性の特性がみられる。女性は初経，妊娠，

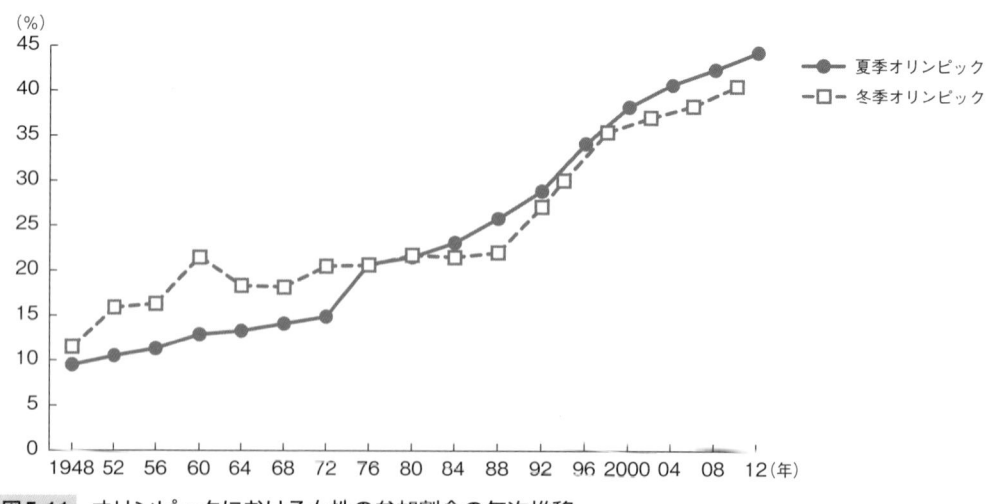

図5-11 オリンピックにおける女性の参加割合の年次推移

出産，閉経というライフサイクルの中で，スポーツは様々な意義と効果をもつと同時に，男性にはない医学的事象と問題点を有する。それぞれの女性のライフサイクルの中における女性の特徴を理解することが，スポーツに伴う健康障害の理解に大切である。

女性のスポーツ活動への参加が活発になるにしたがって，スポーツ障害も増加している。女性特有の形態的（骨盤が広い，X脚，皮下脂肪が多いなど），機能的（筋力が低い，運動能力が低いなど）な特徴に基づく内的要因に，エクササイズという外的要因が障害の発生に関与する。女性運動選手の3徴候（female athelete triad）として，①摂食障害，②運動性無月経（functional hypothalamic amenorrhea），③骨粗鬆症がある。オーバートレーニングによるストレスが摂食障害をきたし，体重が減少，とくに体脂肪の減少により運動性無月経となり，骨密度が低下し疲労骨折を発生する（Drinkwaterら 1984）。また運動性無月経が持続すると不妊の原因となる。発育期の骨量低下はすなわち最大骨量（peak bone mass）の低下を意味し，後の骨粗鬆症の発来を早めることになる。このような現象は特に長距離走，体操，新体操などの競技に発生が多い。

最近アメリカスポーツ医学会（ACSM）は，摂取エネルギーと運動消費によるエネルギーの不均衡，運動ストレスによるホルモンバランスの異常が運動性無月経の原因と指摘している。ホルモンバランスの乱れをもたらすエネルギーレベルが30kcal/kg除脂肪体重/日以下であり，エネルギー摂取が30kcal/kg除脂肪体重/日以上では生理現象が正常化し，骨量の増加が認められたことを根拠としている（Aureliaら 2007）。

2-4 疲労骨折

スポーツ障害には種目特有の障害があり，例えば投動作では上肢に，ランニングやジャンプ動作では下肢に障害が発生している。すべての種目に発生する障害として疲労骨折がある。

2-4-1 定 義

疲労骨折の定義は，次の通りである。「1回の強大な外力によって発生する通常の外傷性骨折とは異なり，骨の同一部位に繰り返し加わる最大下の外力によって，骨の疲労現象をきたして，骨皮質，海綿骨，骨梁の組織結合中絶・断裂，骨膜反応が起こり，さらには明らかな骨折を生じるに至る一連の変化に対する総称である」。

正常骨組織に起こる疲労現象を一般的に疲労骨折と呼び，骨粗鬆症や放射線療法後などの抵抗性の減弱した骨組織に，正常なストレスが加わって骨折が起こることは不全骨折あるいは脆弱性骨折と呼ぶ。

2-4-2 頻 度

1994（平成6）年1月から1997（平成9）年6月までに行われた全国調査の結果を示す（武藤 1998）。年齢は15～19歳が138例（59.2％），10～14歳が65例（27.9％），20～29歳が18例（7.7％）であり，10～19歳が203例（87.1％）を占めていた。とくに女子では10～19歳が80例と全体の34.3％を占めているのが特徴であった。校種，職業別では高校生が54％，中学生が25％，小学生が7％，一般成人5％，大学生4％，プロ選手2％であった。

2-4-3 部位別発生頻度

下肢が76.5％，体幹15.9％，上肢7.6％と，下肢に圧倒的に多く発生している。

2-4-4 骨別発生頻度

脛骨32.3％，中足骨28.7％，腰椎12％，腓骨5.6％が主な発生部位である。

2-4-5 診 断

骨折部位の圧痛は必須の所見である。外傷性骨折で起こる皮下出血は認められない。腫脹も

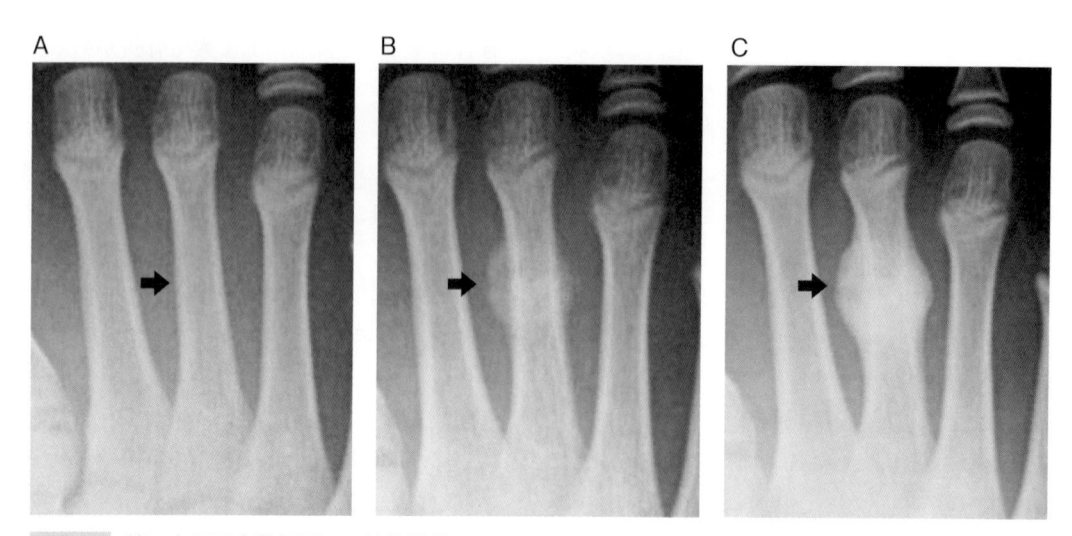

図5-12 第3中足骨疲労骨折のX線像推移
A：初診時，B：2週後，C：5週後。矢印が骨折受傷部位。

軽度のことが多い．X線所見で骨折像，骨膜反応像が認められると診断が確定される．疼痛が発生した初期にはX線所見が認められないことがあり，数週後にX線再検により初めて所見が現れることがある（図5-12）．したがって骨に圧痛があるときには，疲労骨折を疑い対応が必要である．X線所見が認められない初期の診断には，MRI撮影が有用である．X線診断が困難で難治性の骨折部位として，足根骨舟状骨，膝蓋骨，足関節内果骨折がある．

発症から初診までの期間と，100％競技復帰までの期間を比較すると，発症から初診までの期間が，0～6週では競技復帰までの期間が12.08週，6週以上では23.07週である．早期診断と治療が，早期治癒に結びつく．

（菅原　誠）

参考文献

1) Smith HC et al.: Risk factors for anterior cruciate ligament injury : a review of literature-part1 : neuromuscular and anatomic risk. Sports Health, 4(1) : 69-78, 2012.
2) Aurelia N et al.: American College of Sports Medicine position stand. The female athlete triad. Med Sci Sports Exerc, 39 : 1867-1882, 2007.
3) 武藤芳照編：疲労骨折－スポーツに伴う疲労骨折の原因：診断・治療・予防，文光堂，1998.

Column 5　アスレティックトレーナーからみたケガの予防

　アスレティックトレーナー（AT）の役割には，①スポーツ外傷・障害の予防，②スポーツ現場における救急処置，③アスレティックリハビリテーション，④コンディショニング，⑤検査・測定と評価，⑥健康管理と組織運営，⑦教育的指導があります。選手にケガが発生した場合の救急処置やアスレティックリハビリテーションは，ATにとって必要なスキルですが，日々の健康管理を適切に行いケガの予防をすることが最も重要です。

　選手の安全管理では，ルール改正により重篤なケガを防ごうとしている競技団体もありますが，ATがすべきケガの予防は，第一にスポーツによって生じるケガを知ることです。各競技に頻発するスポーツ外傷やその発生要因を知ることで，予防プログラムの提供が可能となります。たとえば，非接触型膝前十字靭帯（ACL）損傷はジャンプの着地や方向転換などで発生し，膝外反が問題視されています。ACL損傷の特徴がわかっていると，膝外反を制動するエクササイズなどを基礎練習に組み込むことができます。

　スポーツ外傷の発生要因には，①個体要因，②環境要因，③トレーニング要因があります。個体要因に関しては，選手の筋力や柔軟性，アライメントやスキルなどが影響し，特に動的アライメントはスポーツ外傷・障害の発生に大きく関係します。また，サーフェイスの状態を含めた練習環境のチェックや個々の体力や疲労度に合わせた練習量の調整など，環境要因やトレーニング要因にも気を配る必要があります。

　ATがすべきケガの予防は，第二に選手のコンディションを整えることです。スポーツ活動は日常生活活動に比べて大きな負荷がかかるため，基礎体力を高め，競技特性に応じた専門的な体力向上エクササイズを指導することが必要です。それに加えて，動的アライメントとスポーツ外傷・障害の関係から個別要因の問題点を修正し，ウォーミングアップやクーリングダウンを効果的に行わせることで疲労が蓄積しない身体づくりに寄与することが重要です。

　第三に，パフォーマンス向上とケガの予防の両面から選手の動きをみることです。スポーツ動作は，走る，跳ぶ，投げる，蹴るなどに加え，コンタクトの有無，道具の使用有無など様々な場面が想定されます。パフォーマンスの向上とケガの予防はけっして相反するものではなく，ATは誤った身体操作の修正を図ることが求められます。

　バスケットボール女子日本リーグ機構（WJBL）は，2007年にWJBL外傷予防プログラムのDVDを配布し，膝ACL損傷などの外傷予防への取り組みを行っています。国際サッカー連盟（FIFA）は，「FIFA11＋」という外傷予防を目的としたウォーミングアップエクササイズを普及させています（表1を参照）。国内だけでなく国際的にもスポーツによる"ケガの予防"は重要視されており，その中でATの果たす役割も大きいと言えます。

（加賀谷善教）

参考文献

1) 河野一郎，福林　徹監修：公認アスレティックトレーナー専門科目テキスト①アスレティックトレーナーの役割（編集：日本体育協会）．文光堂，2007．
2) 加賀谷善教：予防・再発予防のためのスクリーニングテスト．下肢スポーツ外傷のリハビリテーションとリコンディショニング（編集：小柳磨毅），pp.241-248，文光堂，2011．

表1　FIFA 11＋

Part1 : Running Exercises	-level2 :
Running - Straight Ahead	The Bench - Alternate Legs
- Hip Out	Sideways Bench - Raise & Lower Hop
- Hip In	Hamstrings - Intermediate
- Circling Partner	Single-Leg Stance - Throwing Ball
- Jumping with Shoulder Contact	Squats - Walking Lunges
- Quick forwards & backwards	Jumping - Lateral Jumps
Part2 : Strength, Plyometrics and Balance Exercises	**-level3 :**
-level1 :	The Bench - One Leg Lift & Hold
The Bench - Static	Sideways Bench - With Leg Lift
Sideways Bench - Static	Hamstrings - Advanced
Hamstrings - Beginner	Single-Leg Stance - Test Your Partner
Single-Leg Stance - Hold the Ball	Squats - One Leg Squats
Squats - With toe Rise	Jumping - Box Jumps
Jumping - Vertical Jumps	**Part3 : Running Exercises**
	Running - Across The Pitch
	- Bounding
	- Plant & Cut

第6章 身体力学の基礎
―動作に関連する物理―

本章のねらい

本章では，身体運動を力学的に観察・理解するための物理学の概要を学ぶ．物体の安定をもたらす力のつり合い（静力学）と，力がつくり出す物体の動き（動力学），そして動く物体が有する力学的エネルギーについて，いくつかの簡単な例を通して力学的な考え方の基礎を理解する．

Key word
▶重心　▶力のモーメント　▶運動量　▶慣性モーメント　▶力学的エネルギー

1 運動力学の視点

運動を分析する視点は2つある．1つは力を無視して動きそのものを扱う運動学（kinematics）である．ゴルフスイングや投球のフォーム，歩行中の関節運動などが対象になる．本章で扱う運動力学（kinetics）は，物体に作用する力を扱う．物体が静止している場合は静力学（statics），動く場合は動力学（dynamics）という．運動力学は物体の動きを決めるメカニズムである．われわれの身体も物質である以上，運動力学の原理に従っている．

2 運動の表記と単位

2-1 運動表記の基準枠（座標）

運動とは，時間とともに物体の位置が変わることであり，その表記には基準がいる．たとえば図6-1のように，足先を原点とする床に固定した直角に交わる直線（X軸，Y軸）を基準として設定すると，腰の位置を平面内の位置（x, y）として表すことができる．これを直交座標とい

う．もう1つは，足先から腰までの距離 r と地面となす角度 θ を基準として位置（r, θ）を表現することもできる．これを極座標という．次式のように直交座標と極座標は変換が可能である．

$$x = r\cos\theta, \quad y = r\sin\theta \quad (1)$$

2-2 単位

運動現象を数量的に記録するときには単位をつける．一般的には国際単位系（SI単位系）を用いる．質量の単位はキログラム［kg］，長さの

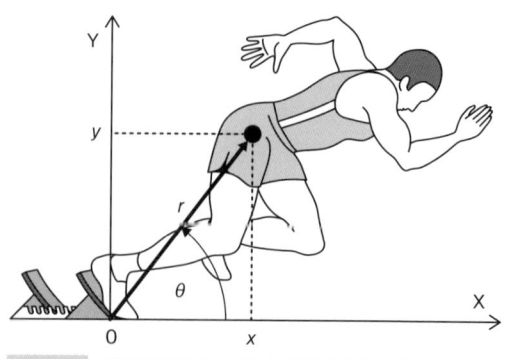

図6-1　直交座標（x, y）と極座標（r, θ）
座標は運動の記述の基準である．

単位はメートル [m]，時間の単位は秒 [s] であり，これを基本単位という（**表6-1**）。角度の単位は度 [deg] またはラジアン [rad] を用いる。ラジアンとは半径1の円周上で描かれる弧の長さに対応する角度であり 360 [deg] = 2π [rad] である。力の単位はニュートン [N] を用いる。1 [N] の力は質量1 [kg] の物体に 1 [m/s^2] の加速度を生じさせる大きさである（ニュートンの運動法則）。質量1 [kg] の重りを手にもつと，重力加速度 9.8 [m/s^2] を受けるので，手に加わる下向きの力の大きさは 9.8 ≒ 10 [N] である。

2-3 ベクトル

大きさと向きをもつ量をベクトル量という。速度や加速度，力はベクトル量である。一方，向きを考慮しない温度や湿度，濃度や密度などはスカラー量という。たとえば図6-2Aのように弓の弦の張力 F_1 と F_2 が異なる向きに作用しているとき，それらを合成して合力ベクトル F を求めることができる。手が弦を引く力の大きさ $|F|$（作用）に拮抗するように，弦から手に逆向きの力 F が作用してつりあっている（作用反作用の法則：ニュートンの第三法則）。

また，ベクトルは成分に分解することが可能で，力のつり合いを考えることができる（図6-2B）。図6-2Cのように2つの力の大きさが等しく平行で，同一線上になく，反対向きの場合は，力を合成できない。このような2つの力を偶力（couple）と呼ぶ。

3 力と安定（静力学）

3-1 質点と重心

現実の物体は大きさ・形・色などの性質をも

表6-1 SI単位

	量	単位名	単位記号
基本単位	長さ	メートル	m
	質量	キログラム	kg
	時間	秒	s
	電流	アンペア	A
	熱力学温度	ケルビン	K
	物理量	モル	mol
	光度	カンデラ	cd
補助単位	平面角	ラジアン	rad
	立体角	ステラジアン	sr
組立単位	力	ニュートン	N（m·kg/s^2）
	周波数	ヘルツ	Hz（s^{-1}）
	速さ	メートル毎秒	m/s
	加速度	メートル毎秒毎秒	m/s^2
	圧力	パスカル	Pa（N/m^2）
	エネルギー・仕事・熱量	ジュール	J（N·m）

（牧 二郎 編：物理学大辞典，pp1120-1123，丸善，1989より一部改変）

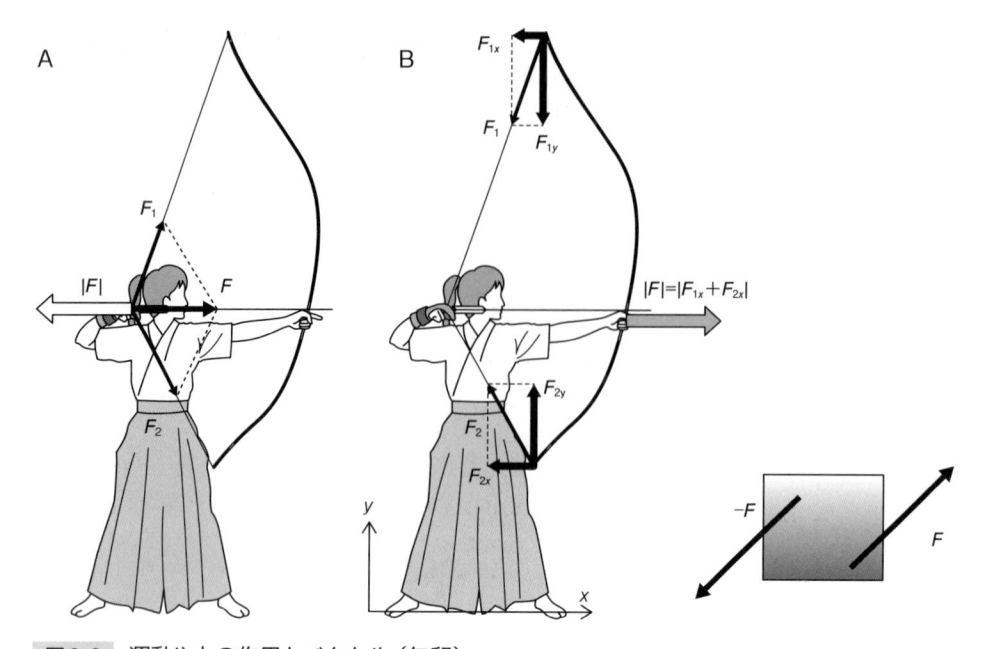

図6-2 運動や力の作用とベクトル（矢印）
A：ベクトルの合成（$F_1 + F_2 = F$）。$-F$は反作用。B：分解。F_1とF_2はそれぞれx成分とy成分に分けることができる。C：偶力の作用。

つが，物体の質量のみに注目して論じることが便利な場合がある。質量を点で表現したものを質点という。物体の質量中心となる質点を重心（center of mass）と呼ぶ。重心は点だから体積をもたず回転も変形もしない。身体は複数のセグメント（肢節）が連なったものと考えて，複数のセグメントの重心を1つに合成して，身体の重心を想定する（図6-3）。立位時の身体の重心は仙骨前面の高さに位置する。姿勢が変われば重心の位置も変化する（図6-3B〜D）。重心を通る鉛直線を重心線という。

3-2 支持基底面

物体が支持面と接する部分の最外周を滑らかにつないだ線内を支持基底面（base of support：BOS）という。支持基底面が広く，重心位置が低いほど物体は安定する（図6-4A）。つま先立ちのような姿勢では支持基底面が狭く，重心線を支持基底面内に収めるのが難しくなる（図6-4B）。重心線が支持基底面を外れると，バランスが崩れる（回転力が発生する）。

3-3 力のモーメントとてこの原理

3-3-1 力のモーメント（トルク）

身体の関節は回転力によって動く（図6-5）。回転力のことを力のモーメント（moment of force，あるいはトルク〔torque〕）と呼ぶ。回転中心から力Fが作用するまでの距離をrとすると，力のモーメントMの大きさは，次式のようなベクトルの外積で計算できる。

$$M = r \times F \quad (2)$$

単位はニュートンメートル〔Nm〕である。

3-3-2 力のモーメントのつり合い

身体には力のモーメントを発生させる3種類の「てこ」がある（図6-6）。錘mの位置とレバーを支える力Fの位置関係で種類が分かれる。第1のてこ（図6-6A）では錘mと力Fのあいだに支点がある。錘mがつくり出す反時計回りの力のモーメントと，力Fがつくり出す時計回りの

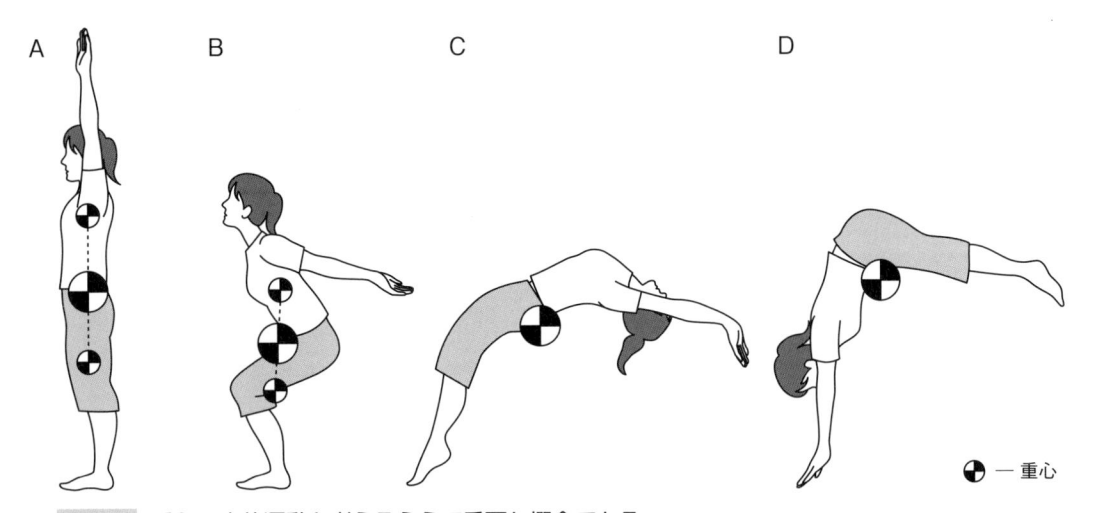

図6-3 重心は身体運動を考えるうえで重要な概念である
A：上肢挙上位。上半身重心と下半身重心を合成した体重心は腹部の高さにある。B：膝屈曲位。合成重心はAの位置より下がる。C，D：体重心が身体の外に出ることもある。

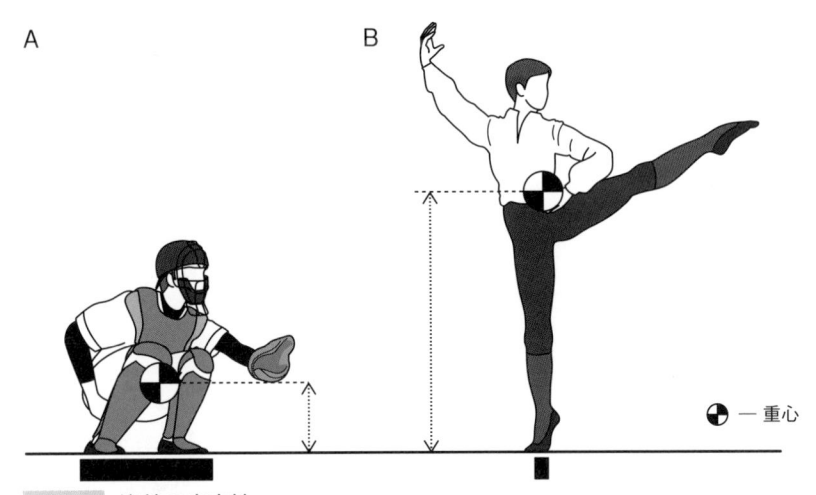

図6-4 姿勢の安定性
A：支持基底面が広く重心位置が低い。B：支持基底面が狭く重心位置が高い。重心をから下ろした垂直線を重心線という。

力のモーメントの大きさがつり合えばレバーは静止する。第2のてこ（図6-6B）と第3のてこ（図6-6C）を比べると，第2のてこのほうが加える力が少なくてすむ。

この考え方を応用して，複数の重心を合成する（合成重心を求める）ことができる。たとえば図6-6Aでは，レバーの平衡を保つためには支点から右に$r/2$のところに$2m$の錘を乗せるとよい。左の質量mの錘（重心）と，右に載せた質量$2m$の錘（重心）が合成され，$3m$の錘が支点の真上に乗っているのと同じになる。支点の位置にくる質量$3m$の重心が合成重心である。

たとえば図6-7Aのように，ダンベルをもって大胸筋のトレーニングをする姿勢を考えよ

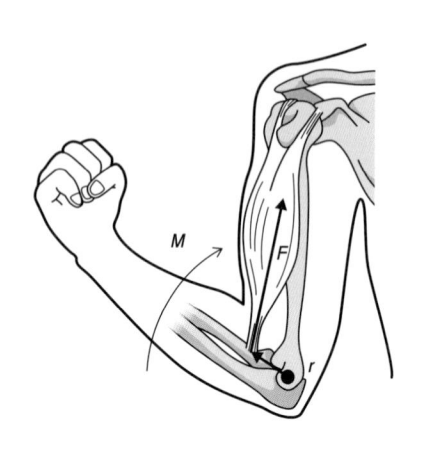

図6-5 身体の関節の回転力はてこの原理を使って生じる

力Fが発揮する回転力（力のモーメント）Mは，力Fと回転中心からの距離rによって決まる。肘を曲げる上腕二頭筋は「第3のてこ」を使っている。

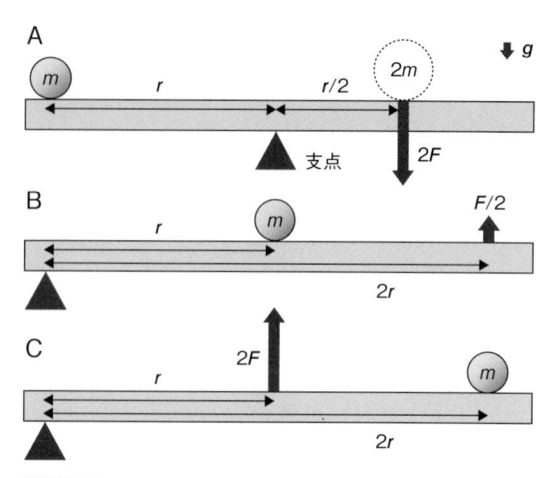

図6-6 てこの種類と力のモーメントのつり合い

A：第1のてこ，B：第2のてこ，C：第3のてこ。三角が支点，mは錘の位置，矢印はレバーに加える力の大きさと位置を示す。
$F = mg$とする（本文94ページの（3）式参照）。

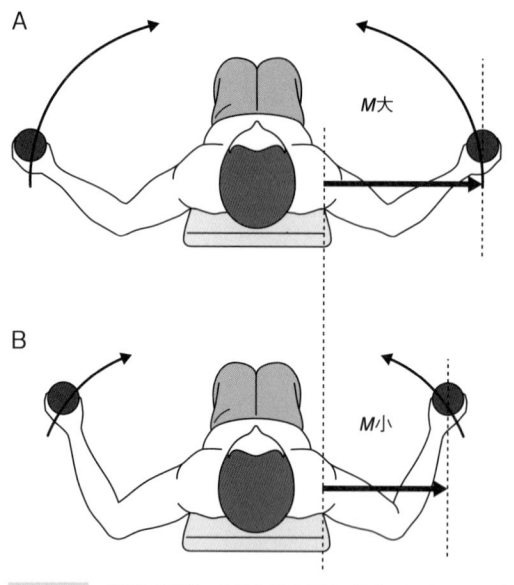

図6-7 負荷の違いを理解するために力のモーメントの概念は重要である

A：肩関節からダンベルまでの距離が長いほうが負荷（力のモーメントM）が大きくなる。B：同じ重錘でも肘を曲げた姿勢になると負荷が小さくなる。

う。このとき図6-7Bのように肘の屈曲角度が大きくなると肩関節からダンベルまでの距離が短くなり，ダンベルがつくり出す力のモーメント（水平伸展），すなわち大胸筋に対する負荷（水平内転）が相対的に小さくなる。

3-4 弾 性

作用する外力によって変形するが，外力を取り除けば元に戻る性質を弾性（elasticity）という。理想的なバネであれば，伸ばされる長さxに比例して抵抗Fが大きくなる。つまり$F = kx$であり（フックの法則），kを弾性係数という。バネが縮みもせず伸ばされもしないときの長さを静止長という。図6-8のように骨格筋のバネのような性質をモデル化することがある。筋や腱はその限界内で引き伸ばされると緊張する。この力も運動に生かされている。

3-5 浮 力

重力下にあるプールや海では，深く潜るほど水圧（静水圧）が高くなる。水中にはこのような

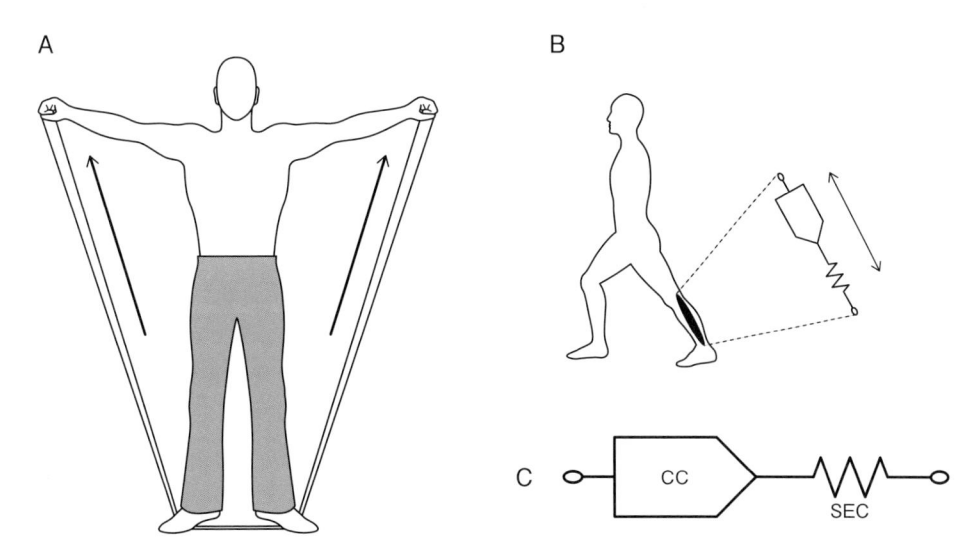

図6-8 伸ばすほど負荷が増える弾性（バネの性質）の特徴
A：ゴムは伸ばすほど抵抗が増える。B：骨格筋にも弾性がある。C：骨格筋の力学模型。収縮要素（CC）と直列弾性要素（SEC）。

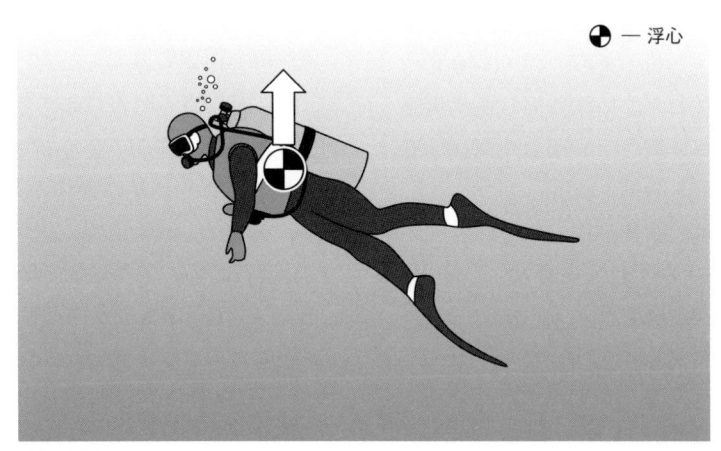

図6-9 地上とは異なる水中での力の作用
水中では水圧が作用する（静水圧がある）ので，浸かるだけで浮力が作用する。浮力が作用する点を浮心という。動くと粘性抵抗が生じる（動力学）。

圧力差があるので，水中での物体には上向きの力が作用することになる。これを浮力（buoyant force）といい，その作用中心を浮心（center of buoyancy）という（**図6-9**）。浮力の大きさは物体が排除した流体の重さに等しい（アルキメデスの原理）。立位で頸の高さまで水に浸かると，体重はおよそ10％になる。

4 力と運動（動力学）

4-1 運動の勢い

4-1-1 力と加速度

物体に加わる力は，物体に加速度を生じる。加速度は速度の変化を生む。力の単位はニュートン［N］であり，加速度の単位はメートル毎秒毎秒［m/s²］である。質量 m ［kg］の物体に加速度 a を与えるために必要な力 F は次式のように決まる（運動方程式：ニュートンの第2法則）。

$$F = ma \qquad (3)$$

重力加速度（gravitational acceleration）は一般に記号 g で表現する。$g = 9.8$ ［m/s²］である。

4-1-2 運動量

運動の勢いは物体の質量 m と速度 v で決められる。これを表すベクトル量 p を運動量（momentum）といい，次式で定義される。

$$p = mv \qquad (4)$$

単位はキログラムメートル毎秒［kg·m/s］である。つまり重く速いものほど止めにくい（図6-10）。また，外から力が加わらない限り同じ速度状態を保とうとする性質を慣性（inertia）と呼ぶ（慣性の法則：ニュートンの第1法則）。

運動量がわかれば，物体を止める力の大きさがわかる。加速度は速度の変化率だから，(3)式の運動方程式を書き直すと，

$$F = ma = m\frac{dv}{dt} = \frac{dp}{dt} \qquad (5)$$

つまり，物体に与えた力が運動量の変化率と等しくなる。物体に与える力がゼロであれば運動量の変化率がゼロ，すなわち運動量は一定に保たれる（運動量保存の法則）。

4-1-3 力積

物体の運動状態を変えるには，力を加え続ける時間が要点になる。たとえば，短い時間間隔 $\Delta t = t_2 - t_1$ のあいだに物体に力 F が加わるとき，その積 $F \cdot \Delta t$ あるいは積分 $\int_{t1}^{t2} F\,dt$ を力積（impulse）といい，単位はニュートン秒［N·s］である。たとえば運動量が $\Delta p = p_2 - p_1$ だけ変化したとすると，

$$\Delta p = F \cdot \Delta t \qquad (6)$$

あるいは，

$$p_2 - p_1 = \int_{t1}^{t2} F\,dt \qquad (7)$$

つまり，力積の運動量の変化は力積に等しくなる。大きな力を長時間与え続けるほど，物体の運動量の変化が大きい。

4-1-4 角運動量

ある回転中心の点Oから距離 r のところにある質量 m の物体が，速度 v で回転運動しているとき，点Oまわりの物体の角運動量（angular momentum：回転運動における運動量）は次式で計算される。

$$L = r \times mv = r \times p \qquad (8)$$

単位はキログラムメートル2乗毎秒［kg·m²/s］である。また，角運動量と力のモーメントのあ

図6-10 運動量は物体の運動の勢いを表すために重要である
質量 m の物体が一定の速度 v で運動するときの運動量は mv になる。物体が重く速く動くほど勢いは大きくなる。

いだには，次のような関係がある。

$$\frac{d\boldsymbol{L}}{dt} = \boldsymbol{r} \times \boldsymbol{F} = \boldsymbol{M} \quad (9)$$

つまり，角運動量の変化率は力のモーメントに等しい。また，物体に加わる力のモーメントがゼロであれば，運動量の変化率がゼロとなるので，運動量が一定に保たれる。これを角運動量保存の法則という。回転するフィギュアスケートの選手は，腕を閉じて身体の質量分布を回転中心に近づけ，質量の回転半径rを短くできる。身体には外力が作用しないので角運動量は一定だから，rが小さくなるにつれて回転速度が増加する（図6-11）。

また，回転運動での力積も考えることができる。短い時間$\Delta t = t_2 - t_1$のあいだに，角運動量がL_1からL_2に変化したとすると，

$$\boldsymbol{L_2} - \boldsymbol{L_1} = \int_{t1}^{t2} \boldsymbol{M} dt = \boldsymbol{M} \Delta t \quad (10)$$

ここで，$M\Delta t$をトルク力積（トルクインパルス：torque impulse）と呼び，単位はニュートンメートル秒［Nms］で表す。たとえば，柔道で受け身をとるとき，手のひらで畳を激しく叩く。これは手からのトルクインパルスが，身体の回転の角運動量を変化させるように作用する。

4-2 剛体の回転と慣性モーメント

力を加えても変形しない理想的な物体を剛体という。図6-12のように，一定の密度の細い棒

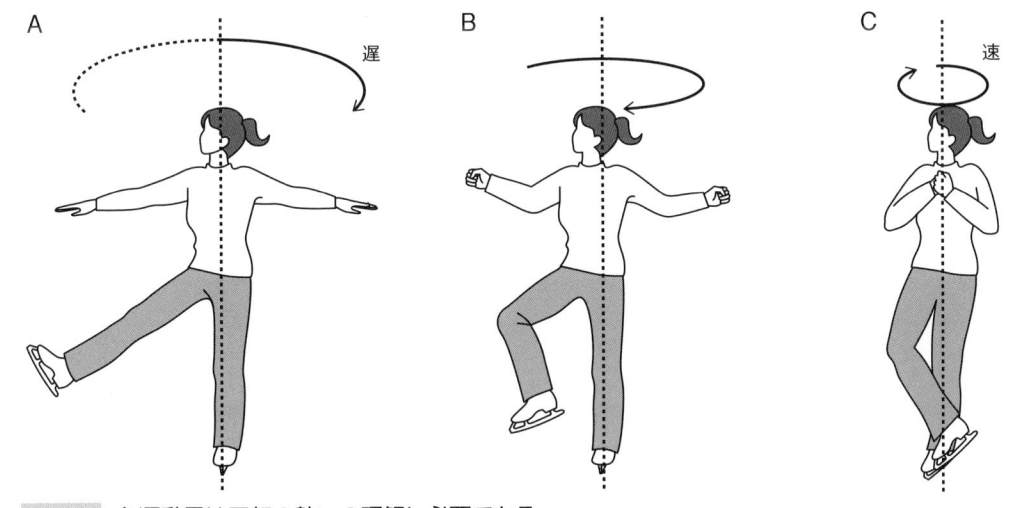

図6-11 角運動量は回転の勢いの理解に必要である
フィギュアスケートの回転は，手足を身体に近づけるほうが速くなる（A＜B＜C）。

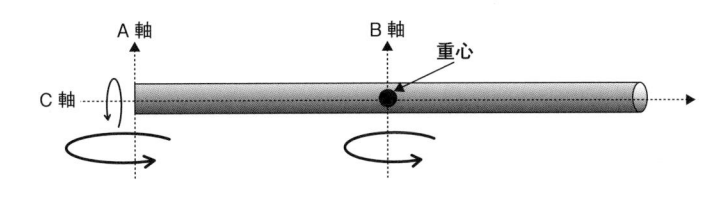

図6-12 剛体の回転
最も回しにくいのはA軸まわり，次いでB軸まわり，C軸が最も回転しやすい。

(剛体) を3つの軸まわりに回転させることを考える。ペンなどを実際に動かしてみるとよい。最も回転させにくい（重い）のはA軸，その次にB軸，最も回転しやすい（軽い）のはC軸であることがわかる。つまり，回転軸の取り方によって物体の動かしやすさが変わる。このとき回転力に抗する動きにくさを表すのが，慣性モーメント（moment of inertia）である（図6-13）。これは，大きな質量（重いもの）が回転中心から遠くにあるほど大きくなる（回転しにくくなる）量である。回転中心から距離rにある剛体の質量mであれば，

$$I = mr^2 \quad (11)$$

また，角運動量Lと角速度ωは次式のように関係する。

$$L = I\omega \quad (12)$$

すでに (9) 式で示したように，角運動量の変化率は力のモーメントに等しいから，

$$M = \frac{dL}{dt} = I\frac{d\omega}{dt} = I\alpha \quad (13)$$

力のモーメントMは，慣性モーメントIの物体に角加速度αを生じる。(3) 式の運動方程式と比べると慣性モーメントは質量（動かしにくさ）に対応していることがわかる（表6-2）。

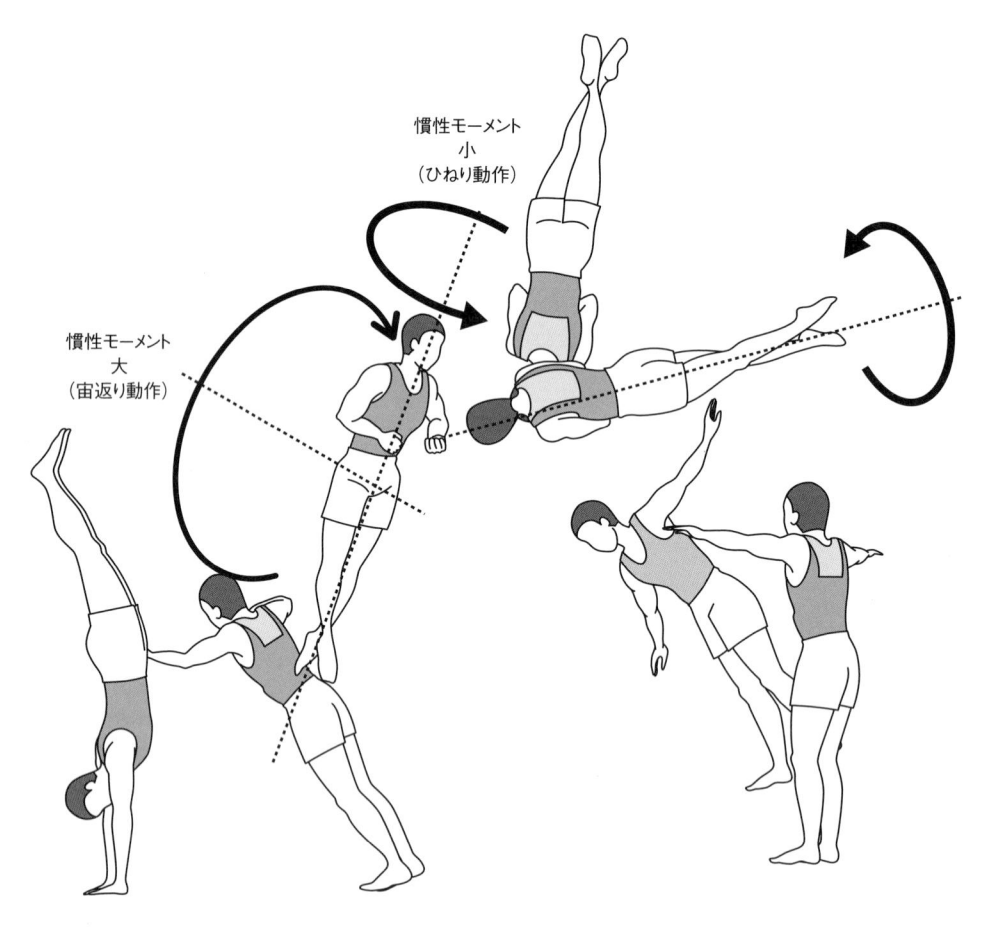

図6-13 回転のしやすさの違いは慣性モーメントによって理解できる
回転の軸によって，慣性モーメントが異なる。たとえば体操の「ひねり」動作のように頭と足を結ぶ軸まわりの回転が最もしやすいため，「宙返り」動作に比べるとすばやく回転できる。

表 6-2 質点の並進と剛体の回転との比較

質点の並進運動		剛体の回転運動	
変位	x	角変位	θ
速度	$\dot{x}\ (v)$	角速度	$\dot{\theta}\ (\omega)$
質量	m	慣性モーメント	I
運動量	mv	角運動量	$I\omega$
力	$F=m\dot{v}=ma$	力のモーメント	$M=I\dot{\omega}=I\alpha$
運動エネルギー	$mv^2/2$	運動エネルギー	$I\omega^2/2$

4-3 慣性力

4-3-1 遠心力

自動車に乗ってある一定の速度 v で半径 r のカーブを通り抜けるとき,「乗車している人にとっては」身体にはカーブの外向きに加速度(力)が作用する。何かが身体に触れて生じたのではなく,物体に慣性があるために生じる加速度である。回転中心から遠ざかるという意味で,これを遠心加速度(centrifugal acceleration)と呼ぶ。遠心加速度の大きさは次式で計算できる。

$$|a_r| = \frac{v^2}{r} \quad (14)$$

物体の質量が m であれば,遠心力 F_r の大きさは次式で求まる。

$$|F_r| = \frac{mv^2}{r} \quad (15)$$

図6-14のようにハンマー投げの選手が回転しながら勢いをつけるとき,選手にとってはハンマーに遠心力 F_r が生じるために,それを打ち消すための引く力 $-F_r$(反作用)が必要になる。選手が手を離せばハンマーは回転の接線方向に飛んでいく(図6-14C)。

身体の関節運動でも遠心力が生じる。たとえば,膝を軽く曲げた状態で脚全体を振り子のように運動させるとする。このとき膝に加わる重力と遠心力のモーメントが膝を伸ばすように作

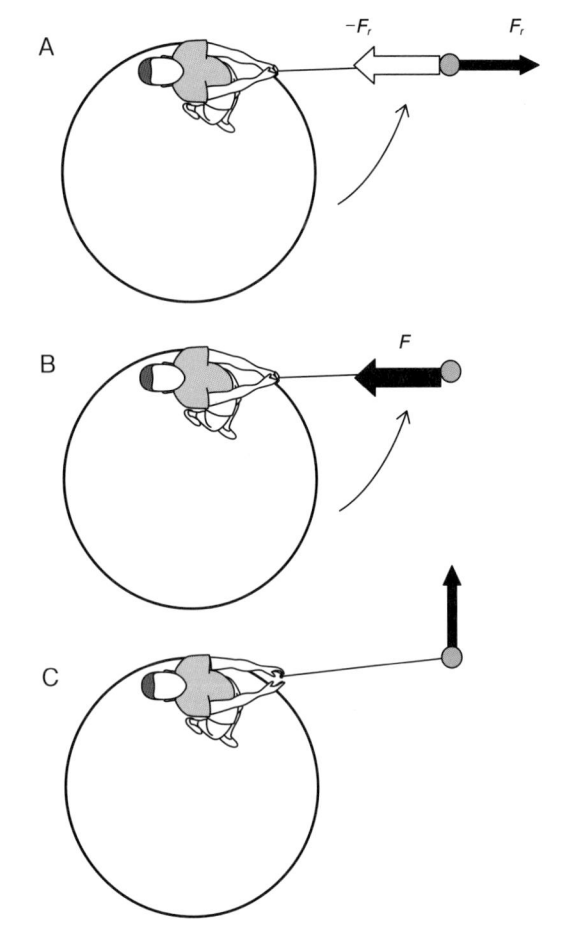

図6-14 ハンマーは遠心力で飛ぶ？
A:遠心力 F_r は選手に感じられる慣性力。回転を続けるために反作用力 $-F_r$ が必要。B:上からみて,ハンマーが円運動をするために必要な力(向心力という) F は,遠心力の反力 $-F_r$ と大きさが等しい。B→C:選手がハンマーを手放すとハンマーは回転の接線方向に飛ぶ。上からみると遠心力の向きではないことに注意。

用する。遠心力の計算の詳細は章末の参考書(3)を参照)。股関節を動かすだけにもかかわらず膝にも力学的な影響が及ぶ（**図6-15**）。身体運動はセグメントの回転運動の組み合わせだから，身体部位に遠心力とコリオリ力（Coriolis force）が生ずる。これらによって生ずる力のモーメントを相互作用トルク（interaction torque）と呼ぶ。

4-3-2 コリオリ力

ここでは，架空の回転盤の上を転がる球を例にして簡単に説明する。**図6-16A**のように一定の角速度$\omega = 180$ [deg/s]で反時計回りに回転する半径1 [m]の円盤（時計の文字盤）の上で，円盤の中心から外側（3時の向き）に向けて球を一定の速度$v_r = 1$ [m/s]（1秒後に文字盤の端に来る速度）で転がす。円盤と球との摩擦を無視すると，1秒後に球が到達する文字盤の数字は，3時ではなく，9時である（**図6-16B**）。回転する円盤の外側は中心よりも速く回転しているので（回転半径rに比例した接線速度$[v = r\omega]$

図6-15　遠心力やコリオリ力も身体運動に関わる
複数の関節が動く身体運動では，遠心力やコリオリ力が作用する。サッカーのキックでは股関節の運動の影響が膝関節や足部に及ぶ。

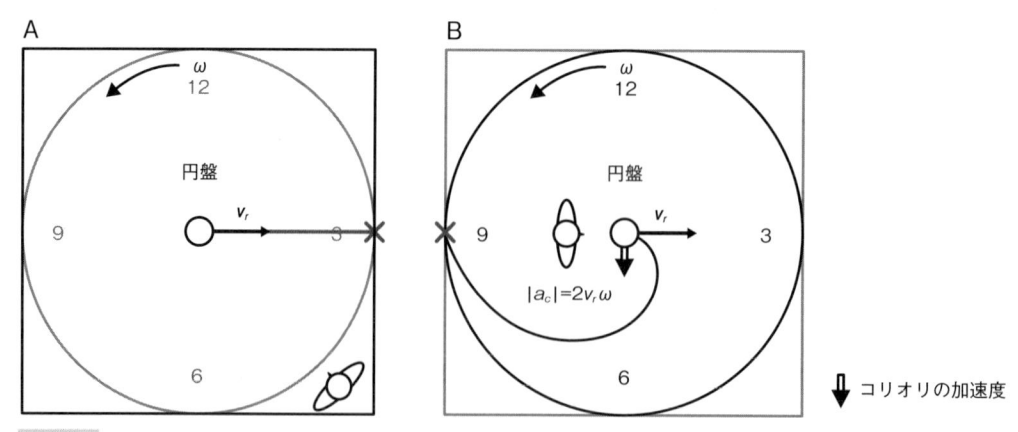

図6-16　コリオリの加速度（a_c）
角速度ωで回転する円盤上を速度v_rで転がる球の軌道。A：円盤の外から観察，B：円盤上から観察。

があるため），接線速度をもたない球は外側に向かうにつれて盤に対して遅れてしまう。円盤上の人にとって，球は9時の向きに逸れていく。円盤上の人から見て球に加わる加速度をコリオリの加速度a_cと呼び，方向は球の速度と直角で，大きさは

$$|a_c| = 2v_r\omega \quad (16)$$

運動する物体の質量mに加わるコリオリ力F_cの大きさは，

$$|F_c| = 2mv_r\omega \quad (17)$$

身体運動では複数の関節が同時に動くときに発生する。平面内で肩と肘を動かすとき，肩に生じるコリオリ力は遠心力の2倍の大きさになる（詳細は参考文献（4）を参照）。

4-4 粘 性

水中での運動では水が抵抗となって，すばやく動けない。これは水のような流体に粘性（viscosity）があるためである。運動の速さに依存して粘性抵抗は増大する。血液にも粘性がある（粘性率は水の約3倍である）。筋収縮は単純な錘バネ（mass-spring）系ではなく，粘弾性（viscoelasticity）を含んだモデルを用いて説明されることがある（図6-17A）。バネ（弾性要素K）以外に粘性による減衰要素D（damping）が含まれる。この特徴は，伸展に伴う張力増加と，短縮に伴う張力減少とが同じ曲線を描かないことであり，これをヒステリシス（hysteresis）という（図6-17B）。

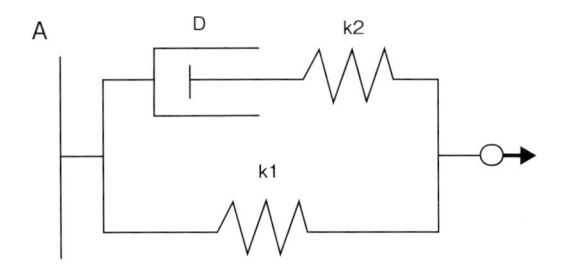

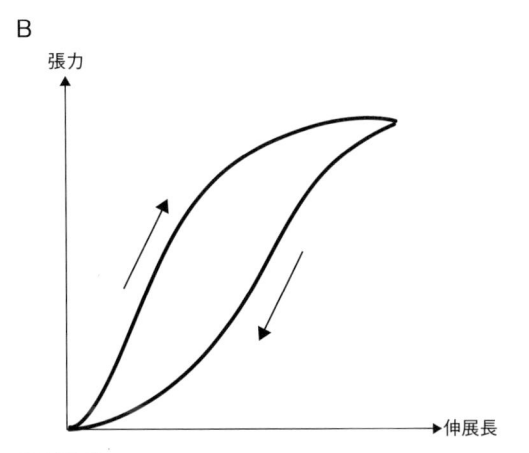

図6-17 骨格筋は粘弾性による力を発揮する
A：粘弾性モデル（Kelvin model）。弾性要素Kと粘性による減衰要素Dが含まれる。B：長さと張力のヒステリシス曲線。

5 力学的エネルギー

物体の運動の変化を，物体のもつエネルギーの状態の変化と考えると便利なことがある（図6-18）。

5-1 位置エネルギー

重力加速度gは物体に作用して運動を引き起こす。高いところにある物体には，そこにあるだけでエネルギーが蓄えられていると考える。高さhにある質量mの物体がもつエネルギーE_pは次式で計算できる。

$$E_p = mgh \quad (18)$$

これを位置エネルギー（potential energy）という。単位はジュール［J］で表す。重力による力mg［N］によってh［m］だけ物体が動かされた仕事（work）（＝力×距離，$mg \cdot h$）と等しい。

弾性エネルギー（elastic energy）も位置エネルギーに含めることがある。伸ばされたバネは，長さに応じた力で縮むことができるため，縮むためのエネルギーを蓄えていると考える。弾性係数kのバネが静止長からxだけ変化しているとき，弾性エネルギーは次式で計算される。

$$E_e = \frac{1}{2}kx^2 \quad (19)$$

単位はジュール［J］で表す。

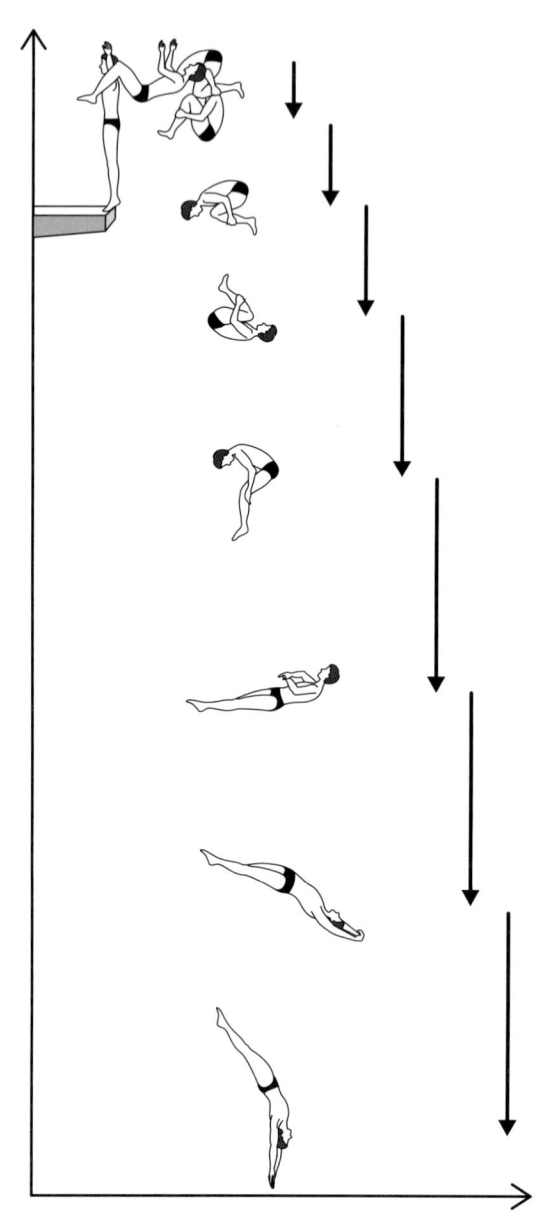

図6-18 力学的エネルギーの理解は位置と速度の変化を分析するのに便利である
高い場所にある物体が落下すると速度が増大する。

5-2 運動エネルギー

動いている物体を止めるためには，外から仕事をしなければならない。見方を変えれば動いている物体は，外部に仕事をするエネルギーを蓄えているとも考えられる。一定の速度 v で運動する質量 m の物体は，次式で計算される量のエネルギー E_k を有している。

$$E_k = \frac{1}{2}mv^2 \quad (20)$$

これを運動エネルギー（kinetic energy）といい，単位はニュートンメートル毎秒 [N·m/s]（[kg·m²/s²]）あるいはジュール [J] で表す。

また，重心まわりの慣性モーメント I の剛体が角速度 ω で回転する場合は，回転運動エネルギー E_r が計算できる。

$$E_r = \frac{1}{2}I\omega^2 \quad (21)$$

つまり，エネルギーが回転速度として蓄えられていると考える。

5-3 力学的エネルギー保存則

位置エネルギー，並進運動エネルギー，回転運動エネルギーの3つの和を剛体の力学的エネルギーと呼ぶ。重力や弾性力以外の力が物体に仕事をしなければ，物体のもつ力学的エネルギーの総和は一定である。これを力学的エネルギーの保存則という。

$$E_p + E_k + E_r = 一定 \quad (22)$$

たとえば質量 m の物体が高さ h で静止した状態から自由落下したとき，空気抵抗を無視すれば物体が高さゼロ（$h = 0$）に到達する瞬間までに物体が有する位置エネルギーが，すべて運動エネルギーに変換される。物体の速度を v として次式が成り立つ。

$$mgh = \frac{1}{2}mv^2 \quad (23)$$

速度 v について解けば，

$$v = \sqrt{2gh} \quad (24)$$

となり，物質の速度は落下する高さのみに関係し，質量に依存しないことがわかる。

このようなエネルギーの変換は歩行中でも見られる。歩行中の重心の位置エネルギーと運動エネルギーを見ると，片脚になる立脚中期に重

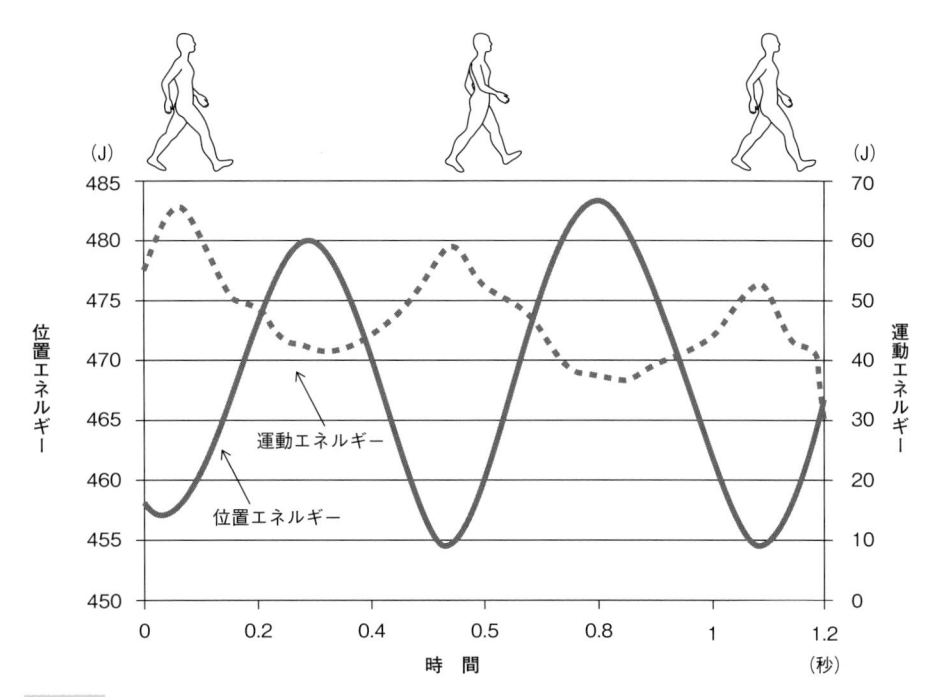

図6-19 歩行中の重心の力学的エネルギー
位置エネルギーと運動エネルギーの増減が交互になっている。

心が高く位置エネルギーが極大(運動エネルギーが極小)になり，両脚で支持する頃に重心位置が低く，運動エネルギーが極大になる(**図6-19**)。ヒトは，位置エネルギーと運動エネルギーを相互に入れ替えながら効率よく歩いている。

(山崎弘嗣)

参考文献
1) 金子公宥：スポーツ・バイオメカニクス入門第3版　絵で見る講義ノート，杏林書院，2006．
2) 深代千之ほか：バイオメカニクスで読み解くスポーツ動作の科学，東京大学出版会，2010．
3) 牧　二郎編：物理学大辞典，pp1120-1123，丸善，1989．
4) Zatsiorsky VM：Kinetics of Human Motion, Human Kinetics, 2002.

応用編

第 7 章　基礎体力を活かす身体の使い方とエクササイズ

第 8 章　科学的根拠に基づいた筋力エクササイズ
　　　　　―上肢・下肢の基礎理論―

第 9 章　科学的根拠に基づいた筋力エクササイズ
　　　　　―体幹―

第10章　科学的根拠に基づいた柔軟性向上エクササイズ

第11章　持久力評価法とエクササイズ

第12章　歩行および走動作の分析と動作改善エクササイズ

第13章　投球動作の分析と動作改善エクササイズ

第14章　ジャンプ・着地動作・切り返し動作の分析と
　　　　動作改善エクササイズ

第7章 基礎体力を活かす身体の使い方とエクササイズ

本章のねらい

スポーツ活動において，基礎体力をベースに，アライメントやフォームの観点から誤った動作を修正することは，単にパフォーマンスを向上するだけでなくスポーツ外傷の予防にも有効であると考えられる。筋力や柔軟性における弱点を強化しつつ，正しい動作を習得するために，エクササイズの原理・原則に従った反復練習が求められる。本章では，基礎体力を活かした身体の使い方とエクササイズについて，アライメントや関節運動連鎖の観点から解説する。

Key word
- 姿勢の力学的安定性
- アライメント
- 身体重心
- 関節運動連鎖
- 運動イメージ
- バランス機能

1 基礎体力と姿勢

1-1 基礎体力

体力（fitness）の構成要素には身体的要素（physical factor）と精神的要素（mental factor）があり，身体的要素の行動体力は形態と機能に分けられる。形態には体格と姿勢があり，機能には筋力，柔軟性，持久性，敏捷性・スピード，平衡性・協応性がある（表7-1）。

筋力や柔軟性，持久性の向上に関連する理論やエクササイズ方法は比較的多く発表されているが，スポーツ選手の競技力向上には，敏捷性・スピードや平衡性・協応性に対するエクササイズも重要である。最大筋力は筋断面積に比例するため筋量が多いほど筋力発揮も大きいが，筋肥大が生じると体重も増加するため，敏捷性・スピードの向上には不利となる。スポーツによっては，筋力だけでなく敏捷性・スピードが求められるので，筋肥大を伴う筋力増強だけではなく，競技特性に応じたエクササイズ計画が必要となる。

さらにケガの予防の観点から，これらの基礎体力を高めることは非常に重要である。同じ練習を行っていても基礎体力の低い選手にとっては高い負荷となり，体力レベルの高い選手にとっては低い負荷の練習となるため，基礎体力の低い選手は過負荷によるケガのリスクが高くなる（図7-1）。つまり，基礎体力を高めること

表7-1 体力（fitness）の構成要素

1. 身体的要素（physical factor）
   1) 行動体力
      ①形態：体格，姿勢
      ②機能：筋力，敏捷性・スピード，平衡性・協応性，持久性，柔軟性
   2) 防衛体力
      ①構造：器官・組織の構造
      ②機能：温度調節，免疫，適応

2. 精神的要素（mental factor）
   1) 行動体力：意志，判断，意欲
   2) 防衛体力：精神的ストレスに対する抵抗力

は競技力の向上にとって必要なだけでなく，ケガの予防にとっても重要な要因となる。

1-2 姿勢と構え

姿勢（posture）は，構造学的な特徴と筋活動状態を反映した構えで，時間的な経過や活動内容に応じて変化するものである。良い姿勢とは，生体力学的には対称的で均衡が取れていること，構造学的には力学的ストレスが少なく，エネルギー効率的には姿勢保持に必要な筋活動が最も少ないことと定義できる。

構え（attitude）は，身体各部の相対的位置関係を表し，運動学的に上肢外転外旋位や体幹屈曲位，下肢伸展外転位などと表現されるが，スポーツでは活動の準備状態にある姿勢を示すことも多い。バスケットボールのディフェンスの構えはボール保持者が近い場合と遠い場合で異なるが，オープンスタンスでは重心を落として低い姿勢を保ち，両母趾球に均等に体重をかけ，両手をハンズアップする。同様に，バレーボールのレシーブの構えは肩幅よりも足幅を広くし，膝は深く曲げ両母趾球に体重をかける。オーバーとアンダーパスの両方に対応できるよう両手は胸の前に置く。多くのスポーツでは，膝を曲げて重心を低くする姿勢を取るが，弓道やアーチェリー，射撃などでは足を開いて膝を伸ばした状態で安定させるなど，種目に応じて要求される構えは異なる（図7-2）。

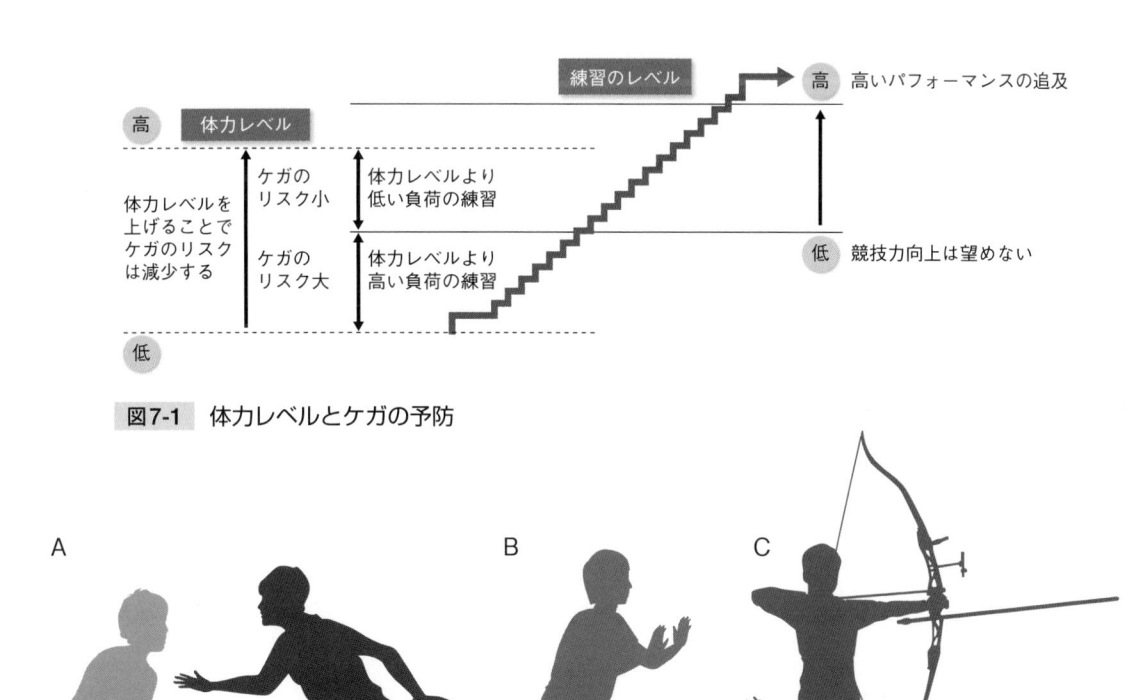

図7-1 体力レベルとケガの予防

図7-2 スポーツでの構えの姿勢
A：バスケットボールでのディフェンスの構え，B：バレーボールでのレシーブの構え，C：アーチェリーの構え。

1-3 姿勢の安定性と定位

姿勢の力学的安定性には，①支持基底面が広く，②重心の位置が低く，かつ③重心の偏りがないことが必要である。ヒトの直立姿勢において身体重心は第2仙椎のすぐ前にあり，上肢の挙上により重心は高くなる。その位置は運動中，絶えず変化しているが，転倒することなく姿勢を保持するためには支持基底面から重心が外れないように制御が必要となる（図7-3）。つまり，臥位では安定性は最も高いが，立位のような重心の高い姿勢では安定性は低くなる。さらに，重心の高さが同じでも支持基底面が狭い片脚立位ではより不安定になる。

多くのスポーツでみられる構えの姿勢では膝を曲げて重心を低くするが，同じ重心位置でも足幅が広いほうが安定性は高くなる。一方で，安定性が高いということは運動性には不利となるため，スポーツのように活動を想定した安定性にそのまま当てはめるには難がある。姿勢の安定性に必要な条件は，支持基底面内に重心を留める能力と解釈でき，姿勢定位が重要となる。

定位（orientation）とは，身体体節（セグメント）の相互関係および身体と環境の間に，適切な状態を維持する能力と定義されている。姿勢定位に必要な感覚には，①前庭系，②視覚系，③体性感覚系がある。前庭系は頭部の動きを加速度として感知し，垂直位の保持を可能にする。しかし，前庭系だけの働きでは，どこの関節が動いて頭部に加速度が発生しているのか区別できない。視覚系は空間に対して身体や頭部の位置的変化を感知するが，視覚系だけの働きでは，自分が動いているのか対象物が動いているのかを認識することができない。体性感覚系は身体各部位の位置関係や荷重部位での圧変化を感知するが，体性感覚系だけの働きでは，身体が傾いていることを認知できない。姿勢の定位には，3つの感覚が補い合い中枢神経に情報を伝えている。

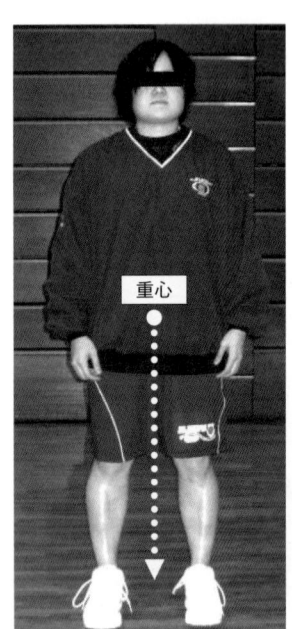

2 アライメントコントロール

2-1 アライメントと身体重心

アライメント（alignment）は骨と骨との配列を示し，各身体部の相対的位置関係を基本線からの偏位として捉えるため，外反膝や外反偏平足などと表現される。アライメントには静的アライメント（static alignment）と動的アライメント（dynamic alignment）があり，静的アライメントは，翼状肩甲，O脚・X脚，leg-heel angleや偏平足などが代表的である（図7-4）。しかし，静的アライメントと外傷発生の関連性についてのエビデンスは十分とはいえず，各種動作時の動的アライメントに着目することが重要である。代表的な動的アライメントには，肩甲上腕リズム，腰椎骨盤リズム，knee-in & toe-out，knee-out & toe-inなどがある。

一般的に立位姿勢の矢状面での身体重心は，乳様突起・第2仙椎前方，股関節後方，膝関節と足関節の前方を通る。脊椎の静的アライメン

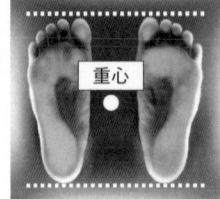

図7-3 身体重心と支持基底面

支持基底面
立位では，足底面およびその間の床面が支持基底面となる。

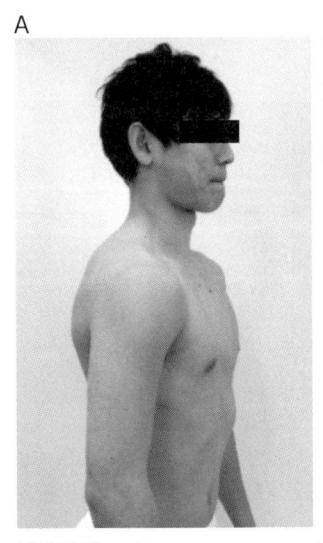

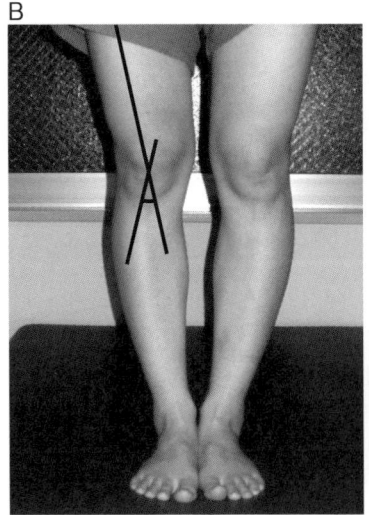

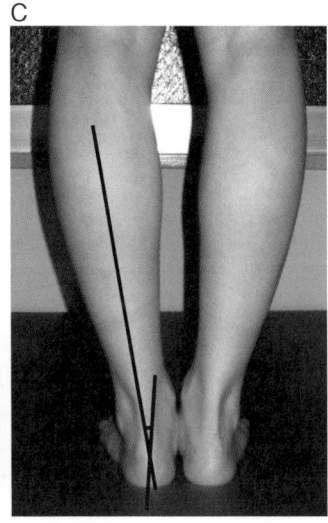

図7-4　静的アライメントの代表例
A：骨頭前型，B：Q-angle，C：leg-heel angle。代表的なものとして以下のものがある。①肩甲帯：翼状肩甲，肩甲骨挙上位・外転位，骨頭前型ほか。②脊柱：側弯，円背（胸椎後弯），腰椎前弯ほか。③骨盤：骨盤前傾，骨盤後傾ほか。④膝：O脚・X脚，Q-angle，膝蓋骨高位ほか。⑤足部：扁平足，外反母趾，leg-heel angle，calcaneus angleほか。

トは頸椎の生理的前弯，胸椎前弯，腰椎前弯を呈し（図7-5），理想的な姿勢により至適弯曲を維持することが可能となる。腰椎骨盤リズムは，体幹前屈時に腰仙角の増大と腰椎前弯角の減少が生じ，骨盤が後方に移動することで支持基底面内に重心を落とす。後屈時には逆に，腰仙角の減少と腰椎前弯角の増大が認められる。

深い屈曲角度のスクワット動作では，浅い膝屈曲角度に比べて膝関節の位置が重心線から遠ざかるため，膝関節に生じるトルクが大きくなり（図7-6），膝に負担のかかるアライメントになる。下腿の前傾角度が変わらないと仮定すると，膝の屈曲に伴い重心は後方に偏移するので，支持基底面内に重心位置を保持するためには体幹を前傾する必要がある。換言すれば，体幹を前傾しなくても下腿前傾を強めることで重心を前方に移動することができるため，重心を低くする姿勢が求められるスポーツでは，足関節背屈の柔軟性が重要となる。さらに，骨盤後傾位でスクワット動作を行うと重心は後方に偏移するため，ハムストリングスの柔軟性の獲得や腸

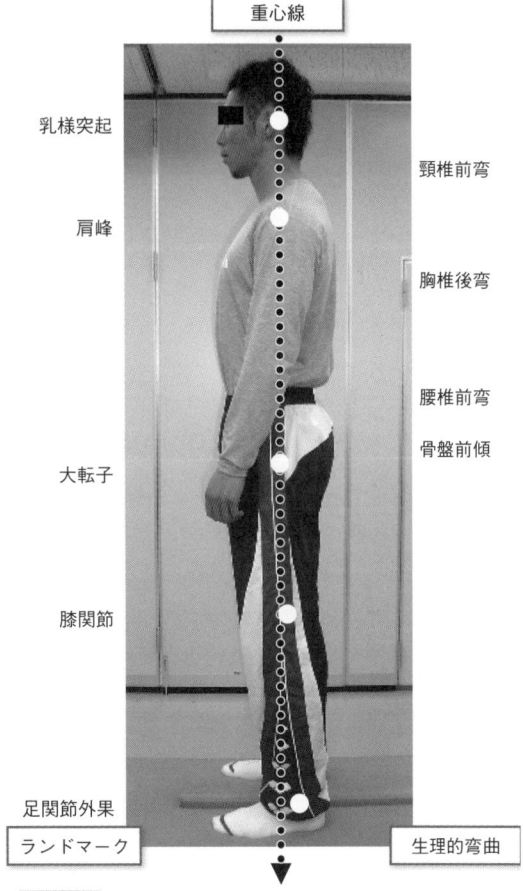

図7-5　立位アライメントと重心線

【スポーツ障害との関連性】
動的アライメントと障害の関係

下肢への負荷のかかり方を動的アライメントからみると，knee-in & toe-outでは筋や靱帯など内側にある組織には伸張負荷，関節外側に圧縮負荷が生じ，knee-out & toe-inでは逆に関節外側に伸張負荷，関節内側に圧縮負荷が生じる（**図**）。

スポーツ外傷・障害との関係については，knee-in & toe-outでは伸張負荷による膝内側側副靱帯（MCL）損傷や鵞足炎，足関節三角靱帯損傷や後脛骨筋腱炎などが発生し，knee-out & toe-inでは外側側副靱帯（LCL）損傷や腸脛靱帯炎，足関節外側靱帯損傷や腓骨筋腱炎などとの関連が報告されている（川野 1998）。

荷重位で膝関節に生じる回旋については，大腿および下腿の回旋量の差によって相対的に下腿回旋方向が決定される。筆者ら（2003）の研究では，膝関節40度屈曲位での外反動作では全例が外旋したのに対し，15度での外反動作では3名が内旋した。また，膝関節40°屈曲位での内反動作では外旋4名，内旋6名，15度での内反動作（KO15）では外旋3名，内旋7名であった（**表**）。これは，膝40°屈曲位では膝外反に伴い下腿は外旋し内反に伴い内旋するものの，浅い屈曲角度では内外旋が混在することを意味する。

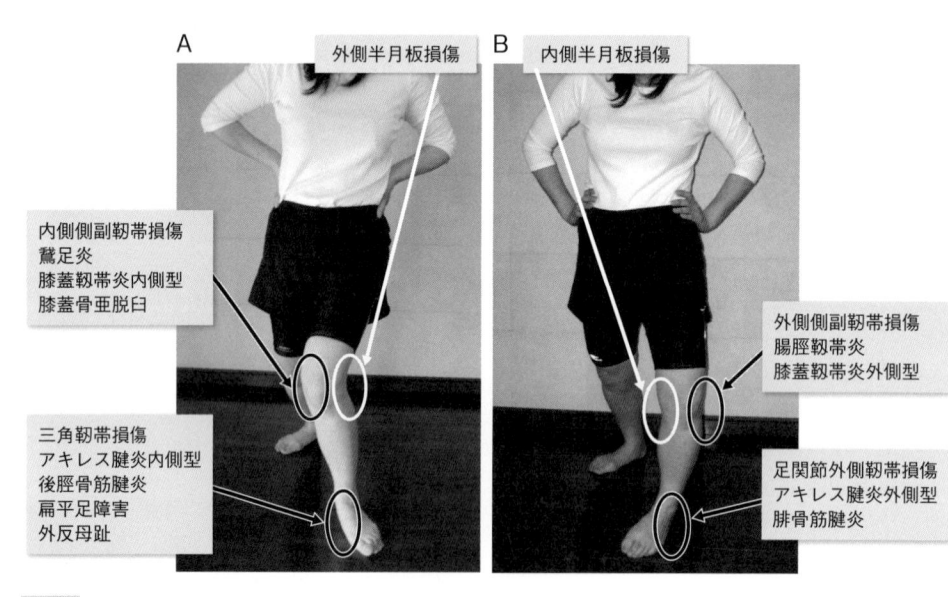

図 動的アライメントと外傷・障害の関係
A：knee-in & toe-out型，B：knee-out & toe-in型

表 各動作時の膝運動様式出現率

	SQT	KI40°	KI15°	KO40°	KO15°
外反	6	10	10	0	0
内反	4	0	0	10	10
外旋	0	10	7	4	3
内旋	10	0	3	6	7

（単位：名）

SQT ：片脚スクワット
KI40°：膝屈曲40°での膝外反
KI15°：膝屈曲15°での膝外反
KO40°：膝屈曲40°での膝内反
KO15°：膝屈曲15°での膝内反

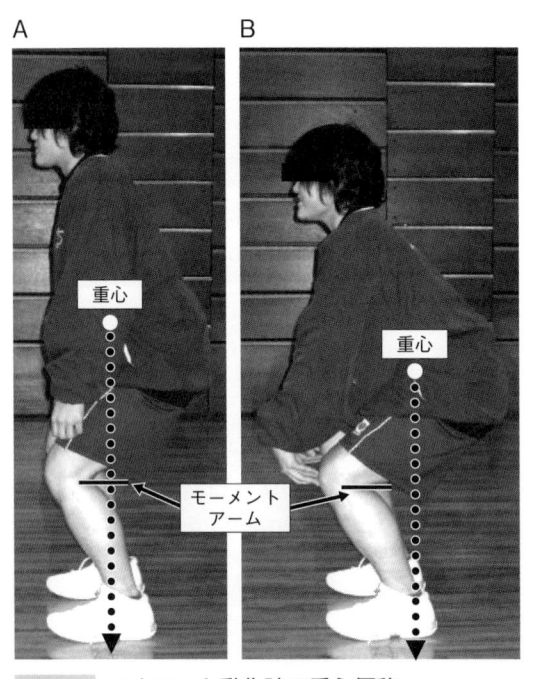

図7-6 スクワット動作時の重心偏移
A：クォータースクワット，B：ハーフスクワット。

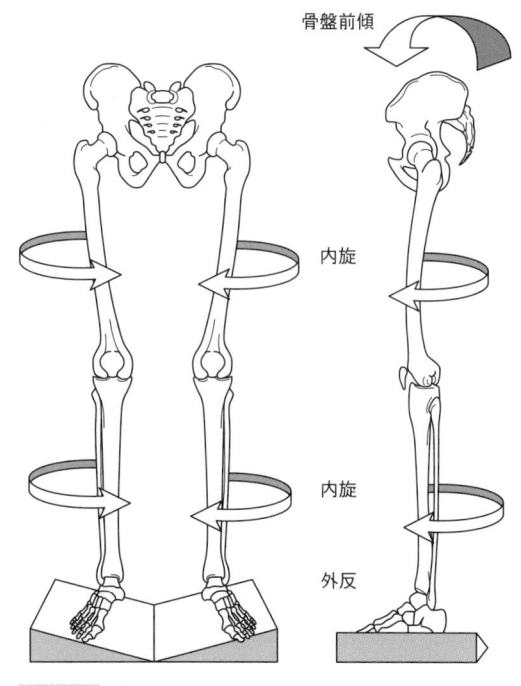

図7-7 後足部外反による下肢の運動連鎖
（Khamis S, Yizhar Z：Gait Posture, 25：127-134, 2007）

腰筋・大臀筋の機能的な使い方も重要な要素となる。

2-2 関節運動連鎖

　身体各体節は関節によって連結されているため，体節の中心である骨盤の運動は近位から遠位関節に伝達される。また，足部のアライメント変化は上位関節のアライメントに影響を及ぼし，これを関節運動連鎖と呼んでいる。立位時の静的アライメント変化について，Khamisら（2007）は35名の被験者に対し10°，15°，20°の傾斜台を用いて後足部を外反させた際の上位関節の変化を3次元的に解析した。その結果，後足部外反に伴い下腿および大腿は内旋し骨盤は前傾することを報告した（図7-7）。逆に，後足部内反に伴い下腿および大腿は外旋し骨盤は後傾する。

　バスケットボール選手に対するメディカルチェックを通じて，股関節外転筋機能の低下している動的Trendelenburgテスト（DTT）陽性群はknee-inおよびhip-outともに大きくなるのに対し，後足部機能が低下している動的heel-floorテスト（HFT）陽性群はknee-inは大きくなるがhip-outは小さくなることが報告されている（加賀谷 2009，2013）。これは，股関節や後足部機能低下が膝外反量に影響を及ぼすことを意味しており，アライメント評価からアライメントを崩す要因を分析し，エクササイズに活かす必要性が示された。一方，関節運動連鎖からは後足部外反に伴い内側縦アーチは下降すると考えられるが，実はこの関連性に関して明確にした報告はあまりない。筆者らの研究においてもHFT陽性群は陰性群に比べて，navicular drop（ND）は有意に大きいという関係は得られたものの，後足部外反量とNDに有意な相関関係は認められなかった。

【測定・評価の具体例】
動的アライメントを評価するテスト

①動的Trendelenburgテスト（DTT）

Trendelenburgテストは，片脚立位で非支持側の骨盤が下降する者を陽性と判断する。股関節外転筋の筋力が低下している変形性股関節などでみられるが，スポーツ選手で本法が陽性になる例は，股関節疾患を有する例を除きほとんどない。しかし，片脚立位から膝を曲げていくと対側骨盤が下降する例がみられ，筆者らは，この評価方法を動的Trendelenburgテスト（DTT）と呼んでいる（図1）。

DTTは片脚スクワットや片脚着地時に対側骨盤が水平位より下降する者を陽性，水平または挙上するものを陰性と判断する。中学および高校バスケットボール選手では約30％がDTT陽性となり，陰性例に比べて膝外反量が2倍となることがわかっている（加賀谷 2009，2013）。下肢の関節運動連鎖では，膝外反が生じると対側骨盤が挙上するといわれているが，スポーツ選手で認められるDTT陽性率を考えると，一般論に惑わされないよう注意深い評価が重要となる。

②動的heel-floorテスト（HFT）

足部の静的アライメント評価の問題は，扱う数値が小さく信頼性や妥当性に乏しいところにあるといわれている。Astromら（1995）は，Rootら（1971）が提唱した距骨下関節アライメントの基準値の誤りを指摘しており，正常アライメントの定義そのものに疑問が生じる。

筆者らは，静的アライメントに関係なく，課題動作によって後足部が傾斜する程度を判定する動的heel-floorテスト（HFT）を用いている。

HFTは片脚立位時の踵骨中央線と床面と角度を基準とし，片脚スクワットや片脚カーフレイズ時に踵骨が5°以上外反する者を強陽性（＋＋），0〜5°の外反を陽性（＋），踵骨が5°以上内反する者を強陰性（－），0〜5°の内反を陰性（－）と判定している（図2）。バスケットボール選手を対象にした測定では，HFTは片脚スクワットで約30％が強陽性となり，片脚着地に至っては約50％が強陽性となることがわかっている（加賀谷 2009，2013）。

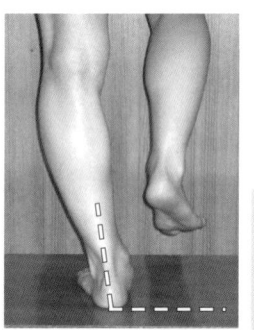

図1 動的Trendelenburgテスト（DTT）
膝伸展位での片脚立位姿勢から，約60°まで膝を屈曲させた際に，対側骨盤が水平位より下降するものを陽性，水平または挙上するものを陰性と判断する。

＋＋：5°以上の外反
＋：5°未満の外反
±：変化なし
－：5°未満の内反
---：5°以上の内反

膝伸展位での片脚立位

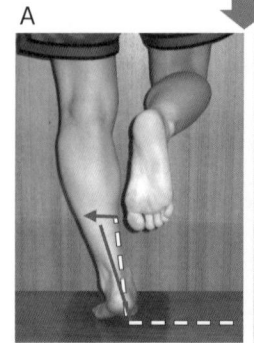

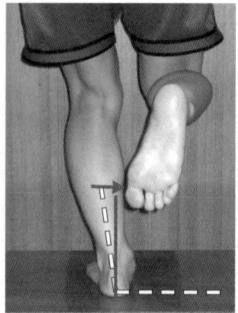

図2 動的heel-floor テスト（HFT）
A：カーフレイズ，B：約60°膝屈曲。

③navicular drop テスト（NDT）

　navicular drop test（NDT）は，ランナーの足部回内の評価法としてBrody（1982）により考案された．NDTは対象者の舟状骨結節にマーキングし，距骨下関節中間位で舟状骨高を測定する．同様に立位荷重位でも舟状骨高を計測し，得られた値から距骨下関節中間位と荷重位の差を求めnavicular drop（ND）を算出する（**図3**）．NDの異常値は 10 〜 15mmと報告されているが（Brody 1982；Beckett 1992；Mueller 1994），これらの値は年齢層や対象数が限定的で，信頼性にばらつきがある点に難がある．女子バスケットボール選手73名を対象にした測定では，中学生のNDは約5mm，高校生は約3mmで中学生のNDが有意に大きかった（加賀谷 2013）．また，Woodford-Rogersら（1994）は，女子アスリートを対象にした調査で，ACL損傷群のNDは5.0mmで非損傷群の3.0mmと比較し有意に大きいことを報告しており，アライメントコントロールだけでなく外傷予防の観点からも活用できる評価である．

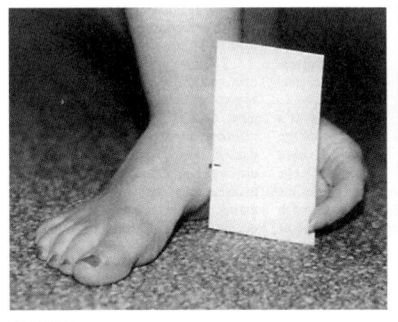

図3　navicular drop test（NDT）

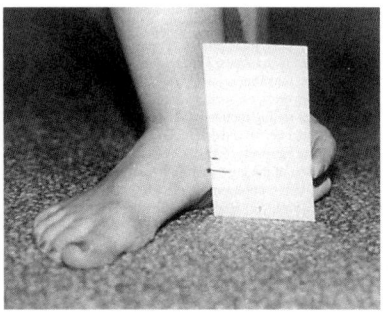

（Beckett ME et al.：J Athl Train, 27：58-62, 1992）

2-3 アライメントとスポーツパフォーマンス

　スポーツ選手は，刻々と変化する状況に応じて，多彩なプレーを効果的なタイミングで遂行しなければならない．スポーツによっては強化すべき基礎体力は異なるが，個々のスポーツ活動に必要な体力を基礎に"速く走る"，"すばやく高く跳ぶ"，"巧みな方向転換"などの運動能力が要求される．特に，多くのスポーツにおいて股関節伸筋群の機能改善が重要であるといわれており，股関節伸筋群の初動負荷トレーニングで走タイムの向上が認められ，野球では打率が改善した症例が報告されている（小山 1999）．一方で，走動作でみられる問題として，足趾離地からのフォロースルー期において大腿二頭筋が優位に活動することで下腿外旋で膝屈曲を行う例があげられる．また，股関節伸展制限による骨盤前傾や腰椎前弯の増大なども認められる．これらのアライメント不良は，股関節伸筋群の機能が低下することで前方への推進力を得るためのエネルギー伝達が非効率的になる．当然ながら走速度に影響を及ぼすだけでなく，膝関節外側構成帯の炎症や腰痛症などの障害を引き起こすリスクも高まると考えられる．従って，走動作のアライメント不良が認められる選手には，個体要因に対する評価を的確に行い，たとえば内外側ハムストリングスの活動バランス改善，腸腰筋や大腿直筋のストレッチングなどを行わせる必要がある．

　ジャンプパフォーマンスの改善においては，プライオメトリックトレーニングが有効と考えられており，バスケットボール選手のフットワーク能力や踏切時間の短縮，チェストパス能力の向上なども認められている（図子 2006）．特に女性では，knee-in & toe-outの動的アライメントで着地する例が多いが，これは単にスポーツ

外傷との関連のみが問題視されるわけではない。高く跳ぶといった動作を考えた場合，膝外反といった前額面上の動きが大きくなると，各関節の力を上方への力に変換する過程でロスが生じると考えられる（図7-8）。動的アライメントの違いによる筋活動について，片脚着地動作時にknee-in & toe-outする選手は，neutralに比べて身体内側方向への床反力が作用し，大腿直筋と外側広筋の積分筋放電が有意に高くなり（今2007），特定の筋が過剰に働くことで，疲労は蓄積しスポーツ外傷のリスクも高まる可能性がある。着地動作に限らず，neutral positionを意識した動的アライメントのコントロールは，スポーツ・パフォーマンスの向上にとっても重要である。実際に，加藤（2006）は女子バスケットボール選手に動的アライメントのコントロールエクササイズを2週間実施し，シュート成功率が低下することなくknee-in & toe-outが改善することを報告した。

2-4 アライメント修正の難易性

スポーツ現場では，コーチのもつパフォーマンス向上の視点とアスレティックトレーナーなどの外傷予防の視点から選手にアプローチしていくことが求められる。パフォーマンス向上と外傷予防の両面からエクササイズ計画を立てるには，スポーツ動作時の動的アライメントやフォームを観察し，パフォーマンスの低下や外傷を惹起すると思われる問題を推定することが重要である。アライメントを崩す原因について近接関節を含めた筋機能や柔軟性などから特定し，そのアライメントを修正するエクササイズを立案し実践する（図7-9）。

一方で，アライメント修正には動作の難易性が影響するため，単関節運動に比べて複合関節運動のほうが修正が難しい場合が多い。さらに同じ複合関節運動であっても，両脚スクワットのような比較的単純な動作とジャンプのように全身的で姿勢制御を必要とする動作で難易性が異なる。

筆者らは，健常女性14名（年齢20.9±0.9歳，身長160.1±6.0cm，体重50.8±5.0kg）の利き脚を対象に，口頭指示が膝外反量に及ぼす影響を調査した。方法は，三次元動作解析装置システムVicon-MX（Oxford Metrics社製）を用いて，片脚スクワットおよび片脚着地動作時の膝外反角度を計測し，各動作時の角度変化量を算出した。その後，口頭指示にて"膝が内側に入らな

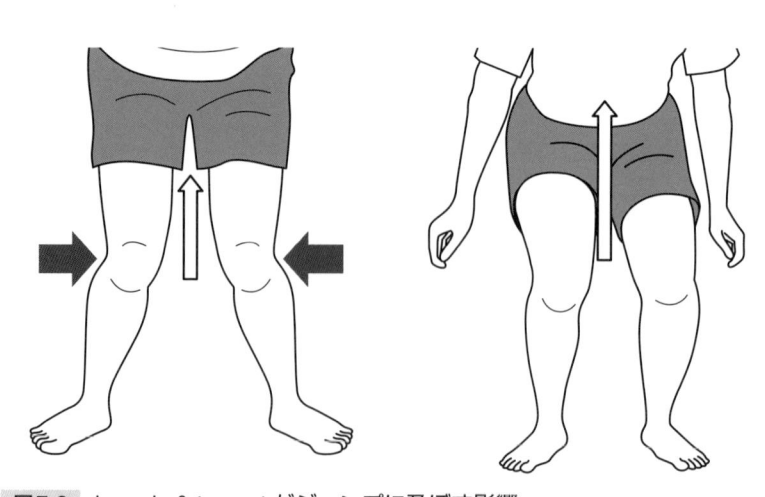

図7-8 knee-in & toe-out がジャンプに及ぼす影響
A：knee-in & toe-outでのジャンプ，B：neutral positionでのジャンプ。前額面上の動き（黒い矢印で表す）が大きくなると，上方への力（白い矢印で表す）に変換する過程でロスが生じると考えられる。

いよう"意識をさせ同様の測定を行った。その結果，口頭指示後の膝外反量は片脚スクワットで有意に改善したのに対し，片脚着地で差はなかった。これは，片脚スクワットに比べて片脚着地の難易性が高いため，口頭指示では改善に至らなかったと考えられる。

スポーツ種目によっては，ジャンプやカッティングといった動作そのものが目的ではなく，周りの状況を判断しつつ，結果としてジャンプシュートをする，カットインするといった動作の選択に迫られる。刻一刻と変化する状況を判断しながら，複数の課題を同時に遂行しなければならない。2つの課題を同時に行う場合，中枢では注意を適切に配分することが求められる。しかし，環境からの情報を処理できる容量には制限があり，要求される情報処理がこの容量を越えたとき，パフォーマンスは低下する。これは二重課題干渉と呼ばれ，二重課題への対応能力が低下している高齢者に対するエクササイズに応用されている。また，非予測的な姿勢外乱を伴う着地動作時の膝外反モーメントは大きく，体幹が着地脚側に傾倒した姿勢が確認された（小笠原 2010）。膝外反モーメントを軽減するためには，着地以前の姿勢制御が重要であるといえる。

あらかじめ規定された動作ではなく，非予測的動作が求められるスポーツでは，さらに動作の難易性は高まる。仮に規定された条件下で片脚着地の膝外反量が修正できたとしても，実際のスポーツ場面で修正されなければ意味はない。アライメント修正のエクササイズを考える場合，これらの難易性を考慮し，簡単なエクササイズから複雑なエクササイズ，より実践的なスポーツ動作に近づけていく必要がある。つまり片脚スクワットで膝外反がコントロールできるようになったら，スクワットしながらパスを受けるといった二重課題や非予測的条件を付与するといったエクササイズの工夫が求められる。

3 運動イメージ

3-1 運動イメージの重要性

スポーツ活動では身体運動の速度や動作の切

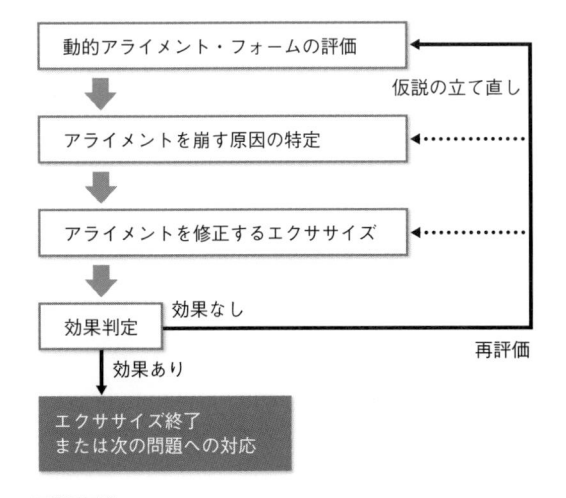

図7-9 アライメント修正エクササイズの組み立て方

【リスクマネージメント】
オーバーユース

オーバーユース（overuse）とは，一定の動作を繰り返し行うことで関節や筋・腱，靭帯などの組織に継続的な過負荷が加わることで炎症や疲労骨折などの症状を呈する。内因性の要因としてはovergrowth（発育過多），アライメント不良，技術的な問題などがあげられ，外因性の要因としては運動量過多，不適切な技術指導，コンディショニング不良，劣悪な環境，用具の問題などが考えられる。

基礎体力を高め，アライメント不良を修正し，技術練習を積み重ねたとしても，劣悪な環境で必要以上の運動を繰り返すと結果としてオーバーユース症候群を発症する可能性がある。オーバーユースに至らないようパフォーマンスの向上を目指すためには，個人の体力に合わせた適切な練習計画を立てることが重要となる。

第7章 基礎体力を活かす身体の使い方とエクササイズ

り替えが速く，著しい環境変化にも対応する必要があり，質の高い運動イメージ想起能力が必要となる。運動イメージとは，実際に運動を遂行することなしに筋感覚などの体性感覚を用いて一人称的なイメージをすることである（Dickstein 2007）。運動イメージは三人称的イメージと一人称的イメージに分類されるが，「あたかも自分が運動しているかのように感じる一人称的イメージ」を行う際には，1次運動野，背側運動前野，補足運動野などの身体部位再現領域が賦活することが知られている（Naito 2001；Jackson 2001）。

運動イメージを想起すると，その運動制御に関連する運動領野の脳活動は実際の運動と同じように賦活することが明らかになっている（Jeannerod 1995）。Yueら（1992）は，身体練習を伴わずに運動イメージを用いた小指外転運動のメンタルプラクティスを4週間行っただけで，小指外転筋力が22％向上することを報告した。Sidawayら（2005）は，足関節背屈運動のメンタルプラクティスを4週間行い，足関節背屈トルクが17％増大することを報告した。

スポーツ分野でもゴルフやテニス選手などにメンタルプラクティスを行うことで，パフォーマンスが向上することが報告された（Brouziyne 2005；Coelho 2007）。メンタルプラクティスによってスポーツ外傷の予防が可能であったという報告はないものの，山田らはラグビー選手を対象とした前向き研究で，運動想起イメージとハムストリングス肉離れ発症の関連を指摘している。自身が認識している動きと実際の動きとの差異が大きい状態では，スポーツ外傷発生の要因となることが考えられる。

3-2 メンタルプラクティスに関する実験例

筆者らは，健常女性14名の利き脚を対象にメンタルプラクティスが膝外反量に及ぼす影響を調査した。

片脚スクワットおよび片脚着地動作時の膝外反角度と屈曲角度を計測し，各動作時の角度変化量を算出した。その後，無作為にメンタルプラクティス群（以下MP群）7名とコントロール群7名（以下CO群）に分けた。MP群は週3回のメンタルプラクティスを3週間実施させ，CO群には何も行わずに，3週後に初回同様の計測を行った。メンタルプラクティスの方法は，静かな暗い部屋で指示者が原稿を読み上げ（**表7-2**），被験者は立位でその指示に従い，身体動作を伴わずに運動している体性感覚をイメージした。MPは各種目につき5回，計5分間行った。

その結果，片脚スクワットではMP群がCO群に対して有意に膝外反量の減少がみられたが（P＜0.05），屈曲角度に差はなかった（**表7-3**）。片脚着地動作ではMP群がCO群に対して膝外反量の減少傾向があるものの，有意差を認めなかった（**表7-4**）。このことは，メンタルプラク

表7-2 メンタルプラクティスに用いた指示

①目を閉じて下さい。
②深呼吸をしてあなたの目の前に白いスクリーンを思い浮かべて，そのスクリーンに意識を集中して下さい。
③（測定側の）膝関節と足先に意識を集中して下さい。
④これから片脚でスクワット（台から片足での着地）をした時の感覚を思い出します。
⑤（片脚スクワットでは）膝とつま先の向きを揃えてしゃがんでください。（片脚着地では）膝とつま先の向きを揃え静かに着地してください。
⑥リラックスして下さい。

表7-3 片脚スクワット時の膝外反・屈曲角度

	外反		屈曲	
	MP群	CO群	MP群	CO群
初回	24.6±4.1	26.0±11.7	60.0±10.2	63.9±7.1
最終	16.5±7.9	32.4±12.7	57.6±8.7	63.3±4.7

（＊：P＜0.05，単位：°）
年齢20.9±0.9歳，身長160.1±60cm，体重50.8±5.0kg。三次元動作解析装置システム Vicon-MX（Oxford Metrics社製）を使用。

ティスが片脚スクワットにおける膝外反量減少に貢献している可能性を示唆している。

メンタルプラクティスの効果に影響を与える因子には，対象者のイメージ能力と課題の特性がある。課題特性として，容易でかつ小さい筋群のコントロールを要する課題でより効果が大きいことが示されている（松田 1987）。片脚スクワットでは動作の簡易性からメンタルプラクティスの効果が認められたが，片脚着地動作では難易度が高くなり効果が低かったと考えられる。

4 バランス機能とエクササイズ

4-1 バランス能力と姿勢制御戦略

バランス能力に必要な条件は，支持基底面内に重心を留め，支持基底面から外れた重心の位置を素早く戻す能力である。支持基底面内に重心を留めるという観点からは，身体の動揺が小さいほうが姿勢は安定し，立位時に静止状態を保持できる"静的バランス能力"に優れていると考えられる。しかし，疾病によってはスポーツ選手に比べても重心動揺が小さい場合があり，これらの症例は逆に重心を大きく移動させると元に戻ることができず転倒する。つまりバランス能力の優劣は，重心動揺が小さく安定していることだけで決まるのではなく，指示された動作に対して重心の位置が支持基底面から外れても，素早く戻すことのできる"動的バランス"も重要となる。

立位時に外乱が加えられたとき，ヒトは外乱の大きさに応じた姿勢制御戦略を用いてバランスを立て直そうとする。この姿勢制御戦略には3種類あると考えられており，外乱が小さい場合は足関節戦略（ankle strategy）で対応し，外乱が大きくなるに従って股関節戦略（hip strategy），ステッピング戦略（stepping strategy）が働く（図7-10）。これらの運動戦略は1つだけを選択して対応しているわけではなく，足関節戦略と股関節戦略の混合型の戦略があることが示されている（Runge 1999；Horak 1986）。また，高齢者は成人と比べて足関節戦略よりも股関節戦略を用いる傾向があり（Horak 1989），これらの姿勢運動戦略の特徴を踏まえて，バランスエクササイズに応用することが求められる。

表7-4 片脚着地時の膝外反・屈曲角度

	外反		屈曲	
	MP群	CO群	MP群	CO群
初回	24.8±8.3	22.4±7.8	58.9±7.2	56.7±6.5
最終	18.7±6.5	23.9±6.0	55.6±4.9	58.2±6.4

（単位：°）

年齢20.9±0.9歳，身長160.1±60cm，体重50.8±5.0kg。三次元動作解析装置システム Vicon-MX（Oxford Metrics社製）を使用。

【測定・評価の具体例】
静的バランスの評価

静的バランスは，3次元動作解析と床反力計のデータから求めた重心や足圧中心を用いて評価できるが，重心動揺計を利用すると簡便である。重心動揺計の評価指標は，総軌跡長や外周面積，単位軌跡長や単位面積軌跡長などが用いられる。

総軌跡長は足圧重心点が移動した距離を示し，外周面積は動揺の軌跡によって囲まれる内側の面積を表す。単位軌跡長は総軌跡長を計測時間で除した値で，単位面積軌跡長は総軌跡長を外周面積で除した値である。

総軌跡長と外周面積は値が小さくなるほど重心動揺は小さくなり，バランス能力に優れていることを示す。単位軌跡長は，値が小さいほど重心動揺速度が小さいことを意味する。単位面積軌跡長は，値が小さくなるほど細かく動揺していることを表し，固有受容器反射性の指標としても用いられる。

4-2 バランスエクササイズの効果

バランス能力に影響を及ぼす因子として，下肢筋力，年齢，足関節や股関節の柔軟性などがあげられ，特に60歳代前半の平衡性は20歳を100％とすると20％に低下すると報告されている（木村 2000）。しかし，バランス能力を向上させる方法として筋力エクササイズのみでは効果は少なく，バランスエクササイズが有効である（Kovacs 2004）。バランスエクササイズの中でも，バランスパッドやバランスディスク，BOSU，バランスボールなどの不安定ツールは，その簡便性からスポーツ現場でもよく用いられている（図7-11）。

バランスパッド上での立位保持では，床上立位に比べ足圧中心の動揺が増加し，前脛骨筋な

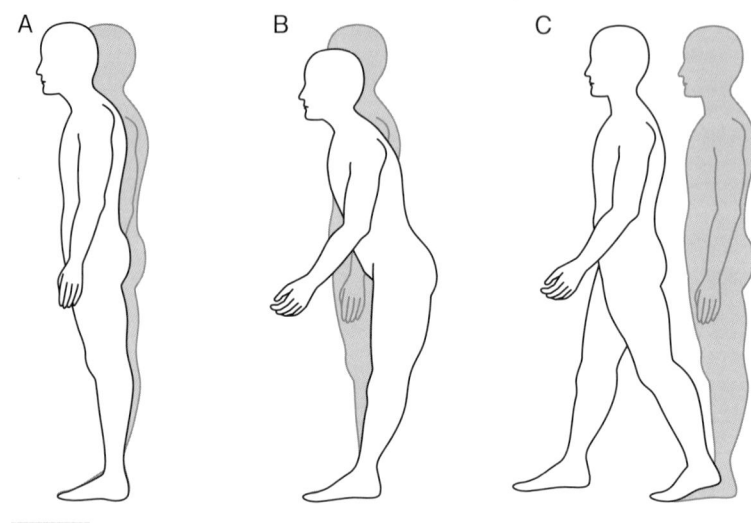

図7-10 姿勢制御戦略
A：足関節戦略，B：股関節戦略，C：ステッピング戦略。

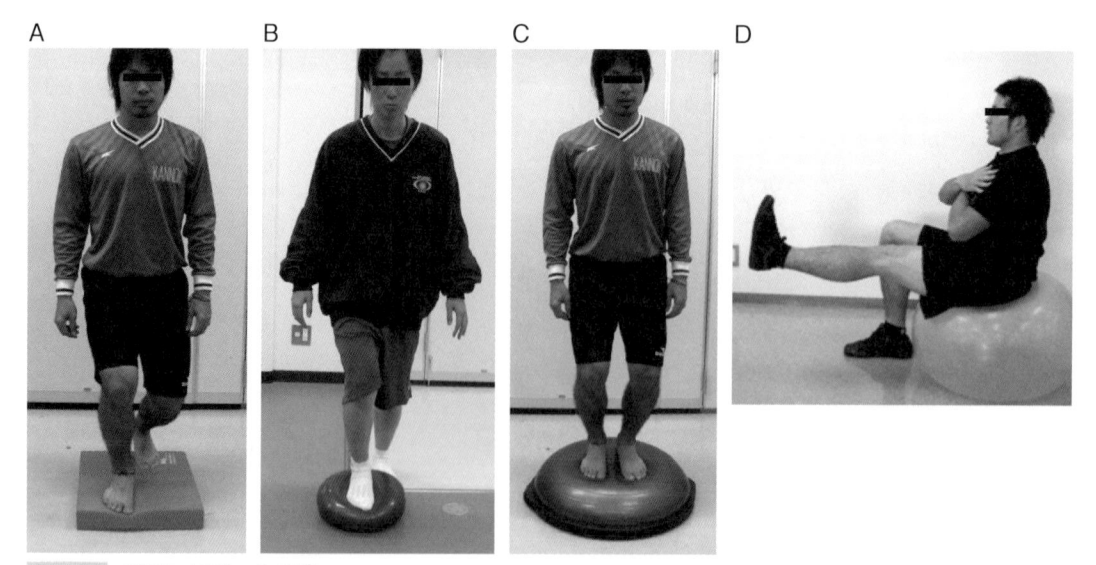

図7-11 バランスツールの例
A：バランスパッド，B：バランスディスク，C：BOSU，D：バランスボール。

どの下肢筋活動が増大する（上出 2006）。バランスパッドはバランスディスクと異なり、パッド自体が傾かないため支持基底面内で重心位置を保つ静的バランスエクササイズで、足関節戦略による姿勢制御反応を促通する可能性が示唆される。一方、バランスディスクやBOSUは圧中心の変化に合わせて前後左右に傾くツールで、重心位置が支持基底面から逸脱しないようコントロールするエクササイズである。さらにエクササイズの難易度を上げるためには、バランスツール上で立位を保ちながらの上肢の運動や片脚立位、バランスツール上への跳び乗り動作など汎用性は高く、バランスツールの特性や効果を理解しながら、より効果的なエクササイズを選択する必要ある。

これらのバランスツールをスポーツ外傷後に用いる場合は、全荷重が許可され、またスクワット動作でknee-in & toe-outのような動的アライメントの不良が改善されてからとなる。しかし、タオルギャザーや足底でのボール転がしのよう

【測定・評価の具体例】
動的バランスの評価

動的バランスの評価にはファンクショナルリーチ（functional reach：FR）があり、特に高齢者に対する介護予防領域で利用されている。FRの計測は、対象者は立位姿勢で手を軽く握って上肢を90°挙上し、そのときに検者は開始地点にマークをつける。その後、手をできるだけ前方に伸ばした最遠地点にもマークをつけ、立位での上肢挙上地点との距離を計測値とする。デイサービスセンター利用者を対象にした研究では、漸増的筋力向上トレーニングと個別評価に基づいた機能的トレーニングを週2回、3か月実施することで、筋力だけでなく、FRや歩行速度も有意な改善が認められた（加賀谷 2010）。

一方、スポーツ領域ではFRの評価は有用とはいえず、Equi-test（Newrocom社製）、バランスマスタ（Natus Medial製）などの測定機器や他の動的バランステストが工夫されている。Star excursion balance test（SEBT）は片脚立位で対側下肢を前後左右に移動させるテストで、支持脚の簡便な運動機能評価である（図）。膝ACL再建術後6～12週経過時の再建側における後方リーチはリーチ距離や下腿前傾角度が減少し、側方リーチでは骨盤下制や重心の側方移動が増大する。また、SEBTの患健差は24週経過時には消失することが報告された（小柳 2011）。

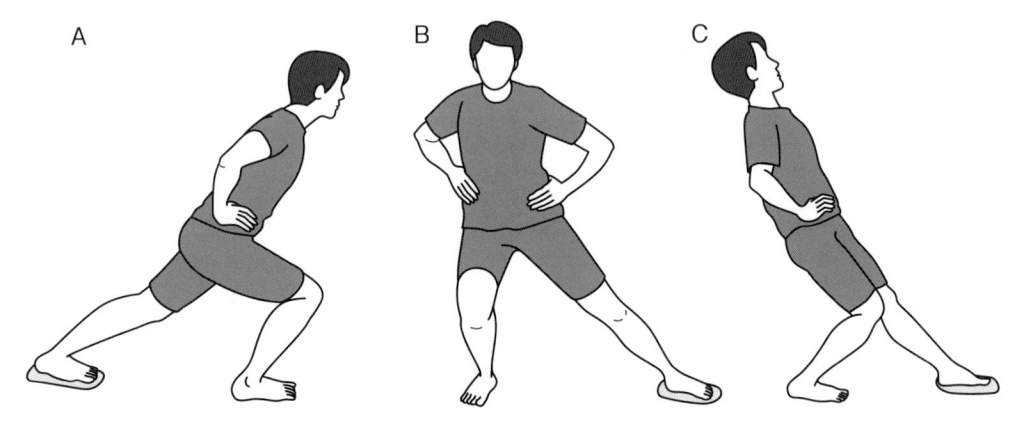

図 star excursion balance test（SEBT）
A：後方リーチ，B：側方リーチ，C：前方リーチ。測定肢は左足。左足の下にあるのは滑り止め。

な足底感覚刺激や体幹エクササイズは，神経筋コントロールに影響を与え，静的バランス能力を向上させるといわれている．非荷重の時期でも実施可能なこれらのエクササイズは，その後のバランスエクササイズに向けて積極的に導入しても良いと思われる．

まとめ

基礎体力の中でも，筋力や柔軟性，持久性に対するエクササイズはプログラムしやすく，エビデンスの高いエクササイズ方法も存在する．しかし，敏捷性・スピード，平衡性・協応性といった領域は発展の余地が多いと思われる．

スポーツ活動においては，これらの基礎体力をベースにパフォーマンスを高める練習が行われている．アライメントやフォームの観点から誤った動作を修正するといった考え方は，単にパフォーマンスを高めるだけでなくスポーツ外傷の予防にも有効であると考えられる．コーチのもつパフォーマンス向上の視点とアスレティックトレーナーなどの外傷予防の視点から，選手に対して効果的なエクササイズを提供していくことは重要で，そのためには動作をみる目を養うことが重要である．筋力や柔軟性における弱点を強化しつつも，正しい動作の習得には，正しい動作イメージをつくり反復練習することが求められる．さらにはエクササイズの原理・原則に従い，アライメント修正の難易性を考慮して段階的に進め，最終的には正しい動作パターンが規定された環境だけでなく，実際のスポーツ動作で再現できることが最も重要である．

〈加賀谷善教〉

参考文献

1) 小柳磨毅（編集）：下肢スポーツ外傷のリハビリテーションとリコンディショニング，文光堂，2011.
2) 川野哲英：ファンクショナルエクササイズ，ブックハウスHD，2004.
3) Neumann DA（嶋田智明ら監訳）：筋骨格系のキネシオロジー，医歯薬出版，2005.

Column 6 関節固有感覚とスポーツ復帰

　固有感覚（proprioception）とは，関節の位置や運動の方向を感知する感覚で，どのくらい関節が曲がっているか，どの方向に動いているか，どの方向からどのくらいの力が加わっているかなどを判断するための感覚です．スポーツにおいては運動能力との関係が注目されており，動作の正確さや運動制御，運動学習のスムーズさにかかわることが示唆されています（金子2007）．様々な関節の傷害後および手術後の報告で固有感覚の低下が示されており，足関節捻挫や前十字靱帯（anterior cruciate ligament：ACL）損傷後のスポーツ復帰において，固有感覚の回復が復帰度や再発予防と関係すること（Barrett 1991；Fremerry 2000），スポーツ復帰の決定基準に固有感覚の回復を重要と考えている医師も半数近くいることが示されるなど（Peterson 2013），注目度が非常に高い分野と言えます．

　固有感覚を知覚する受容器は，メカノレセプターと呼ばれます．メカノレセプターには，遅い動きに順応するタイプ（ルフィニ小体とゴルジ靱帯終末など）と速い動きに順応するタイプ（パチニー小体など）があり，筋や腱，靱帯，皮膚など関節を取り巻く数多くの組織に存在しています．関節の固有感覚には関節の位置を認知する位置覚（joint position sense：JPS）と関節運動そのものを認知する運動覚（kinesthesia）があり，これらが関節固有感覚と呼ばれています（Skoglund 1977）．関節固有感覚が低下した状態とはこれらの位置覚や運動覚が鈍くなった状態であり，瞬間的な筋力発揮の程度やタイミング，姿勢制御のための神経筋反射の機能不全に関与していると考えられています．

　近年ではACLと膝関節固有感覚や膝周囲の神経筋機能との関係が様々な形で報告されています．ACL再建術を行った症例の臨床例で，関節可動域や筋力，関節不安定性などの機能が改善したにも関わらず，競技中での関節の不安感が残存する症例を経験することがあり，この原因にメカノレセプターからの関節固有感覚の破綻が示唆されています．ACL再建術後の固有感覚の回復時期について，見解は一致していませんが，術後9～12か月から改善傾向を示し，完全に改善するには18か月以上要することが報告されています（Iwasa 2000；Wojtys 2000）．これは一般的に推奨されているACL再建術後のスポーツ復帰時期（術後6か月以降）とは，ギャップが生じます．よって，術式や術後のリハビリテーションおよび復帰時の評価への工夫の必要性が問われています．

　関節固有感覚の評価方法として，位置覚は他動的に与えられた関節角度を他動あるいは自動運動にて再現し，設定角度と再現角度の再現角度誤差（reproductive angle inaccuracy：RAI）を測定することにより評価されます．また，運動覚は視覚や聴覚を遮断した状態で関節をゆっくりと他動的に可動させ，関節の運動を認知したときの移動角度を他動運動認知閾値（threshold to detection of passive motion：TTDPM）として測定することにより評価されます．その他，神経筋協調性を含めた評価として，立位での重心動揺や外乱に対する筋収縮反応潜時などの測定が報告されています（Friden 2001）．

　一方，これらの評価には特別な機器や装置が必要なことが多く，臨床的には多く評価されていないことが欠点としてあげられます．この点を受けて，藤田らはACLへの刺激がメカノレセプターを通じてハムストリングに作用するとしたACL-hamstring reflexとハムストリングが膝関節伸展にも作用するとしたLombard's paradox現象（以下，LP現象）に着目し，椅子からの立ち上がり動作でのハムストリング収縮開始角度とRAIに相関を認めることを報告（藤田2009）しました（**図1**）．筆者らは，ACL損傷および術後症例に対し，藤田らの方法に準じて40cmの台からの立ち上がり動作でのハムストリング収縮時硬結が触れた時点の膝関節屈曲角度を計測したところ，LP現象は健側に比べて患側が伸展位に移行していました（佐藤2010）．経時的な評価で

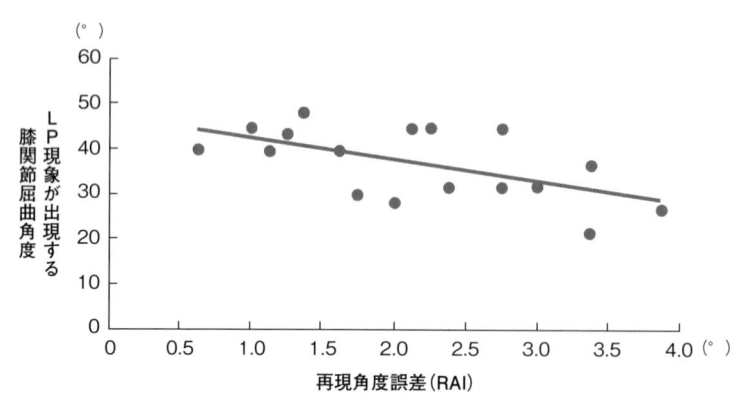

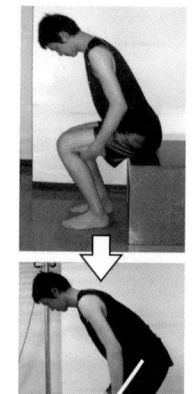

図1 RAIとLP現象の相関関係
膝関節位置角誤認角度とLombard's Paradox現象に有意な相関を確認（r＝−0.58, P＜0.05）。ハムストリングス収縮角度が伸展域に移行する。
（加賀谷善教：Sportsmedicine, 114：35, 2009）

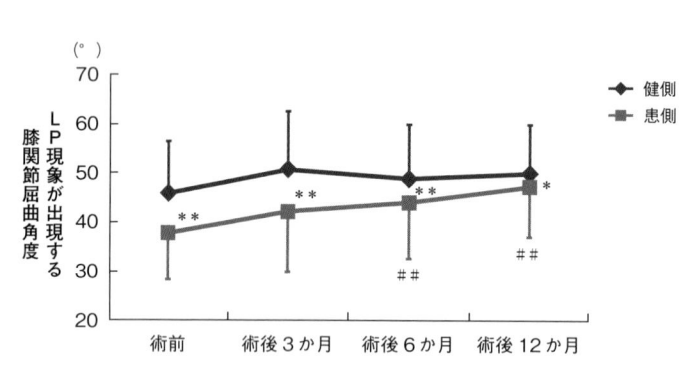

図2 ACL再建術施行者の術前から術後のLP現象の経過
vs. 健側　＊＊：P＜0.01，＊：P＜0.05
vs. 術前　＃＃：P＜0.01，＃：P＜0.05
（佐藤正裕：JOSKAS, 35（4）：367, 2010）

は術後6か月で誤差が少なくなりましたが，術後12か月でも健側と患側に有意差を認め，関節位置覚や運動覚の先行研究と近似した経過を示しました（図2：佐藤 2010）。

LP現象を利用した評価は，角度計があればどこでも実施可能であり，アスレティックリハビリテーションの現場での活用が期待できます。受傷後および術後早期からタオルギャザーや足趾ビー玉つかみなどの固有感覚に着目したエクササイズや，段階的にバランスディスクなどの神経筋協調エクササイズを実施して固有感覚の早期改善を図り，LP現象を利用した評価から固有感覚の改善度合いを参照して，スキルエクササイズや各々のスポーツ競技動作の導入および競技復帰の基準とすることが重要と考えます。

（佐藤正裕）

第8章 科学的根拠に基づいた筋力エクササイズ―上肢・下肢の基礎理論―

> **本章のねらい**
>
> 本章では，上肢および下肢の筋や筋群に対して筋力エクササイズを実施するにあたり，基礎として押さえておきたい事項について，体育系，医療系の双方のエクササイズの指導現場に従事している方々が理解しやすいよう，その基礎理論についてまとめた。なお，個々のエクササイズ種目は，用いる器具や用具などにより多岐にわたるため，その具体的な実施方法については他書を参照されたい。

Key word
- エクササイズプログラムの基礎
- 自重負荷
- 負荷と質と量
- 筋力評価法

1 筋力エクササイズの基礎理論

1-1 エクササイズの分類

個々の筋の強化を目的とした筋力エクササイズの種目や，そのバリエーションは非常に多岐にわたり，現在も新しいアプローチが増えていっている。まずは，筋力エクササイズを，その目的やエクササイズ様式に応じて以下のように分類する。

1-1-1 エクササイズの目的に応じた分類

①主要エクササイズ

身体活動の基本動作で動員される大筋群の強化を目的としたエクササイズで，押す・引く・立つなどの動作で構成される。具体的には，ベンチプレス，デッドリフト，スクワットやパワークリーンなどがこれに該当する。

②補助エクササイズ

主要エクササイズの効果を補うことを目的に行われるエクササイズであり，特定の筋のみや小筋群に限定したエクササイズや，スポーツ障害（ケガ）の予防のために行うエクササイズのことである。いわゆる肩関節のインナーマッスルトレーニングなどはこれに該当する（第13章の記述も参照）。

③専門的エクササイズ

主にスポーツ競技者が，その種目特有の動作や，要求される体力要素の改善を目的として行うエクササイズで，主要エクササイズや補助エクササイズで得られた筋力を，競技パフォーマンスの向上に活かすための橋渡し的な役割をもつ。相撲でいう四股などがこれにあたるであろう。

1-1-2 エクササイズの様式に応じた分類

①単関節運動

エクササイズ動作にかかわる関節が1つだけの運動を指す。エクササイズ動作は比較的簡単である。また，エクササイズで動員される筋が限局されるため，エクササイズで強化したい特定の筋を意識しやすく，エクササイズの目的に応じた適切な負荷を掛けることができる。しかし，エクササイズの動きは実際のスポーツ動作

には似ていない．単関節運動は，エクササイズを行う四肢の末端や身体が，床に固定されないで運動する開放運動連鎖（open kinetic chain：OKC）で行われることが多い．具体例として，アームカールやレッグエクステンションなどがある．

②多関節運動

エクササイズ動作にかかわる関節が複数の運動を指す．正しいエクササイズ動作の習得はやや難しくなる．エクササイズ中に多くの筋を動員するため，これらの筋群に協調的に力を発揮させる能力は養えるが，反対に動員しているそれぞれの筋は個々に意識しにくく，それらの筋群に対し実際に加わっている負荷は，はっきりとはわからない．また，そのエクササイズ動作は実際のスポーツ動作に似ているが，発揮される力は動員される筋群で最も弱い部位の影響を強く受ける．多関節運動は，エクササイズを行う四肢の末端や身体が床に固定されて運動する閉鎖運動連鎖（closed kinetic chain：CKC）で行われることが多い．具体例として，腕立て伏せやスクワットなどがある．

1-2 エクササイズの配列

筋力エクササイズのプログラムにおいて，エクササイズの配列は構成要素である各エクササイズの質に重大な影響を及ぼす．一般的には先に行ったエクササイズのほうが，より高いトレーニング効果が期待できるため，その配列にあたっては次のような配慮が必要である．

・主要エクササイズと専門的エクササイズは，補助エクササイズよりも先に行う．
・大筋群のエクササイズは，小筋群のエクササイズよりも先に行う．
・多関節運動によるエクササイズは，単関節運動によるエクササイズよりも先に行う．
・エクササイズの実施に際して，厳密なフォームや高度なテクニックが要求されるものは先に行う．
・特に効果を上げたいエクササイズは先に行う．
・最大筋力や発揮パワーを向上させたいエクササイズは先に行う．
・姿勢を支持する筋群のエクササイズは後で行う．
・筋力エクササイズにサーキット法を採用する場合は，連続して同じ筋群を動員するエクササイズを配置しない．

1-3 エクササイズプログラムのつくり方

1-3-1 負荷の設定方法

筋力エクササイズの負荷（運動強度）の決定には次の2つの方法がある．

①最大挙上重量を基準とする方法

最大挙上重量を100%とし，それに対する割合（%）を基準にする方法．パーセント法と称される．最大挙上重量の把握には，実際に最大挙上重量を直接測定する方法（直接法）と，最大挙上重量よりもやや軽めの負荷を用いて，その反復可能な回数から推定する方法（間接法）の2つがある（表8-1）．

②反復可能な最大回数を基準とする方法

ある負荷で反復可能な最大回数（最大反復回数：repetition maximum）を基準にする方法．RM法と称される．記載は「○RM」（○には数字が入る）とする．たとえば「3RM」と表記した場合は，「3回反復できる負荷」のことであり，「4回の反復はできない負荷」のことである．ま

表8-1　推定1RMと最大反復可能回数の関係

%1RM	100	95	93	90	87	85	83	80	77	75	67	65
最大反復回数（RM）	1	2	3	4	5	6	7	8	9	10	12	15

た，「1RM」とは「1回のみ反復できる負荷」のことであり，「最大挙上重量」を意味する．

1-3-2 トレーニング目的に応じた負荷と反復回数・セット間インターバルの設定

筋力エクササイズの目的として，最大筋力，筋肥大，筋持久力の向上があげられるが，それぞれの目的に応じた負荷・反復回数・セット間インターバルの条件設定が必要となる（Thomas and Roger 2010）．

・最大筋力の向上を目的とした条件設定

最大筋力の向上を目的とした場合，負荷は最大挙上重量の85%以上（85%1RM）を用い，反復回数は6回以下とし，セット間インターバルは2〜5分で2〜6セット行う．

・筋肥大を目的とした条件設定

筋肥大を目的とした場合，負荷は67〜85%1RMを用い，反復回数は6〜12回とし，セット間インターバルは30〜90秒で3〜6セット行う．

・筋持久力の向上を目的とした条件設定

筋持久力の向上を目的とした場合，負荷には67%1RM以下を用い，反復回数は12回以上とし，セット間インターバルは30秒以下で2〜3セット行う．

一般的に低負荷であっても反復回数を多くすることによって，エクササイズ動作の主動筋に疲労が生じて相対的な負荷が大きくなってくることがある．図8-1に示したのは，最大筋力の50%で7秒間の等尺性による肩関節外旋動作の力発揮を5秒間の休息を挟みながら20回行わせた際の棘下筋の表面筋電図（EMG）である．EMGの振幅の大きさは，その筋の活動水準の大きさを表している．図8-1からは発揮している力が同じであるのにかかわらず，回数を重ねることにより筋が疲労し，その結果として筋の活動水準が上がっていることが読みとれる．このように，低負荷であっても反復回数を多く設定することにより，最大筋力の向上や筋肥大をもたらしうるトレーニングとなりうることがある．

1-3-3 筋力エクササイズにおけるセットごとの重量や回数の設定の仕方

通常，筋力エクササイズを行う際には，それぞれのエクササイズを2セット以上行うマルチセット法という手法が用いられる（対して1セットのみ行う手法は，シングルセット法と称される）．そのマルチセット法において，セットごとの重量や回数の設定には以下の方法が用いられる．

①重量固定法

ウォーミングアップを行った後は，すべてのセットにおいて同じ重量でエクササイズを行

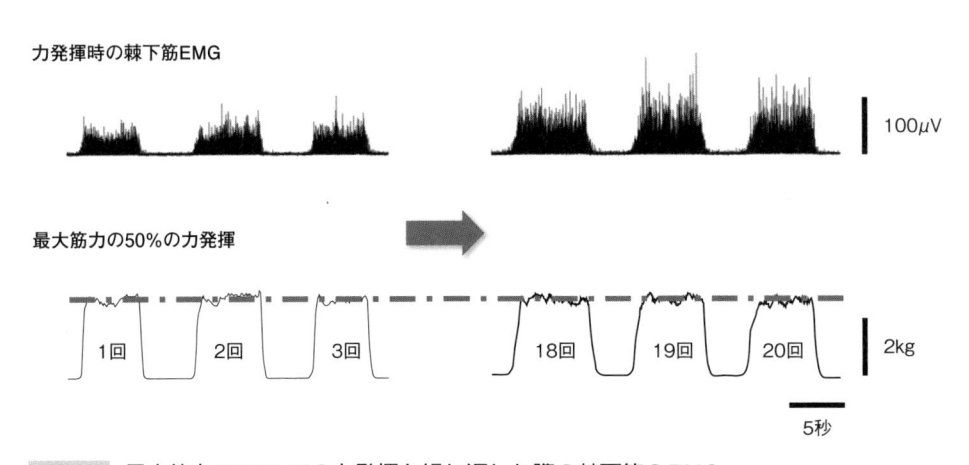

図8-1 最大筋力の50%での力発揮を繰り返した際の棘下筋のEMG

う。トレーニング効果により反復可能な回数が増加すれば，重量を増加して適切な負荷を保つ。

②ピラミッド法

重量を増やして負荷を高めた際には回数を減らし，重量を減らして負荷を低めた際には回数を増やしながらセットを組んでいく方法。ピラミッド法には以下の4種類がある（図8-2）。

・アセンディングピラミッド法

　セットごとに重量を増やして回数を減らしていく手法。

・ディセンディングピラミッド法

　セットごとに重量を減らして回数を増やしていく手法。

・ダブルピラミッド法

　セットの前半にアセンディングピラミッド法を行い，後半でディセンディングピラミッド法を行う手法。

・フラットピラミッド法

　セットごとに重量を増やして回数を減らしていき，任意に設定した回数でセットを組むことができる最大重量にて負荷を固定し，数セット行う方法。

2　筋力エクササイズに用いる負荷の質（種類）

　筋力エクササイズに用いる負荷の種類は，大きく分けてマシンや器具を利用するものと，自体重（自重）を利用するものに大別できる。ここでは，それぞれの長所と短所について述べていく。

2-1　負荷の種類によるそれぞれの長所と短所

2-1-1　負荷にマシンや器具・用具などを用いる場合

　筋力エクササイズの負荷には，一般にマシンやフリーウエイトを用いた方法が最もよく用いられている。フリーウエイトとは，1960年代に入り筋力エクササイズを行うために開発されたさまざまなメカニカルなマシンが登場してから誕生した用語である（窪田 2007）。マシンは

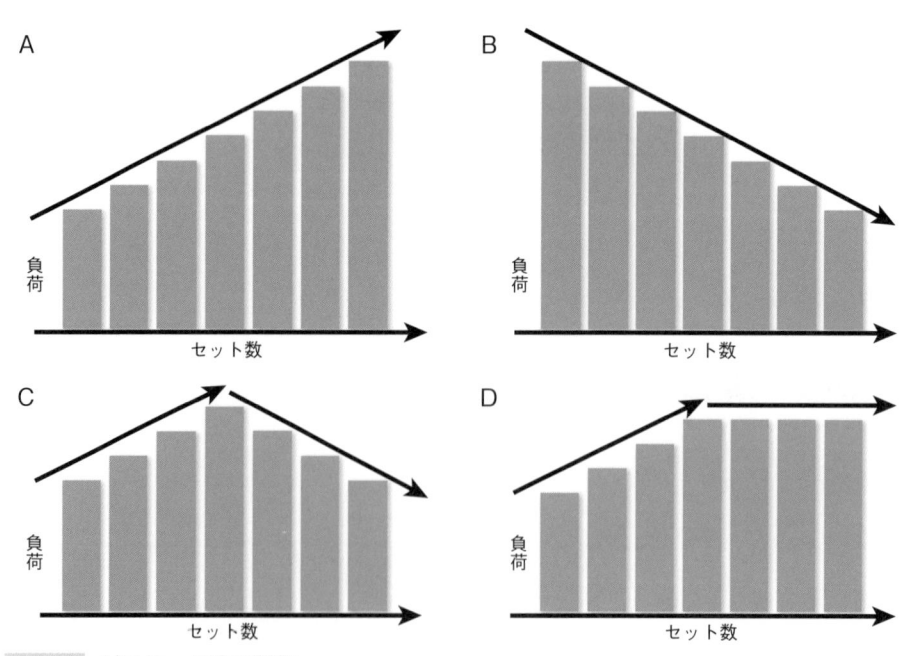

図8-2　ピラミッド法の種類
A：アセンディングピラミッド法，B：ディセンディングピラミッド法，C：ダブルピラミッド法，D：フラットピラミッド法。

決められた軌道をたどりエクササイズを行うように設計されていることから,「ガイディングマシン」(guiding machine)と称された。対して,それ以前から存在した,ダンベルやバーベルを負荷に用いたトレーニング法は,実施者の意志で,エクササイズの軌道を自由(フリー)に変えられることから,「フリーウエイトトレーニング」と称されることとなった。フリーウエイトで用いる負荷の代表として「ダンベル」があげられるが,その歴史は古く,古代ギリシャ時代には「ハルテレス」(Halteres)といわれるダンベルの原型が存在した。また,イタリアのシシリー島にある紀元3世紀頃に描かれた壁画には,女性が現在のものとほとんど同じデザインのダンベルをもってエクササイズを行っている様子が描かれている(窪田 2007)。

①マシンによる筋力エクササイズ

マシンには,単関節運動のエクササイズを行うものから,多関節運動のエクササイズが行えるものまでさまざまであるが,いずれも筋力エクササイズ時の運動方向がガイドされているため,エクササイズ時のフォームの習得は容易である。マシンの負荷の種類としては,プレート状の重りを用いたウエイトスタック方式,重りとしてバーベルを用いたプレートローディング方式,油圧や空気圧,電磁を抵抗に用いたものがある(図8-3)。ウエイトスタック方式やプレートローディング方式のマシンは,特定の筋や筋群に対して短縮性収縮と伸張性収縮での抵抗運動を実施することができ,その筋力エクササイズ時に加わる抵抗は,負荷に用いる重りに応じ,筋力エクササイズで鍛えたい筋や筋群に対しての負荷強度が明確であり,高強度への対応も容易である。対して空気圧や油圧を負荷に用いたマシン(電磁式は除く)は,短縮性収縮での抵抗運動のみとなるが,その筋力エクササイズ時に加わる負荷は,実施者の発揮筋力に応じ,筋力エクササイズで鍛えたい個々の筋や筋群に加わる負荷強度には不明な部分が多く,高強度トレーニングに対する対応にも限界があるものの,筋力エクササイズの初心者や高齢者などに対しては,安全に筋力エクササイズを実施しやすいといった利点をもつ。

しかし,いずれのマシンも高額で設置場所の確保などが必要であり,一度にエクササイズできる人数に制限がある。

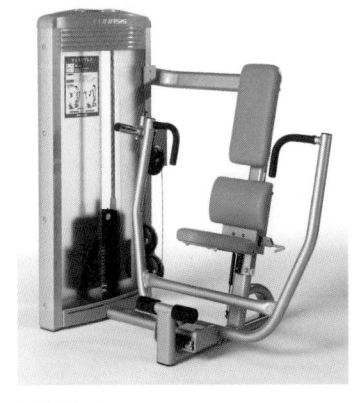

図8-3 様々な種類のマシン
A:ウエイトスタック方式のチェストプレスマシン,B:プレートローディング方式のチェストプレスマシン,C:油圧方式のチェストプレスマシン。

(写真提供:セノー株式会社)

②フリーウエイトによる筋力エクササイズ

　フリーウエイトでの筋力エクササイズに用いる負荷として代表的なものには，バーベルやダンベルがあげられる。フリーウエイトとは前述したように，マシンを用いた筋力エクササイズでは動作の軌道がガイドされていることに対して，エクササイズ動作の軌道がフリーであることから誕生した用語である。エクササイズ動作の軌跡は，実施者の意志により決定できるので，様々な動作でエクササイズを実施しやすく，実際のスポーツ動作への応用も容易であるといった反面，その動きを負荷下でコントロールしなければならないので，安全に筋力エクササイズを実施するためには正しいフォームの習得が必要であり，エクササイズ動作そのものに習熟が必要となる。また，高負荷で実施する際には，熟練した補助者の配置も必須である。

　マシンと比べると，それらの器具や用具自体の値段はさほど高額ではないが，筋力エクササイズ時に器具を自由落下させたりすることがあることも考慮すると，安全に筋力エクササイズを実施するためには，実施する場所の床面補強（もしくはプラットフォームの設置など）や，ラック類の整備，1人あたりの十分な専有面積の確保などが必要である。このような理由から，フリーウエイトによる筋力エクササイズもマシンによる筋力エクササイズと同様に，一度にエクササイズを実施できる人数に制約がある。

③その他の用具による筋力エクササイズ

　他に筋力エクササイズの負荷に用いる用具の代表として，ゴムチューブがある。最も手軽に筋力エクササイズ時の抵抗として用いることのできる用具の1つであり，安全に短縮性，伸張性収縮での抵抗運動が可能であり，競技者がケガから復帰する際に行うアスレティックリハビリテーションにおける筋力エクササイズや，高齢者の筋力エクササイズに適した負荷であるといえる。また，用いるゴムチューブは比較的安価に購入ができ，携帯も可能である。

しかし，ゴムへの引っ張りに対するその抵抗の強さは，市販のものではゴムの色で表され区別されているものの，ゴムは引っ張れば引っ張るほどその張力が大きくなる特性と併せ，実際に筋力エクササイズ時に加わる筋や筋群への負荷強度は不明である場合がほとんどである。また，高負荷への対応は基本的にできない。

2-1-2　負荷に自体重（自重）を用いる場合

　筋力エクササイズの負荷に，マシンや器具・用具などを用いた場合，それらの購入・設置に対するコストや，一度にエクササイズを実施できる人数の制約などの課題を抱えることになる。対して，筋力エクササイズの負荷に自体重（自重）を用いたトレーニングは，運動場所やエクササイズの参加人数などの制約を受けずに，"いつでも""どこでも"筋力エクササイズを実施することが可能となる。しかし，自重を筋力エクササイズの負荷に用いた場合，鍛えたい筋や筋群に加わる負荷強度は不明であり，そのトレーニング効果にもばらつきが大きいことが以前から指摘されている（Aniansson and Gustafsson 1981）。

　たとえば，スクワット運動は自重を負荷に利用した筋力エクササイズとして代表的なものであるが，大腿四頭筋に対するトレーニングとして実施した場合，自重に対して大腿四頭筋の筋力水準の低い人には負荷が高くなり，反対に大腿四頭筋の筋力水準が高い人に対しては負荷が低くなる。すなわち，自重を負荷として筋力エクササイズを実施した際に，個々の筋力水準の違いが筋に加わる負荷強度に影響を与えているということである。Fujitaら（2011）は，表面筋電図を用いて個々の大腿四頭筋の筋力水準とスクワット動作中の筋活動水準（エクササイズ中に筋に加わる負荷を推定）の関係を調査し，両者には負の相関関係があること，ある一定の閾値（体重あたりの膝関節伸展トルクが1.9Nm以下）で変曲点が存在し，閾値以下では大腿四

頭筋の筋力水準のわずかな増減が，動作中の筋活動水準に多大な影響を与えていることを明らかにした（図8-4）。

2-2 負荷にマシンや器具を用いる場合の留意点

ウエイトスタック方式，およびプレートローディング方式のマシンや，バーベルやダンベルを用いたフリーウエイトでの筋力エクササイズでは，エクササイズ中に加わる筋や筋群への負荷強度が明確であり，実際に筋力エクササイズを行う際の「負荷の設定方法」は，本章の第1節で述べた，「最大挙上重量を基準とする方法」および「反復可能な最大回数を基準とする方法」のどちらも適応させることが容易にできる。

対して，空気圧および油圧を負荷に用いるマシンを使用した場合や，負荷にゴムチューブを用いたチューブエクササイズでは，筋力エクササイズ中に鍛えたい筋や筋群に加わっている負荷強度は不明であり，負荷設定の手法として「最大挙上重量を基準とする方法」を用いることは困難である。しかし，それらの負荷を用いた筋力エクササイズは，ケガからの復帰過程である競技者，高齢者，および筋力エクササイズの初心者を対象としているため，「最大挙上重量」の測定や推定は元々困難であることが多い。そのため，筋力エクササイズの負荷の設定には「反復可能な最大回数を基準とする方法」が推奨される。

また，特にゴムチューブを負荷に用いたチューブエクササイズでは，肩関節の回旋腱板に対する筋力エクササイズのトレーニングに代表されるように，"低負荷"で"回数を多く"行うことが推奨されており，筋力エクササイズのトレーニングデザインとして，1セッションの反復回数を基準とした負荷の設定や増減の調節を行うことが望ましい。ただし，筋力エクササイズ時の負荷の設定を「最大挙上重量を基準とする」や，「最大反復回数を基準とする」のいずれの方法を用いる場合においても，筋力エクササイズの開始時には安全にエクササイズを実施できるよう，軽めの負荷で反復回数を多く設定することから行い，正しいフォームの習得をまず行わなければならない。筋力エクササイズ時の動作スピードも，最初はゆっくりと負荷をコントロールしながら，鍛えたい筋や筋群を意識

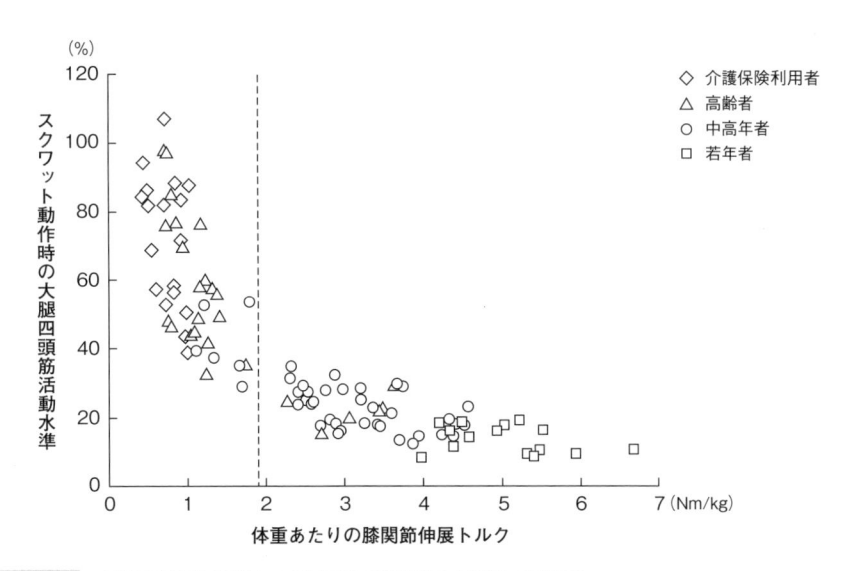

図8-4 大腿四頭筋の筋力と動作時の筋活動水準との関係
(Fujita E et al.: Med Sci Sports Exerc, 43(12): 2328-2334, 2011より一部改変)

して行い，正しいフォームが身に付いてから徐々にスピードを増していき，実際に鍛えたい場面で必要とされる動作（スポーツ動作や日常生活動作）を意識したスピードとすべきである。特に負荷にフリーウエイトを用いたエクササイズや，高齢者に対する筋力エクササイズでは留意すべきポイントである。

2-3 負荷に自重を用いる場合の留意点

前述したように，筋力エクササイズの負荷に自重を用いた場合，鍛えたい筋や筋群に加わる負荷強度は，自重に対するそれらの筋および筋群の筋力水準に依存する。しかし，自重を負荷として用いる筋力エクササイズは，日常生活動作をエクササイズ動作として利用して行えるトレーニングであり，運動場所や参加人数などの制約を受けず，簡便に実施できるという利点をもつ。今までは，筋力エクササイズ時の自重の負荷は比較的軽負荷・低強度であると考えられてきた（Kuboら2003）。

しかし，Fujitaら（2011）は筋力水準が低い介護保険利用者などの虚弱高齢者に対しては，自重は高強度の負荷となりうることを明らかにし，注意が必要であると述べている。これは，ケガからの復帰過程でアスレティックリハビリテーションを実施している競技者でも同様であろう。また，自重による負荷は，個々の筋力水準の違いがその負荷強度を決定する。自重を負荷としてスクワット動作による大腿四頭筋への筋力エクササイズを実施した場合，そのトレーニング効果はトレーニング開始時の筋力水準に依存している（Yoshitakeら2010：図8-5）。このことは，筋力水準の低い者ほど高いトレーニング効果を有するが，反対に筋力水準が高いものに対しては，自重による負荷では負荷強度が不足しており，トレーニング効果が認められないなど，自重負荷による筋力エクササイズの限界も同時に表している。

3 対象に応じた筋力エクササイズの留意点

筋力エクササイズを実施する対象者を，ここでは主に3つに分類し，それぞれにおける留意

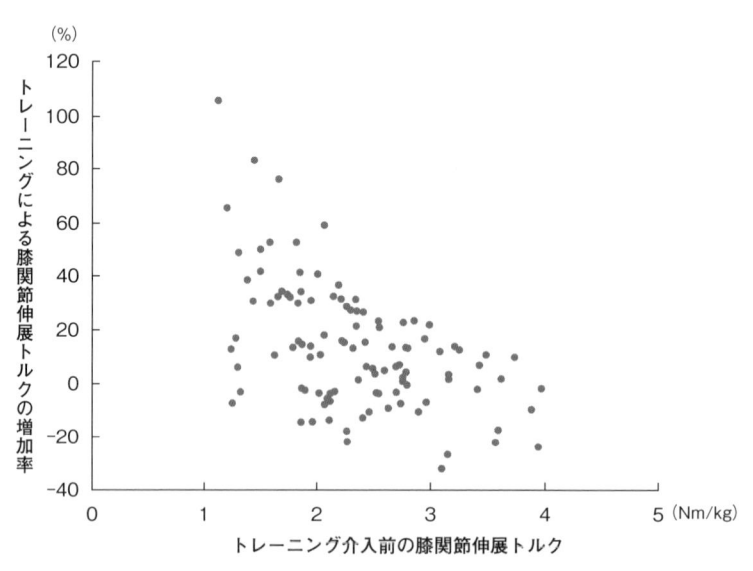

図8-5 自重負荷によるスクワットエクサイズの大腿四頭筋へのトレーニング効果
（Yoshitake Y et al.: Int J Sports Med, 32(12)：924-928, 2010より一部改変）

点を述べる。

3-1 アスレティックリハビリテーションにおける筋力エクササイズ

アスレティックリハビリテーションとは，競技者がケガをした後，元の競技により早期に，安全に復帰させることを目的としてアスレティックトレーナーによって施行されるリハビリテーション過程のことを指し，従来の社会復帰を目的として医師が行う診断と治療に基づき，理学療法士をはじめとしたコメディカルスタッフによって施行されるメディカルリハビリテーションと対比する形で使用される用語である（図8-6）。それ故，アスレティックリハビリテーションにおいては，運動時に求められる運動能力のすべてを，元の競技に復帰した際に十分耐えられるだけのレベルまで戻さなければならない。

アスレティックリハビリテーションにおいて運動療法として施行されるエクササイズは，外傷（急性・慢性），疾病，疲労などによる身体各部の機能低下や，そのことが起因となり発生する障害に対して機能改善を目的として用いられる。その中でも筋の能力の向上を目的とした筋力エクササイズは，アスレティックトレーナーの活動の中でも，最も重要な部分を占めている要素の1つである。前述したように，アスレティックリハビリテーションで施行される筋力エクササイズは，競技者のケガに対してその回復過程や競技復帰後の再発防止，ひいては発生予防を目的として用いられる。したがって，筋力エクササイズの実施には，すべての期間で患部（障害発生部位もしくは発生が危ぶまれる部位）の安全確保が最優先され，リスク管理が必要となってくるが，同時に患部とその他の身体部位を区別して考えることが重要となってくる。これは，できるだけ早期に，できるだけ良い状態で競技復帰させるために，治療過程に

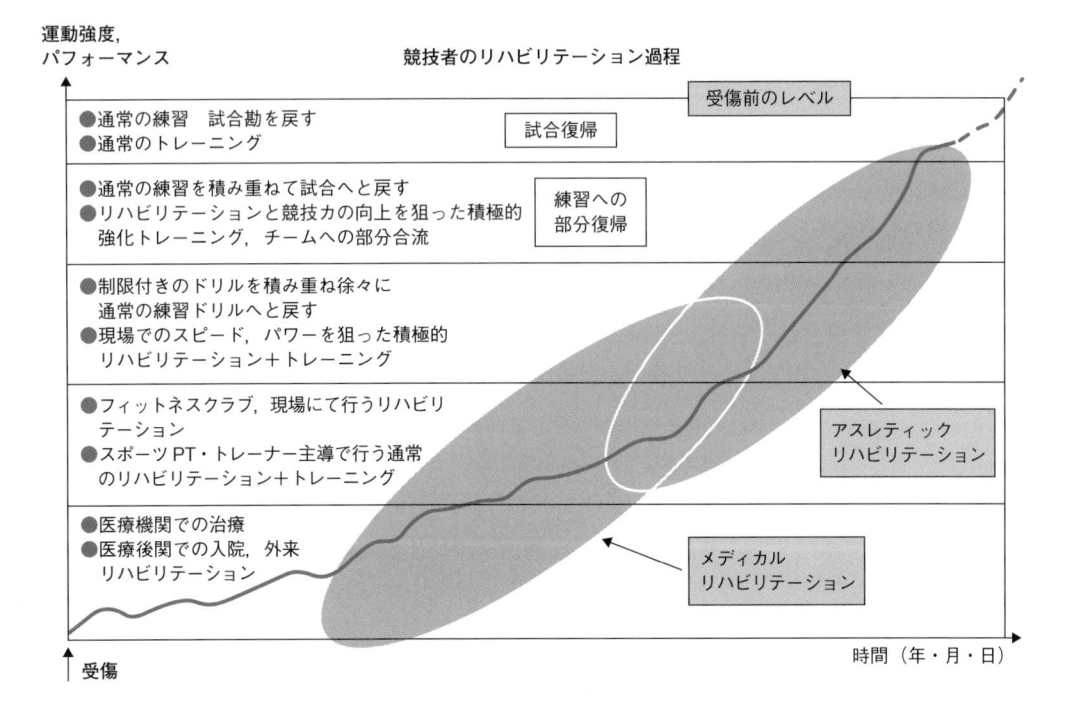

図8-6 アスレティックリハビリテーションの概念
（福林 徹：公認アスレティックトレーナー専門科目テキスト7，アスレティックリハビリテーション，p3, 2007）

よって保護すべき患部とは別に，患部に危険のない範囲でそれ以外の部位，または全身のエクササイズを同時進行で実施し，全身的な運動能力の維持および向上を目的としており，「患部外トレーニング」と称される。

　患部とその周辺に施行される筋力エクササイズは，受傷からの時期により，何段階かに分けて実施される。福林ら（2006）は，それを「段階的リハビリテーション」と称し，5段階に分けている（表8-2）。各段階での筋力エクササイズの目的として，第1段階の保護期では筋萎縮の改善，第2～3段階の訓練前期および後期では筋力強化，第4段階での復帰期では筋力が十分回復したことを前提にしてスピードを意識した発揮パワーの増強を，最終段階である第5段階では再発防止として筋力の保持が掲げられている。繰り返すが，アスレティックリハビリテーションにおける筋力エクササイズは，浦辺（2007）が述べているように，いずれの段階においても医師の指示や管理のもと，症状悪化や再発の防止のリスク管理を徹底し，競技者の現在もちうる身体機能をいっそう高めることと，ケガにより正常とはいえない患部，もしくは周囲の筋の能力を向上させることが重要である。

3-2 発育期における筋力エクササイズ

　近年，子ども達の体力や運動能力の低下が指摘されて久しい。筋の発揮する張力は身体活動の基盤であり，その大きさは筋量と比例する（Fukunagaら2001）。筋量の増加は骨量の増加と密接な関係をもつことから（Dalyら2004），発育期における筋量の増加は，間接的に老年期での骨粗鬆症のリスクを軽減させる（Morrisら1997）。また，子ども達の身体活動量の低下は，将来的なメタボリックシンドロームのリスクを増加させることも指摘されており（Brageら2004），子ども達にとって体格の発育に見合った筋量や筋力を獲得することは，将来の生活習慣病を予防するうえでも極めて重要であるといえる。

　発育期の子ども達（特に思春期前の児童）に対する筋力エクササイズには，その効果に対して賛否両論があったが，近年では「効果的」であるとの見解で一致しており，NSCA（National Strength and Conditioning Association）は子ども達に対する筋力エクササイズについての見解

表 8-2　段階的リハビリテーション

	目標	使用器具	方法	場所
第1段階 保護期	腫脹の除去 関節可動域の改善 筋萎縮の改善	氷 ホットパック バイブラバス（渦流浴）	クライオセラピー マットトレーニング 等尺性筋力訓練	リハビリ室
第2段階 訓練前期	筋力強化 関節安定化 持久力保持	自転車エルゴメーター トレッドミル チューブ	OKC，CKC 等張性筋力訓練 スクワット	リハビリ室
第3段階 訓練後期	筋力強化 巧緻性の改善 協調性の改善	フリーウエイト バランスボード	ジョギング バランストレーニング 等張性筋力訓練	リハビリ室 コート グラウンド
第4段階 復帰期	スピードの増強 パワーの増強 瞬発力 実戦経験	競技特性に応じて	ランニング アジリティートレーニング ジャンプトレーニング 部分的実戦練習	コート グラウンド トレーニング室
第5段階 再発防止	筋力の保持 巧緻性の保持	競技特性に応じて	等張性筋力訓練 マシントレーニング フリーウエイトトレーニング	トレーニング室

（福林　徹：アスレティックリハビリテーションマニュアル，ドクターサイドからみたアスレティックリハビリテーション，p3，2006より一部改変）

を，以下のように提示している（NSCA 1985）。
- メディカルチェックをパスしていること。
- 指導者の指示を理解できる能力を備えていること。
- 1RMへの挑戦をしないこと。
- 1セットあたり6～15回の反復回数で，高セット行うのがよい。
- 筋力エクササイズを行ったら，続いて20～30分の持久走を行う。
- その後，さらに20～30分の体操や球技を行う。
- ウォーミングアップ，クーリングダウンは必ず行う。
- エクササイズの時間は90分程度とし，週3回実施する。

筋力エクササイズを行うにあたって，発育期の子ども達を前にして，まず意識しなければならないことは，「子どもは大人のミニチュアではない」ということである。たとえば，筋線維タイプの組成にしても子ども達は大人とは異なり，低年齢ではFT線維は未発達である。また，子ども達の骨は，長管骨で両端に成長軟骨板の層を有し，これを骨端線と呼ぶ。同部位は他の骨組織と比較すると脆弱であり，発育期のオーバーユースによって発生するスポーツ障害の好発部位であるとともに，同部の損傷は，その後の成長障害を引き起こす恐れがある。また，思春期前後の年齢では，早熟や晩熟といった個々の生物学的成熟度にも個人差が大きく，筋力エクササイズのプログラム作成は個別性を重視することが欠かせない。

3-3 高齢者における筋力エクササイズ

加齢により骨格筋量は減少し，筋力低下を引き起こすことはよく知られている（Janssenら2000：図8-7）。加齢による筋力低下は上肢よりも下肢のほうが早く（Bembenら1991），下肢の筋力低下は身体活動の制限に直結し，生活の質（quality of life：QOL）の低下を招く。また，加齢や廃用による筋力低下が転倒や転倒による骨折のリスクを増大させる（Wolfsonら1995）。したがって，高齢者が自立した生活を維持する手段として，高齢者に対する筋力エクササイズの実施が近年重要視されている。

高齢者を対象とした筋力エクササイズの効果として，高齢者においても適切なレジスタンストレーニングの実施により若年者と同様に筋力

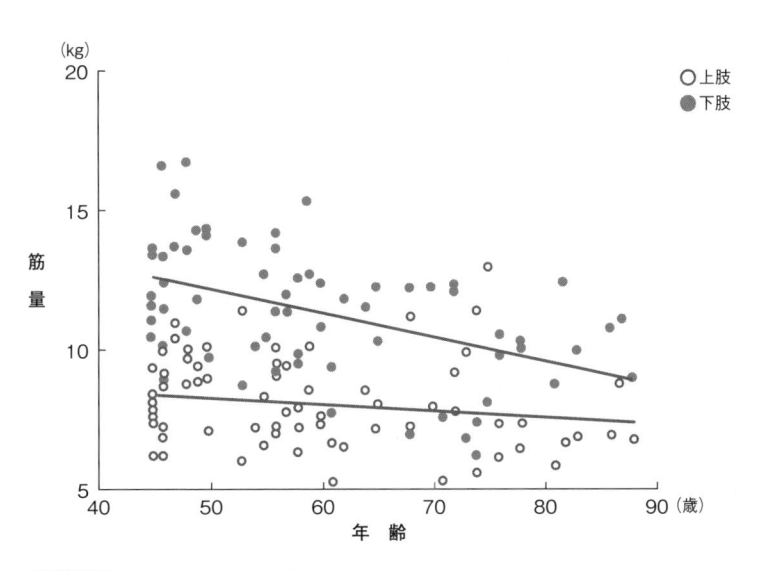

図8-7 加齢による骨格筋量の変化

(Janssen I et al.: J Appl Physiol, 89(2): 465-471, 2000より一部改変)

は増加して筋肥大が起こることは，既に先行研究で証明されている（Häkkinenら 1998）。高齢者に対する筋力エクササイズの具体例として，Wescottら（1999）は最大筋力の70〜80%で，反復回数は8〜12回程度が妥当であるとしている。筋力エクササイズの効果を得るためには，負荷強度は最も重要な要素の1つであるが，高齢者を対象とした場合に筋力エクササイズ実施の安全性を考慮すれば，その導入には低強度から高強度への漸増的な移行などの配慮が必要であろう。また，Taaffeら（1995）が，低強度（40%1RM）での筋力エクササイズでも効果が認められたと報告していることは，押さえておかねばならない事実である。セット数は高齢者の場合では1セットでも効果的であり，週に2〜3回の頻度での筋力エクササイズの実施が推奨されるが（FeigenbaumとPollock 1997），筋力エクササイズによる筋線維の損傷は若年者に比べて高齢者では大きいと指摘されていることには注意が必要である（Rothetら 2000）。

最後に，高齢者に対する筋力エクササイズの効果を報告した先行研究の多くは，そのトレーニングの負荷としてマシンなどの特別な機器を使用する手法であったが，近年は簡便にホームエクササイズとして実施しやすい手法として，自重を負荷とした筋力エクササイズの効果も多く報告されている（福永 2010）。一般的には，高齢者は日常生活での活動水準も低く，日常生活動作で要求される体力（筋力）水準も低いであろうと思われる。「過負荷の原理」に則れば，自重を負荷とした筋力エクササイズによる負荷強度が日常生活動作で要求される筋への負荷強度を上回れば，そのエクササイズによるトレーニング効果は期待できると考えられる。ただ，高齢者は普段の生活様式の違いにより，その体力水準や健康状態などに個人差が大きいので，このような筋力エクササイズのプログラムを作成する際には，個人に応じたきめ細やかな配慮が必要であろう。そして，介護保険利用者に代表される虚弱な高齢者にとっては，自重による負荷であれども，相対的に高強度の負荷になりうることも理解しておくべきである（Fujitaら 2011）。

4 測定・評価の具体例

筋力エクササイズのプログラムを作成し，効率よく実施していくには，PDCAサイクル（計画：Plan→実行：Do→評価：Check→対策：Action）を活用して勧めていかなければならないが，そのためには筋力評価は必須である。筋力評価の方法は，大別して器具や専用の機器を用いる方法と，器具や機器を用いない方法とがある。ここではそれぞれの方法と留意点について述べる。

4-1 器具や専用の機器を用いた筋力評価

器具を用いた筋力評価法の最も直接的な評価法としては，筋力エクササイズで用いているマシンやバーベルなどを利用して，1RM（最大挙上重量）を測定する方法があげられる。しかし，負荷に油圧や空気圧を利用したマシンには不向きである。そのような場合は，ある基準とした負荷での最大反復回数を記録するといった方法が望ましい。また，一般的な筋力評価法として，等速性筋力測定装置（Biodex，Cybex，Contrexなど）のような専用の機器を用いた方法が主流である（図8-8）。等速性筋力測定装置は，トルクモーターを制御し，一定の速度（関節運動の角速度）で抵抗運動ができるように作られたもので，その関節が可動する範囲すべてにわたって筋に最大収縮を起こさせることができる。この等速性運動による筋収縮の概念は，1967年にThistleらによって発表され，筋力測定法のみならず，筋力エクササイズでの筋の運動様式に対して多大な影響をもたらしている。本手法の利点としては，得られたデータの再現性，妥当性が高く，筋の力－速度関係や，力－

長さ関係などをも求めることができる。このような専用の機器を用いた筋力測定は，その長所として再現性や妥当性が高く，正確な筋力評価が可能であり，左右差の比較や得られたデータでの個人間の比較が可能であるといった長所を有している。そのため，トレーニングの目標設定が立てやすく，モチベーションの向上につながりやすいといった利点がある。

だが一方，その短所として装置は高価であり設置場所も限られるため，筋力評価には対象者がその場所まで赴かなくてはならない。また，細かいデータが得られる反面，測定手法は煩雑であり，1人の測定に際してある程度時間がかかるため，多人数の測定には時間の制約を受けるといった点があげられる。この短所はマシンやバーベルを用いた1RMを測定する手法も同様である。

4-2 器具を用いない筋力評価

筋力評価に器具や専用の機器を用いない方法として，徒手筋力評価（manual muscle testing：MMT）が代表的である。MMTとは対象者が筋収縮により発揮した関節トルクが評価者の徒手抵抗に抗して，どの程度関節運動を遂行しうるかについてを主観的に評価する手法である。日本ではDanielsとWorthinghamの検査法（津山 2008）が広く普及しており，重力と評価者の徒手抵抗を用いて対象者の筋力を6段階に判定する（表8-3）。MMTによる筋力評価は特別な器具を必要としないため，評価場所を選ばず，いつでもどこでも実施可能である。また，各関

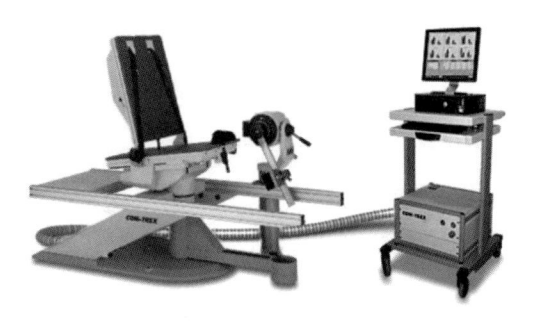

図8-8 等速性筋力測定装置
写真はCON-TREX MJ。
（株式会社フォーアシスト ホームページ：
http://www.4assist.co.jp/CON-TREX/con-trex_top.html）

表8-3 MMTの判定基準

数的スコア	質的スコア	判定方法
5	normal（N）正常	関節の運動範囲を完全に動かすことが可能で，最大の抵抗を加えても最終可動域を保持することができる
4	good（G）優	関節の運動範囲を完全に動かすことが可能で，強力な抵抗を加えても最終可動域を保持することができる。最大抵抗に対しては，抗しきれない
3	fair（F）良	重力の抵抗にだけ対して運動可能範囲を完全に最後まで動かすことができるが，どんなに弱い抵抗であっても，抵抗が加われば運動が妨げられる
2	poor（P）可	重力の影響を最小にした肢位でなら，運動範囲全体にわたり完全に動かすことができる
1	trace（T）不可	テストする運動に関与する筋あるいは筋群に，ある程度筋収縮活動が目に見えるか，手で触知できる
0	zero（Z）ゼロ	触知によっても，視認によっても全く筋収縮活動のないもの

（坂本雅昭：公認アスレティックトレーナー専門科目テキスト5．検査・測定と評価，2007より一部改変）

【スポーツ障害との関連性】
体重支持指数（WBI）

ケガなどにより下肢の筋力が低下した場合，その復帰過程において筋力回復の程度を評価する指標として，従来は健側の値を100としたときの患側筋力の割合で表した健患比が用いられてきた。しかし，健患比で評価した場合，もともと受傷前から体格に対して下肢筋力が不足していた場合や，アスレティックリハビリテーション中に体重増加が起こってしまった場合，または，スポーツの種目特性による左右差が存在していたなどのケースでは，下肢の体重を支持するという機能に対して正しい評価が行えていない可能性がある。そこで，黄川と山本（1986）は，活動時の体重支持における大腿四頭筋機能の重要性を唱え，体重あたりの膝関節伸展筋力を体重支持指数（weight bearing index：WBI）として表し評価した。そして，健常な大学生スポーツ選手600名を対象にして調査したところ，体重1kgあたりの大腿四頭筋の筋力が1.00±0.2kgとなり，大腿四頭筋の筋力が体重値に近似するという事実を明らかにした。そして，体重支持指数による機能評価の目安として図のようにまとめている。

下肢運動機能と体重支持指数（WBI）との関係

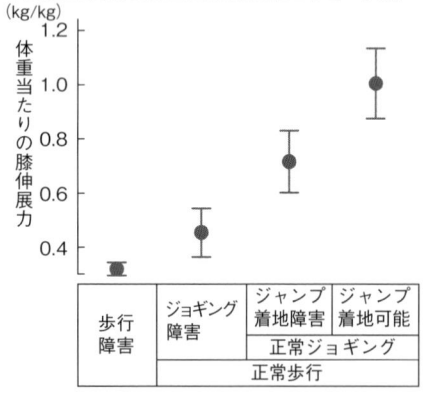

（グラフ：縦軸 体重当たりの膝伸展力(kg/kg) 0.4〜1.2）

歩行障害	ジョギング障害	ジャンプ着地障害	ジャンプ着地可能
		正常ジョギング	
			正常歩行

体重支持指数による機能評価の目安

運動機能レベル	体重支持指数（WBI）
競技スポーツ	1.2以上
スポーツ活動	1.0以上
ジョギング，階段昇降	0.6以上
歩行	0.4以上

図　体重支持指数による機能評価
（山本利春：測定と評価[第2版]，p101，2007より一部改変）

節運動に係わる筋や筋群をある程度個別に選択して評価することも可能である。さらに，MMTによる筋力評価は，評価者が対象者の身体に直接触れて評価を行うため，筋力の低下からくる代償運動を把握しやすく，関節運動に伴う疼痛の情報なども得られやすい。しかしその一方，評価には熟練が必要であり，得られた評価に主観的な要素が多く占められることは否めない。

ただし，客観的評価に転じさせる手法として，ハンドヘルドダイナモメーター（hand-held dynamometer：HHD，図8-9）を用いて，その抵抗力を数値化することも可能である。他に筋力評価に器具や専用の機器を用いない方法としては，立ち上がり動作（大腿四頭筋）や上体起こし（腹筋群）などのパフォーマンス測定を実施し，筋力を推定する手法がある。たとえば，30秒間で椅子から何回立ち上がれるかを評価したCS-30テスト（30-sec chair stand test）での立ち上がり回数は，図8-10に示すように大腿四頭筋の筋力と有意な相関関係を示している（中谷ら2002）。また，山本（2004）は，マシンを用いて測定した体重あたりの体幹屈曲力（腹筋群の筋力）と，上体起こしテストとの関係を調査し，両者の間に有意な相関関係を認めている（図8-11）。

このようにパフォーマンス測定から筋力を推定して評価を行える部位はいくつかあり，そのような測定は測定場所と参加人数を選ばずに簡

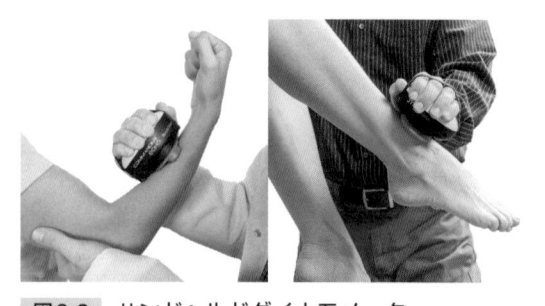

図8-9　ハンドヘルドダイナモメーター
写真はコマンダーエコー MMT。
（写真提供：株式会社日本メディックス）

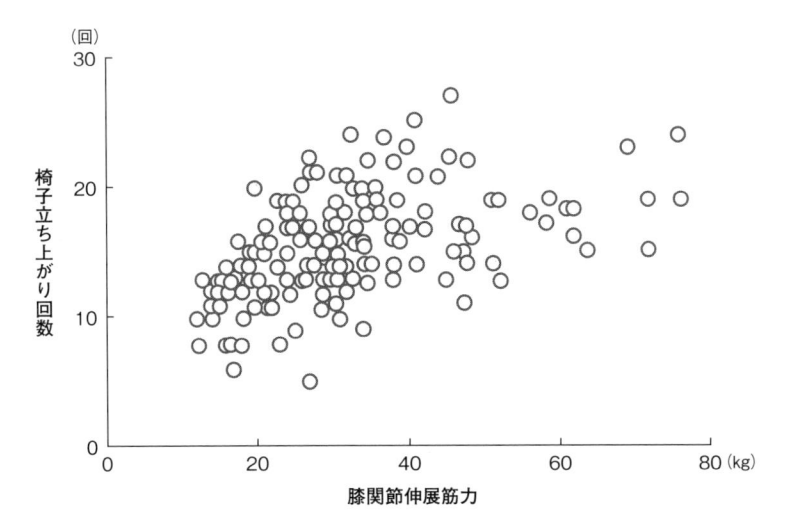

図8-10 CS-30テストと大腿四頭筋の筋力との関係
（中谷敏昭ほか：体育学研究, 47(5)：451-461, 2002より一部改変）

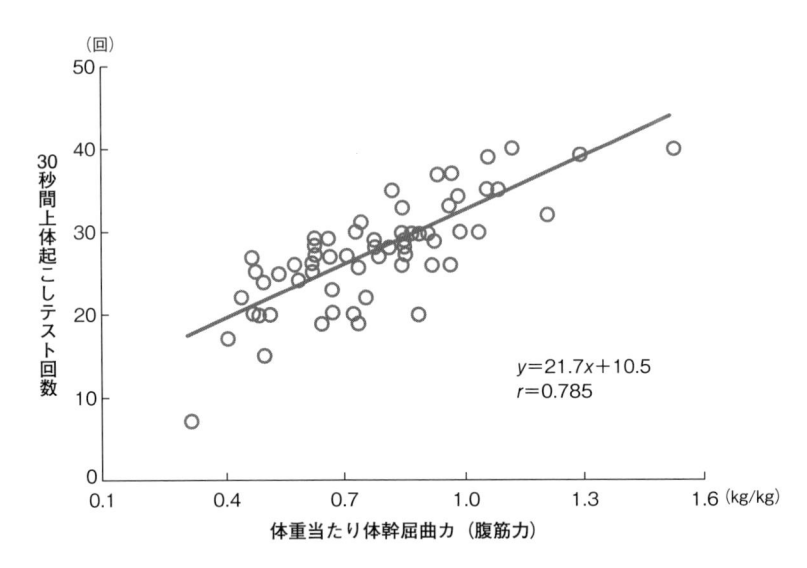

$y = 21.7x + 10.5$
$r = 0.785$

図8-11 体重あたりの体幹屈曲力と上体起こしテストとの関係
（山本利春：測定と評価〔第2版〕, p118, 2007）

便に筋力評価が可能である。しかし，その実施にあたっては，評価したい筋や筋群と代用する動作との関係について評価者のみならず対象者もよく理解し，対象者がパフォーマンス測定を正しい動作で行うことが重要となる。

（藤田英二）

参考文献

1) Thomas RB, Roger WE, 金久博昭監訳：NSCA決定版 ストレングストレーニング&コンディショニング［第3版］, ブックハウスHD, 2010.
2) 髙石昌弘監修：からだの発達と加齢の科学, 大修館書店, 2012.
3) 佐藤祐造編：高齢者運動処方ガイドライン, 南江堂, 2002.
4) 窪田 登：筋力トレーニング法100年史, 体育とスポーツ出版社, 2007.

Column 7　高齢者の体力向上エクササイズ

かつては，高齢者が積極的な運動をすることは危険だ，効果がない，また高齢で積極的なエクササイズをするのはマスターズ大会に出場するような特別元気な人だ，というような意識がありました。しかし，近年の様々な研究の成果により，現在では元気な高齢者だけではなく，身体機能や生活機能が低下してきている虚弱高齢者に対する適切な運動介入で，筋力やバランス能力，歩行能力といった身体機能や健康関連 Quality of Life（QOL）が改善すること，さらに日常生活活動や生活機能まで向上することが明らかになってきています。

2000年に介護保険が導入された際には，介護とその予防の視点のうち，介護の側面に重点が置かれていましたが，徐々に介護予防にも注目が集まるようになりました。介護予防事業が始まった十数年前と現在を比べると，民間のフィットネスクラブでも多くの高齢者が利用しているのを見かけるようになり，時代の変化を実感します。実際，支出金額全体に占めるフィットネスクラブ使用料の割合や会員比率は，60歳以上が最も高いことが報告されていま
す（経済産業省 2012）。フィットネスクラブに通う60歳以上の人たちは，健康志向の高い元気な人が中心だとは思いますが，この延長線上に介護予防があると考えられます。

要介護状態になる主な原因として，老年症候群と呼ばれる加齢に伴う足腰の虚弱化，認知機能低下，転倒骨折などの生活機能低下が指摘されていますが，その中でも特に要支援といった比較的軽度な機能低下の原因は関節疾患，高齢による衰弱，転倒骨折で約半数を占めます（厚生労働省 2010）。つまり，軽度な機能低下の段階，介護予防のためには運動器対策が特に重要となります。

私たちは，介護保険導入時から介護予防のため多くの地域在住高齢者に対して運動プログラムを実施してきました。このプログラムは10名前後のグループで，3か月間実施します。この3か月のうち，1か月目をコンディショニング期として運動フォームや呼吸，スピードコントロールの習得に重点をおき，これらが達成された人に1RMテストおよび主観的運動強度による負荷見極めテストを実施しま

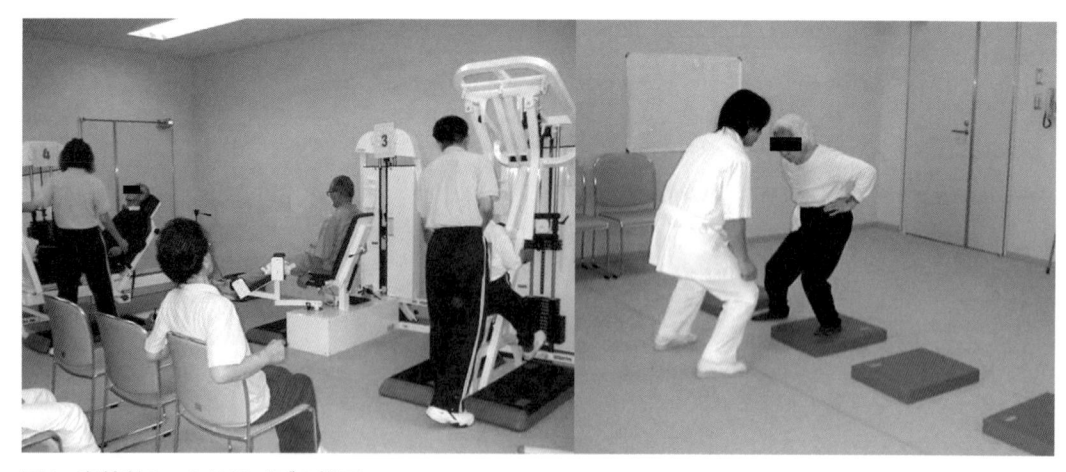

図1　高齢者のエクササイズの様子
マシンを使ったエクササイズも行われる。

（提供：（一財）さっぽろ健康スポーツ財団　佐竹恵治氏）

す。2か月目には，このテストに基づいた個別の負荷から1RMの6割を目安に漸増負荷による筋力向上エクササイズを進めます。漸増負荷に慣れてきた2～3か月目にかけて，向上してきた体力を安定した日常生活動作につなげる目的で，体幹のエクササイズやバランスエクササイズなどを含めた機能的トレーニングを実施しています。

　プログラムを実施する際のポイントとして，まず，コンディショニング期に楽しみながら運動に慣れていただき，正しいフォームなどを身につけて「自分にもできる」という気持ちをもっていただくことです。2点目は，高齢者の身体機能は非常に個人差が大きいため，グループプログラムの中でいかに個人の身体機能にあった課題や負荷量を設定するかということです。具体的には，関節の可動域や痛みの出る範囲や負荷量，静的・動的アライメントなどを評価して調節していくことです。機能的トレーニングでも，同じような運動を実施しながら個人の体力レベルに合わせて支持基底面や重心位置を変化させて難易度を調節します。3点目は，プログラムに参加するにあたって3か月間頑張れば何とか達成できそうな具体的な目標を立てていただくことです。そして，プログラムが修了する際に，その目標に対しての達成度を評価していただきます。これらのポイントを押さえたプログラム実施により，低い脱落率と安全性，身体機能や健康関連QOL向上が認められたことが報告されています（大渕 2001；新井 2006；Inaba 2008）。

　また，本プログラム修了後の運動継続につながるよう，グループの雰囲気づくりに留意し，運動施設の紹介や自宅でもできる運動を積極的に取り入れ，プログラム終了から1年後も運動習慣が維持されたことが報告されました（稲葉 2013）。

（稲葉康子）

参考文献

1) 大渕修一ほか：介護予防としての高負荷筋力増強訓練の応用に関する調査事業報告書．平成12年度老人保健健康増進等事業報告書，2001.
2) Fiatarone MA et al.: High-intensity strength training in nonagenarians. Effects on skeletal muscle. JAMA, 263(22): 3029-3034, 1990.
3) Meuleman JR et al.: Exercise training in the debilitated aged: Strength and functional outcomes. Arch Phys Med Rehabil, 81(3): 312-318, 2000.

図2　グループで実施する運動プログラムの様子
（提供：(一財) さっぽろ健康スポーツ財団　佐竹恵治氏）

第9章 科学的根拠に基づいた筋力エクササイズ—体幹—

本章のねらい

体幹は身体質量に占める割合が大きいため，体幹が機能的・効率的か否かによって，身体の運動性やパフォーマンスは左右される。ケガの発生予防とパフォーマンス向上にとって体幹の機能を高めることは重要である。近年では体幹の機能を重要視したエクササイズが増えている傾向にあるが，上下肢に比べて体幹に関する研究データは圧倒的に少ない。本章では，体幹の機能に関する知識を整理し，ケガをしない身体づくりに必要な筋力エクササイズのコンセプトについて述べる。

Key word
- グローバルシステム
- ローカルシステム
- 安定性（stability）
- 腹腔内圧
- コア

1 体幹の筋の機能

体幹の筋の機能は，表在筋群（superficial muscles）からなるグローバルシステム（global system）と，深部筋群（deep muscles）からなるローカルシステム（local system）にしばしば大別される（Bergmark 1989）。それぞれの機能的な役割を理解することは，ケガをしない身体をつくること，パフォーマンスを高めることにとって重要である（図9-1）。

1-1 グローバルシステム（表在筋群）の機能

グローバルシステム（図9-1A）は，身体に作用する重力や外力に対して身体の平衡を保つことに寄与する。胸郭と骨盤帯に筋の付着をもつ筋群で，主に腹直筋，外腹斜筋，内腹斜筋（一部），脊柱起立筋で構成される。たとえば前方に倒れそうな場合には背面の筋が働き，後方に倒れそうな場合には前面の筋が働くといった「相動性」活動が特徴的である。また，衝突のような強い外乱負荷や重量物を扱うときには，両側の筋群を「同時収縮」させて体幹の剛性を高める働きにも関与している。

主要な筋群は胸郭と骨盤帯に付着するため，

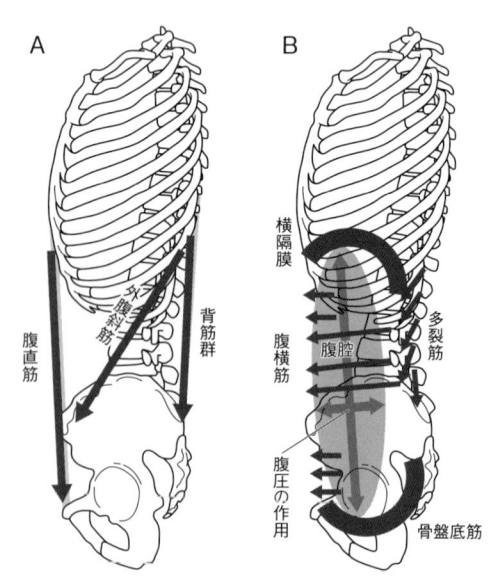

図9-1 グローバルシステム（A），ローカルシステム（B）の模式図

胸郭と骨盤の位置関係を変えるような運動にかかわる（体幹の屈曲・伸展・回旋）。一方，これらの筋群は脊椎に付着しないため，椎間関節の運動を微調整するような働きはできない。

1-2 ローカルシステム（深部筋群）の機能

ローカルシステム（図9-1B）は，脊椎椎間関節の平衡化（または剛性化）や関節運動の円滑化（または微調整）に寄与する。脊椎に起始か停止をもち，主に腹横筋，腰部多裂筋，横隔膜，骨盤底筋で構成される。深部筋群は，表在筋群の「相動性」活動と対照的に，運動方向に関わらず「持続性」に活動することが特徴的である。たとえば腹横筋は，上肢の屈曲・伸展・外転のいずれの運動方向でも上肢の主動作筋の筋活動に先行して筋活動が出現する（Hodges 1997）。

一方，腰痛を有する者では，この腹横筋の筋活動開始が上肢の主動作筋の筋活動より遅れていたことが報告されており，腹横筋の機能低下と椎間の微調整能力低下との関連が示唆されている。またローカルシステムは，共同収縮によって腹腔内圧の上昇にも寄与する。瞬間的に「いきむ」動作では，腹腔内圧の急激な上昇によって腰部椎間や腹腔内容物の剛性を瞬時に高める効果がある。

2 可動性・不安定性・安定性

2-1 可動性（mobility）

2つの連続した脊椎は，前方の「椎体間関節」と後方左右の「椎間関節」によって分節的な関節運動が生じる。脊椎は分節レベルによって関節面の形態が異なるため（図9-2，9-3），可動性も脊椎の分節レベルによって異なる（図9-4）。

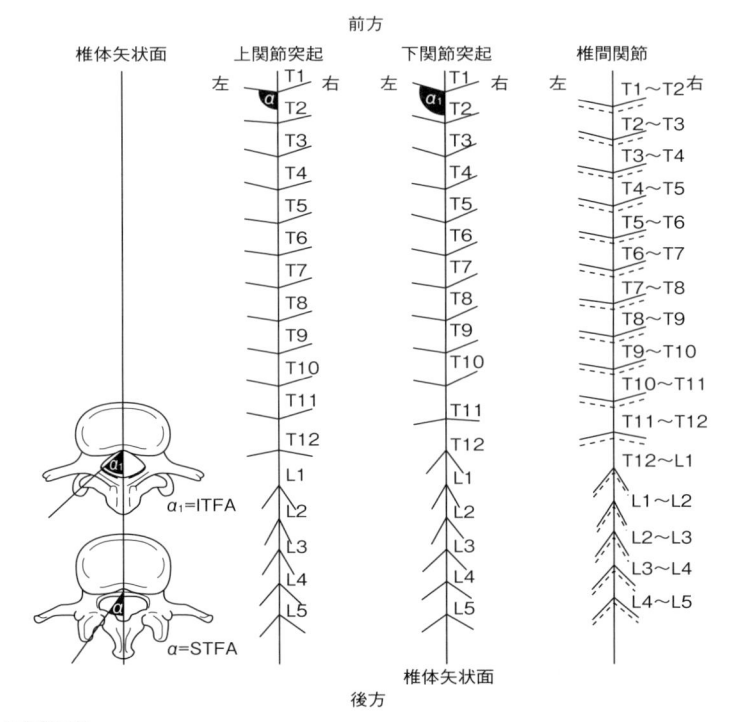

図9-2 椎間関節の形態（横断面）
ITFA：inferior transverse facet angle（下関節突起と椎体矢状面がなす角度）。
STFA：superior transverse facet angle（上関節突起と椎体矢状面がなす角度）。
T1〜T12：胸椎，L1〜L5：腰椎。
（Masharawi Y et al.: Spine [Phila Pa 1976], 29(16): 1755-1763, 2004）

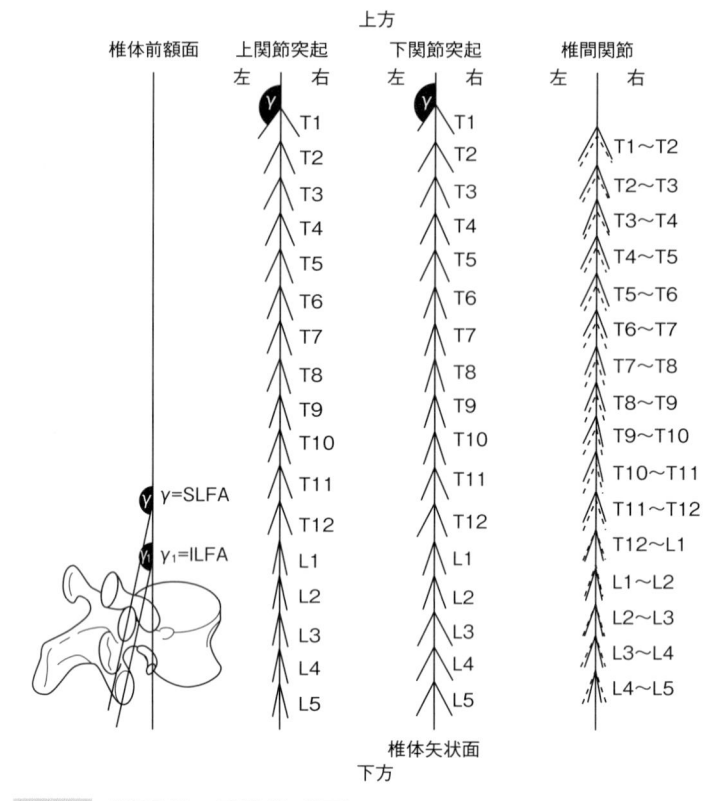

図9-3 椎間関節の形態（矢状面）

SLFA：superior longitudinal facet angle（上関節突起と椎体前額面がなす角度）。
ILFA：inferior longitudinal facet angle（下関節突起と椎体前額面がなす角度）。
T1～T12：胸椎，L1～L5：腰椎。

(Masharawi Y et al.：Spine [Phila Pa 1976], 29(16)：1755-1763, 2004)

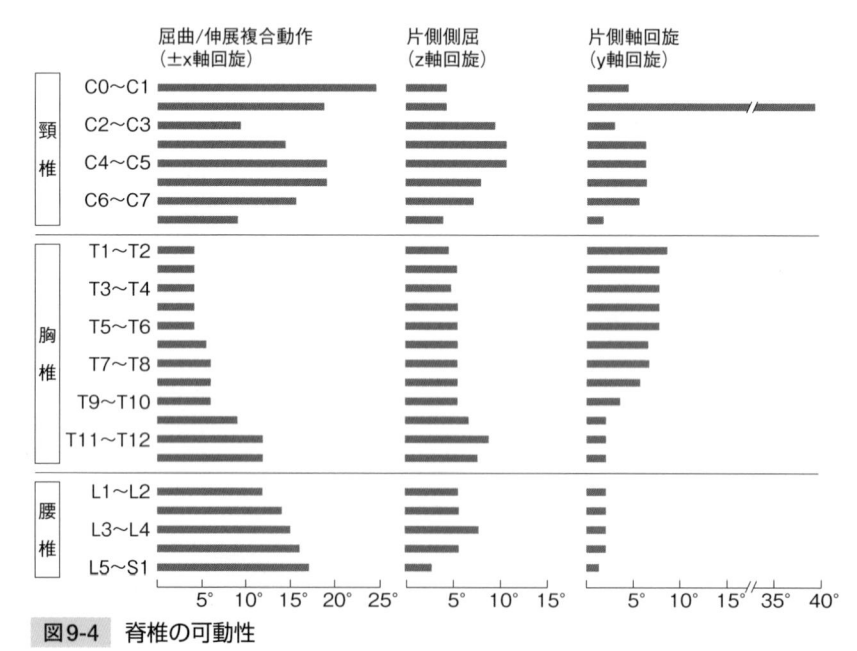

図9-4 脊椎の可動性

胸椎では軸回旋，頸椎と腰椎は屈曲・伸展・側屈の可動性が相対的に大きい。

(Masharawi Y et al.: Spine [Phila Pa 1976], 29(16)：1755-1763, 2004)

胸椎は軸回旋の可動性が大きく，腰椎と頸椎は屈曲・伸展・側屈の可動性が大きい関節面の形態を有する。健常人を対象とした研究では，胸郭の移動に連動して胸椎・腰椎のアライメントは変化すると報告されている（Harrisonら 1999, 2005）。胸郭が前方移動すると，胸椎後弯角度の減少，上位腰椎の伸展，下位腰椎の屈曲が生じる。一方，胸郭が後方移動すると，胸椎後弯角度の増大，上位腰椎の屈曲，下位腰椎の伸展が生じる。また胸郭が左右に移動すると，その移動側に腰椎は側屈する。このように脊椎は連動して可動するが，ある椎間の可動性が何らかの原因で低下すれば，この連動性が破綻して生理的な脊椎の分節運動が困難となる可能性がある。

2-2 不安定性（instability）

脊椎の不安定性とは，生理的負荷のもとで神経学的障害，変形，疼痛を起こさないような脊椎運動を制動する能力の低下と定義されている（Panjabi 1990）。図9-5に脊椎の分節的運動における関節角度変化と負荷の概念図を示す。脊椎間の変性モデル（薄線）は正常モデル（黒線）に比べて同じ関節モーメント（M）を加えたときの関節角度変化が大きくなる。椎間板や靭帯の損傷や変性によってニュートラルゾーンが拡大すると，生理学的範囲内におさめるためのエラスティックゾーンが減少する。後述する能動的な筋の収縮によって脊椎の剛性を高めて不安定性を補完する必要性が高まる（Panjabi 1992）。

2-1-1　関節可動域（ROM）

生理学的な脊椎分節運動の全体的な角度，すなわちニュートラルゾーンとエラスティックゾーンを合わせた領域を指す。

2-1-2　ニュートラルゾーン（NZ）

「中間可動域」と呼ばれる領域で，脊椎間運動のなかで最小の内部抵抗で可動する部分である。図9-5内の曲線の傾きの小さい領域を指す。

2-1-3　エラスティックゾーン（EZ）

ニュートラルゾーンの最後から生理学的限界域（最終可動域）までを指す。筋や靭帯によって制動されながら生じる脊椎間運動である。中

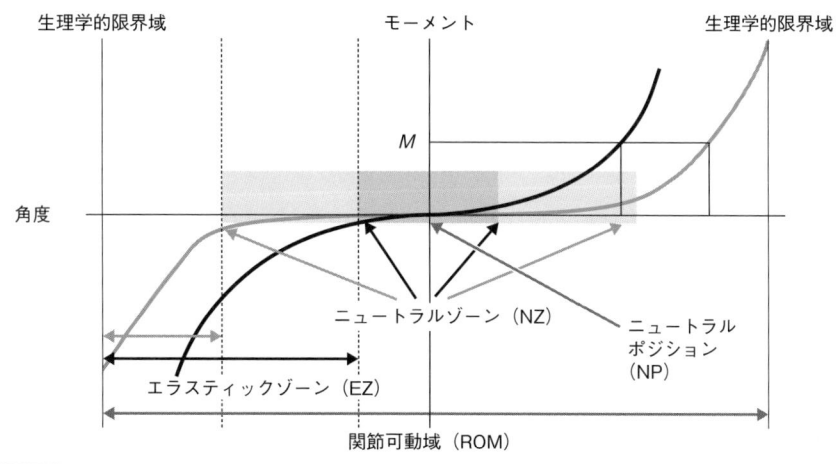

図9-5　椎間関節の可動性の概念
椎間関節の正常モデル（黒色の曲線）と，変性モデル（薄い灰色の曲線）におけるモーメント一角度関係。曲線の傾きは，関節の内部抵抗を示す。内部抵抗の小さな領域を，ニュートラルゾーン（NZ）と呼ぶ。変性モデルでは，あるモーメント（M）を与えたときに生じる角度変化は正常モデルよりも大きい。
（Hodges PW et al.: Spinal Control : The Rehabilitation of Back Pain. State of the Art and Science, p46, Churchill livingstone, 2013より改変）

間可動域に近いほど筋による制動の割合が多く，最終可動域に近いほど靱帯による制動の割合が増える。

2-1-4 ニュートラルポジション（NP）

「脊椎の内部応力」と「姿勢を保つ筋の努力」が最小である脊柱のアライメント（姿勢），いわゆる関節周囲にストレスがかからない快適な関節位置を指す。

2-3 安定性（stability）

体幹安定化の目的は「衝撃緩衝（shock absorb）」「力の伝導（force transfer）」「バランスコントロール」が相互的・同時的に行われることである。そのため機能的な体幹安定化は単に固める（rigid）ことではなく，動作を許容しながらコントロールされる必要がある。体幹安定化は，次の3つの制動機構が相互作用的に働くことで獲得されている（図9-6：Panjabi 1992）。

・他動的な組織による制動（passive structures）
・能動的な筋による制動（active muscle structures）
・神経系コントロール（neural control system）

これらの制動機構のうち1つでも機能低下や構造的破綻を来すと，他の制動機構に代償的ストレスをもたらすといわれている（McGill 2001）。

2-3-1 他動的な組織による制動（passive structures）

他動的な組織は「椎間靱帯」，「椎間板」，「椎間関節」で構成される。脊柱の最終可動域に近づくにつれて，他動的な組織による制動性の貢献度が増大する。筋を除去して靱帯と椎間板で構成された腰椎解剖モデルを用いた研究より，90N（9.2kg）未満の圧迫負荷で脊柱が崩壊することが確認されており，他動的な組織だけでは非常に脆弱である（Criscoら1992）（図9-7A, B）。持ち上げ動作などでは10000Nに達すると試算した研究もあり，脊柱を安定化させるには能動的な筋による制動が必須となる。

2-3-2 能動的な筋による制動（active muscle structures）

脊柱の安定性は，他動的な組織と能動的な筋

椎間靱帯・椎間板・椎間関節

Passive structures

Active muscle structures

Neural control system

静的コントロール
グローバルシステム：同時活動
ローカルシステム：持続性活動

動的コントロール
グローバルシステム：相動性活動
ローカルシステム：早期活動＆持続性活動

フィードフォワード
予測的運動プログラム

フィードバック
運動調整プログラム

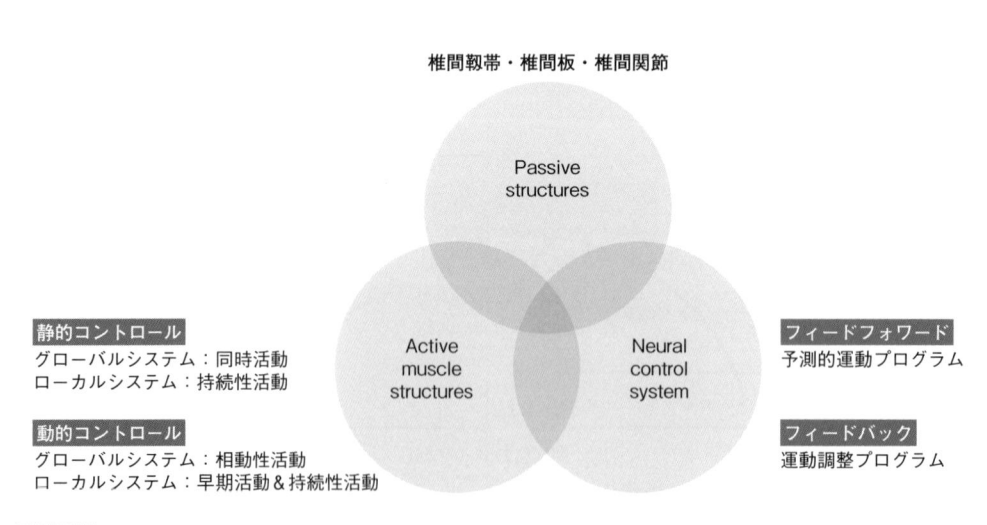

図9-6 3つの体幹安定化メカニズム
他動的な組織による制動（passive structures），能動的な筋による制動（active muscle structures），神経系コントロール（neural control system）の3つの制動機構によって機能的な安定性が得られる。1つでも機能低下を来たすと他の機構に代償的ストレスをもたらす（McGillら2001）。

（Panjabi MM：J Spinal Disord, 5(4)：390-396, 1992より改変）

による制動に依存するため，これらの構造的破綻や機能低下は脊柱の不安定化を招き，障害発生の要因となり得る。筋による制動能を反映する指標として，筋力（strength），筋力発揮率（rate of force development），筋持久力（endurance）などがあるが，これらの機能低下と障害発生リスクとの関係は今のところ統一した見解が得られていない。おそらくすべての筋機能が脊柱安定化に不可欠であると考えられる。また，グローバルシステム（表在筋群）とローカルシステム（深部筋群）では，それぞれ異なるメカニズムで脊柱の安定性をコントロールしている。以下に，身体の様々な状況下における筋の制動パターンについて述べる。

①**静的コントロール**（static control）（図9-7C）

身体が重力下で立位の平衡を維持するには，筋活動によって関節まわりのモーメントをゼロにする必要がある。グローバルシステムでは両側の筋を同時活動させて釣り合いをとっている（Cholewickiら 1997）。一方，ローカルシステムでは持続性活動によって抗重力姿勢を維持している。また筋紡錘を多く含む深部筋群の筋線維は関節固有感覚に優れ（Peckら 1984），わず

かな椎間関節の変位にも対応して姿勢を微調整している。

②**動的コントロール**（dynamic control）

たとえば立位で体幹を屈曲-伸展するとき，グローバルシステムの腹直筋や脊柱起立筋では運動方向に対応した筋の活動（相動性活動）が生じる（図9-8）。一方，ローカルシステムの腹横筋は，基本的には持続性に活動しながらそれぞれの動作に先立ち早期活動が生じる。このとき，負荷の大きさや加速度に応じて腹腔内圧も上昇して体幹の剛性増加に貢献している。

2-3-3 神経系コントロール（neural control system）

神経系コントロールは，フィードフォワード機構とフィードバック機構を介して能動的な筋の制動性をコントロールし，脊柱安定化に寄与している。神経系コントロールの問題に起因して，脊柱不安定性が起こる可能性も指摘されている。

①**フィードフォワード機構**（予測的運動プログラム：pre-planned motor programs）

運動中の全身の安定性を維持するために，フィー

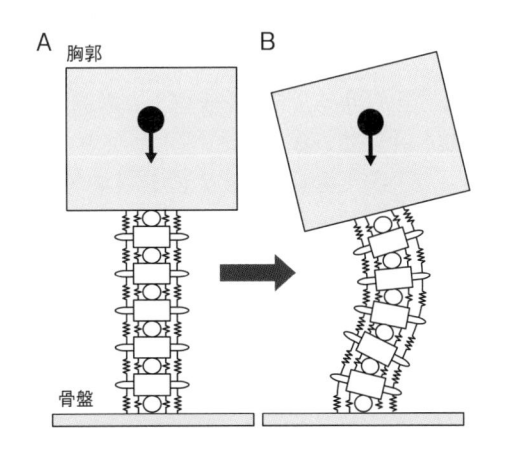

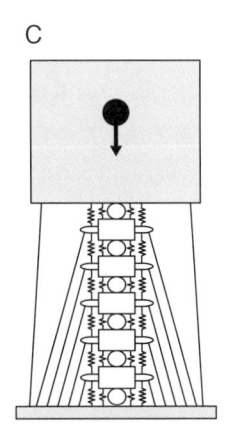

図9-7　脊柱の制動モデル
A，B：骨と靱帯だけでは，90Nで崩壊するほど不安定（Crisco 1992）。C：平衡を維持するためには，両サイドから低活動レベルの共同収縮によって，関節まわりのモーメントを平衡化する必要がある（Cholewickiら 1997）。
（Hodges PW et al.: Spinal Control : The Rehabilitation of Back Pain. State of the Art and Science, p43, Churchill Livingstone, 2013より改変）

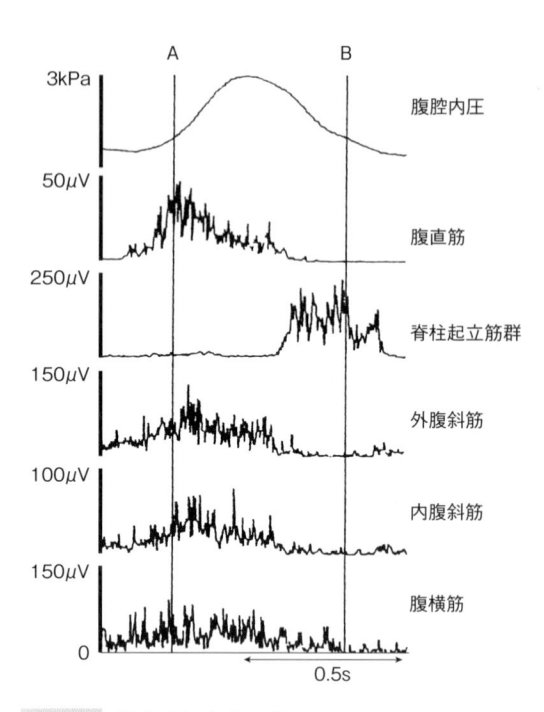

図9-8 動的コントロール
腹直筋や脊柱起立筋は，運動方向（A：体幹屈曲動作，B：体幹伸展動作）に対応した筋の活動（相動性活動）が生じる。腹横筋は持続的かつ早期活動が生じる。
（Cresswell AG et al：Acta Physiol Scand, 144(4)：409-418, 1992）

な深部筋は，表層の大きな脊柱起立筋に比べて筋紡錘密度が高い（Amonoo-Kuofi 1982）。

3 筋力エクササイズの具体的方法

3-1 エクササイズのステップ

体幹の筋力エクササイズは，しばしば「コアスタビリティ・エクササイズ」と称されるが，その定義は曖昧なように思われる。コアスタビリティとは「運動連鎖の中で四肢末端に最適な力と動きの産生，伝達，制御を可能とする骨盤-体幹の位置と動きを制御する能力」（Kiblerら 2006）であることに基づけば，身体の内的コントロール（体幹-四肢）と重力に対する外的コントロール（身体-重力）の関係を常に最適化できる骨盤-体幹の能力であると換言できるであろう。

ケガをさせない身体づくりで重要なコンセプトは，①「姿勢」「動作」「筋活動」の最適化，②至適な負荷強度，③個別性（個人の状態と目標に合わせたアプローチ）である。対象者が有する機能性（可動性や安定性）を把握してエクササイズの種目と強度を立案する必要がある。もし能力以上の過度な運動強度や負荷強度に晒されれば，身体には過負荷（オーバーロード）を招くことになる。図9-9には運動制御エクササイズのコンセプトと考慮すべき事柄が示されている。

第1ステップでは，「姿勢」「動作」「筋活動」の相互間で生じている異常や非効率性の正常化を図る（図9-9）。静的な「姿勢」は，「動作」や「筋活動」の習性を推察する上で重要な要素となる（図9-10）。ここでの目的は，①脊椎-骨盤-肩甲帯の十分な自動可動性が得られていること，②四肢挙動に対してアライメントが崩されないことである。すなわち，「姿勢」「動作」「筋活動」の相互間の問題で生じる関節への局所的負担がない状態にすることを目指す（内的コントロール）。これら3つの要素のうち最も学習しや

ドフォワード機構が動作前に働く（Bouissetら 2000）。腹横筋の活動が，上肢の挙上動作に先行して出現することが示されている（Hodgesら 1997）。もちろん視覚を遮断され予期できない外乱にはフィードフォワード機構を働かせることはできず，体幹の筋活動や腹腔内圧の出現開始は遅延する（Cresswellら 1994）。したがって，動作の開始に先立つフィードフォワード機構は，運動を安全に遂行するための重要な準備機構といえる。

②フィードバック機構（運動調整プログラム：tune motor programs）

椎間板，椎間靱帯，椎間関節包に内在する固有受容器は，脊椎椎間関節の変位や動きに関する固有感覚フィードバックを提供する。また筋紡錘からの固有感覚フィードバックも脊柱安定化に有効に作用する。特に多裂筋のような小さ

すいものから修正を図るが，付加的因子（**図9-9**）が絡んで複雑化している場合もあり，注意が必要である。

第2ステップでは，体幹への直接的負荷に対して静的・動的に姿勢をコントロールすることを目的とする。体幹の静的コントロールでは，静的な負荷に対して体幹（身体）を動揺させずに保持させ，徐々に四肢挙動や不安定面を用いて負荷強度を高める。体幹の動的コントロールでは，身体の内的コントロールを維持しながら

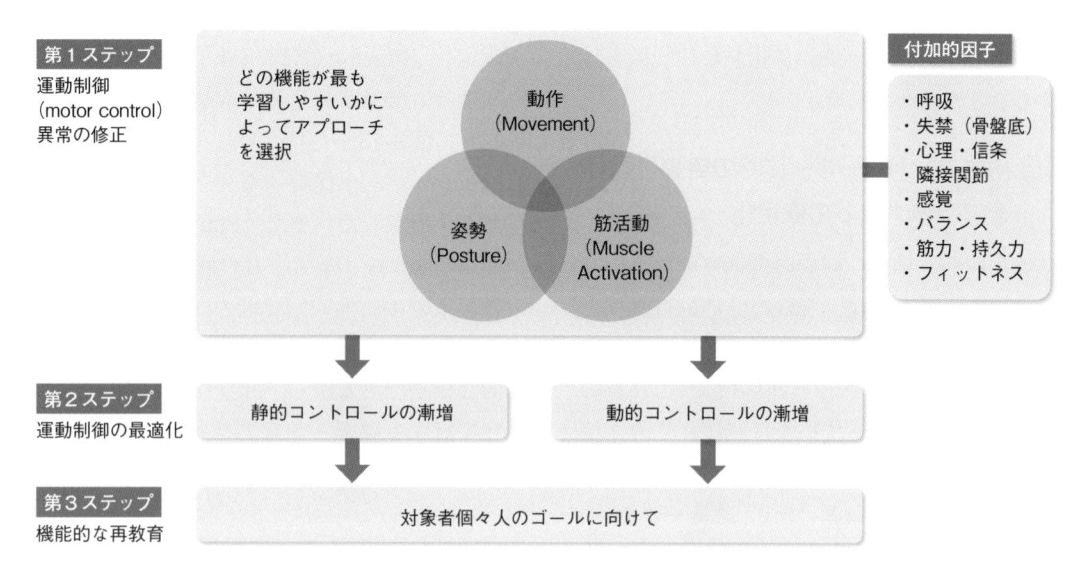

図9-9 運動制御（モーターコントロール）トレーニングのコンセプト
（Hodges PW et al.: Spinal Control: The Rehabilitation of Back Pain. State of the Art and Science, p257, Churchill Livingstone, 2013）

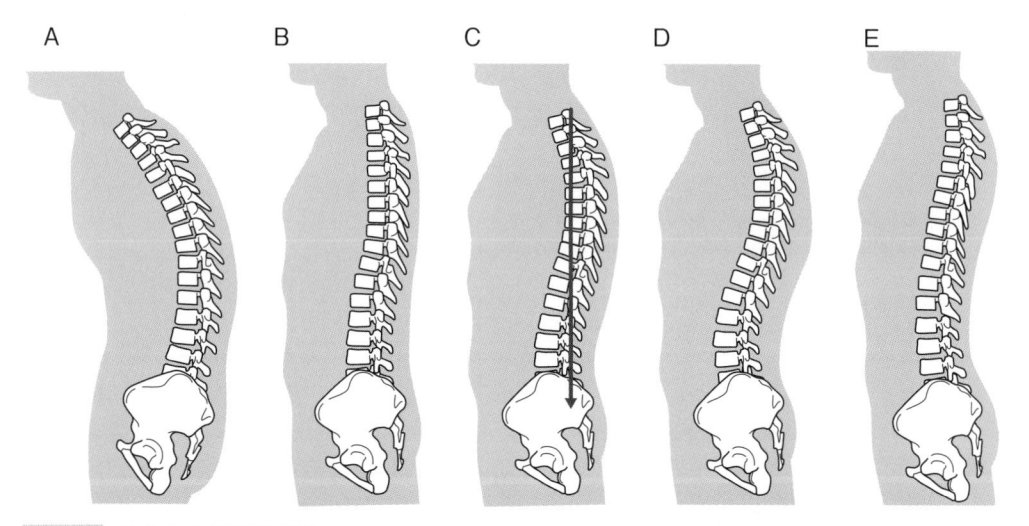

図9-10 脊柱の立位姿勢分類
A：後弯型（slump），B：扁平型（flat），C：中間型（neutral），D：動揺型（sway），E：伸展型（active extension）。典型的な立位姿勢を，最大屈曲型（A）から最大伸展型（E）に並べてある。理想型となる中間型（C）は，骨盤の中間位または軽度前傾位，腰椎軽度前弯と胸椎軽度後弯による円滑な胸腰椎移行部，頸椎前弯と頭部水平位である。矢印は矢状面アライメントにおける荷重線を示している。
（Hodges PW et al.: Spinal Control: The Rehabilitation of Back Pain. State of the art and science, p251, Churchill Livingstone, 2013）

体幹が挙動できるようにする。

第3ステップでは,対象者が求めるゴール(スポーツ動作や仕事など)に即したより特異的なアプローチを展開していく。特にスポーツのような爆発的な動作をケガなく高いパフォーマンスで遂行するには,前述した「内的コントロール」と「静的・動的コントロール」に加えて,「神経系コントロール」で調和された身体制御を獲得することが重要である。

3-2 内的コントロール―体幹の自動可動性とアライメントの安定化―

体幹の屈曲,伸展,回旋の自動運動において着眼すべきポイントは,脊柱の分節的可動性と随伴する胸郭,肩甲骨,骨盤の可動性が最適十分であるかどうかである(図9-11)。これらの可動性が十分で連動していなければ,体幹が機能的に働くことは難しくなる。

次に四肢(末梢部)挙動の際に,腰椎−骨盤(中枢部)アライメントが動かないようにさせる(図9-12)。腹筋群の収縮戦略には,前腹壁を凹ませて腹横筋の求心性収縮を促す方法(hollowingやdraw-in)と,前腹壁を凹ませずに腹筋群の等尺性収縮で硬くする方法(bracing)が代表的である。大江ら(2013)は,仰臥位での下肢挙上時に腰椎が前弯する程度(床を押す力の変化)を測定し,bracingのほうがhollowingや無意識状態よりも腰椎前弯変化が少なかったことを報告した(図9-13)。すなわち,bracingのほうが腰椎アライメント保持に有利な収縮戦略であることが示唆された。また,Stantonら(2004)は,Sahrmannの下腹部筋力の評価を改変して,下肢降下時の腰椎安定化能力を5段階で評価するテストを考案した(表9-1)。このテストは定性的評価法であるが,下肢動作の複雑化・高負荷化に対する腰椎−骨盤アライメントの安定化能力を評価する参考になるであろう。

図9-11 体幹の自動運動に伴う脊柱の可動性
A:脊柱の自動屈曲に伴う胸郭緊縮,肩甲骨外転前傾,骨盤後傾。B:脊柱の自動伸展に伴う胸郭拡張,肩甲骨内転後傾,骨盤前傾。C:脊柱の自動回旋に伴う回旋側(右)の胸郭拡張,肩甲骨内転後傾,寛骨後傾,かつ逆側(左)の胸郭緊縮,肩甲骨外転前傾,寛骨前傾。

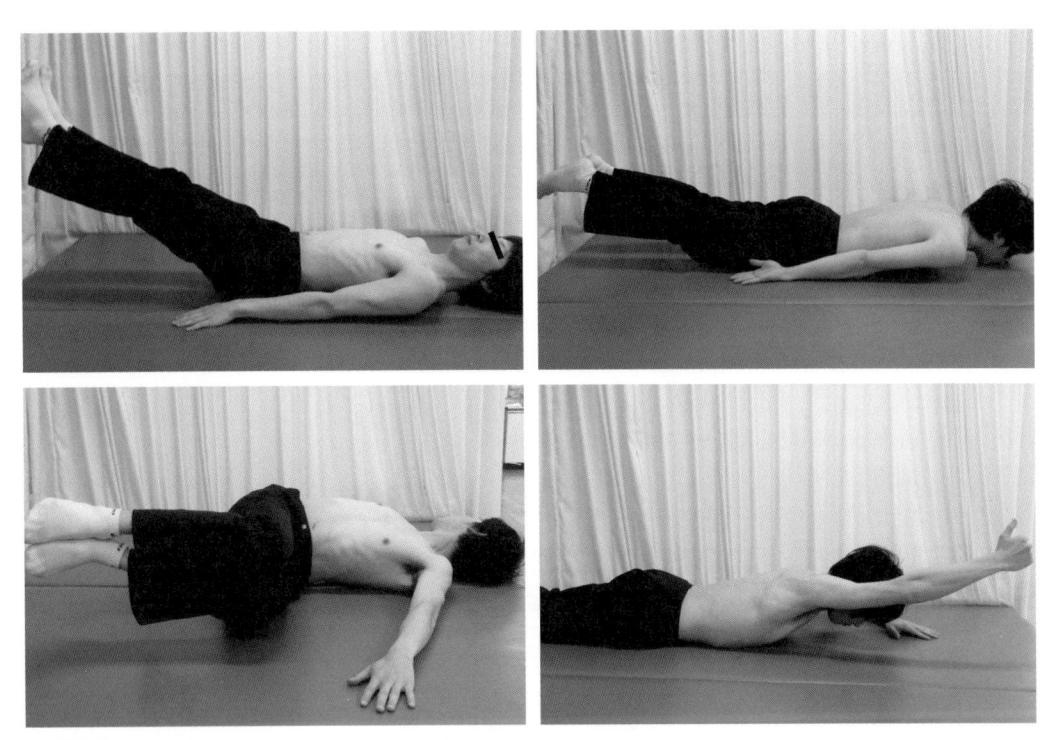

図9-12 腰椎−骨盤アライメントを変化させずに四肢挙動

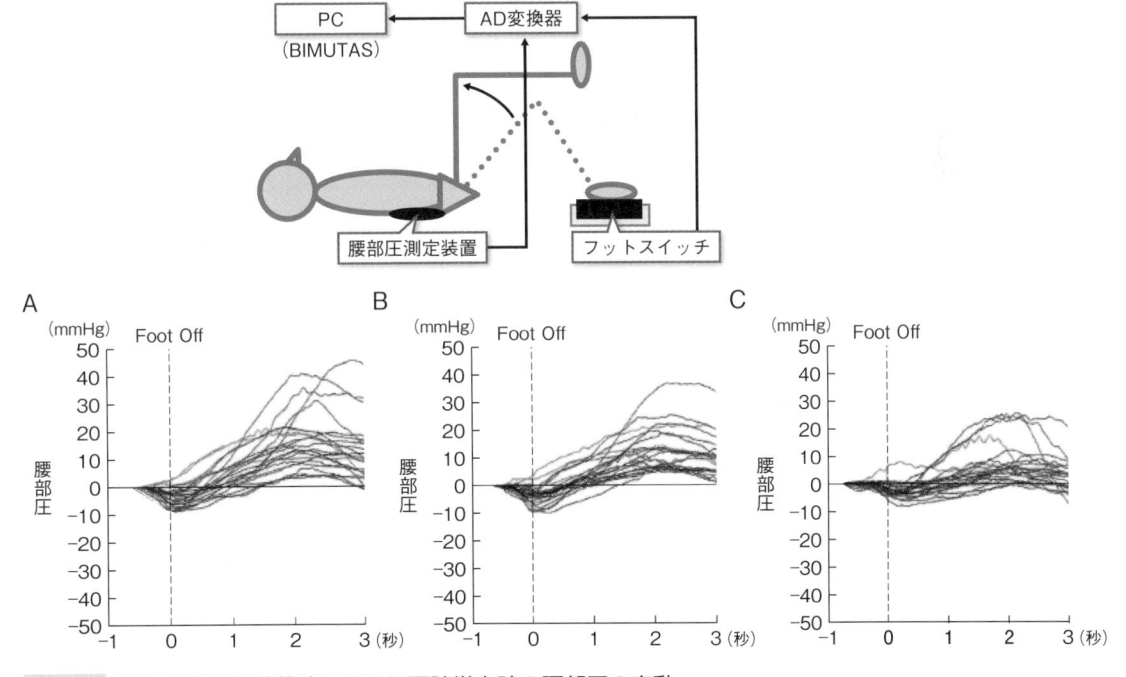

図9-13 異なる腹部収縮戦略における下肢挙上時の腰部圧の変動
A：control条件，B：hollowing条件，C：bracing条件。仰臥位で床（フットスイッチ）に足を付けた状態から足を離した時（Foot Off）に，腰椎の床を押す力（腰部圧）の変化を測定した。Foot Off直後の腰部圧の減少は，腰椎前弯を意味している。bracing時（C）が，最もその腰部圧変化が少なかった。

（大江　厚ほか：理学療法学，39(5)：322-329，2012）

表 9-1　Sahrmann core stability test

段階	テストの内容
レベル1	仰臥位の膝曲げ位から，腹部の等尺性収縮（Bracing）を腰椎が動かないように行う．その後，片脚をゆっくりと股関節100°まで屈曲する（膝は任意の角度）．反対側の脚も同じ方法で同角度まで屈曲する．
(以降，両脚の股関節100°屈曲位をスタートポジションとする．)	
レベル2	スタートポジションから，片側の踵を床に接地するようにゆっくりと下ろす．その後，片側の踵を滑らせて膝を完全伸展させ，それからスタートポジションに戻る．
レベル3	スタートポジションから，片側の踵を床から12cmの高さまでゆっくりと下ろす．その後，片側の踵を浮かせたまま滑らせて膝を完全伸展させ，それからスタートポジションに戻る．
レベル4	スタートポジションから，両側の踵を床に接地するようにゆっくりと下ろす．その後，両側の踵を滑らせて膝を完全伸展させ，それからスタートポジションに戻る．
レベル5	スタートポジションから，両側の踵を床から12cmの高さまでゆっくりと下ろす．その後，両側の踵を浮かせたまま滑らせて膝を完全伸展させ，それからスタートポジションに戻る．

下肢の下降動作時の腰椎安定化能力を5段階で評価するテストである．仰臥位で腰椎の下に挿入した圧フィードバックユニットの測定値が10mmHg以上増減した場合を腰椎骨盤の安定化不可と定める．各段階の課題の前半で安定化できても，課題の後半で安定化できなかった場合はその段階を0.5で段階化する（Sahrmann score）．

(Stanton R et al.: J Strength Cond Res, 18(3): 522-528, 2004)

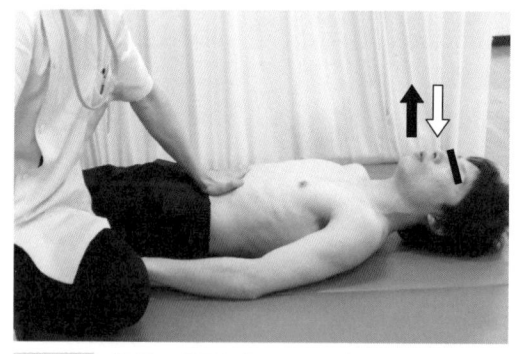

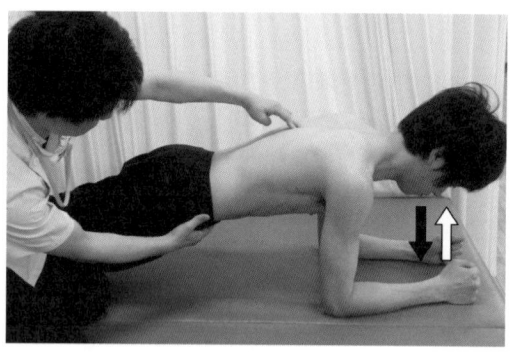

図9-14　腹部の緊張を保ちつつ呼吸の継続
パートナーに腹部の緊張を確認してもらいながら，色々な姿勢で呼吸を行う．肘立て位（右）では，胸椎後弯の増大と，腰椎前弯の増大が生じないように留意させる．

3-3　内的コントロール
－腹部・腰部安定化と呼吸の機能分化－

　体幹には「呼吸」という恒常性維持機能があり，横隔膜が吸気，腹筋群（特に腹横筋）が呼気補助に作用する．これらの筋群は「呼吸」と「腹腰部の安定化」の2つの機能をうまく調和させなければならない．機能的に優れた呼吸筋群は，「呼吸」と「腹腰部の安定化」を機能分化することができる．すなわち呼吸状態と無関係に腹部の適度な緊張を保つことができる（図9-14）．一方，機能的に劣っていれば，呼吸状態に呼応してしまい，腹部の適度な緊張を持続することができない．すなわち，優先されるべく「呼吸」を継続するには「腹腰部の安定化」を犠牲にせざるを得ない（Hodgesら 2000, 2001, 2003）．これらの結果を考慮すると，スポーツ動作など呼吸の需要が高まる状況下でも，呼吸状態に影響を受けずに腹腰部の安定化を維持できる能力を身につけることが求められるであろう．

3-4 静的コントロール
－体幹の静的なコントロール－

　骨盤－脊椎－肩甲帯を含めた体幹（身体）への負荷に対して静的にコントロールさせる（図9-15上段）。徐々に四肢挙動を加え，支持面を減らして体幹保持の難度を上げていく（図9-15下段）。立位も同様，スクワットポジションから四肢挙動や不安定板を用いて難度を上げていく（図9-16）。先行研究では，スイスボールなどを用いた同様の姿勢保持エクササイズによって体幹の保持時間が増大したと報告された（Stantonら 2004；Tseら 2005）。しかし，これら姿勢保持時間は主に持久性を反映しているため，パフォーマンス能力（ランニング効率，ランニング姿勢，最大酸素摂取量，ジャンプ高，短距離走力，シャトルラン）との関係性は強くなかった（Stantonら 2004；Tseら 2005；Okadaら 2011）。したがって，これらの自重による静的コントロールを目的としたバランス系エクササイズは，パフォーマンスを向上させるというよりも，高次動作を行う前準備のエクササイズとして位置づけられるものだろう。

3-5 動的コントロール
－体幹の動的なコントロール－

　機能的な動作を可能にするには，体幹が動的にコントロールされる必要がある。ここでの着眼点は，①伸展＋回旋，屈曲＋回旋などの複合動作で回旋軸がぶれないこと（図9-17），②可動範囲全域の自動運動を行うことであると考える。最大筋力を増強するには高負荷を用いる必要はあるが，トリックモーション（代償動作）なく運動が遂行できるか否か，動作の質的な観察も重要である。なお，高重量を用いたウエイトトレーニングの実践的なフォーム指導法などは，成書に譲ることとした。

3-6 神経系コントロールの動員
－伸張反射の利用－

　さらなるスポーツパフォーマンスの向上には，より高強度で爆発的（バリスティック）な筋力

図9-15 体幹の静的コントロール

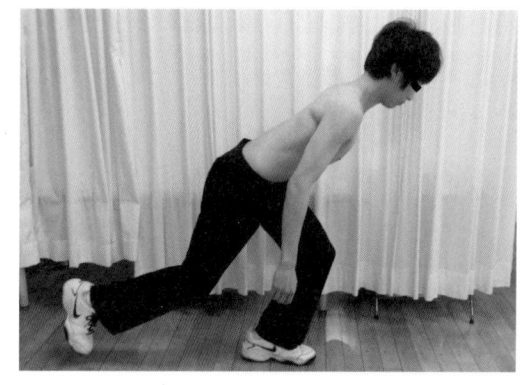

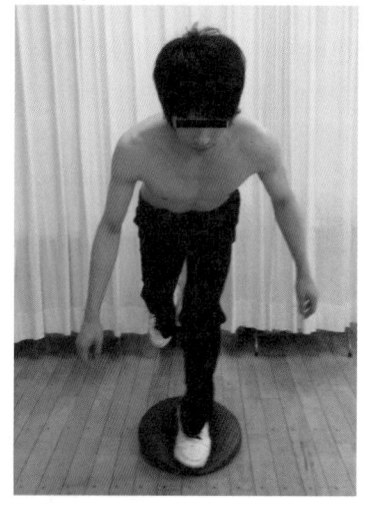

図9-16　体幹の静的コントロール（立位）

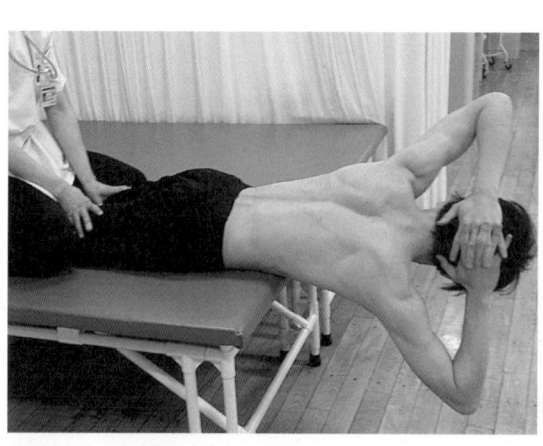

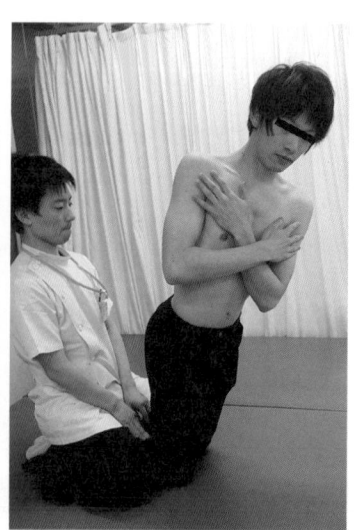

図9-17　体幹の動的コントロール
　　　　腹腰部や股関節に負荷を掛けながら，体幹の軸回旋運動を行う。

発揮ができなければならない。反動を使って，筋腱が伸ばされてから瞬時に収縮するバネのようなふるまい（ストレッチ・ショートニング・サイクル：SSC）を利用したプライオメトリクス・トレーニングが推奨されている。代表的な全身運動を図9-18に示す。これらの動作の着眼点は，①下肢→体幹→上肢へと動作が順々に連鎖すること，②可動範囲全域で筋腱の十分な伸張後に反動を利用して瞬時に収縮させることである。また上肢－肩甲骨－体幹の運動ではプッシュアップジャンプ（図9-19）が代表的である。肘関節だけで体重支持をせず，肩甲胸郭

図9-18 スクワットジャンプ（A），ダンベル垂直スイング（B），サイドバウンディング（C），ダンベル回旋スイング（D）

図9-19 プッシュアップジャンプ

【スポーツ障害との関連性】
体幹からみたスポーツ障害

①膝靱帯損傷との関連
　膝靱帯損傷の中でも前十字靱帯（ACL）損傷はスポーツ復帰までに手術や長期のリハビリテーションを要する重篤な損傷である。非接触型受傷に関しては，着地動作や切り替え動作で膝が外反内旋強制されて受傷することが多く，特に女性の発症頻度が高い。多くのリスクファクターの中でも，体幹と下肢の不適切な神経筋コントロールや生体力学的非対称性が損傷リスクを高めるという前向き研究のエビデンスがある（Hewettら2005；Zazulakら2007）。これに対して，体幹安定化を含めた複合的な神経筋トレーニング（障害予防プログラム）が膝靱帯損傷の発生率を減少させる効果があることが，メタ分析の結果から明らかとなっている（Hewettら2006）。

②投球動作との関連
　全身運動である投球動作をケガなく高いパフォーマンスで遂行するには，下肢－体幹－上肢へと効率的に力が伝達される必要がある。体幹の機能低下は投球における肩・肘障害を惹起するリスクファクターの1つにあげられている。

③腰痛症との関連
　腰痛の発生は，身体構造，姿勢（アライメント），機能（可動性，柔軟性，筋力），動作習慣（動作の癖），スポーツ競技特性，心理的要因など多くの要因が絡む。また腰痛症の既往は，膝靱帯損傷のリスクファクターとなるエビデンスも報告されている（Zazulakら2007）。

関節で十分に支持させ，なおかつ可動範囲全域にわたり運動できることが望ましい。

　プライオメトリックス・トレーニングがサッカー選手の最大パワー，スクワットジャンプ（静止状態からのジャンプ），カウンタームーブメントジャンプ（反動をつけたジャンプ），疾走速度を改善し（Chellyら2010），陸上選手のランニング効率を改善したことが報告されている（Saundersら2006）。しかし，プロサッカー選手に対して筋力トレーニングとプライオメトリックス・トレーニングを併用した際には付加的効果を認めなかったという報告や（Ronnestadら2008），アスリートに対してはスプリントトレーニングのほうが，プライオメトリックス・トレーニングよ

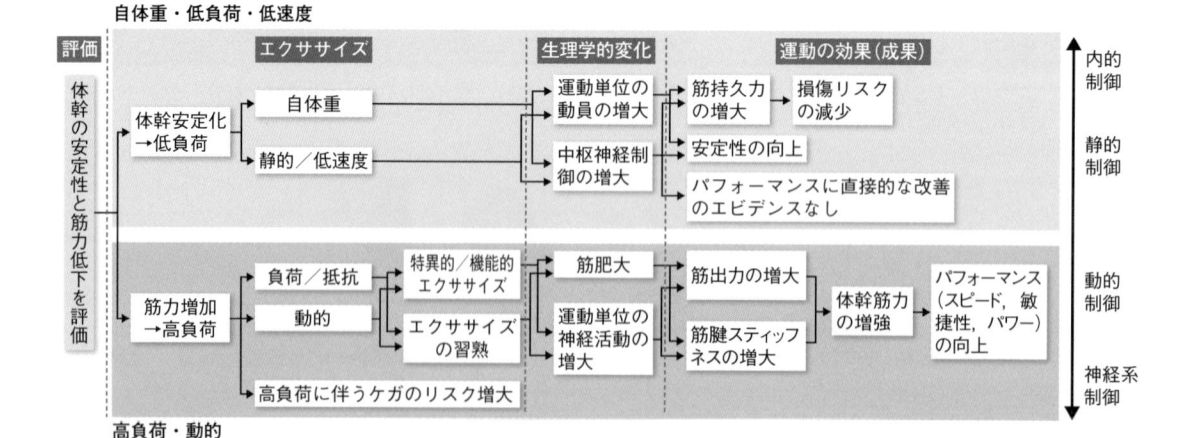

図9-20 体幹のエクササイズから期待される効果

（Hibbs AE et al.: Sports Med, 38(12)：995-1008, 2008 より改変）

りも効果があったという報告もある（Markovicら 2007）。対象者の競技レベルや競技特性によって効果に違いがあるかもしれないが，爆発的な筋力発揮を可能にする重要なトレーニングであると考える。

まとめ

前述した一連のエクササイズと期待される効果を図9-20にまとめた。内的コントロールや静的コントロールに主眼をおいた自重，低負荷，低速度なエクササイズは，主に損傷リスクの減少を期待している。一方，動的コントロールや神経系コントロールに主眼をおいた高負荷，動的なエクササイズは，パフォーマンス向上を期待している。すなわち，内的コントロール（体幹−四肢）の最適化をベースとして，重力環境に対して十分な筋力発揮を可能とする骨盤−体幹の能力を高めることが，効果的な体幹の筋力エクササイズであると考えられる。

（河端将司）

参考文献

1) 齋藤明彦訳：腰椎に対するモーターコントロールアプローチ　腰椎骨盤の安定性のための運動療法，医学書院，2008.
2) 福林　徹，蒲田和芳監修：Sports Physical Therapy Seminar Series 筋・筋膜性腰痛のメカニズムとリハビリテーション，NAP，2010.
3) Hodges PW et al.: Spinal Control : The Rehabilitation of Back Pain. State of the Art and Science. Churchill livingstone, Elsevier, 2013.

Column 8　体幹機能と腹腔内圧

　腹腔内圧（intra-abdominal pressure：IAP）は，腹膜で囲まれた閉鎖空間内（腹膜腔）の静水圧であり，それらを取り囲む横隔膜，腹横筋，骨盤底筋が同時収縮すれば上昇します。消化管内も同一空間とみなせるので，概ね腹腔内圧は均一とみなせます（厳密には部位の高低差によって圧力は異なります）。呼吸する際，横隔膜（吸気）や腹横筋（呼気）が相互単独に強く収縮すると，腹腔内圧の変化は全体に伝播します。これらの現象はパスカルの原理で説明されます（密閉容器中の静止した流体は，その中の一部の圧力を増加してやると，すべての部分に圧力が同じだけ増加するという法則）。たとえば，横隔膜が収縮するときに腹横筋が弛緩して他動的に伸張されれば，その弾性反発力と釣り合う程度の小さな腹腔内圧の上昇にとどまります（図1）。一方，横隔膜が収縮するときに腹横筋が能動的に収縮して硬い前腹壁となっているときは，その張力と釣り合うだけの腹腔内圧の上昇が許容できます。万が一，前腹壁部に脆弱な部分があって，その強度を上回る腹腔内圧が生じたときは逸脱（ヘルニア）が起こり，同じ現象が骨盤底筋で起これば失禁します。

　腹腔内圧が腰椎の椎間関節を安定させたという報告があります（Hodgesら2005）。そのメカニズムには諸説あり，腹腔内圧が椎間関節のせん断力を小さくしたという説（Hodgesら2005），腹腔内圧が胸郭を頭側へ押し上げるモーメントと腹筋群が胸郭を屈曲させるモーメントが釣り合うことによって，脊柱全体が安定するという説があります（McGillら1990）。

　腹腔内圧は脊柱安定化のメリットがある一方で，呼吸・循環動態に及ぼすデメリットを考慮する必要があります。たとえば重たい物を持ち上げるとき，腹腰部を瞬間的に安定させるために"いきんで"腹腔内圧を大きく上昇させます（Kawabataら2010）。

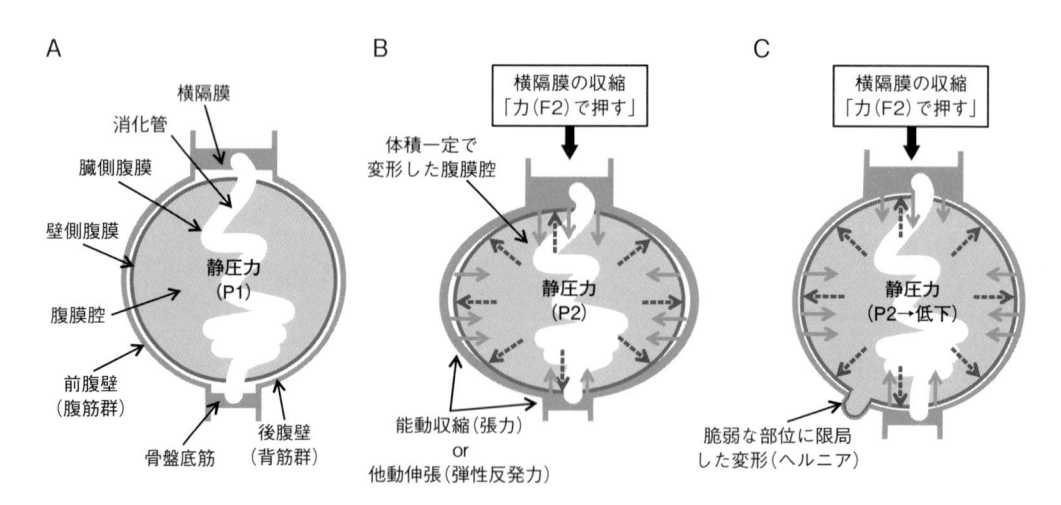

図1　腹腔内圧のモデル（A：安静時，B：収縮時，C：ヘルニア発生時）
　静圧力（P1）で力学的平衡状態にある腹腔内（A）が，横隔膜の緊張（F2）によって静圧力（P2）に変化するとき（B），腹壁や骨盤底筋は静圧力（P2）に耐えうる緊張や弾性反発力が必要となる。たとえば前腹壁が他動伸張されるとき，強靭なゴムシートのように伸張し，その反発力が圧力（P2）と釣り合えば変形（伸張）が止まる。また前腹壁が能動収縮して硬くなれば，その変形（伸張）の程度は小さく，大きな圧力変化にも対応できる。もし前腹壁に脆弱な部分があれば，そこから逸脱（ヘルニア）し，内部圧力も低下する（C）。
　なお，ここでは壁側腹膜と臓側腹膜とで囲まれる腹膜腔（塗りつぶし部分）の内部圧力を腹腔内圧とよぶ。実際の測定では，同一空間内にある消化管（胃や直腸）内圧の近似値を計測することが多い。

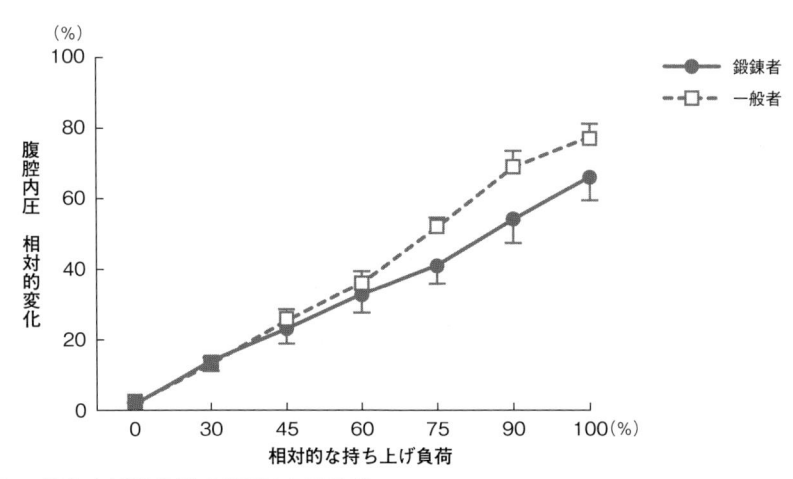

図2 持ち上げ動作時の腹腔内圧の変化

(Kawabata M et al.: Eur J Appl Physiol, 109 : 279-286, 2010)

これは体幹の剛性を得るための一種の戦略ですが、呼吸を止めていきむため、血圧の急上昇と静脈還流の制限が起こります。一方、ランニングや水泳などのように呼吸を継続しながら運動する際は、腹腔内圧を高めて体幹の安定化を得るような戦略は合理的とはいえません。このように「腰部への負荷量」と「呼吸の要求量」を天秤にかけて、優先度が高いほうの課題に対応するべく運動戦略を選択しているといえます。実際に様々な動作中に生じる腹腔内圧の上昇量を測定した結果、バルサルバ操作でいきんだときを100%とすると、最大持ち上げ動作は70〜80%（Kawabataら 2010：**図2**）、ドロップジャンプ着地は90〜100%（河端ら 2008）、泳動作は5〜25%（小川ら 2012）でした。

（河端将司）

参考文献

1) Kawabata M, Shima N, Hamada H, Nakamura I, Nishizono H : Changes in intra-abdominal pressure and spontaneous breath volume by magnitude of lifting effort : Highly trained athletes versus healthy men. Eur J Appl Physiol, 109(2) : 279-286, 2010.
2) 河端将司, 加賀谷善教, 島 典広, 西薗秀嗣：ドロップジャンプ動作中における体幹の筋活動および腹腔内圧の変化. 体力科学, 57(2) : 225-234, 2008.
3) 小川まどか, 島典広, 太田洋一, 河端将司, 図子浩二：流速の異なるクロール動作中の腹腔内圧の変化様相. トレーニング科学, 24(1) : 69-75, 2012.

第10章 科学的根拠に基づいた柔軟性向上エクササイズ

本章のねらい

本章では，柔軟性を向上するための基礎理論について触れ，各種柔軟性向上エクササイズの概念や科学的根拠をまとめることで，各々のエクササイズの特徴を学ぶ。そのうえで，柔軟性を向上させるために，機能評価から導き出された個々の身体の状態に応じた最もよい方法を選択，あるいは組み合わせてアプローチできることが目標となる。なお本章では，ストレッチングを中心に構成した。

Key word
- 柔軟性向上の基礎理論
- モビライゼーションの具体例
- ストレッチングの理論の実際
- クリニカルマッサージの基礎と具体例

1 柔軟性向上の基礎理論

1-1 柔軟性の定義と要因

柔軟性という言葉は，学問や研究分野により定義が異なる。元々はラテン語のflestereまたはflexibilis（曲げる）に由来し，「曲げられる能力，曲げやすさ」として定義される。体育学，スポーツ医学，健康関連科学では，柔軟性の簡単な定義は「関節や関節複合体の有効に働く最大運動域」とされ，筋の柔らかさや関節の動き自体の円滑さなどが同時に発揮されるのが，いわゆる柔軟性とされる。

柔軟性を決定する要因は，筋の伸張性が重要な因子ではあるものの，骨形態に由来する関節の形状や構造，結合組織を含む軟部組織の伸張性に由来する筋膜や腱，靱帯，関節包，皮膚，皮下組織などがかかわる。さらに筋は収縮する組織であるため反射などを司る神経系の要素も要因となる。柔軟性の個人差は，生来的な骨形態や組織の粘弾性といった遺伝的要素が大きいが，幼少からバレエなどの大きな可動性を要する運動をしていると，その後も比較的柔軟性が高い傾向があるといった後天的要素も関連がある。

1-2 柔軟性の評価

柔軟性は関節可動域（ROM：range of motion）測定や筋タイトネステストにより，角度や距離で表現されることが多い。物理的な組織の柔軟性の評価は様々である。最も研究が行われているストレッチングの分野においては，関節可動域測定や筋タイトネステストのほか，スタティックストレッチング中に生じる他動的な抵抗を測定した静的トルクや一定の角速度で他動的に関節を動かした際に生じる動的トルク，筋腱複合体のスティッフネスの計測，筋硬度計や超音波（エラストグラフィー）による組織弾性の測定，超音波画像を用いた筋腱複合体や筋腱移行部，腱の伸張量あるいは筋束の長さの変化などが利用されている（図10-1）。

1-3 柔軟性向上の基礎理論

柔軟性向上エクササイズを行った際に，関節

可動域が拡大，つまり柔軟性が向上することはしばしばみられる。この柔軟性の向上がどのような生理的変化によって起こっているかについて明確ではないが，参照し得る範囲の基礎理論をまとめる。なお，柔軟性低下の原因については第4章の関節機能異常の項を参照にされたい。

柔軟性向上エクササイズによる効果は以下のものがあげられる。すなわち，①血流の改善や組織温度の上昇による物理的柔軟性増加，②軟部組織および結合組織の粘弾性の低下による伸

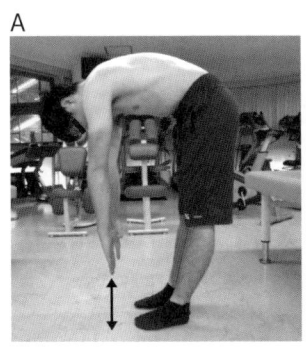

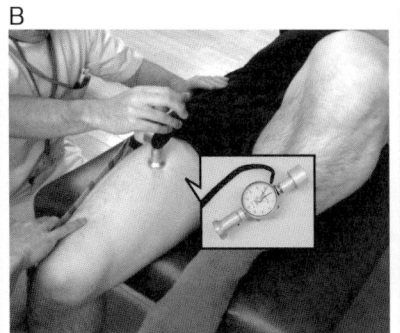

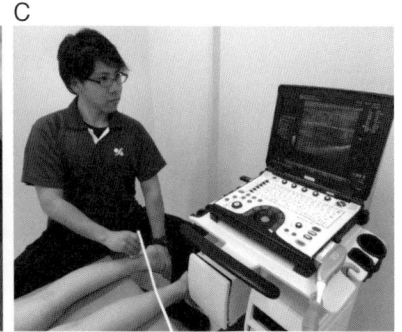

図10-1 柔軟性の評価
A：筋タイトネステスト。写真は背部と大腿後面の筋の柔軟性（FFD）。B：筋硬度計による大腿直筋の筋硬度の測定（梨本ほか：スポーツ傷害，17：37-39，2012より一部改変），C：超音波画像によるアキレス腱－下腿三頭筋移行部の長さの測定。

【スポーツ障害との関連性】
ウォーミングアップとクーリングダウン

　ウォーミングアップとは，パフォーマンスの向上とケガの予防を目的に競技直前に行われる身体的・精神的な準備のための一連のエクササイズである。また，クーリングダウンとは，競技において蓄積した疲労をできるだけ早期に回復させることを目的に競技直後に行われる身体的・精神的な調整のための一連のエクササイズである。

　ウォーミングアップに必要な要素は，①体温（筋温）の上昇，②筋への刺激，③神経系への刺激，④競技特性を考慮した動作の確認である。一般的には，まず筋温を上昇するために軽運動から開始し，スタティックストレッチングにて柔軟性の準備をして，ダイナミックストレッチングにて競技動作に関連した柔軟性の向上と筋や神経系への刺激を行い，徐々に強度を上げて呼吸循環器機能を競技に準じたレベルまで高める。筋の痛みや多少のケガや障害がある選手では，最初に物理療法やマッサージなどの他動的なウォーミングアップを加えて調整することも効果的である。一方，過度なマッサージやスタティックストレッチングはパフォーマンスの低下が統一見解として報告されており，競技直前までスタティックストレッチングを行うことは現在では勧められない。ダイナミックストレッチング後ではパフォーマンスが向上することが報告され，近年のスポーツ現場ではダイナミックストレッチングがウォーミングアップの主流となっている。

　クーリングダウンに必要な要素は，①血流の正常化による老廃物の除去，②筋緊張の低下と柔軟性の正常化，③心理的な鎮静である。クーリングダウンの種類として，軽い有酸素運動としてのジョギングや自転車エルゴメーター，水泳，ストレッチングといったアクティブリカバリーと，マッサージ，アイシングなどのパッシブリカバリーとがある。血中乳酸の除去のためにはアクティブリカバリーのほうが有効である。順序として軽い有酸素運動により血流の正常化と乳酸の再利用を促進し，軽いダイナミックストレッチングから十分なスタティックストレッチングにて筋緊張を低下させて柔軟性を正常化する。痛みを抱えていたり，局所を繰り返し酷使するケースでは炎症予防や筋疲労の除去のためにアイシングやマッサージを利用することが効果的である。

第10章　科学的根拠に基づいた柔軟性向上エクササイズ

張性増加,③組織間の滑走性増加,④筋緊張の低下,⑤伸張反射の低下,⑥stretch tolerance(組織が伸張された際の痛みや伸張感に対する耐性の感覚)の変化,⑦筋腱複合体の伸張性や組織長の拡大,⑧筋節(サルコメア)数の増加である。

1-4 柔軟性向上エクササイズの目的

柔軟性向上エクササイズの第1の目的は無論,柔軟性の向上である。柔軟性は運動能力の1要素であると同時に健康に関する体力指標の1要素でもあり(Pate 1983),スポーツ領域だけでなく健康づくりの観点も含む。すなわち柔軟性向上エクササイズの目的は,柔軟性を獲得することでスポーツを含む身体活動のパフォーマンスの向上や傷害予防である。

柔軟性が高いことが必ずしも運動機能や競技力といったパフォーマンスを向上させることに結び付くわけではないものの,体操やバレエなどの芸術的なスポーツにおける全身的な柔軟性や,ハードル走におけるハムストリングスの柔軟性などの競技に特異的な筋の柔軟性が高いことが直接的にパフォーマンスと関係する場合は多い。また,柔軟性の低下が傷害発生に影響を与えることは総説的に数多く報告されており,その典型例では大腿四頭筋とジャンパー膝やオスグッドシュラッター病,腰部背筋群と腰痛,ハムストリングスと肉離れ・腰痛・鵞足炎,下腿三頭筋とアキレス腱炎,僧帽筋と肩こりなどである。

これらの因果関係が原因なのか結果なのかは重要な点であるが,パフォーマンスと傷害予防といったコンディショニングの観点で,目的をもったエクササイズを行うことが必要である。

2 ストレッチングの理論と実際

2-1 ストレッチングの概念

ストレッチ(stretch)とは,「伸ばす・広げる・伸張する」ことであり,筋や腱を他動的あるいは自動的に伸張することをストレッチング(stretching)と呼んでいる。基本的には筋や腱に対するアプローチとして選択されるが,身体の組織を伸ばす行為そのものはほかの軟部組織(靭帯・関節包・神経・血管・脂肪組織・皮膚)をも伸張する行為としてとらえられる。したがってストレッチングを実施する場合には,関節構成体のどこを伸ばしたいのか,目的をもって適切な方法を選択する必要がある。簡単な例をあげると,体幹前屈時に骨盤の前傾が少なければ腰背部の筋が伸張され,骨盤が十分に前傾していれば大腿後面の筋が伸張される(図10-2)。

2-2 ストレッチングによる各組織の変化と力学的応答

ストレッチングが行われた際は筋組織に張力が加わり,筋内膜や筋周膜などの結合組織に加え,筋原線維の筋節(サルコメア)ではアクチンとミオシンのフィラメントでの滑走と,ミオシンとZ帯を結ぶタンパク質であるタイチンに張力が生じる(図10-3)。また,ストレッチングにより筋と腱はどちらも伸ばされるが,その割合は各組織の粘弾性や筋収縮の程度に依存し,結合組織が密に配列している腱のほうが伸張は少

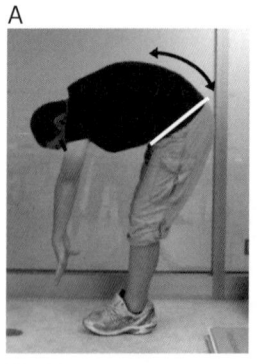

図10-2 体幹前屈によるストレッチにおける骨盤の位置による違い

白線が骨盤の位置,黒い矢印がストレッチされる箇所を表す。A:骨盤の前傾が不十分な体幹前屈では,腰背部の筋がストレッチされる。B:骨盤の前傾が十分な体幹前屈では,ハムストリングスがストレッチされる。

ない。一方，筋緊張が高いとき（あるいは筋が収縮しているとき）には筋組織は短縮しているため筋腱移行部や腱組織が伸張される（図10-4）。関節包や靭帯などはどちらも非収縮性の組織であるため，関節運動の中間域では通常たるんでおり張力は発生せず，最終域で伸張される（Gajdosik 2001）。

組織が伸張されると力学的に通常一定の変化を呈する（図10-5）。組織の長さ変化（あるいは関節角度変化）と応力（あるいは抵抗）の関係（角度－抵抗曲線）では，運動初期の緩やかな応力の増加はたわんだ組織がぴんと張るまでの過程を示し，その後の直線的な応力増加は組織が張った後にさらに伸ばされたときの状態を表している。さらに伸張されると，微細な組織損傷が生じて弾性がなくなり，塑性域を超えると組織は完全に破断する。

各組織の力学的特性は異なるため，どの組織が伸長されているかは角度－抵抗曲線の直線部分の傾きである程度判断できる。すなわち傾きが大きくなるほどその組織は硬いことを表し，エンドフィールの違いを意味する（図10-6A）。また急激に抵抗が大きくなるまでの長さは，関節可動域の制限が生じるまでの角度を表し，明らかな拮抗筋の抵抗がないにもかかわらず正常よりも早く抵抗を感じる場合は組織の短縮が疑われる（図10-6B）。

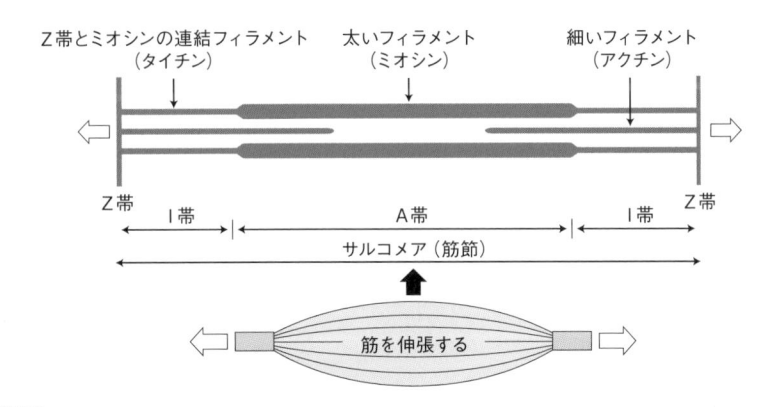

図10-3 ストレッチングによる筋組織の伸張
筋線維に伸張がされるとアクチンフィラメントとミオシンフィラメントの滑走が生じるとともに，ミオシンフィラメントとZ帯を連結するタイチンフィラメントに張力が加わる。
（M.J. オルター：柔軟性の科学，p33，大修館書店より一部改変）

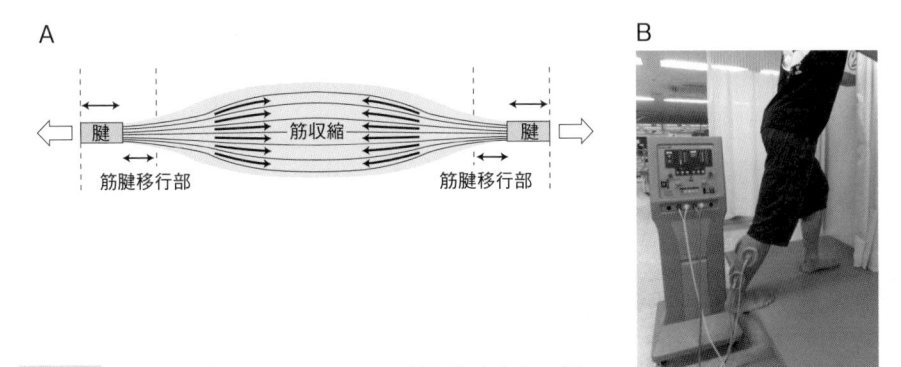

図10-4 筋収縮を伴ったストレッチングと臨床応用の例
A：筋の緊張が強い（筋収縮している）場合では，腱組織や筋腱移行部のほうが伸張される割合が大きくなる。B：下腿三頭筋に電気刺激による筋収縮を加えながらストレッチングを行うことで，アキレス腱と筋腱移行部のストレッチングとなる。

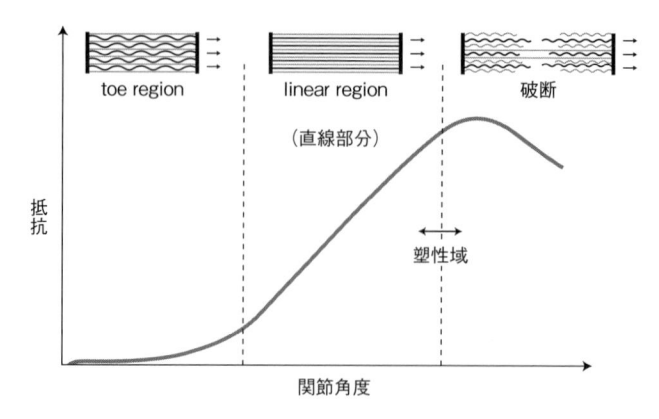

図10-5 関節角度と抵抗の関係を示したグラフ（角度-抵抗曲線）
関節運動開始時は抵抗が少ないが，ある地点を越えると関節角度が増大するにつれて直線的に抵抗が大きくなる。そのまま角度が増大すると組織は塑性域に達し，最終的に破断する。
（村木孝行：理学療法京都，41：6-40，2012より一部改変）

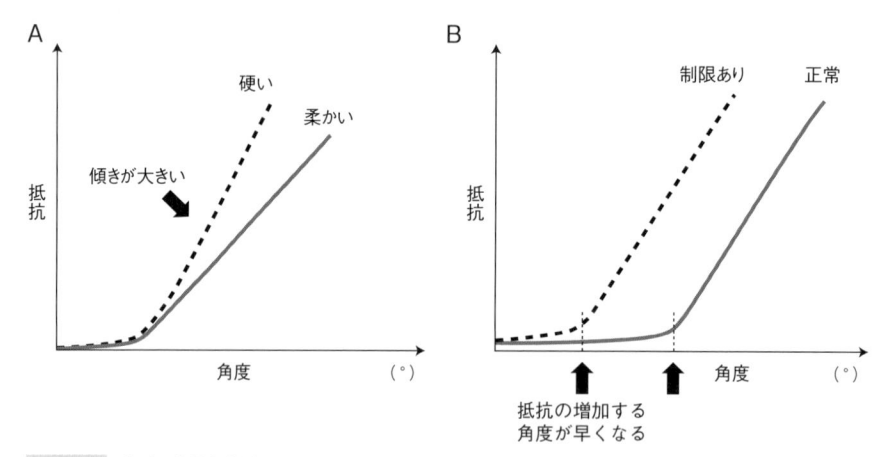

図10-6 角度-抵抗曲線におけるエンドフィールの違いと組織短縮
A：角度-抵抗曲線の（直線部分の）傾きが違うことは，エンドフィールの違いを意味する。
B：抵抗の増加する角度が早くなることは，組織短縮を意味する。
（村木孝行：理学療法京都，41：36-40，2012より一部改変）

2-3 ストレッチングによる柔軟性向上の短期および長期効果

ストレッチングの効果に関して，システマティックレビューがいくつも行われており，短期的あるいは長期的な柔軟性向上効果が報告されている。ストレッチング直後の柔軟性向上は，一定の伸張を加えていると組織の抵抗が減少する"stress relaxation"によって起こると考えられている。

しかし，この変化は一時的なもので時間が経つとストレッチング前の状態に戻る。また，どのくらいストレッチできるかは，組織が伸張された際の痛みの感覚や伸張に対する耐性である"stretch tolerance"によって規定されることから，ストレッチング後の可動域改善はこれらの感覚の変化から起きているとする意見がある。その報告によれば8週間以内のストレッチングで改善する柔軟性は感覚の変化によって起こるものであり，短期的には組織の長さが増加して起きるものではないとしている（Weppler 2010）。短縮した組織を伸張するためにはストレッチングにより微細な損傷を引き起こし，コラーゲン

線維などのリモデリングを促進させることが考えられる。一方，リモデリングが完成されるまでには180日以上かかるとされており（Farkas 1973），実際には長期的な介入が必要と思われる。

臨床的には短縮した組織の伸張は穏やかな持続伸張で行い，塑性域に達したら関節包では6秒程度，筋では15秒から30秒，場合によっては1分以上伸張しながら保持して休みを入れて数回繰り返すと効果的であるとされる（Kisner 2002）。また，動物を対象とした実験では，筋への伸張刺激を3～4週間与えることで筋節長や筋節数が増加することが報告されているが（Tabary 1972；Williams 1978），ヒトを対象とした実験では不明である。

2-4 ストレッチングの実際

ストレッチングは大きく分けて2種類に分類される。1つは意識的な筋の収縮を用いない静的なストレッチングで，もう1つは意識的な筋の収縮を用いる動的なストレッチングである。自身で行う場合はセルフストレッチングと呼ばれ，相手を必要として行われる場合はパートナーストレッチングと呼ばれる。また，各種方法においてより効果的にストレッチングを行うために，様々な道具や機器を活用する方法もある（図10-7）。以下に各種なストレッチングの基礎理論と方法を紹介し，代表例を図示する。

2-4-1　バリスティックストレッチング（図10-8）

バリスティックストレッチング（ballistic stretching）は，身体の一部の重みを利用して反動をつけて関節可動域の最終域まで，あるいは最終域を超えるところまで筋を伸張する方法である。急激な筋の伸張は筋紡錘を興奮させて反射性の筋収縮を促進する。このメカニズムは伸張反射（stretch reflex）と呼ばれ，筋の伸びすぎによる傷害を防止するための生体防御機構の1つである。

ストレッチングに期待される筋緊張の抑制効果とは逆に筋緊張を亢進させるため，筋の柔軟性を高める目的には適さないとされてきたが，自己のコントロールの範囲内でウォーミングアップに用いる場合は，伸張反射を利用した伸張－短縮サイクル（stretch-shortening cycle）の機能を高められる可能性があるとして肯定する意見もある。実験的には伸張反射を発現させない関節運動の角速度は5°/秒以下と報告されている（Gajdosik 1996）。

2-4-2　スタティックストレッチング（図10-9）

スタティックストレッチング（static stretching）

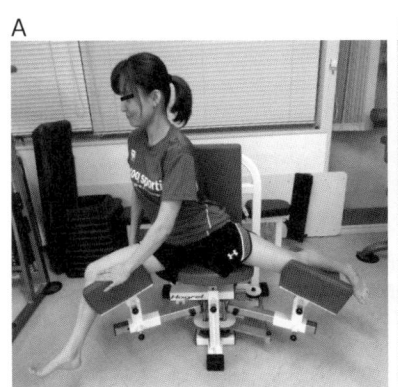

図10-7　機器や道具を用いたストレッチング
A：Hogrel社製機器（インナーサイ）を用いた内転筋のストレッチング。B：ストレッチバンドを用いたハムストリングスのストレッチング。C：傾斜台を用いた下腿三頭筋のストレッチング。

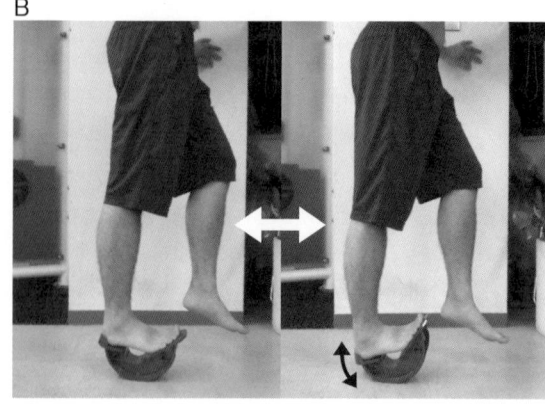

図10-8 バリスティックストレッチング（写真はセルフで可能なもの）の一例

A：勢いをつけた前屈運動の反復による，ハムストリングスのバリスティックストレッチング。脚を交差させると，後方の脚側がより伸張される。B：勢いをつけた足関節背屈（器具使用）による，下腿三頭筋のバリスティックストレッチング。なお，筋が伸張される肢位で静止すれば，スタティックストレッチングとなる。

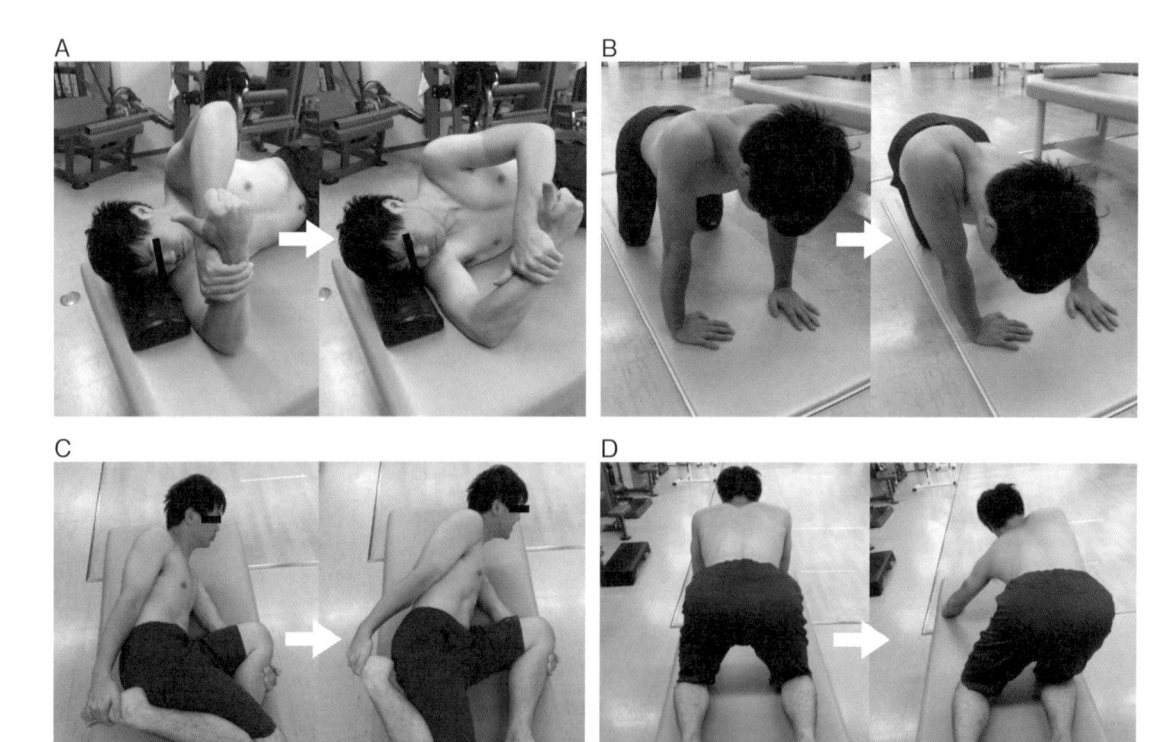

図10-9 スタティックストレッチング（写真はセルフで可能なもの）の一例

A：肩関節後方筋群のストレッチング（スリーパーストレッチ）。B：肩関節後方関節包のストレッチング。C：大腿直筋のストレッチング。D：股関節後方筋群のストレッチング。

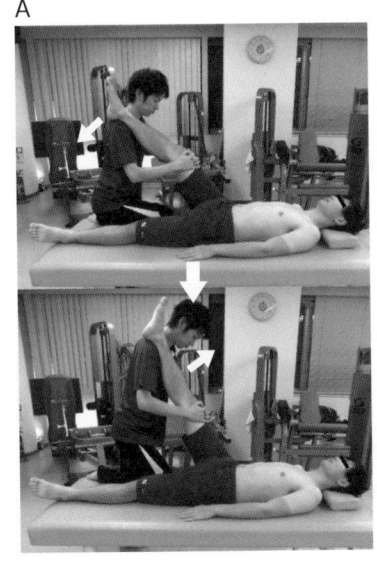

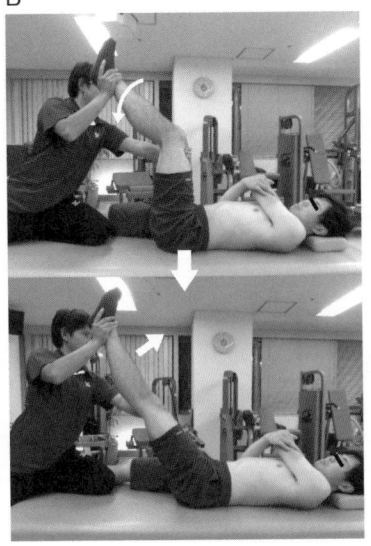

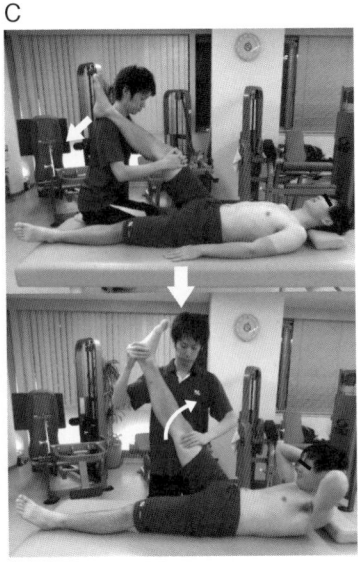

図10-10 PNFを応用したストレッチングの一例（ハムストリングス）
A：ホールドリラックス―等尺性収縮後にスタティックストレッチング。B：コントラクトリラックス―短縮性収縮後にスタティックストレッチング。C：ホールドリラックス・アゴニストコントラクト―ホールドリラックス後に拮抗筋の自動収縮によるアクティブストレッチング。

は反動をつけずにゆっくり筋を伸張し，その肢位を数十秒間保持する方法で，プロロングドストレッチング（prolonged stretching：持続伸張）ともいう。持続伸張は筋腱移行部のゴルジ腱器官を興奮させ，Ib神経線維を経て持続伸張された筋の脊髄前角細胞の興奮を抑制し，逆に拮抗筋に対して促通的に働く（自己抑制と相反性促通）。このメカニズムをIb抑制といい，スタティックストレッチングは筋緊張を低下させて伸張反射の閾値を高めることで主働筋，拮抗筋，共同筋および固定筋の円滑な反応を促し，柔軟性を向上させるとともに筋損傷を予防するとされる。1970年代にBob Andersonが出版したストレッチングの成書により，アスリートのみならず一般にも広く受け入れられるようになった。

効果的に柔軟性を向上させる伸張時間と回数は，単一筋あたり20〜30秒を複数回繰り返すこととされる。30秒のストレッチングとそれ以上に長いストレッチングとでは，柔軟性の改善効果に差がないことを示した研究（Magnusson 1996）や，5秒のストレッチングでは静的トルクに変化がないが，20〜30秒のストレッチングで静的トルクが20〜30％減弱することを示した研究（Bandy 1994），15秒のストレッチングを10回行った結果，5回目まで可動域は有意に増加したことを示した研究（Boyce 2008）などから導き出されている。

2-4-3　PNFを応用したストレッチング（図10-10）

PNF（proprioceptive neuromuscular facilitation：固有受容器神経筋促通法）とは，1940年代にKabatが理論化し，1950年代にKnottらによって確立された神経筋促通手技の1つである。脊髄に本来備わっている神経筋機構を応用して機能改善を図る方法で，柔軟性の改善に有効とされている一方，実施にはパートナーを必要とし，さらに熟達した技術も要求される。PNFの手技の中でホールドリラックス（hold relax）やコントラクトリラックス（contract relax）を応用したものを紹介する。

当該筋に対して徒手的に最終域までストレッ

チングをした後に，当該筋に対して等尺性収縮を負荷し，再度最終域までストレッチングする方法をホールドリラックスという。当該筋を等尺性収縮でなく短縮性収縮させる場合をコントラクトリラックスと呼ぶ。また，ホールドリラックスによる当該筋の等尺性収縮後にストレッチングする際に，拮抗筋を短縮性収縮させながらストレッチングを行う方法をホールドリラックス・アゴニストコントラクト（hold relax agonist contract）と呼ぶ。拮抗筋が最大収縮している際に主働筋に弛緩が起こる相反神経支配を利用したストレッチングであり，ホールドリラックス・アゴニストコントラクトはスタティックストレッチングとコントラクトリラックスに比較して有意に可動域が増加したと報告されている（Feber 2002）。

2-4-4 ダイナミックストレッチング（図10-11）

ダイナミックストレッチング（dynamic stretching）とは，対象となる筋群の拮抗筋群を意識的に収縮させ，関節の曲げ伸ばしや回旋などといった実際のスポーツ競技中の類似動作を模した動きを取り入れることで，その競技種目に特異的な柔軟性を向上させ，利用される筋群間の協調性を高めることなどを目的として行われる。対象となる筋群への直接的な操作は行わず，その拮抗筋群を積極的に収縮させる動作による相反神経反射を利用するため，ストレッチング時の筋損傷のリスクはバリスティックストレッチングより低いとされる。他の方法と比べ，身体を十分に動かしながら実施するため，筋温ならびに体温の上昇や，筋群の活動水準の増加の効果が高く，パフォーマンス向上に有効なストレッチングとして運動前のウォーミングアップに利用されることが多い。

2-4-5 コンプレスストレッチングとダイレクトストレッチング（図10-12）

コンプレスストレッチング（compress stretching）とダイレクトストレッチング（direct stretching）は，傷害後のリハビリテーションにおいて短縮筋に対して多用される手技である。コンプレスストレッチングは，筋に一定の圧刺激を加えながら緩やかに持続伸張していく方法である（川野 1992）。圧刺激により，筋緊張を低下させて伸張することができる。ダイレクトストレッチングは，起始部と停止部の距離が短い筋でよく適応される方法である。可能な範囲の伸張位で筋線維に対して，垂直方向に圧迫を加えることで直接筋を伸張する。

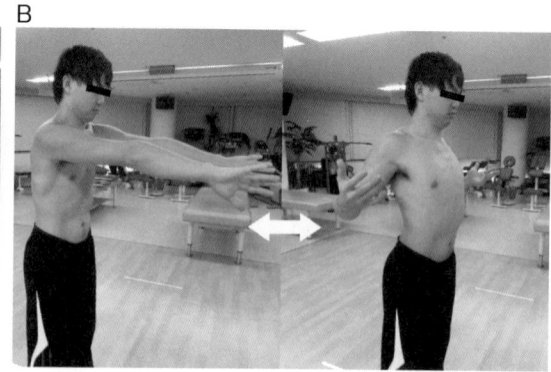

図10-11 ダイナミックストレッチングの一例
A：サッカーのキックを意識したクロスモーションによる股関節屈曲と伸展の柔軟性，および骨盤や上半身との協調性改善を目的としたダイナミックストレッチング。B：野球の胸張りを意識した肩関節水平内転と肩甲骨内転，および胸椎伸展との協調性改善を目的としたダイナミックストレッチング。

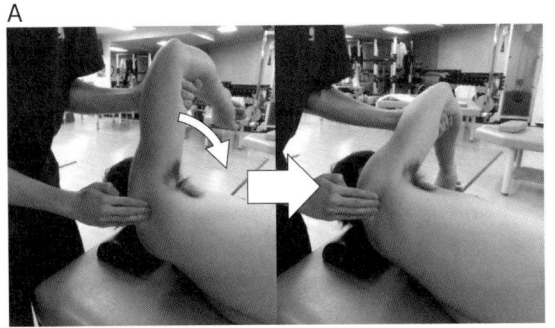

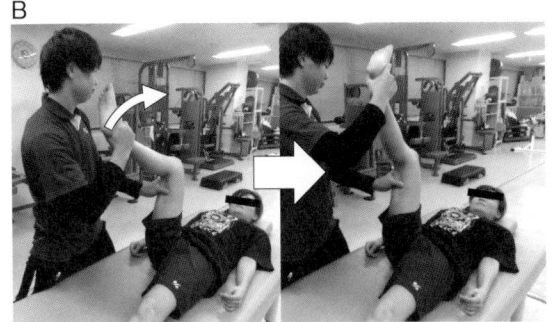

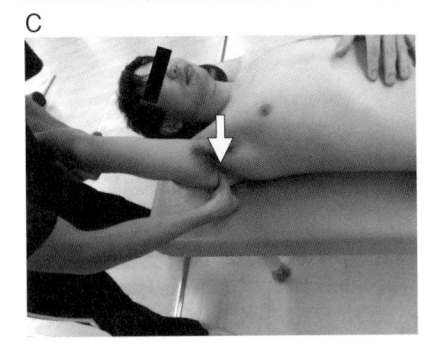

図10-12 コンプレスストレッチングとダイレクトストレッチング

A：棘下筋のコンプレスストレッチング。ここでは，棘下筋横走線維を圧迫しながら肩関節を水平内転させる。B：ハムストリングスのコンプレスストレッチング。ここでは，内側ハムストリングスを圧迫しながら膝関節を伸展させる。C：小円筋のダイレクトストレッチング。筋線維に対して最大伸張位で垂直に圧迫を加える。

【スポーツ障害との関連性】
スタティックストレッチングとダイナミックストレッチング

　スポーツ現場でのコンディショニングやウォーミングアップにおいて，スタティックストレッチングとダイナミックストレッチングのどちらを選択するかといった議論がしばしばなされる。未だに明確な答えが出ているわけではないが，これまでの研究結果をまとめる。

　ストレッチングは柔軟性を改善させるための手段であり，運動前後に行うエクササイズとして広く取り入れられていることは周知である。スタティックストレッチングは，ストレッチングの方法の中で最も安全で容易な方法であること利点である。しかし，現在までに多くの研究で上肢や下肢の様々な筋群を対象に，等尺性，等張性，等速性（求心性ならびに遠心性）の筋活動における筋力発揮の低下が報告され，同様にパワーについても低下することが確認されている。その他，統一した見解は得られていないが，瞬発的なパフォーマンスや筋の反応時間の遅延，筋持久力の低下も報告されている。このようなスタティックストレッチングによるパフォーマンスの低下はストレッチングの合計時間が長いほど大きい（図）。また，PNFを応用したストレッチングについても，施行後のパフォーマンスの低下が確認されている。一方でこれらの研究では，スポーツ現場とはかけ離れた方法でストレッチングが行われており，現場に近い方法による検討では短時間のスタティックストレッチングと，その後のウォーミングアップを行うことでパフォーマンスが向上することを示した報告もある。結論として単一筋あたり20～30秒程度のスタティックストレッチングであればパフォーマンスを低下させないのではないかと推測されている。また，スタティックストレッチングを行った後にダイナミックストレッチングを追加した場合は，パフォーマンスが低下しないといった報告もある（Faigenbaum 2006）。

　ダイナミックストレッチングでは，パワーや瞬発的なパフォーマンスが向上するといった統一見解が確認されており，近年ではパフォーマンス向上を目的とした運動前のウォーミングアップに取り入れられることが多い。一方，ダイナミックストレッチングは，筋力やもともとの柔軟性の影響により最終域までの柔軟性向上まで獲得しにくいといった点や初心者には難しい点，疲労回復には向いていないといっ

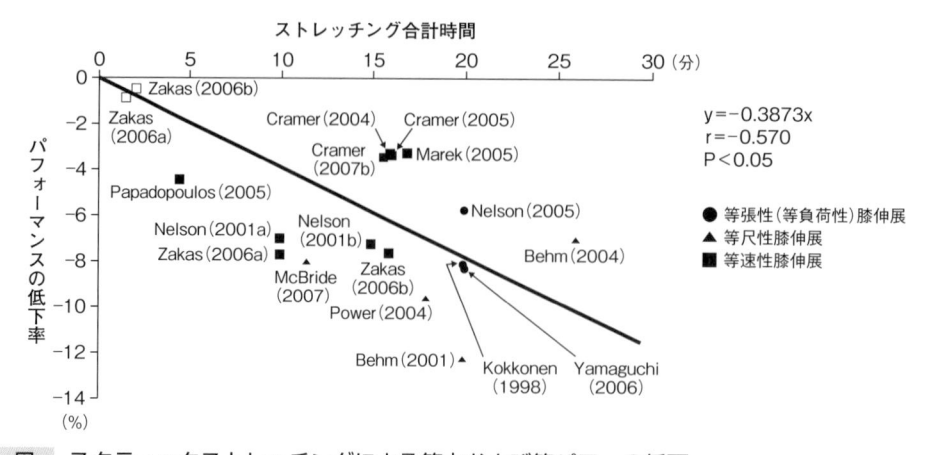

図 スタティックストレッチングによる筋力および筋パワーの低下
ストレッチ時間が長いほど筋力やパワーといったパフォーマンスの低下が大きいことを示す．
（山口太一ほか：JAPAN STRECHING ASSOCIATION，10月号，2007）

たデメリットが考えられる．また，もともとケガを有した選手の場合，スタティックストレッチングより柔軟性が改善しなかったことが報告されている．

これらの研究結果を踏まえ，目的として柔軟性向上を重視した場合は持続伸張を用いたスタティックストレッチングを利用する．体操やバレエなどの芸術的なスポーツ選手では，傷害予防のほかにパフォーマンスの観点からも関節可動域を拡大する必要があり，日常的な自己管理として十分なスタティックストレッチングを行わせる．一方，競技の直前までスタティックストレッチングを行えば，パフォーマンスの低下につながる可能性が高いため，競技前のウォーミングアップではダイナミックストレッチングを選択する．また，運動と運動の間のストレッチングについては，筋疲労が蓄積するような激運動（全力での自転車ペダリング運動など）では，運動間にスタティックストレッチングを行ったほうが，パワーや筋持久力といったパフォーマンスが改善することを示した報告がある．筋疲労は蓄積しにくいが大きな能力を発揮しなければならない運動（走り高跳びなど）では，パフォーマンスは改善せずむしろ低下することが示され，大きな疲労が生じない運動間にはスタティックストレッチングの利用は好ましくない可能性がある．

3 モビライゼーションの基礎と具体例

3-1 モビライゼーションの概念

モビライゼーション（mobilization）とは，何らかの原因で動きを失った関節の可動性を改善する徒手治療の技術の1つである．スポーツ現場では，関節の運動軸の崩れなどの関節機能異常による痛みや違和感，不快感などに対して運動前のコンディションの調整的手段として用いられることが多い．

関節運動学にもとづく"関節の遊び"や関節包内運動（副運動）の減少および異常が生じると，骨運動すなわち関節可動域は必ず制限され，関節機能異常が生じる（第4章参照）．この関節機能異常に対するアプローチが関節モビライゼーション（joint mobilization）と呼ばれる．関節モビライゼーションの手技にはさまざまな流派があり，関節包内運動をどう捉えるかに関して諸家の一致をみていない．関節運動学的なアプローチで治療する場合は，各関節の凹面と凸面といった凹凸の法則や固定の肢位とゆるみの肢位，各関節の正常な状態では骨運動に際してどのように関節包内運動が行われているかについての理解が必要である．関節可動域制限のモビライゼーションにおいて筋や腱，関節外靱帯などの軟部組織に対してのアプローチは軟部組織

モビライゼーション（soft tissue mobilization）と呼ばれる。軟部組織へのアプローチは次項のクリニカルマッサージにて紹介する。

3-2 関節モビライゼーションの目的

関節包内運動が制限された関節では，関節可動域制限とともに，関節面で回転（roll）のみ生じることとなり，骨運動方向に過剰な圧迫と反対方向に過剰な離開が起こることで関節の損傷を招く可能性がある（第4章参照）。関節モビライゼーションの目的は，牽引による関節面の離開および滑りや軸回旋などを利用して関節包内運動を再獲得することである。

3-3 関節モビライゼーションの実際

関節モビライゼーションは，筋が弛緩した状態で行われるべきであり，疼痛や軟部組織の緊張が残存している場合は，疼痛軽減のための温熱療法や軟部組織の柔軟性改善に対するマッサージなどのアプローチから始める。治療の手順として，関節面の離開（distraction）から開始し，他動的に関節面での滑り（glide）と軸回旋（spin）を獲得する。これらの3つの方法は個々の正常な関節の遊びの範囲内で行われ，関節包・靭帯の伸長が目的となる。関節の離開は，最大のゆるみの肢位で基本的に治療面（関節の凹面に引いた接線）に対して垂直方向に牽引が行われ，関節の滑りと軸回旋は治療面に対して平行に行われる（図10-13）。その後に凹凸の法則に基づいて正常な関節包内運動を誘導しながら他動伸長運動や自動介助運動，抵抗運動との組み合わせを加えることで，安全で効率的な筋・腱の伸長や神経筋機能の再教育が行えるとされている。ここでは臨床で用いることの多い関節を抜粋して紹介する。

なお，関節モビライゼーションは特に欧米の理学療法やオステオパシー，カイロプラクティックなど様々な分野から派生しており，日本においても関節運動学的アプローチ（arthrokinematic approach：AKA）として研究されている。詳細な方法論の違いや各関節の詳細についてはそれぞれの成書を参考にされたい。

3-3-1 肩甲上腕関節

関節面：凹面は肩甲関節窩で，凸面は上腕骨頭である。

離開法：背臥位で肩甲上腕関節は肩甲骨面上の軽度外転位とする。対象の前腕を治療者の腋窩で保持し，一方の手で上腕近位内側，もう一方の手で上腕遠位外側をもち，肩甲上腕関節を内転しながら凹面である肩甲骨関節窩の接線に対して上腕骨頭を垂直に牽引する（図10-14A）。

滑り法：尾側滑りでは，一方の手を上腕大結節周囲に置き，もう一方の手で上腕遠位をもち，上腕を尾側に牽引しながら上腕骨頭を尾側方向に滑らせる（図10-14B）。背側（後方）滑りでは，上腕骨頭を前方から後方に押し込むように滑らせる（図10-14C）。その他，頭側や腹側への滑

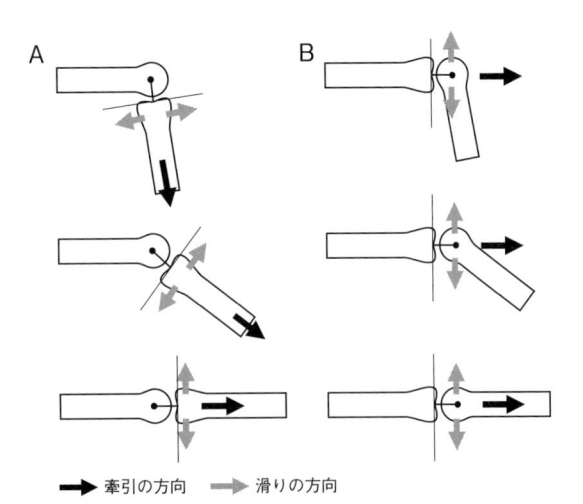

図10-13 関節モビライゼーションの治療面と離開および滑り

治療面は関節の凹面に引いた接線となる。A：凹面が凸面に対して動く場合，治療面は凹面とともに動くため関節の離開の牽引方向および滑りの方向は変化する。B：凸面が凹面に対して動く場合，治療面は静止しているため関節の離開の牽引方向および滑りの方向は一定となる。
（奈良勲ほか編：系統別・治療手技の展開, p303, 協同医書出版社, 2007より一部改変）

りがある。

骨運動との組み合わせ：屈曲や外転運動における上腕骨の動きは凸の法則に従い，外旋では腹側滑り，内旋では背側滑りを伴う。一方，肩関節疾患を有する場合や手術後では，上腕骨頭の求心性が乱れて上腕骨頭前方偏位を呈していることが多く，外旋運動においても背側滑りを誘導したほうが効果的であることも多い。

3-3-2 脛骨大腿関節

関節面：凹面は脛骨関節面で凸面は大腿骨内側顆と外側顆である。

離開法：坐位で下腿近位を把持し，長軸方向に牽引する（図10-15A）。

滑り法：坐位もしくは背臥位で脛骨近位を把持し，脛骨を前後方向に滑らせる（図10-15A）。軸回旋では大腿骨に対して長軸を中心に下腿を内外旋させる（図10-15B）。特に下腿の内旋を促す場合は大腿骨内側に対して脛骨内側の後方滑りと大腿骨外側に対して脛骨外側の前方滑りを，下腿の外旋を促す場合は大腿骨内側に対して脛骨内側の前方滑りと大腿骨外側に対して脛骨外側の後方滑りを行う。

骨運動との組み合わせ：屈曲や伸展運動における脛骨の動きは凹の法則に従う。膝関節のscrew home movementなどの構成運動が破綻している場合は正常な内旋や外旋を誘導しながら屈曲や伸展運動を行う（図10-15C）。

3-3-3 距腿関節

関節面：凹面は脛骨と腓骨による脛腓天蓋で，凸面は距骨頭である。

離開法：坐位もしくは背臥位で足関節軽度底屈位とする。足部を把持して下腿の長軸方向に牽引する（図10-16A, B）。

滑り法：下腿遠位を把持して固定し，もう一

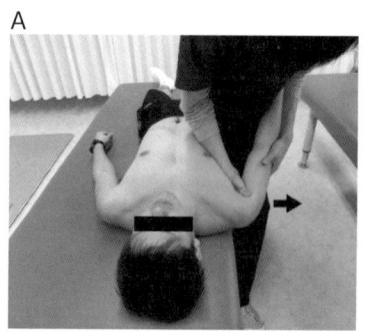

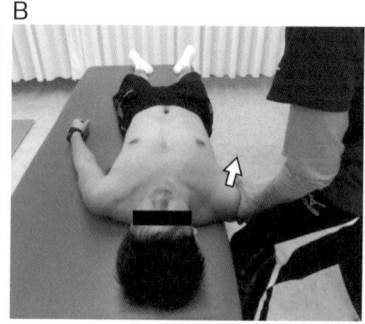

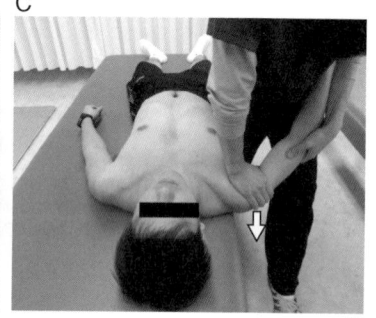

図10-14　肩甲上腕関節の関節モビライゼーション
A：関節の離開，B：上腕骨頭の尾側（下方）滑り，C：上腕骨頭の背側（後方）滑り。

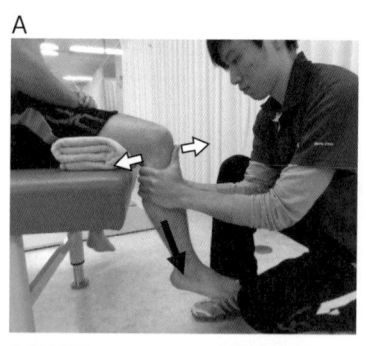

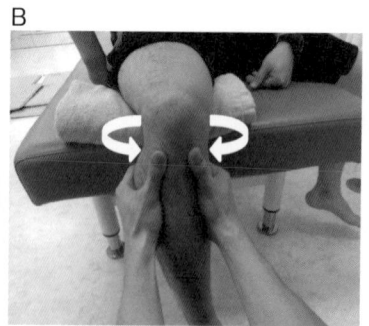

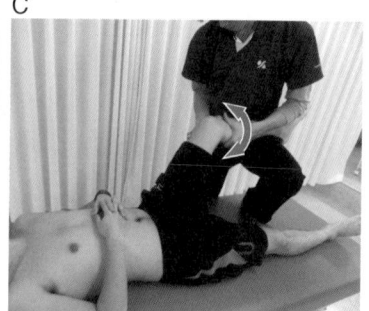

図10-15　脛骨大腿関節の関節モビライゼーション
A：関節の離開と脛骨の前後方向の滑り。B：脛骨の内外旋の軸回旋。C：screw home movementを誘導した関節運動。伸展位から屈曲初期時に正常な脛骨内旋運動を，屈曲位から最終伸展時に正常な外旋運動を誘導する。

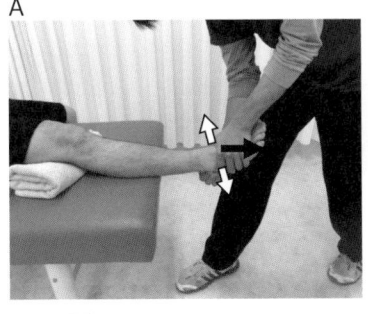

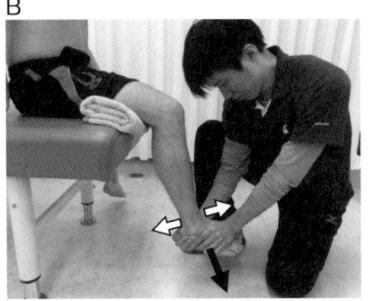

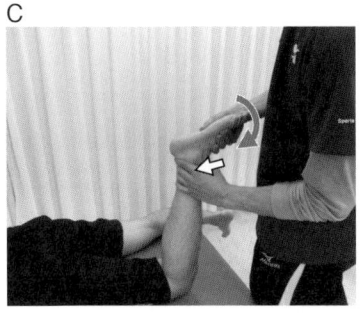

図10-16 距腿関節の関節モビライゼーション
A：距腿関節の離開と前後滑り（背臥位）。B：距腿関節の離開と前後滑り（坐位）。C：距骨後方滑りを誘導した距腿関節背屈運動。

【リスクマネージメント】
健常者に対するリスク

　健常者に対して柔軟性向上エクササイズを行う際の注意点として，まずは筋損傷や関節構成体の損傷を起こさないための考慮が必要である．強度の強すぎるマッサージでは，組織の損傷によりいわゆる揉み返しが起こる危険性がある．生理的可動範囲を超えた関節モビライゼーションでは，関節包などの関節構成体の損傷を招く可能性がある．ストレッチングではあらかじめ筋温を上昇させてから徐々に強度の強くしていくといった考慮や，多関節筋のストレッチングではオーバーストレッチにより一部の関節の過可動性を助長する可能性があることを理解しておくことが重要である（図）．

　健常者のみに対するリスクではないものの，パートナーストレッチングやモビライゼーション，クリニカルマッサージでは，治療者が対象に直接触れることの配慮を忘れてはならない．治療者側の爪の長さや清潔，指輪・時計を外すなどの皮膚損傷のリスク管理と，疾病の有無の確認にて感染症の拡大のリスク管理があげられる．

　高齢者においては骨の強度の評価も必要である．特に大腿骨や上腕骨などの大きな長管骨で，回旋を伴うストレッチングなどを行うのは，大きなトルクが骨に加わり骨折のリスクがあることを配慮する．加えて，自動運動を要するエクササイズでは，姿勢や方法により血圧の上昇や腹圧の上昇が一過性に認めることが報告されており，対象によっては方法を考慮しなければならない．

　柔軟性向上エクササイズをウォーミングアップに取り入れることは，外傷予防につながると信じられている．しかし，現在のところウォーミングアップに柔軟性向上エクササイズをすることの傷害予防効果を裏付ける報告はない（Walter 1989；van Mechelen 1993）．これらの報告は対象の競技レベルや競技への参加頻度の考慮が不足しているため，まだ結論には至らない．また，過剰な柔軟性の獲得は運動の際のエネルギー消費量を上昇させ，逆に傷害発生を助長する可能性があることも報告されている（Craib 1996；Gleim 1990；Jones 2002）．

A：肩甲骨内転が十分であり，肩甲上腕関節の過度な水平伸展がなく大胸筋のストレッチングができている．B：肩甲骨内転が不十分でむしろ外転・前傾しているため，肩甲上腕関節の過度な水平外転となって前方に過度な伸張が加わりやすいストレッチングとなっている．

図 多関節筋のストレッチングの際に起こりうるオーバーストレッチの一例（大胸筋のストレッチング）

方の手で足部を把持して距骨を前後方向に滑らせる（図10-16A,B）。

骨運動との組み合わせ：底屈や背屈運動における距骨の動きは凸の法則に従う。背屈では腹臥位膝関節屈曲で距骨の後方滑りを他動的に誘導しながら行うと効果的である（図10-16C）。

4 クリニカルマッサージの基礎と具体例

4-1 クリニカルマッサージの概念

クリニカルマッサージとは「痛みや機能障害といった具体的な身体症状を改善するために，軟部組織に徒手的な手技治療を行うこと」とされており，治療的なマッサージとして捉えられている。スポーツ現場ではウォーミングアップやクーリングダウンに補助的に利用されることが多く，またケガや痛みを有する選手に対してはリハビリテーションの導入としてコンディショニングの範疇で用いられる。

クリニカルマッサージで用いられるテクニックは軟部組織の痛みや機能障害あるいはその両方を凝り固まった組織をほぐすことで改善することを目指し，広い概念で捉えるならば伝統的マッサージや筋膜リリース，軟部組織モビライゼーションなどの手技も治療アプローチの1つとして用いられる。伝統的マッサージとの主な違いは，伝統的マッサージは治療対象がしばしば広範・全体的であるのに対し，クリニカルマッサージは局所・重点的・個別的となる傾向がある。

4-2 クリニカルマッサージの目的と効果

マッサージは，循環改善によるいわゆる"こり"をほぐす手段や疲労回復，リラクセーションを目的として広く知られている。特に軽擦や揉捏では血流量の増加や遅発性筋痛の緩和，筋硬度の低下，下肢筋疲労度の軽減が報告されている（小粥 2009）。また神経系に対しては，強い力で長い時間のゆっくりとした刺激は抑制的・鎮静的に作用し，弱い力で短い時間の素早い刺激は促進的，興奮的に作用することが，前頭葉のα波やβ波の変化の調査から報告されている。

クリニカルマッサージは，治療的アプローチの補助としての側面が強いため，単一の手技による効果を示すエビデンスは乏しい。

4-3 クリニカルマッサージの治療テクニックと実際

伝統的マッサージでは，基本的に①軽擦法（マッサージの基本手技であり，治療部位を軽く擦る方法で治療の最初では評価と準備のために，最後では効果判定と調整のために多く用いる），②強擦法（強く擦る方法で老廃物の循環を促進する），③圧迫法（持続的な圧迫は神経の興奮を抑制し，間欠的な圧迫は促通に作用する），④揉捏法（基本的手技で，揉みほぐす方法である），⑤叩打法（文字通り叩く手技である）の5種の標準的な手技で構成される（図10-17）。身体のどの部位を使うかはマッサージを行う対象部位の大きさや広さ，状態に応じて①手掌，②手根，③四指（母指を除く四本の指），④二指（母指と示指），⑤母指，⑥拳の前面，⑦肘，⑧前腕などが適時選択され（図10-17），これはクリニカルマッサージにおいても同様である。

クリニカルマッサージにおける治療部位は軟部組織や結合組織であり，治療テクニックは非常に多数の手技があげられる。ここでは筋膜と軟部組織に対するアプローチについて触れる。

4-3-1 筋膜に対するアプローチ

筋膜（fascia）は筋線維を包む非収縮性の結合組織であり，浅筋膜と深筋膜に区分される（図10-18）。浅筋膜は皮下組織とも呼ばれ，表皮および真皮と筋層および深筋膜の間に位置する脂肪組織を主とした層である。浅筋膜は強い伸張にもよく耐え，あらゆる方向に滑らせることができる。また代謝産物を蓄積する潜在的スペー

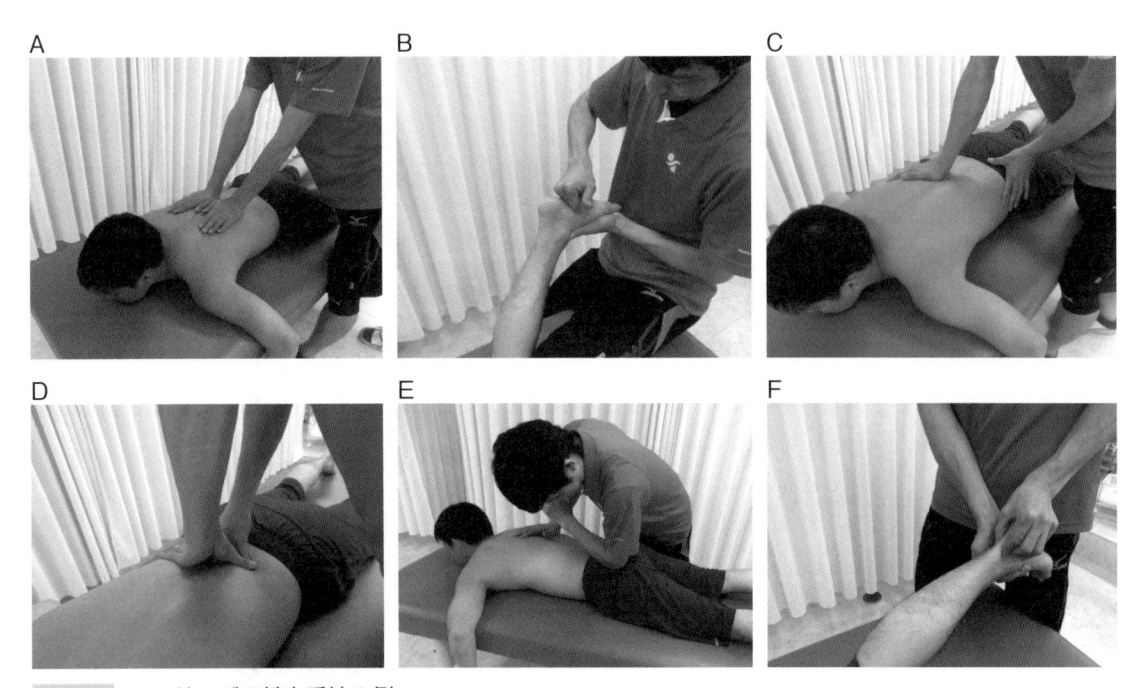

図10-17 マッサージの基本手技の例
A：手掌での腰背部の軽擦法，強擦法。B：拳の前面での足底の筋の軽擦法，強擦法。C：手掌での腰部の揉捏法。D：母指による腰部の圧迫法。E：肘による臀部の圧迫法。F：二指でのアキレス腱の圧迫法，軽擦法。

スともなっている。深筋膜（狭義の筋膜）は浅筋膜より深部にある筋膜の総称で，体壁や体肢を形作る構造物を包む役割をもつ。特に四肢では全体を包む強固な膜となり，筋外膜によってゆるく筋と結合するため，筋と筋の間の滑動性は大きい。筋線維の集団全体を筋外膜が覆い，筋線維束を境する薄い膜を筋周膜，各筋線維の間に侵入する筋内膜なども筋膜として扱う。

筋膜のねじれやゆがみは外傷や習慣的な姿勢，過負荷による疲労，代謝循環の低下，筋のインバランスなどから生じるとされ，関連痛を引き起こすトリガーポイント（圧痛点）として現れる。筋膜の可動性の異常は筋膜セーターコンセプトとして例えられており（図10-19），すなわち1か所の筋膜の異常が身体全体に影響すると考えられている。

筋膜の治療においては，筋膜のねじれをリリース（解きほぐす）する手技とされ，浅筋膜と深筋膜に対するアプローチに分けられる。浅筋膜

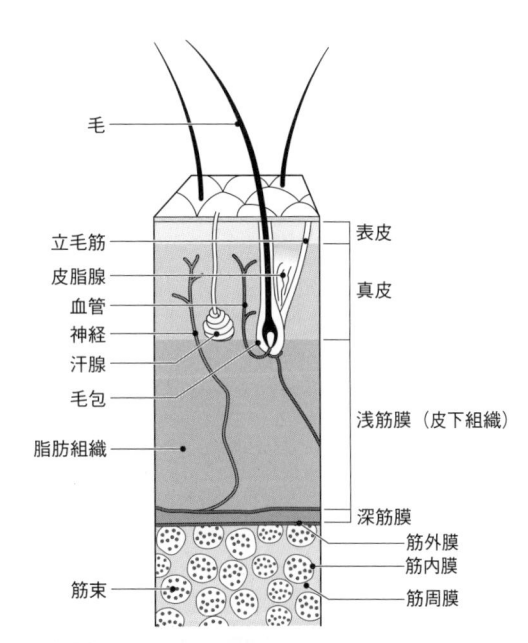

図10-18 皮膚と皮下組織，筋膜の構造の模式図（浅筋膜と深筋膜）

（奈良勲ほか編：系統別・治療手技の展開，p85，協同書出版社，2007より改変）

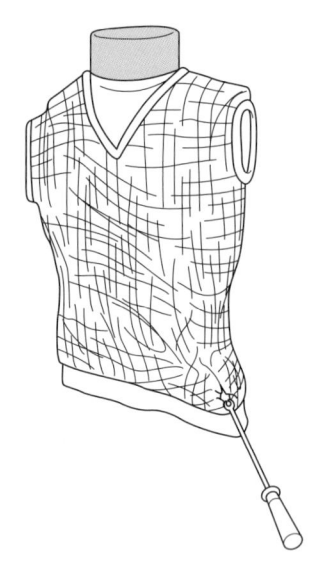

図10-19 筋膜セーターコンセプト
筋膜の一部にほつれやゆがみが生じると身体全体に影響を及ぼすことを表している。
(奈良勲ほか編集：系統別・治療手技の展開, p91, 協同医書出版社, 2007)

の柔軟性の改善には軟部組織モビライゼーションが用いられることが多い。すなわち皮膚を指腹で一方を固定してもう一方を様々な方向に引っ張ったり、ねじったりして伸張する手技(stroking)や、皮膚をつまみ上げて牽引を加えたまま頭尾側や左右に動かす手技（skin rolling）が含まれる(図10-20A, B)。深筋膜の伸張には筋膜リリースにおける深筋膜リリースや、筋の付着部から停止部まで筋の走行に沿って指圧を加えながらマッサージを行うストリッピングマッサージが用いられる（図10-20C, D）。

4-3-2 軟部組織に対するアプローチ

筋や腱、靭帯などの軟部組織が微細に損傷した後に回復する過程では、瘢痕形成と幅広い癒着を起こし痛みとともに運動が制限される（図5-15）。このような瘢痕組織や隣接した組織と

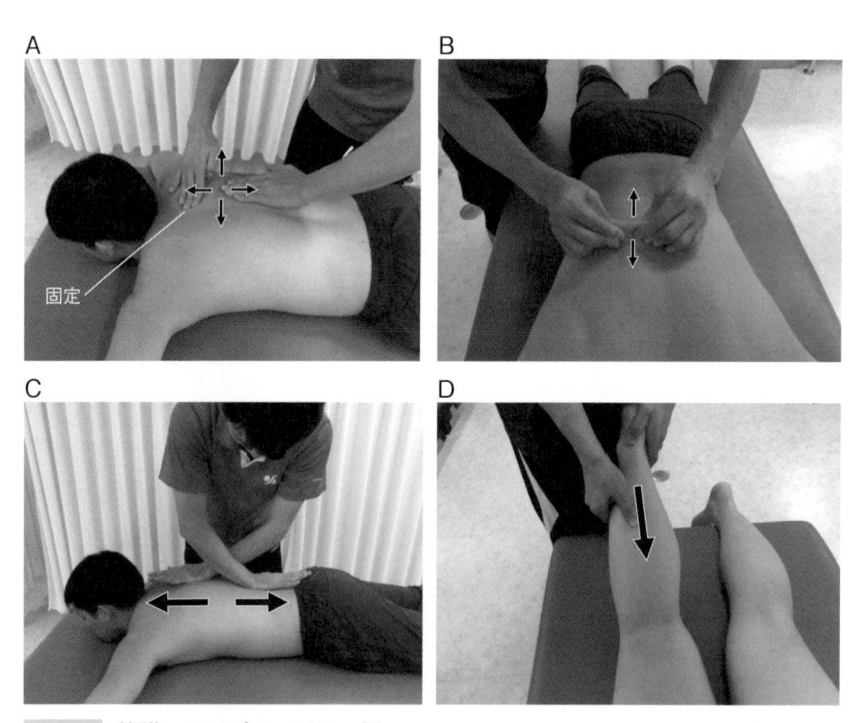

図10-20 筋膜へのアプローチの一例
A：一方の手で固定し、もう一方の手で皮下組織を様々な方向に伸長する（stroking）。B：皮膚をつまみ上げ、牽引を加えながら頭尾側や左右に可動する（skin rolling）。C：深筋膜へのアプローチでは十分な圧を加えながら90〜120秒のリリースを行う（筋膜リリース）。D：筋の起始部から停止部にかけて指圧を加える（ストリッピングマッサージ）。

【リスクマネージメント】
ケガを有する選手への対応

　ケガを有する選手に対するリスクは，損傷部位に過度のストレスをかけることに他ならない。したがって，疾患の病態や組織の修復過程，関節のバイオメカニクスなどを理解することが重要である。

　足関節捻挫においては，前距腓靱帯損傷は内がえしおよび底屈がリスクとなるため，組織の治癒過程を考慮して底屈を制限しつつ段階的に柔軟性を向上させる必要がある。一方，前脛腓靱帯の損傷も合併している場合は，荷重によって背屈すると脛腓間が離開するために荷重量の考慮や背屈可動域の獲得に関しても段階的に行う必要がある。

　肉離れなどの筋損傷では，十分な組織の修復過程を経てからストレッチングなどを開始するが，損傷部位と健常部位とでは組織の硬さが異なるため，いきなり当該筋のストレッチングやトレーニングを行うと損傷部位では伸張されず，正常部位を無駄にゆるめたり健常部位との移行部に過度の伸張ストレスが加わったりして再受傷を起こすことがある（図1）。よって，損傷部位の局所的な軟部組織の柔軟性や滑走性を向上するエクササイズを行った後に全体的なストレッチングを行う必要がある。

　柔軟性を決定する身体構造については本章の冒頭に記述したが，ケガを有する選手の場合，柔軟性の低下は筋や関節包の短縮，組織の修復過程で形成される癒着だけではなく，炎症による疼痛や腫張なども大きな要因となる。痛み刺激に反応して周囲の筋が持続的に収縮すると筋ガーディング（muscle guarding：防御性筋収縮）が生じるが，これは痛みへの自己防衛のために反射的に筋が収縮（筋緊張が亢進）した状態を指す。筋ガーディングの長期化は，阻血や代謝うっ帯により筋自体が痛みの原因となる筋スパズム（muscle spasm）を引き起こす。周囲で筋スパズムがおこった関節は可動域制限につながり，筋はさらに短縮傾向となって柔軟性を獲得しにくい状態となる（図2）。このような痛みの悪循環を断ち切るには，まず痛みの原因となる炎症や腫張があればその対策からアプローチする必要がある。

　これら各種疾患ごとのリスクの理解や痛みの対策をせずに，ケガを有する競技者に対して柔軟性向上エクササイズを行うことは非常に危険があることを忘れてはならない。

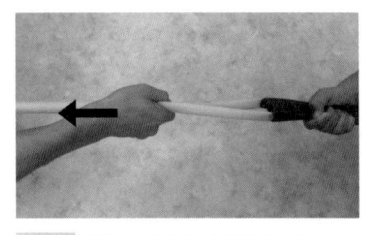

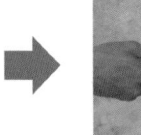

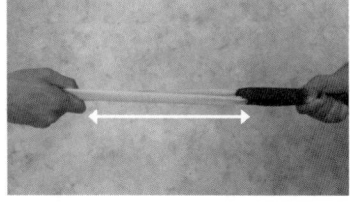

図1　硬さの異なる筋をストレッチした際の模式図
　筋組織内で硬い部分（写真中の太いチューブで示す）と軟らかい部分（同じく細いチューブ）が混在した状態でストレッチングを行うと，軟らかい部分や硬い部分との移行部のほうが，より大きく伸張されることがイメージできる。

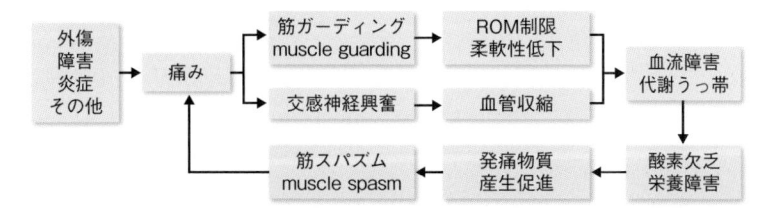

図2　痛みの悪循環の模式図
　痛みは運動神経系のみならず，交感神経にも影響して筋ガーディングと血管収縮による血流障害や代謝うっ帯を引き起こす。酸素欠乏や栄養障害により発痛物質産生が促進され，筋自体が痛みを発生させる筋スパズムの状態となることでさらに痛みが増強する。

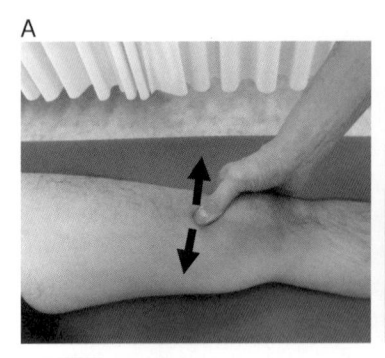

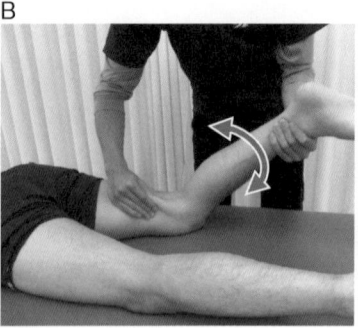

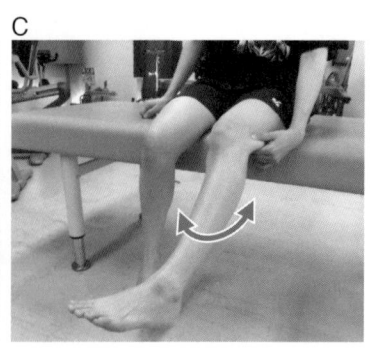

図10-21 軟部組織へのアプローチの一例
A：深部マッサージ（横断的マッサージ）。組織に対して十分な圧を加えて横断的にマッサージする。写真は大腿直筋と膝蓋上嚢の深部マッサージ。B：組織間の滑走性を高めるアプローチ。筋を把持あるいは隣接組織間を圧迫して関節を可動させる。写真はハムストリングスの滑走性を高めるためのアプローチ。C：腸脛靱帯・大腿二頭筋間の滑走性の高めるためのセルフアプローチ。

の癒着を防止するためには，治療部位の線維走行方向に対して横断するようにマッサージを行う深部マッサージ（深部横断的摩擦マッサージ：deep transverse friction massage）が用いられる（図10-21A）。

また，筆者らは癒着や瘢痕形成により滑走性が低下した当該筋と近接組織との分離を目的に，筋を把持あるいは筋と近接組織の間を圧迫して関節を他動運動や自動運動を反復させるアプローチを行い，それぞれの組織間を剥がすよう動かすといった「組織間の滑走性を高めるアプローチ」が有効と考えて臨床で実施している（図10-21B，C）。

これらの徒手療法的な手技は非常に技術を要し，未熟なままの施術は対象者に不快な痛みや傷害を与えてしまう可能性があるため，習得には鍛錬が必要である。

（佐藤正裕）

参考文献
1) マイケル J. オルター（山本利春 監訳）：柔軟性の科学，大修館書店，2010.
2) 鈴木重行編：ストレッチングの科学，三輪書店，2013.
3) Clay, JH, Pounds, DM（大谷素明 監訳）：改訂版 クリニカルマッサージ ひと目で分かる筋解剖学と触診・治療の基本テクニック，医道の日本社，2009.

第11章 持久力評価法とエクササイズ

本章のねらい

持久力は，持久的（有酸素的）な活動が多い日常生活やスポーツ運動において，最も基本的な体力要素といえる。本章では，呼吸・循環系の酸素運搬系と骨格筋の酸素利用系の働きが総合的にかかわる全身持久力について，基本的概念や特性，および評価方法や能力向上の方法などの面から概説する。

Key word

- 全身持久力
- 最大酸素摂取量（$\dot{V}O_2max$）
- 無酸素性作業閾値（AT）
- 最大酸素摂取量の評価法
- 最大酸素摂取量向上の基礎

1 持久力とは

持久力とは，ヒトが長時間にわたって一定の負荷を維持しながら，作業を持続する能力であり，「筋持久力」と「全身持久力」に大別される。

筋持久力とは，筋が疲労を生ずるのに十分な一定時間内に繰り返す能力，あるいは一定の最大下の筋力を発揮し続ける能力として定義される。また，全身持久力とは，全身の筋肉や心肺機能などすべての機能を総動員して疲労に耐えながら運動し続ける能力と定義される。その優劣には，肺，心臓，毛細血管，血液などの酸素運搬系と，骨格筋の酸素利用系の働きが総合的にかかわる。

近年，全身持久力は，競技選手の競技能力（performance）の生理学的指標だけでなく，一般の人の健康維持のための最も重要な健康関連体力（health-related fitness）の指標としても使われるようになっている。

2 全身持久力の評価指標

2-1 最大酸素摂取量（$\dot{V}O_2max$）

運動時の酸素摂取量は，運動強度の増加に伴い直線的に増加するが，ある運動強度を境にそれ以上は酸素摂取量の増大が認められなくなり，定常もしくは，低下する状況が生まれる（図11-1）。この最大値を最大酸素摂取量（$\dot{V}O_2max$）と呼び，運動時にヒトが酸素を利用する最大能力である。$\dot{V}O_2max$は酸素を用いた単位時間（通常は1分間）あたりのエネルギー産生量の最大値であり，全身持久力を反映する指標として用いられる。単位は絶対値（l/分）でも表されるが，体格が大きい人では絶対値が高くなる。全身持久力が必要な運動では，身体（体重）の移動を伴うことから，体重あたりの相対値（ml/kg/分）で表されることが多い。

最大酸素摂取量の規定因子としては，以下のものがあげられる。

2-1-1 競技種目

よく訓練を積んだスポーツ選手は，一般の人

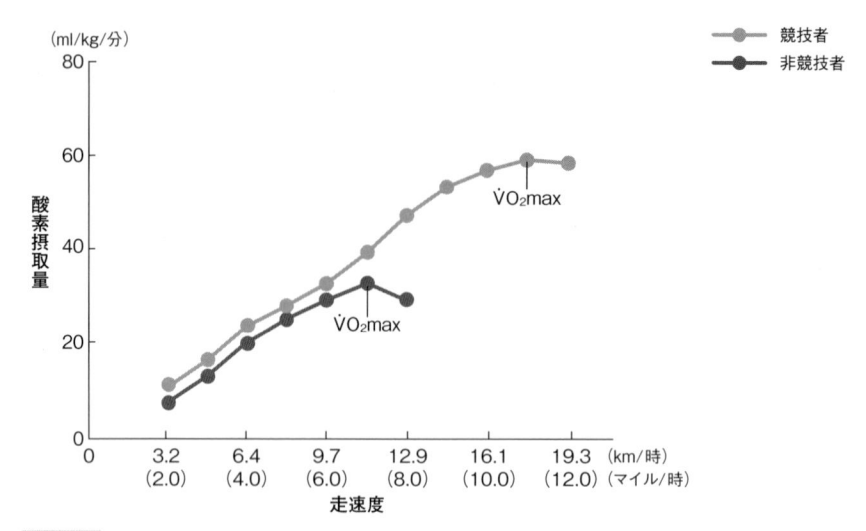

図11-1 運動強度（走速度）と酸素摂取量
（Kenney WL et al.: Physiology of Sport and Exercise [5th ed.]，p122, Human Kinetics, 2012）

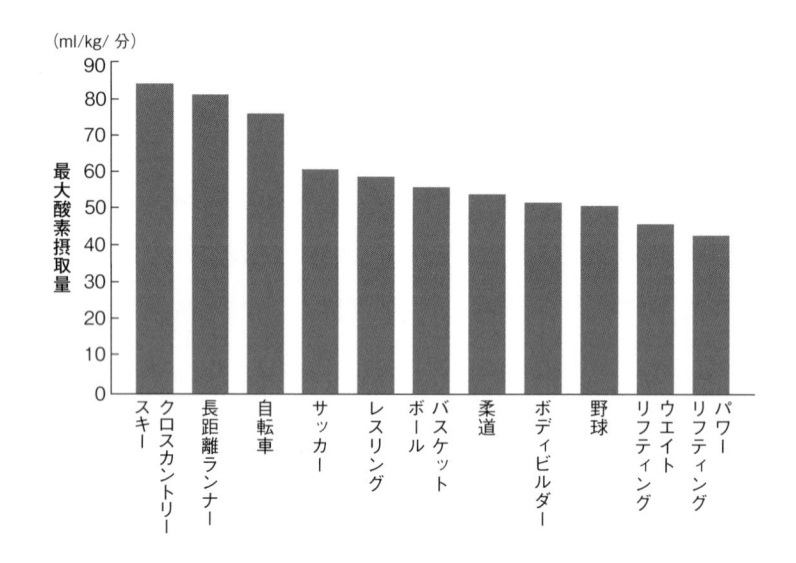

図11-2 種目別にみた男子一流スポーツ選手の最大酸素摂取量
（Ratamess NA : ACSM's Foundations of Strength Training and Conditioning, p143, Lippincott Williams & Wilkins, 2012）

に比べてV̇O₂maxが高いが，競技種目によってその値が異なる．図11-2に示すように持久系スポーツ選手は，球技系選手やパワー系選手に比較してV̇O₂maxがはるかに高い．球技系選手やパワー系選手では，V̇O₂maxは60ml/kg/分程度かこれ以下であるのに対し，持久系スポーツ選手では，80ml/kg/分以上に達する．ノルウェーのクロスカントリースキー選手のビョルン・ダーリ（Bjørn Dæhlie, 元オリンピックチャンピオン）と，アメリカの自転車選手のグレッグ・レモン（Greg LeMond, ツール・ド・フランス個人総合優勝3回）のV̇O₂maxは，それぞれ96ml/kg/分と92.5ml/kg/分に達する（Ratamess 2011）．

2-1-2 年齢

$\dot{V}O_2max$ は20歳代で最高となり，その後は加齢とともに低下し，45歳を過ぎると急激に低下する（図11-3）。また，35歳から60歳までの低下率は，男性で約11％，女性で約15％と女性のほうが大きい。加齢に伴う $\dot{V}O_2max$ の低下には呼吸・循環系と筋の機能低下，特に1回拍出量の低下と最大心拍数（maximum heart rate：HRmax）の低下，および筋組織の動静脈酸素較差の低下が要因としてあげられる。スポーツ選手であっても心臓機能，特に最大心拍数の加齢による低下を免れることはできないが，習慣的に運動を行うことによって，筋組織における動静脈酸素較差の低下は相当程度防止することができるので，若・中年期（30〜50歳）の $\dot{V}O_2max$ の低下をかなり抑制することができる（図11-4）。

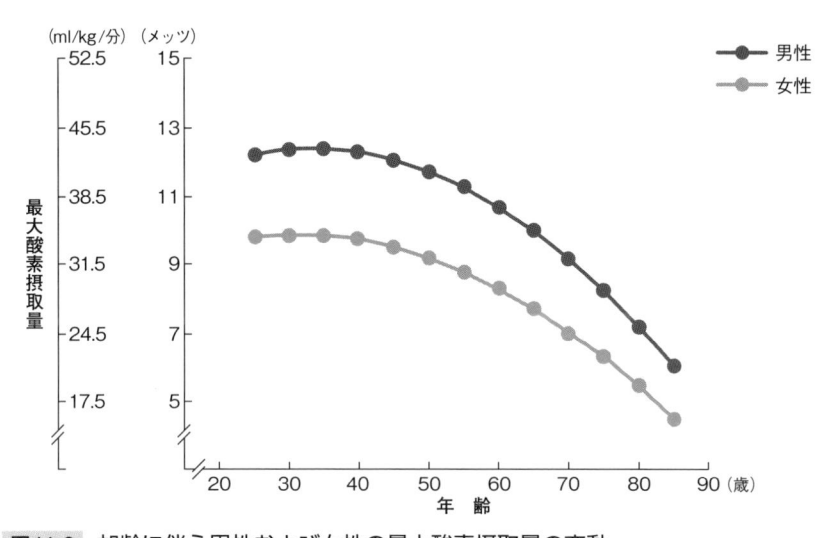

図11-3 加齢に伴う男性および女性の最大酸素摂取量の変動
メッツ：安静座位の酸素消費量，1メッツ＝3.5ml/kg/分。
（McArdle WD et al.: Essentials of Exercise Physiology [4th ed.]．p230, Lippincott Williams and Wilkins, 2010）

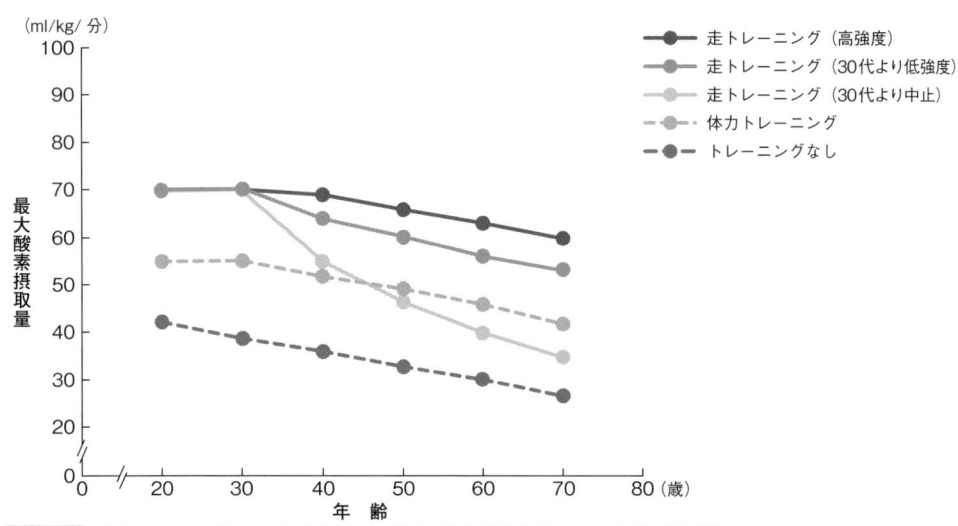

図11-4 トレーニングの有無と加齢に伴う最大酸素摂取量の変動（男性）
（Kenney WL et al.: Physiology of Sport and Exercise [5th ed.]．p461, Human Kinetics, 2012）

2-1-3 性別

男女間では身体組成とヘモグロビン濃度（男性の平均値は100ml血液中に15g，女性は13.9g）に差があり，そのことが$\dot{V}O_2max$に大きな性差をもたらしている。表11-1にみられるように，$\dot{V}O_2max$は青年期の健康な一般成人男性で43〜52ml/kg/分，女性で33〜42ml/kg/分程度であり，女性のほうが20〜25％低い。一方，よく訓練を積んだスポーツ選手の男女間の差は約10％となる。

2-1-4 遺伝

$\dot{V}O_2max$は遺伝的要因による影響が大きい。Bouchardら（1986）の研究で，一卵性双生児間と二卵性双生児間および非双生児兄弟の各々のペア間の$\dot{V}O_2max$を比較したものがある。遺伝子が異なる二卵性双生児の間（双生児のAとB）ではばらつきが大きく，非双生児兄弟間のばらつきに類似しているが，遺伝子が同一である一卵性双生児間での$\dot{V}O_2max$の一致度は高いことが示された（図11-5）。Bouchardらは，遺伝的

表11-1　非競技者と競技種目別のスポーツ選手における最大酸素摂取量（ml/kg/分）

スポーツ種目	年齢（歳）	男性	女性
非競技者	10〜19 20〜29 30〜39 40〜49 50〜59 60〜69 70〜79	47〜56 43〜52 39〜48 36〜44 34〜41 31〜38 28〜35	38〜46 33〜42 30〜38 26〜35 24〜33 22〜30 20〜27
野球／ソフトボール	18〜32	48〜56	52〜57
バスケットボール	18〜30	40〜60	43〜60
自転車	18〜26	62〜74	47〜57
カヌー	22〜28	55〜67	48〜52
アメリカンフットボール	20〜36	42〜60	―
体操	18〜22	52〜58	36〜50
アイスホッケー	10〜30	50〜63	―
馬術	20〜40	50〜60	―
オリエンテーリング	20〜60	47〜53	46〜60
ラケットボール	20〜35	55〜62	50〜60
ボート	20〜35	60〜72	58〜65
スキー（アルペン）	18〜30	57〜68	50〜55
スキー（クロスカントリー）	20〜28	65〜94	60〜75
スキー（ジャンプ）	18〜24	58〜63	―
サッカー	22〜28	54〜64	50〜60
スピードスケート	18〜24	56〜73	44〜55
水泳	10〜25	50〜70	40〜60
陸上競技（円盤投げ）	22〜30	42〜55	―
陸上競技（ランナー）	18〜39 40〜75	60〜85 40〜60	50〜75 35〜60
陸上競技（砲丸投げ）	22〜30	40〜60	―
バレーボール	18〜22	―	40〜56
ウエイトリフティング	20〜30	38〜52	―
レスリング	20〜30	52〜65	―

(Kenney WL et al.: Physiology of Sport and Exercise [5th ed.]，p269, Human Kinetics, 2012)

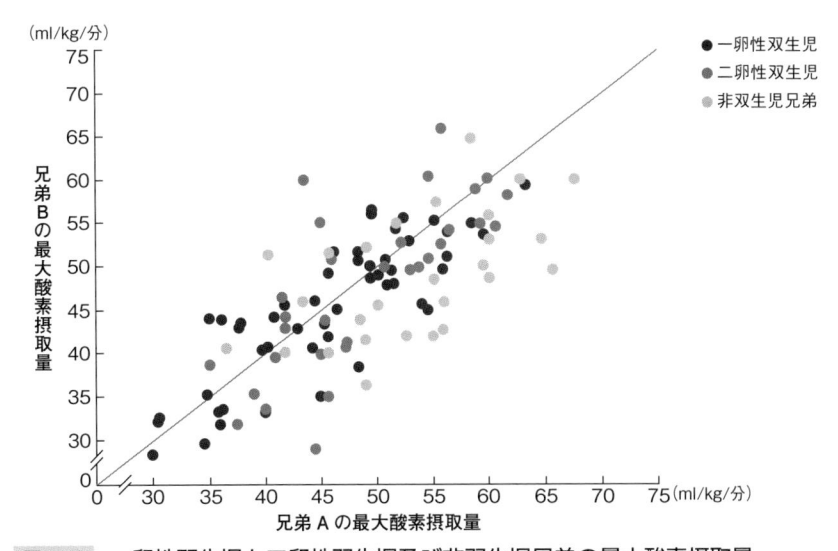

図11-5 一卵性双生児と二卵性双生児及び非双生児兄弟の最大酸素摂取量
（Kenney WL et al.: Physiology of Sport and Exercise [5th ed.]．p268, Human Kinetics, 2012）

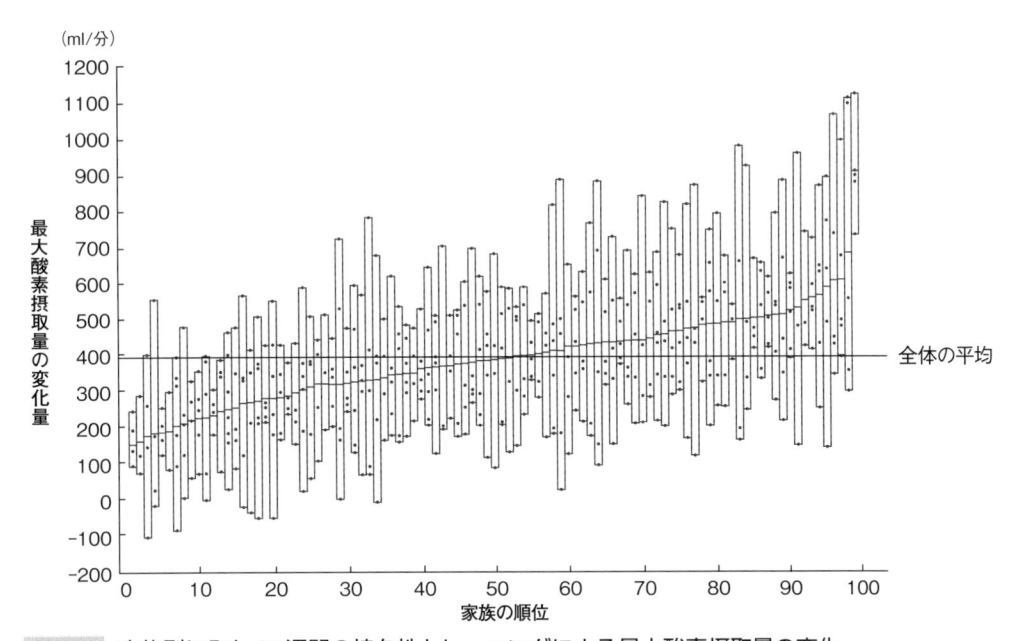

図11-6 家族別にみた20週間の持久性トレーニングによる最大酸素摂取量の変化
最大酸素摂取量の変化量について家族全員の平均値を求め，それをもとに順位をつけ，値の小さい家族から順に並べたものである。最大酸素摂取量は，年齢と性別で調整した値。●：個人の値。棒：各家族の全員のデータを含む。棒の中線：家族全員の平均値。
（Bouchard C et al.: J Appl Physiol, 87 : 1003-1008, 1999）

要因が$\dot{V}O_2max$の25～50％に寄与すると報告している。また，$\dot{V}O_2max$に対するエクササイズの効果にも，遺伝的影響があると報告されている。Bouchardら（1999）は，98の家族（親と子ども，481名）を対象に20週間の持久性エクササイズを行った結果，$\dot{V}O_2max$に平均17％の改善を認めた。そのときの個人の改善率は0～50％という大きな範囲に分布している。親子では，$\dot{V}O_2max$の増加に対する遺伝因子による最高寄与率は47％であり，特に母方の影響が大きい（図11-6）。

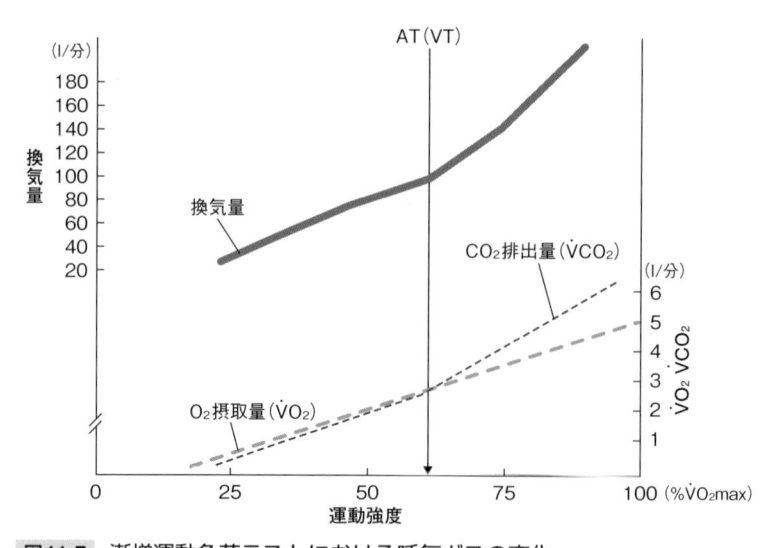

図11-7 漸増運動負荷テストにおける呼気ガスの変化
(Birch K et al.: Instant Notes : Sport and Exercise Physiology, p69, Garland Science/BIOS Scientific, 2005)

2-2 無酸素性作業閾値（anaerobic threshold：AT）

漸増する運動負荷に対し，換気量や二酸化炭素排出量は直線的に増加していくが，あるポイントから急増し始める。そのポイントにあたる運動強度は，無酸素性作業閾値（AT：anaerobic threshold），あるいは換気閾値（VT：ventilatory threshold）と定義される（図11-7）。これは運動強度が増すにつれて，有酸素性エネルギー産生機構によるエネルギー供給に加えて，無酸素性エネルギー産生機構供給が動員されはじめることを表す。ATは全身持久力を反映する指標として用いられ，普通$\dot{V}O_2max$の何％の値であるか（%$\dot{V}O_2max$）で表現する。一般的には55〜70% $\dot{V}O_2max$でATは出現するが，よく有酸素性のエクササイズを行っている人では，より高い% $\dot{V}O_2max$でATが出現する。

3 最大酸素摂取量の評価方法

最大酸素摂取量（$\dot{V}O_2max$）を測定する方法としては，直接法と間接法がある。直接法は，

【スポーツ障害との関連性】
スポーツ心臓（スポーツ心臓症候群）

スポーツ心臓あるいはスポーツ心臓症候群は，スポーツ選手に見られる症状で，エクササイズの反復・長期継続の結果，心臓が形態または機能が正常かつ生理的に適応変化した状態のことと定義される。形態的変化としては心肥大が，また機能的変化の代表として安静時徐脈があげられる。長距離走，水泳，自転車などの持久系運動と重量挙げ，相撲，レスリングなどの瞬発系運動のような異なる運動の様式によってその心臓の適応応答は異なることが明らかになっている。持久系種目では遠心性肥大（左室拡張末期容量の増加），瞬発系種目では求心性肥大（左室後壁や心室中隔の増大）をきたす。

スポーツ心臓は競技をやめてから約1〜3年程度で消失するといわれているが，心筋症などとの判別がむずかしく注意が必要である。特にスポーツ歴が短い，エクササイズの強度が高くない，成人になってから運動をはじめたような人に心臓拡大，肥大，心電図異常などが認められるときには，スポーツ心臓ではなく他の心臓疾患である可能性があるので，検査を受けるべきである。

オールアウト時の酸素摂取量を測定する。これは，被験者に負担が大きい上，医師の指導管理の下で行わなければならない。

一方，間接法では，心拍数や仕事量が酸素摂取量とほぼ直線的に増加するという原理に基づいて値を推測する。この方法では，被験者への負担が軽減されるが，10～20%の測定誤差は避けられない（McArdleら 2010）。しかし今日のようにスポーツが大衆化しつつある時代に，$\dot{V}O_2max$を簡単に推測できることは，この程度の誤差であれば十分意義があるといえる。

3-1 直接法

$\dot{V}O_2max$を直接的に測定するには，トレッドミルか自転車エルゴメーターを用いて，①単一段階の負荷（固定負荷），あるいは②1～3分で負荷をステップ状に漸増させる多段階漸増負荷，または③数秒（3～4秒）ごとに負荷を少しずつ増加させていくランプ負荷法，といったように目的や対象者に応じて種々のプロトコルを採用して，被験者に疲労困憊まで運動を行わせる。一般に，理想的なプロトコルは被験者がウォーミングアップやクーリングダウンを除いて，およそ8～12分で運動を継続できなくなるような方法である。運動中の呼気ガスを採集し，呼気量と呼気中の酸素と二酸化炭素の濃度から酸素摂取量が求められる。$\dot{V}O_2max$に達したかどうかの判定には次の基準が用いられる。

①負荷の増加に対して酸素摂取量が頭打ちなること（レベリングオフ）
②心拍数が年齢から推定される最大心拍数（HRmax＝206.9－0.67×年齢）に達している
③血中乳酸濃度が8mmol/l以上に達する
④呼吸商（respiratory quotient：RQ）が1.05以上に達する
⑤主観的運動強度（rating of perceived exertion：RPE）が19あるいは20に達する（図11-8）

この5つの指標がすべて満たされることが理想であるが，現実の問題として，運動様式，プロトコル，年齢や体力などにより，すべての条件を満たすとは限らない。一般には③以外の4つのうち2つ以上，または5つのうち3つ以上を満たす場合を$\dot{V}O_2max$とする場合が多い。

3-2 間接法

直接法による$\dot{V}O_2max$測定法が最も信頼性が高いが，低体力者や高齢者，心疾患者のように体力の限界近くまで運動できない者が実施できない。そこで，運動中の心拍数（HR）と酸素摂取量との間に直線関係が成立することを前提条件に，最大下運動時（70～85% HRmax）のHRから$\dot{V}O_2max$を推定する方法が，実験室でよく用いられてきた。しかし，このような実験室向きの方法は，特定の測定器具や専門的な知識が必要であり，多人数を安全で安価に測定するのは困難な場合が多い。

このようなことを踏まえて，様々なフィールドテストが提案されている。海外では，アメリ

6		
7	非常に楽である	Very very light
8		
9	かなり楽である	Very light
10		
11	楽である	Fairly light
12		
13	ややきつい	Somewhat hard
14		
15	きつい	Hard
16		
17	かなりきつい	Very hard
18		
19	非常にきつい	Very very hard
20		

図11-8 Borg scale（ボルグ・スケール主観的運動強度：rating of perceived exertion, RPE）
(Borg GA：Med Sci Sports Exerc, 14：377-381, 1982)

表 11-2 3分間歩行テストを用いた最大酸素摂取量（ml/kg/分）の推定式

		推定式
女性	式1	$\dot{V}O_2max = 37.501 - 0.195 \times 年齢（歳）- 0.589 \times 体脂肪率（\%）+ 0.053 \times 3MWD（m）$
	式2	$\dot{V}O_2max = 29.578 - 0.237 \times 年齢（歳）- 0.564 \times BMI（kg/m^2）+ 0.07 \times 3MWD（m）$
男性	式1	$\dot{V}O_2max = 37.964 - 0.195 \times 年齢（歳）- 0.589 \times 体脂肪率（\%）+ 0.053 \times 3MWD（m）$
	式2	$\dot{V}O_2max = 34.862 - 0.237 \times 年齢（歳）- 0.564 \times BMI（kg/m^2）+ 0.07 \times 3MWD（m）$

3MWD：3分間歩行距離。BMI：体格指数。
式1：重相関係数（R）＝0.84，推定標準誤差（SEE）＝4.57ml/kg/分
式2：R＝0.77，SEE＝5.26ml/kg/分。

（Cao et al.: Journal of Physical Activity & Health, 10：280-287, 2013 より作成）

カスポーツ医学会（ACSM）は，1.5マイル（2.4km）走テストとRockport歩行テストを推奨している（アメリカスポーツ医学会 2009）。1.5マイル（2.4km）走テストは，被験者がその距離を最大努力によって走った時間（分）から$\dot{V}O_2max$を推定するものである。次の式を用いて$\dot{V}O_2max$を推定できる。

$$\dot{V}O_2max（ml/kg/分）= 3.5 + 483/時間$$

Rockport歩行テストは，被験者にできるだけ速く1マイル（1.6km）を歩行させ，かかる時間（分）とテスト終了直後の1分間の回復心拍数（直後の15秒心拍数×4，拍/分）を計測し，これらの測定値を用いて$\dot{V}O_2max$を推定する方法である。次の式を用いて$\dot{V}O_2max$を推定できる。

$$\begin{aligned}
&\dot{V}O_2max（ml/kg/分）\\
&= 132.853 -（0.1692 \times 体重）-（0.3877 \times 年齢）\\
&\quad +（6.315, 男性のみ）-（3.2649 \times 時間）\\
&\quad -（0.1565 \times 1分間の回復心拍数）
\end{aligned}$$

日本の文部科学省（1999）は，20mシャトルラン（20～64歳）と6分間歩行テスト（65歳以上）を全身持久力テストとして採用している。また，厚生労働省（2007）によって策定された「健康づくりのための運動指針2006」（エクササイズガイド2006）では，3分間歩行テストといった簡便な持久力評価テストが提案された。3分間歩行テストは，体育館で20mの折り返し直線のコースを，RPE（図11-8）が13「ややきつい」と被験者自身が感じる速さで3分間歩き，その距離を測定する方法である。このようにして得られた3分間歩行距離（3MWD）は，表11-2に示される式に代入すると$\dot{V}O_2max$を推定することができる（Caoら 2013）。

3-3 運動負荷試験によらない推定法

近年，健康・運動指導の現場および大規模なコホート研究で，より簡便に$\dot{V}O_2max$を利用できるように，運動負荷テストを一切行わず，身体活動量と年齢や身体組成などの$\dot{V}O_2max$の影響因子から，$\dot{V}O_2max$を推定する方法が提案されている。しかし，身体活動量を評価する際に，主観的な評価方法（質問紙）を使用したため，この推定式を別の被験者に用いて推定精度を確認した報告によると，$\dot{V}O_2max$の実測値と推定値の相関関係は非常に低く，大きな推定誤差が生じることが確認されている。

この問題を解決するために，Caoらの研究グループは，加速度計で計測した強度別身体活動時間，1日の歩数，身体組成および年齢などの独立変数を用いて，成人男女それぞれの$\dot{V}O_2max$の運動負荷実験によらない推定式を開発し，その妥当性について検討した（Caoら 2010）。重回帰分析の結果，男女それぞれの4つの推定式が得られた（表11-3）。いずれの推定式の精度は高く（R＝0.81～0.86，％SEE＜$\dot{V}O_2max$実

表 11-3 成人男女の最大酸素摂取量（ml/kg/分）の運動負荷試験によらない推定式

		推定式	R	SEE
女性	式1	$\dot{V}O_2max = 50.327 - 0.241 \times 年齢（歳）- 0.667 \times BMI(kg/m^2) + 0.587 \times 歩数 \times 10^{-3}（歩/日）$	0.81	3.52
	式2	$\dot{V}O_2max = 54.526 - 0.196 \times 年齢（歳）- 0.266 \times 腹囲(cm) + 0.555 \times 歩数 \times 10^{-3}（歩/日）$	0.83	3.32
	式3	$\dot{V}O_2max = 48.288 - 0.219 \times 年齢（歳）- 0.574 \times BMI(kg/m^2) + 0.423 \times 歩数 \times 10^{-3}（歩/日）+ 0.316 \times VPA（分）$	0.85	3.11
	式4	$\dot{V}O_2max = 51.466 - 0.177 \times 年齢（歳）- 0.226 \times 腹囲(cm) + 0.408 \times 歩数 \times 10^{-3}（歩/日）+ 0.284 \times VPA（分）$	0.86	2.98
男性	式1	$\dot{V}O_2max = 61.838 - 0.371 \times 年齢（歳）- 0.677 \times BMI(kg/m^2) + 0.827 \times 歩数 \times 10^{-3}（歩/日）$	0.83	4.35
	式2	$\dot{V}O_2max = 71.011 - 0.309 \times 年齢（歳）- 0.328 \times 腹囲(cm) + 0.748 \times 歩数 \times 10^{-3}（歩/日）$	0.85	4.12
	式3	$\dot{V}O_2max = 61.925 - 0.338 \times 年齢（歳）- 0.698 \times BMI(kg/m^2) + 0.577 \times 歩数 \times 10^{-3}（歩/日）+ 0.305 \times VPA（分）$	0.85	4.15
	式4	$\dot{V}O_2max = 70.679 - 0.279 \times 年齢（歳）- 0.328 \times 腹囲(cm) + 0.513 \times 歩数 \times 10^{-3}（歩/日）+ 0.288 \times VPA（分）$	0.86	3.93

R：重相関係数，SEE：推定標準誤差，VPA：6メッツ以上の身体活動時間（分/日），BMI：体格指数。6メッツ以上の運動と生活活動については表11-5を参照。

（曹 振波：体育の科学, 61（2）：116, 2011）

表 11-4 性・年代別の最大酸素摂取量の基準

年齢	18〜39歳	40〜59歳	60〜69歳
男性	11.0メッツ (39ml/kg/分)	10.0メッツ (35ml/kg/分)	9.0メッツ (32ml/kg/分)
女性	9.5メッツ (33ml/kg/分)	8.5メッツ (30ml/kg/分)	7.5メッツ (26ml/kg/分)

表中の（ ）内の数値が最大酸素摂取量を示す。
（厚生労働省：健康づくりのための身体活動基準2013, p8）

測値の15%），これらの式を用いて得られた$\dot{V}O_2max$の推定値は実測値と有意な差がみられなかった。さらに，交差妥当性検定でも，決定係数はわずかに減少し，推定標準誤差（SEE）はわずかに増加したことから，$\dot{V}O_2max$の推定式の精度は十分に保証されたと考えられる。つまり，これらの$\dot{V}O_2max$の推定式は妥当かつ有用な評価方法であることが示唆された。

3-4 最大酸素摂取量の基準値

2013年，厚生労働省は生活習慣病の発症予防を目的とした「健康づくりのための身体活動基準2013」を公表した。その中で，生活習慣病を予防するために全身持久力の指標である$\dot{V}O_2max$を高い水準に維持することが重要であることを示したうえで，生活習慣病発症予防に必要な$\dot{V}O_2max$の基準値を示した（表11-4）。日本人成人男女ではこの基準値を満たすことが望ましく，それを下回ると生活習慣病の罹患リスクが高まると考えられる。

ヒトが自立した生活を営むためには，$\dot{V}O_2max$を18ml/kg/分以上に維持することが望ましいとされている（Patersonら1999）。

4 全身持久力向上のためのエクササイズ（トレーニング）

全身持久力を維持・向上するためには，習慣的な有酸素性エクササイズを行うことが必要であり，全身の大きな筋群を使用して，一定のリズムを保った動的運動を一定時間以上行う。このようなエクササイズによって，使われる骨格筋へ酸素を送る呼吸・循環器系の機能を改善し，またその酸素を取り込む骨格筋がエネルギーを産生する能力を高め，全身持久力の向上につながる。

4-1 全身持久力向上エクササイズの原則

全身持久力向上のためのエクササイズを効率

> ## 【測定・評価の具体例】
> ### $\dot{V}O_2max$の値を求める
>
> ①自転車エルゴメーターを用いた$\dot{V}O_2max$の測定
> －漸増運動負荷テスト（GXT）
>
> 　ペダル回転数は60rpm（回転/分）とし，心拍数（HR）が110bpm（回/分）前後になるような負荷（30～90W）で5分間ウォーミングアップを行わせた後，その負荷から測定を開始し，1分毎に15Wずつ負荷を段階的に増加させる。運動中，呼気ガス指標は呼吸代謝測定システムを用いて，breath-by-breath法により酸素摂取量（$\dot{V}O_2$）と二酸化炭素排出量（$\dot{V}CO_2$）を測定し，30秒ごとの平均値に換算して出力したデータを$\dot{V}O_2max$の決定に用いる。また，運動中は心拍数（HR）と心電図を心電計でモニタリングし，負荷を上げるごとに運動直後の主観的運動強度（RPE）を記録する。測定中，被験者に頻繁に話しかけ，疲労困憊までテストを継続するよう応援する。被験者は，最終段階の終了後にクーリングダウンを行う。
>
> 　$\dot{V}O_2max$に達したかどうかの判定には，本文3-1項に示した基準が用いられる。
>
> ②運動負荷試験によらない$\dot{V}O_2max$の推定
>
> 　特別な運動負荷テストを行わず，年齢，身体組成（腹囲，BMI），身体活動量（歩数）などの簡易指標を用いて，$\dot{V}O_2max$を推定する。
>
> 　身長，体重，腹囲，歩数（注）などを，あらかじめ計測しておく。
>
> 　50歳の成人男性（身長170cm，体重63.5kg，腹囲81cm，1日あたりの平均歩数8000歩）の場合：
> 　最初に，体格指数（BMI）を計算する。
> 　BMI＝体重(kg)/[身長(m)×身長(m)]
> 　　　＝63.5/[1.7×1.7]
> 　　　＝22kg/m²
>
> 　次に，表11-3の$\dot{V}O_2max$の推定式（男性の式1，式2）を用いて計算する。
>
> 　1）$\dot{V}O_2max$
> 　　　＝61.838－0.371×年齢(歳)－0.677×
> 　　　　BMI(kg/m²)＋0.827×歩数×10⁻³(歩/日)
> 　　　＝61.838－0.371×50－0.677×22＋
> 　　　　0.827×8000×10⁻³
> 　　　＝35ml/kg/分
> 　2）$\dot{V}O_2max$
> 　　　＝71.011－0.309×年齢(歳)－0.328×
> 　　　　腹囲(cm)＋0.748×歩数×10⁻³(歩/日)
> 　　　＝71.011－0.309×50－0.328×81＋
> 　　　　0.748×8000×10⁻³
> 　　　＝35ml/kg/分
>
> 　このように得られた$\dot{V}O_2max$の値を表11-4などで評価する。
>
> 注：歩数は1日あたりの平均歩数。その測定方法は日常生活での起床から就寝までの間の歩数を1週間測定し，1週間全体の平均1日の歩数を算出する。

よく進めていくためには，以下の原則に従って行うことが必要である。

　①過負荷，②特異性，③漸進性，④反復性，⑤継続性，⑥個別性，⑦意識性の原則

4-2　全身持久力向上エクササイズの要素

　全身持久力向上エクササイズのプログラムは，次の4つの要素によって構成される。

4-2-1　運動様式（type）

　全身持久力を向上するためには，ジョギング，水泳，サイクリングなどのように，全身の大きな筋群を使って身体を長時間動かすような全身運動が適している。

4-2-2　強度（intensity）

　全身持久力を向上するためには，十分なエクササイズの強度が必要である。従来は，より正確に有酸素性運動強度を評価するために，最大酸素摂取量（$\dot{V}O_2max$）の何％かという指標を用いてきたが，近年，酸素摂取予備量（$\dot{V}O_2R$，最大酸素摂取量と安静時酸素摂取量の差）の何％と

いう指標が使われるようになった。$\dot{V}O_2R$に基づいて目標$\dot{V}O_2$を決めるのは次の式を用いている。

目標$\dot{V}O_2$ = ($\dot{V}O_2max$ − 安静時$\dot{V}O_2$)
　　　　　×（目標至適強度）＋安静時$\dot{V}O_2$

しかし，このような実験室向きの方法は，特定の測定器具が必要することや経済性や安全性，簡便性のいずれの面からみても現場での使用が容易であるとはいえない。したがって，心拍数（予備心拍数法：heart rate reserve, HRR）や主観的運動強度（図11-8）など，比較的容易に得られる指標を活用することが提案されている。HRR（最大心拍数と安静時心拍数の差）に基づいて目標心拍数を求めるには次の式を用いる。

目標心拍数
　＝（最大心拍数−安静時心拍数）
　　　×（目標至適強度）＋安静時心拍数
最大心拍数
　＝206.9−0.67×年齢　あるいは
　＝220−年齢

最近の知見では，$\dot{V}O_2max$に対する効果をもたらすためのエクササイズの強度の最小閾値は，個人の全身持久力レベル，年齢，健康状態，生理的な違い，遺伝，習慣的な身体活動レベル，そして社会的・心理的要因などによって変化する。たとえば，全身持久力が低い（40ml/kg/分以下）人では，あるいはディコンディショニングの状態の人にとっては，30%$\dot{V}O_2R$／HRRという低い強度の運動でも，全身持久力は向上する。一方，全身持久力が高い（40〜51ml/kg/分）人では，$\dot{V}O_2max$を高めるために少なくとも45%$\dot{V}O_2R$の運動強度が必要である（図11-9）。

ACSM（2013）は，全身持久力を向上するための運動強度として30〜90%の$\dot{V}O_2R$／HRRを勧めている。表11-5には，厚生労働省が示す6メッツ以上の運動と生活活動の例を示した。

4-2-3　継続時間（time）と頻度（frequency）

1回に必要な運動時間は，主として運動強度や運動頻度に左右される。ACSMのガイドライ

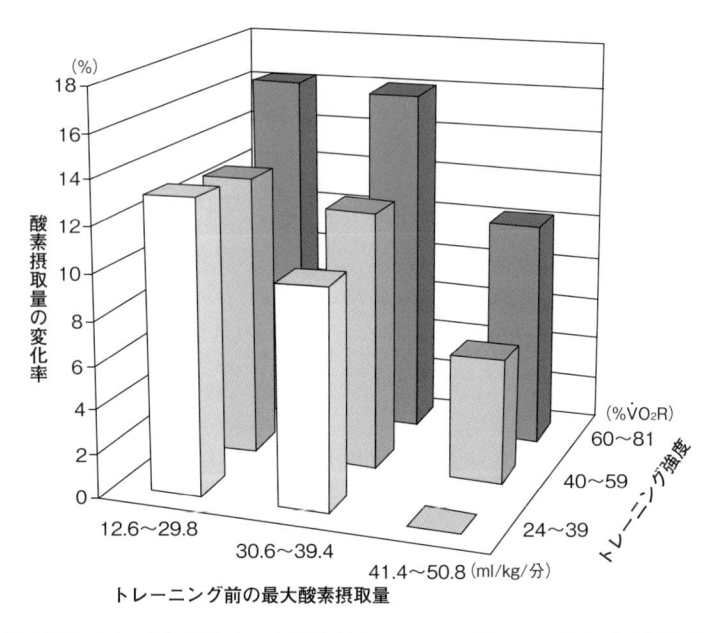

図11-9　体力別にみた異なる強度の有酸素性トレーニングによる最大酸素摂取量の変化率
（Swain DP : Preventive Cardiology, 8 : 55-58, 2005）

表11-5 6メッツ以上の運動と生活活動の例

メッツ	6メッツ以上の運動の例
6.0	ゆっくりとしたジョギング，ウエイトトレーニング（高強度，パワーリフティング，ボディビル），バスケットボール，水泳（のんびり泳ぐ）
6.5	山を登る（0～4.1kgの荷物を持って）
6.8	自転車エルゴメーター（90～100ワット）
7.0	ジョギング，サッカー，スキー，スケート，ハンドボール*
7.3	エアロビクス，テニス（シングルス）*，山を登る（約4.5～9.0kgの荷物を持って）
8.0	サイクリング（約20km/時）
8.3	ランニング（134m/分），水泳（クロール，ふつうの速さ，46m/分未満），ラグビー*
9.0	ランニング（139m/分）
9.8	ランニング（161m/分）
10.0	水泳（クロール，速い，69m/分）
10.3	武道・武術（柔道，柔術，空手，キックボクシング，テコンドー）
11.0	ランニング（188m/分），自転車エルゴメーター（161～200ワット）
メッツ	6メッツ以上の生活活動の例
6.0	スコップで雪かきをする
7.8	農作業（干し草をまとめる，納屋の掃除）
8.0	運搬（重い荷物）
8.3	荷物を上の階へ運ぶ
8.8	階段を上る（速く）

＊試合の場合

（厚生労働省：健康づくりのための身体活動基準2013. pp51-52）

ンは，週に3～5回の頻度で，中強度の運動を1日30～60分間（週に150分以上），または高強度の運動を1日20～60分間（週に75分以上），あるいは同等の中～高強度の運動を組み合わせて行うことを勧めている。有酸素性運動は1回につき，少なくとも10分間以上続けることが望ましい。運動頻度については，体力レベルの低い人やディコンディショニングの状態にある人では，週に2回の頻度でも全身持久力は向上するが，週に3～5回行えば，さらなる向上が期待できる。

4-3 全身持久力向上の方法

全身持久力向上には，主に持続トレーニングとインターバルトレーニングが用いられる。

> **【リスクマネージメント】**
> **エクササイズにおけるリスク管理**
>
> 　有酸素性エクササイズを実践する際には，高強度運動は整形外科的傷害や心疾患の発症リスクも増大するため，動作様式や負荷強度によって生じる可能性がある外傷や呼吸・循環系機能障害を理解したうえで，エクササイズプログラムを検討することが重要である。肥満者や高齢者あるいは運動習慣のない人には特に注意を払う必要がある。同じ部位に負荷が加わることを避けて運動強度の余裕をもった多くの筋群を動員するにはクロストレーニング（いくつかの異なる運動様式の組み合わせ）を行うことが望ましい。

4-3-1 持続トレーニング

中程度あるいはそれ以上の運動強度の運動を長時間持続して行うものを，持続トレーニングという。その中でよく知られているのは，比較的ゆっくりと長い時間をかけて運動をするLSD（long slow distance）トレーニング法である。LSDトレーニングで運動強度は人によって異なるが，呼吸が乱れない程度のゆっくりしたスピードで，普通に会話ができる程度が目安である。

高齢者などの体力レベルの低い人やディコンディショニングの状態にある人では，1970年代に進藤と田中が提唱したニコニコペースの運動が最適である。この運動は，ATよりやや軽い運動であり，身体に無理がないので，安全性が高い有酸素性運動である。ニコニコペースはRPEが11～12程度で，運動中に息苦しいことを感じない強度である。その代表的な運動様式は「歩く」と「走る」ことである。運動による膝や腰への負担が心配な人には，ニコニコペースの水中ウォーキングが推奨される。

4-3-2 インターバルトレーニング

インターバルトレーニングは，運動と不完全休息を交互に繰り返す方法である。主に長距離選手やマラソン選手の専門的なトレーニングとして用いられてきた。今日では，水泳やそのほかの競技種目においても広く実施されている。運動期間と休息期間を適当に設定することによって，様々なインターバルトレーニングプロトコルが提案されている。

なかでも，田畑らが1997年に開発したタバタプロトコル（Tabata Protocol）が有名である。この方法は$\dot{V}O_2max$の170％に相当する強度で，20秒間の運動を10秒間の休息を挟んで8セット実施するものであり，6週間のタバタプロトコルを実施した結果，被験者の無酸素性持久力と，有酸素性持久力が28％増加したことが報告されている。

（曹　振波）

参考文献

1) ACSM : ACSM's Guidelines for Exercise Testing and Prescription (9th ed.), Lippincott, Williams and Wilkins, 2013.
2) Kenney WL, Wilmore JH, Costill DL : Physiology of Sport and Exercise (5th ed.), Human Kinetics, 2012.
3) McArdle WD, Katch FI, Katch VL. Exercise Physiology : Energy, Nutrition and Human Performance (7th ed.), Lippincott Williams and Wilkins, 2010.

第12章 歩行および走動作の分析と動作改善エクササイズ

本章のねらい

歩行ならびに走動作は，ヒトが生活するうえで必要な移動運動であり，スポーツ場面でも基本になる動作である。本章では，歩行ならびに走動作について運動学やバイオメカニクス的観点から概説するとともに，ケガのリスクを高める動作の着眼点や動作改善の具体的方法について紹介する。

Key word

- 歩行・走動作のバイオメカニクス
- 動作分析法
- 地面反力分析法
- ケガのリスクを高める動き
- 動作改善の具体的方法

1 歩行のバイオメカニクスと評価

1-1 歩行の基礎

1-1-1 歩行周期

歩行動作は，定量的に記載するための空間的パラメーター（図12-1）が定義されており，この一連の動作を歩行周期という（中村 2001）。この歩行周期は，下肢の足底面が地面に接している期間が立脚期，地面に接していない期間が遊脚期と大別される（図12-2）。自然歩行では，全歩行周期のうち立脚相は60％，遊脚相は40％となる。また，歩行が走行と大きく異なる点は，両足支持期がある点であり，初期接地（図12-3①）と立脚終期（図12-3④）の2回観察される。歩行の位相区分は，従来からいわれる伝統的な歩行区分とランチョ・ロス・アミゴス式の2つがある（図12-3）。

1-1-2 歩行時の重心移動

歩行によって生じる重心点の位置移動の軌跡（中村 2001）は上下方向と左右方向に正弦曲線を描き，以下の通りとなる。まず，重心の上下移動は立脚中期に最高となり，初期接地に最低となる正弦曲線で振幅はおよそ4.5cmとなる。重心の左右移動は初期接地に中心を通り，立脚中期に最も側方に移動する正弦曲線で，振り幅はおよそ3cmとなる。

1-1-3 歩行時の床反力

歩行時には足部から床面に対して垂直，水平，回旋の力が働き，それに反する力が床面から足部に対して働いている。これを床反力といい，荷重下肢から床面に働く力と同じ大きさで方向が逆向きとなる。標準歩行速度における床反力の垂直分力は二峰性を示し，最大値は体重の110％，谷の部分の最小値は80％となる。第一峰は立脚中期開始時に生じ，荷重反応に対応する。谷の部分は身体重心が足部を中心に前方に回転し上昇することによって生じる。第二峰は，立脚後期に重心が下降することによって生じる。このような垂直分力パターンから，重心の上下方向の加速度の変化を知ることができる。

床反力は，歩行速度によって最大値は変化し，歩行速度が増大すれば最大値は増加する。また，

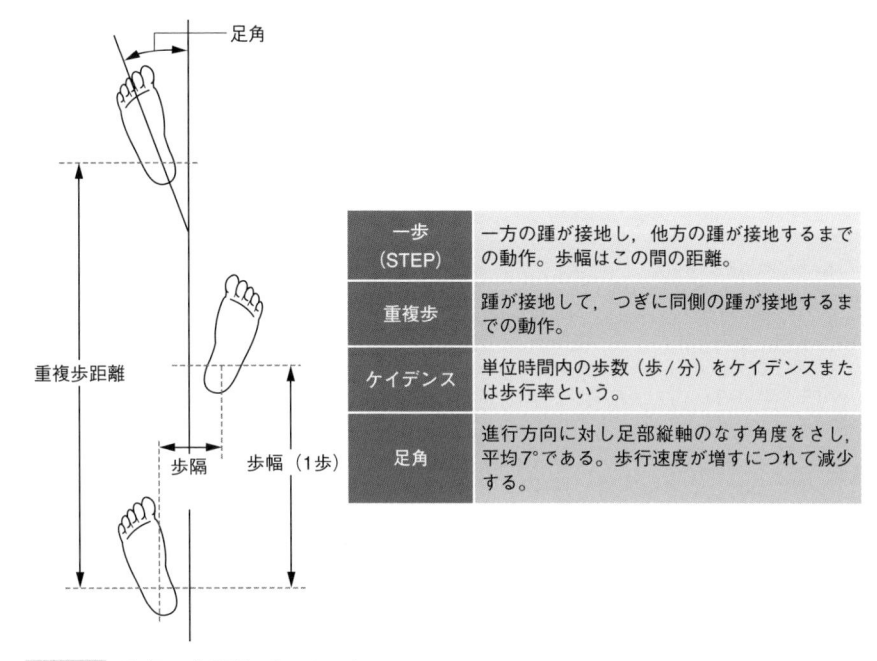

図12-1 歩行の空間的パラメーター

一歩 (STEP)	一方の踵が接地し，他方の踵が接地するまでの動作。歩幅はこの間の距離。
重複歩	踵が接地して，つぎに同側の踵が接地するまでの動作。
ケイデンス	単位時間内の歩数（歩/分）をケイデンスまたは歩行率という。
足角	進行方向に対し足部縦軸のなす角度をさし，平均7°である。歩行速度が増すにつれて減少する。

(Murray MP et al.: Am J Phys Med, 45 : 8-24, 1966 より一部改変)

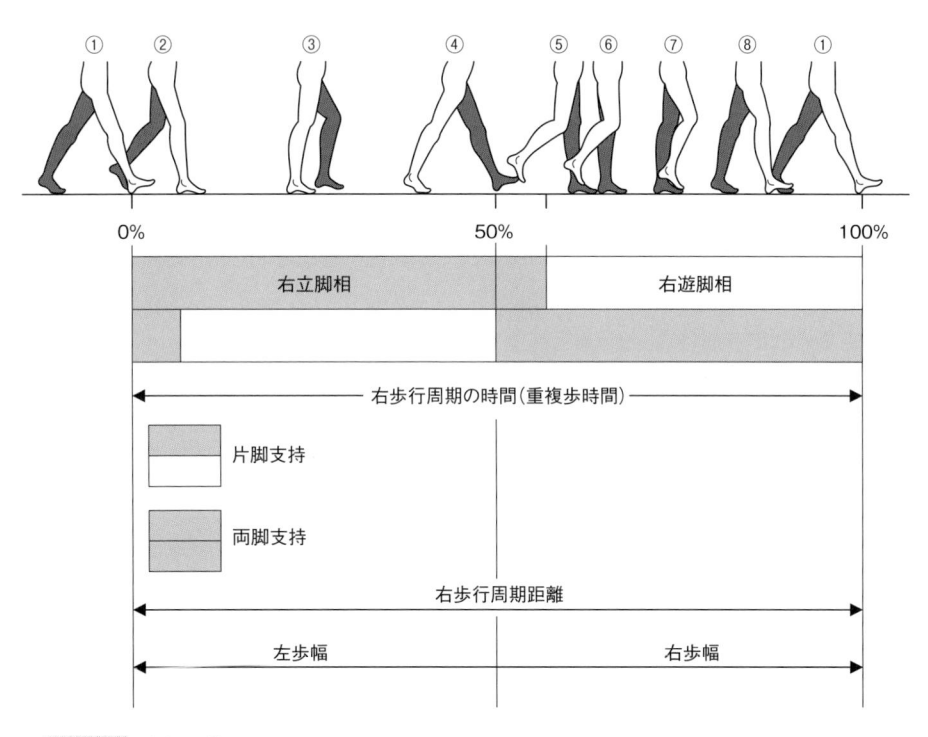

図12-2 歩行周期

(Murray MP : Am J Phys Med, 46 : 290-333, 1967 より一部改変)

第12章　歩行および走動作の分析と動作改善エクササイズ　**189**

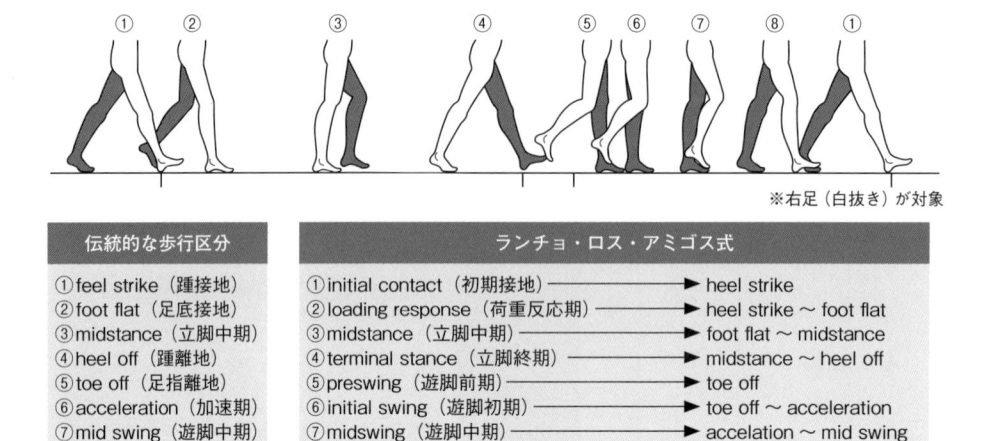

伝統的な歩行区分	ランチョ・ロス・アミゴス式
①feel strike（踵接地） ②foot flat（足底接地） ③midstance（立脚中期） ④heel off（踵離地） ⑤toe off（足指離地） ⑥acceleration（加速期） ⑦mid swing（遊脚中期） ⑧deceleration（減速期）	①initial contact（初期接地） → heel strike ②loading response（荷重反応期） → heel strike 〜 foot flat ③midstance（立脚中期） → foot flat 〜 midstance ④terminal stance（立脚終期） → midstance 〜 heel off ⑤preswing（遊脚前期） → toe off ⑥initial swing（遊脚初期） → toe off 〜 acceleration ⑦midswing（遊脚中期） → accelation 〜 mid swing ⑧terminal swing（遊脚終期） → mid swing 〜 deceleration

図12-3 歩行の位相区分

（中村隆一ほか：基礎運動学，医歯薬出版，pp333-361, 2001より一部改変）

床反力の水平分力は垂直分力に比べて小さく，左右方向の分力が最も小さい。荷重応答期に生じる内側方向分力の最大値は体重の約5％，立脚終期に生じる外側方向分力の最大値は約7％である。前後方向分力は体重の25％未満である。荷重応答期には体重の約13％の前方分力を示し，その後，前後方向分力は低値となり立脚後期に体重の約23％の後方分力を示す。

1-1-4 歩行時の各下肢関節の動き

歩行中の各下肢関節の動き（図12-3）は，歩行周期の各位相でそれぞれ屈曲と伸展の運動を行い，正常者の歩行は規則性をもった定型的なパターンを示す（中村 2001）。

股関節は初期接地（図12-3①）から伸展し続け，それに伴い体幹が前方に移動する。支持脚として立脚終期となり，対側下肢が初期接地（図12-3④）を迎えると，次は遊脚相への準備として屈曲を始め遊脚相の間屈曲を続ける。

膝関節は1回の歩行周期に2回の屈曲と伸展を行う。まず，初期接地（図12-3①）から荷重反応期（図12-3②）にかけて軽度屈曲し，立脚中期以降（図12-3③）体幹が支持脚より前方に移動すると伸展する。そして，対側下肢が初期接地（図12-3④）すると膝は再度屈曲し屈曲速度を増しながら遊脚相へ移行する。遊脚相の後半（図12-3⑧）では急速に伸展し初期接地を迎える。

足関節は1回の歩行周期に2回の背屈と底屈を行う。まず，初期接地は軽度背屈（図12-3①）し，その直後の荷重反応期（図12-3②）では底屈し全足底が接地する。荷重反応期から体重が支持脚の前方へ移動するまでは背屈を続け，立脚終期（図12-3④）で足関節は底屈する。そして，遊脚前期（図12-3⑤）後は急速に背屈し，この背屈は着床初期まで続く。

1-1-5 歩行時の足関節と足部のロッカー機能

歩行時の足関節と足部は4つのロッカー機能（図12-4）を有す（ペリー 2010）。初期接地から荷重反応期にかけての踵部を支点とした足関節底屈を伴う回転運動はヒールロッカーといい，この間の衝撃吸収機能や下肢の安定性保持，前方推進の維持のための役割がある。立脚中期は足底が床面と接している期間で，このときの足関節を支点とした背屈運動はアンクルロッカーといわれる。ここでは股関節と膝関節の伸展と下腿の前傾によって体幹を前方に推進させる。

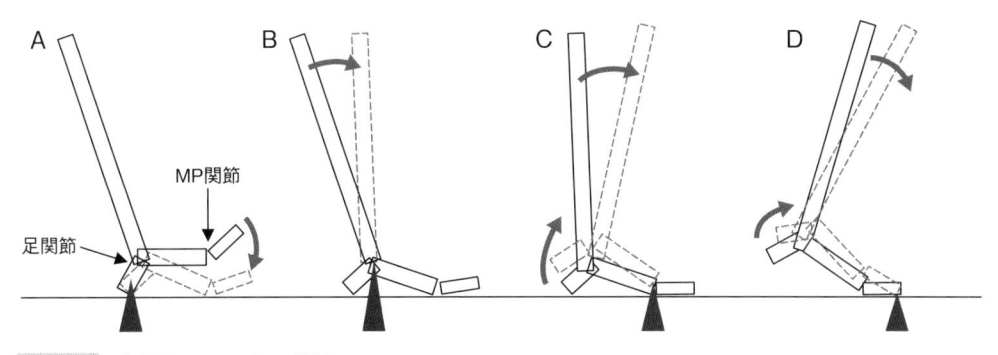

図12-4 歩行時のロッカー機能
A：ヒールロッカー，B：アンクルロッカー，C：フォアフットロッカー，D：トゥロッカー。
（J. ペリー著，武田　功ほか監訳：ペリー 歩行分析―正常歩行と異常歩行―，医歯薬出版，2010より一部改変）

運動機能低下をきたす疾患
・脊椎圧迫骨折および各種脊椎変形
・下肢骨折
・骨粗鬆症
・変形性関節症
・腰部脊柱管狭窄症
・脊髄障害
・神経・筋疾患
・関節リウマチおよび各種関節炎
・下肢切断
・長期臥床後の運動器廃用
・高頻度転倒者

TUG検査測定
肘掛椅子から立ち上がり，快適で安全な速度で3m歩き，方向転換して椅子に戻り腰かけるまでに要する時間を測定する。

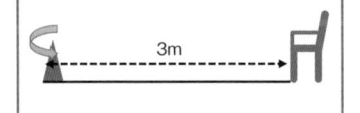

開眼片脚起立
開眼片脚立ち位で姿勢保持できる上限を120秒とし，ストップウォッチを使用して左右2回ずつ行い，最長時間を採用する。

評価項目	診断基準
日常生活自立度判定	ランクJおよびA（要支援ならびに要介護1と2）
開眼片脚起立時間	15秒未満
Time-up and goテスト（TUG）	11秒以上

図12-5 運動器不安定症の評価項目と基準

立脚終期は重心が前足部に移動し踵が地面から離れる期間で，このとき中足骨頭を支点としたMP関節の伸展運動はフォアフットロッカーといわれる。遊脚前期は遊脚相への移行として下肢の前進が加速される期間であり，このとき前足部内側と母趾を支点とした前足部の伸展運動はトゥロッカーといわれる。このような4つのロッカー運動により身体の円滑な推進がなされている。

1-2 歩行による転倒リスクの評価

歩行は日常生活における移動運動の基盤をなしているため，臨床現場では歩行そのものの安全性を評価する必要がある。昨今，高齢者が何らかの疾患で運動器障害（Nakamura 2008）が生じ，歩行時の転倒リスクや歩行能力の低下に伴う介護量増加が問題となっている。そこで，2006年には日本整形外科学会，日本運動器リハビリテーション学会，日本臨床整形外科医学の3学会が「運動器不安定症」という疾患名を示した。この運動器不安定症は，運動機能が低下し，転倒しやすくなった状態とされ，運動器リハビリテーションの対象疾患となる。

運動器不安定症の評価項目と基準（**図12-5**）

は，運動機能低下をきたす疾患の既往があり，日常生活自立度判定に加え，開眼片脚起立時間もしくはTime-up and goテスト（TUG）のどちらかが診断基準に満たなければ適応となる。また，臨床での歩行評価においては，時間だけで能力を評価するだけでなく，実際の動作から歩行能力の評価することも重要である。TUGのバイオメカニクス研究で甲田ら（2007）は，椅子座位から立ち上がり途中で身体が十分直立位に達していない姿勢から1歩目振り出しができる者ほどTUGの所要時間が短く，逆にTUGの所要時間が長いものは座位から一度立ち上がって1歩目振り出しを行うこと，またTUGの所要時間が短い者ほど膝伸展ならびに屈曲筋力が高いといわれている。このように，TUGの一連の動作を通して，対象者の動作にどのような特徴があるのか観察し，評価していくことも臨床では重要な着眼点となる。

（中畑敏秀）

2 走動作の分析

走動作は基本的な移動手段としての身体運動様式の1つであり，少し急ぐときの小走りから，健康のためのジョギングやランニングなどとして行われる。スポーツとしてスピードを競う陸上競技だけではなく，サッカー，ラクビーを始めとする球技でも，またトレーニングでも行われている。このように走動作はいろいろな場面で行われており，目的によりその特徴も異なるとされている（小林ら 1990）。

歩行と異なり，走動作では，移動中に，身体が空中に飛び上がる期間が存在する。このために，歩行よりも速く移動できるが，空中に飛び出すための大きな出力が必要であり，落下による接地時の衝撃力も大きく，そのために筋への負荷も増え，生理学的な消費エネルギーも大きくなる。ここでは，走動作の基本的な見方について述べていくことにする。

2-1 走動作の局面

走動作では，歩行よりも力強く地面を蹴って空中に飛び出して，逆足で着地し，再び地面をキックするという運動を繰り返している。このような繰り返しの中身をみてみよう（図12-6）。この図では身体各部位を線で表したスティックピクチャーで，接地時（着地時，ランディング），離地時（テイクオフ）の姿勢を示した。

走動作では身体が空中に飛び上がっている期間を空中期，片足が地面についている期間を接地期と呼ぶ。脚の動きに着目してみると，片足がついている間に接地している脚とは逆側の脚が後方から前方へと移動しているので回復期とか遊脚期ともいわれている。また，走動作を繰り返し運動としてみていくと，図のように，左足着地から次の左足着地まで，または，右足着地から次の右足着地までを1つのサイクルとして見ることになる。ここでの局面分けは，1つの例であり，さらに，細かく分類している場合，名称が異なる場合などもあり，分け方は多様であると理解しておこう。

2-2 スピード，ピッチとストライド

移動の速さ（スピード）を示す指標は，1秒間，1分間，1時間などのように時間あたりの移動距離として表される。世界的なマラソン大会で先頭グループが，1kmを3分のペースで走っている場合のスピードとなると，5.56m/秒，333m/分，20km/時となる。では，短距離レースでどうなるであろうか。ベルリンの世界選手権において男子100mでボルト選手が出した世界記録9.58秒の場合を計算して，マラソンレースと比べてみよう。

実際に走っている場合，スピードは1ステップごとの移動距離である「ストライド」と，どのくらいの速さでステップを繰り返すかを表す「ピッチ」の積となる。この場合のストライドとは，左足から次の右足まで，あるいは右足から

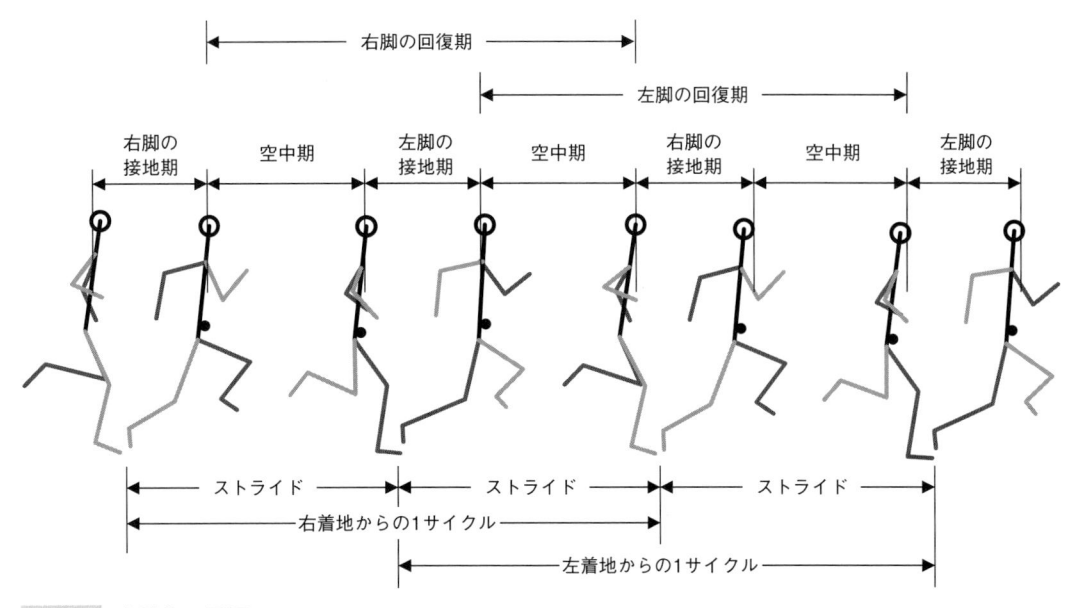

図12-6 走動作の局面

左足までの長さで、歩幅ともいわれている。ピッチとは1秒間のステップ数であり、歩数とも呼ばれることがある。そのために、走動作での移動スピードは、次のような式で表されている。

走動作のスピード（m/秒）
　＝ピッチ（歩/秒）×ストライド（m）

すなわち、同じスピードで走っていても、ピッチとストライドの組み合わせが無数にあると考えられる。ランナーの体格、体力、トレーニング経験、種目によって、最適なピッチとストライドの組み合わせがそれぞれにあると考えよう。

（松尾彰文）

3 疾走中のメカニズム分析

走動作時に、ヒトは接地している脚で地面へ力を作用させ、その反作用で空中に飛び出して移動を続けている。そこで、走動作中に身体に作用する力について考えてみよう。

3-1 力の作用とその分析方法

疾走中に身体へ作用する力の概要を図12-7に示した。身体に作用する力は概ね重力の作用による力、接地時のブレーキの力、空気抵抗による力などである。これらの作用に打ち勝つために身体は地面や床に力を作用させ、その力とほぼ同じ大きさで逆方向の力が地面や床からの反作用により、身体は空中に飛び出して走動作として身体を移動させている。空気抵抗は進行方向の体表面積と走速度の2乗に比例した力の作用であり、接地時のブレーキは、進行方向からみて着地が身体重心よりも前方で行われるために生じる力の作用である。では、実際の走動作では、どれくらいの力の作用があるのだろうか。

フォースプレートを使うと、接地中に作用した力の作用を時々刻々の変化を測定することができる（図12-8）。力のセンサーとしては水晶の圧電効果を応用したもの、ひずみゲージと呼ばれるセンサーを用いたものなどがあり、力の作用によるひずみを電気信号に変えることができるようなセンサーが使われている。

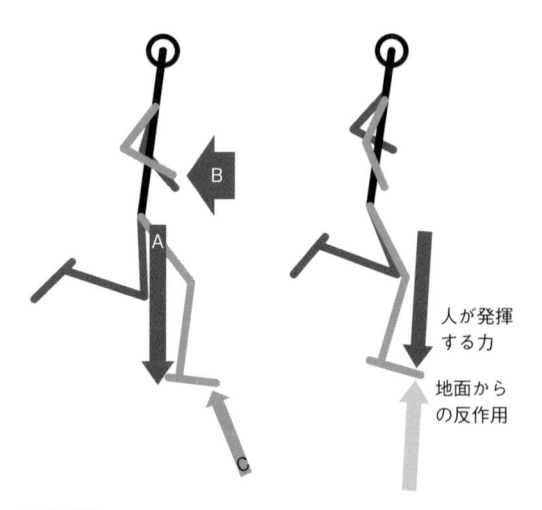

図12-7 走動作中に作用する力と人が発揮する力
A：重力による作用する力，B：スピードの二乗に比例する空気抵抗による作用，C：接地時に重心よりも前に接地するために生じるブレーキの作用．

図12-8 フォースプレート

走動作での力を測定しようとする場合には，走路にフォースプレートを埋め込めるようになっており，表面に走路と同じ材質のものを取り付けておく．このように設定することで被験者はフォースプレートを意識することなく，測定エリアを走り抜けられる．

力は，それが作用する方向と大きさをもつベクトル量であるが，一般的に使われているフォースプレートでは，被験者が作用させた力を推進方向（F_f），左右方向（F_l），垂直方向あるいは鉛直方向（F_v）の3つの方向に分けて測定できるようにつくられている．このように得られたF_f，F_lとF_vを用いてピタゴラスの定理に基づき，被験者が作用させた力を計算することができる．3つの方向に分けて測定されることから，F_f，F_vとF_lを分力，この3分力から計算されるのでFを合力と呼ぶこともある．

このような装置を使って測定した力の作用と動きを，スティックピクチャーとあわせて表示したものを**図12-9**に示した．上段のスティックピクチャーでは，身長を100としてある．下段の力は体重を1とした比率，横軸は時間である．図中には，推進方向（F_f），左右方向（F_l），垂直方向（F_v）の分力と，3分力から求めた合力（F）が示されている．なお，このデータは，2007年12月のNHK「ミラクルボディ」の取材において当時の100m世界記録（9.72秒）保持者アサファ・パウエル選手が8.7m/秒で走ったときのものである．

まず，推進方向の分力をみる．接地（図中の1と6）から接地期中盤（3と4および8と9の中間くらい）までは負の値に振れており，最大値は体重より少し大きい程度である．そのあとは正の値に振れ，最大値は体重とほぼ同じ程度である．

次に垂直方向の分力をみてみよう．接地中は正の値に振れており，最大値は体重の5倍程度の値を示している．この最大値は，短距離レースのようなスピードでは，おおよそ4倍から5倍の値を示すことが報告されている．合力をみると，F_vとほぼ同じような値で同じような変化を示している．もっとも大きな力が作用する姿勢は，おおよそ3と8の姿勢であり，前方への力の作用がもっとも大きなところの4と9では，合力は体重の2倍程度にまで低下している．これらのことは，短距離走では接地直後に，体重の4倍から5倍の大きさのほぼ真下を向いた力の作用があり，そのあと，接地期の後半に身体を前方に加速するための力の作用は体重とほぼ同じ程度であることを示している．ジョギング

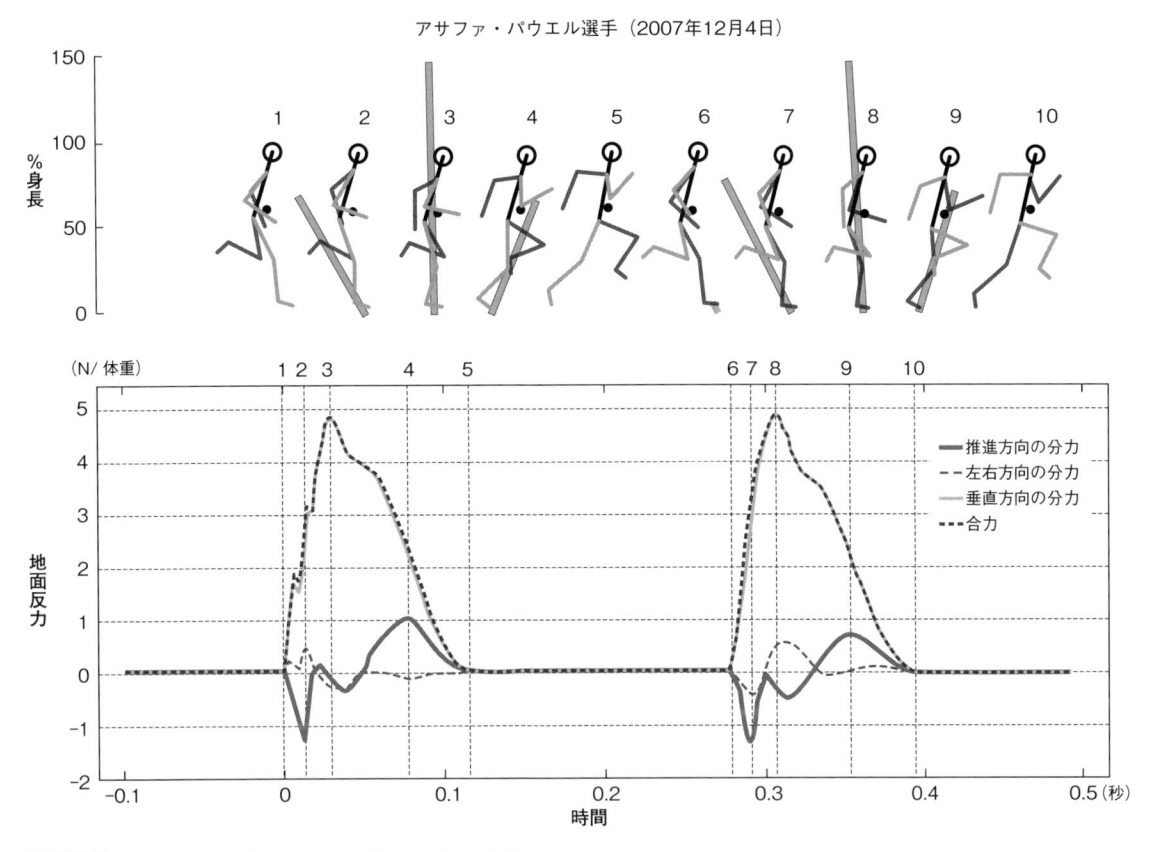

図12-9 スティックピクチャーと地面反力の変化
1：左足の着地時，2：ブレーキ成分の最大時，3：垂直成分の最大時，4：推進方向の加速成分の最大時，5：左足の離地時，6：右足の着地時，7：ブレーキ成分の最大時，8：垂直成分の最大時，9：推進方向の加速成分の最大時，10：左足の離地時。

やマラソンのような比較的遅いスピードでの走動作では，垂直成分の最大値はおおよそ3〜4倍と低くなるが，前進方向の加速成分は体重よりやや小さいくらいである。

　フォースプレートでは，走動作を実践するときに地面に作用させる力を測定している。このような測定値は，筋活動を通じて感じる受け身的な力や，自ら作用させようとする積極的な力など，運動を実践しているときに受ける感覚とは，異なるかもしれない。もっとも大きな力を出そうとするタイミングや前方へ加速しようとする感覚など，このような物理的な観測結果と運動実践時の感覚の異同を，いろいろな感覚で比較してみよう。

3-2　動きの分析方法

3-2-1　身体の軸と面

　身体の動きを分析する場合，解剖学的な軸と面を用いると便利である（第4章参照）。動きの面では，解剖学的な表現を用いて，左右軸に垂直な面を矢状面，前後軸に垂直な面を前額面または前頭面，上下軸に垂直な面を水平面と呼ぶ。走動作を分析する場合には，進行方向に対して側面から見た場合には，矢状面での動き，正面から見た場合には，前額面での動き，上から見た場合には，水平面での動きとして分析している。フォースプレートの3分力と関連させてみよう。矢状面での動きは，推進方向と垂直方向

でみた力ベクトルと関係するし，水平面での動きは，推進方向と左右方向でみた力ベクトルと関係するだろうし，前額面での動きは，左右方向と垂直方向でみた力ベクトルと関係するだろう。実際に，3つの軸と3つの面で，力の作用と動きの関連性を考え，動きの仕組みが研究されてきている。

3-2-2 ビデオ映像からの分析

走動作を分析する方法の1つに，ビデオ映像を利用する方法がある。より正確な分析のためには，ビデオカメラが動かないように三脚で固定して，この方法は，ビデオ映像から関節点の位置をコンピュータ画面上で特殊なソフトウエアにより図12-10で示したような分析対象点を2次元座標に数値化していき，関節の動きを記録していくものである。分析の数値をもとにして，頭，上肢，体幹部や下肢の動きを線で表すスティックピクチャーとして表示できるし，関節の動きやそのスピードを数値で評価できる。

また，競技会などでは2台のビデオカメラで撮影した映像を用いることでレース中の身体各部の動きを分析することができる。いずれの場合も，カメラは三脚でしっかりと固定したのちに，分析範囲で，キャリブレーションと呼ばれる長さや位置を正確に分析できるようなものを撮影しておく。この映像を撮影していくことで，コンピュータ画面からデジタル化された数値を実際の座標に換算することが可能となる。

3-2-3 光学式モーションキャプチャーやフォースプレートによる3次元動作分析方法

複数の赤外線カメラで撮影した映像から，ヒトに装着したマーカーの3次元座標をデジタル的に記録していける装置である。記録された動きは，ヒトの動きやスポーツ活動の動作分析や，コンピュータアニメーションやゲームのキャラクターの動きに活用されている。動きを分析する場合，フォースプレートと同時に使うことで，身体各部分の動きを力の作用を同時に記録できるので，動きと力の作用から見た身体運動のメカニズムを解析できるように設計されている。

このような装置を活用して，陸上競技場に12台のカメラをセットして走動作を分析している実験風景を図12-11に示した。マーカーを映し込んだ複数のカメラ映像からDLT法によりマーカーの位置をデジタル的に3次元座標として得ることができる。この装置を使えば，ビデオ映像をデジタイズすることなく，動きを分析するための基礎座標が得られる。

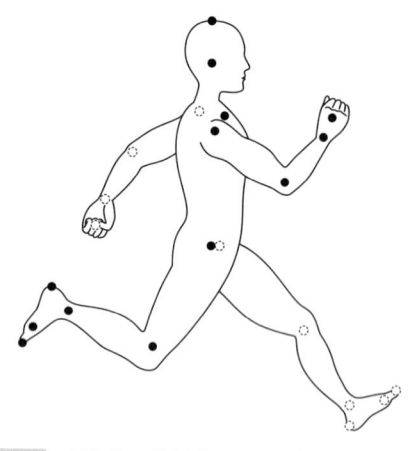

図12-10 走動作の分析点のサンプル
(小林 海ほか：スプリント研究, 22：47-55, 2013)

図12-11 モーションキャプチャー装置によるスプリント動作分析風景

モーションキャプチャー装置では，実験室内でカメラをセットして，被験者にマーカーを貼付けることで身体各部の詳細な動きを3次元的な分析が迅速にできる。しかしながら，マーカーを取り付けるため，被験者へのストレスやトレーニング現場，競技会などでは使えない。実験室的な条件でのデータ収集となってしまう。一方のビデオ映像での動作分析は，実験室だけではなく，屋外，実際の競技会でも対象とできるが，分析対象となるポイントを1つ1つ手作業によってポイントしていくため，分析に時間を要する。

それぞれの特徴を把握して，それらを活かしていくことで今後も動きの分析が進んでいくであろう。

（松尾彰文）

4 ケガのリスクを高める動き

4-1 歩行や走動作の障害発生因子

歩行や走動作では下腿や足関節，足部の障害が多く観察されるが，特に障害の原因となる静的ならびに動的なアライメントに着目することが，ケガの原因を突き止める重要な手がかりとなることが報告されている（中畑ら 2011）。マルアライメントは，足部のアライメント不良が上行性の運動連鎖として，また，脊柱や骨盤のアライメント不良が下行性の運動連鎖（第13章参照）として身体に影響を与える場合の2つに分けられる。

4-2 歩行や走動作にかかわる足部の機能とその破綻

足部は靭帯や内在筋ならびに外在筋の働きによって弓状の3つのアーチが形成される。この足部アーチ構造は，トラス（Truss）機構とウィンドラス（Windlass）機構の2つの機能（図12-12）を有している（ドナルド 2006）。これらは，骨構造や筋腱そして足底腱膜の作用で歩行時の衝撃を緩衝する作用や蹴り出し時の足部剛性を高めるもの（壇 2012）であり，歩行や走動作において非常に重要な機能である。また，足部アライメントは上行性運動連鎖（石井 2003）として身体のアライメントに影響を与えるため，足部アーチ機能の破綻はマルアライメントに伴う下肢スポーツ障害の因子になる。

図12-13は，臨床で観察されるアーチ機能が破綻した足部の特徴である。図12-13Aは歩行から観察される特徴で，toe-outの増大，右足の立脚終期にはleg heel angle（LHA）の増大も観

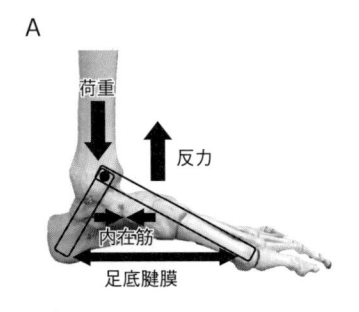

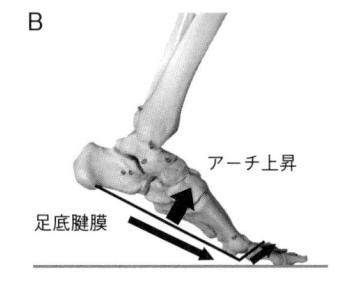

図12-12 トラス機構とウィンドラス機構
A：トラス機構。足部に荷重が加わると，最初，足底腱膜は弾性要素で伸張し，アーチを低下させながら荷重を緩衝する。しかし，次にアーチを低下させすぎないように足底腱膜と足部内在筋の張力で低下したアーチを元に戻そうとする。足部の剛性調整に大きな役割を果たす機構である。B：ウィンドラス機構。中足指節間関節が伸展すると，足底腱膜は緊張し踵骨が中足骨側に牽引される。これにより，中足骨頭と踵骨の間が縮まり，アーチが上昇することで足部の剛性が高まる。同時に足底腱膜の緊張が上がることで，足部自体の安定性が高まる。

察される。このようなtoe-outの増大は下肢障害が多い選手に多く、特に障害側に見られる（左右差がある）ケースが多い。toe-outが増大した状態で歩行や走動作を続けると、常に距骨下関節が過回内するために底側踵舟靭帯の緩みが生じる。すると、舟状骨が下降（図12-13B）して内側アーチの低下が起こる（壇 2012）。その結果、足底腱膜が伸張され続けて緩みが生じるとトラス機構の破綻がおこり、接地時の衝撃を緩衝できない足部になってしまう。また、足底腱膜に緩みが生じるとウィンドラス機構の破綻も生じ、足底腱膜に起始部をもつ短趾屈筋は起始部が安定しないために収縮不全が起こる。このような足部に足趾で地面を掴む動作をさせると長趾屈筋の収縮しか起こらない（図12-14）ため、槌趾もしくは浮趾の形になる（図12-13C）。このように、足趾が機能できない足部は母趾球や小趾球が地面を支持する力が減じる。すると、フォアフットからトゥロッカー（図12-4）までのロッカー機能が低下し、この間の推進力低下につながる。

4-3 ケガのリスクを高める走動作の着眼点

実際の走動作を観察しながら、各関節の詳細

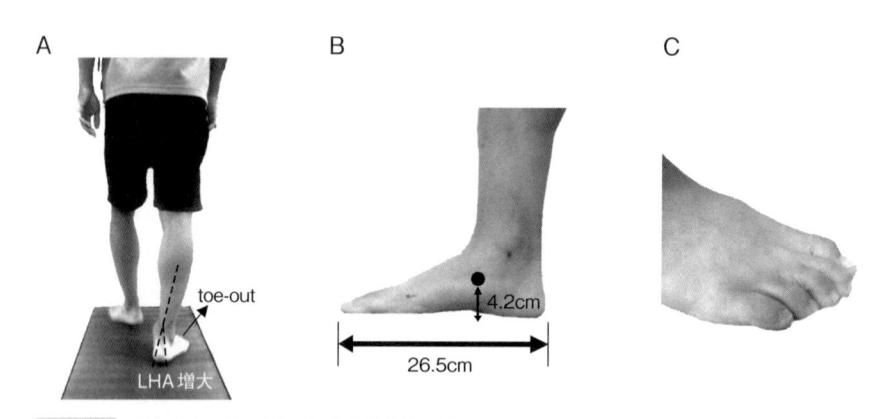

図12-13 内側アーチが低下した足部の特徴
A：toe-outの増大、B：アーチ高率の低下、C：短趾屈筋の機能不全。アーチ高率（大久保, 1989）は、足長を計測したのち、舟状骨高を体表にてマーカーし、床面との高さ（mm）を計測後、足長に対する舟状骨高（mm）の比を100分率（%）で表す。

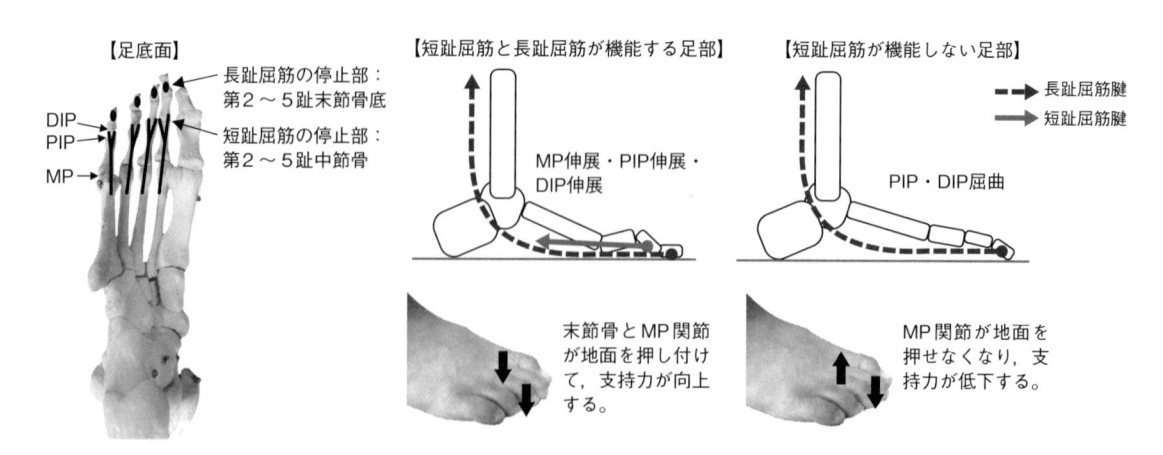

図12-14 足趾屈筋群による足部機能の着眼点

なマルアライメントを評価することは非常に困難な作業である。そこで，走動作全体を観察しながらマルアライメントを起こす可能性がある動作の特徴を捉え，各相ごとに理解しておくと現場で考えやすい。ここでは，榎本ら（1999）がいう走動作時の力学的エネルギー利用の有効性からみた疾走技術を参考に，現場でよく指摘される不良フォームと障害ならびにパフォーマ

ンスとの関連について述べる。

図12-15は，大学女子中距離選手の800m走で750m付近の連続写真であり，上段は，フォームが悪い例，下段はフォーム改善例である（中畑 2013）。また，表12-1には，図12-15で観察および指摘されやすい走動作の着目点について，それぞれの走動作が障害発生およびパフォーマンス低下にかかわる要因を示している。

図12-15 走動作の観察例

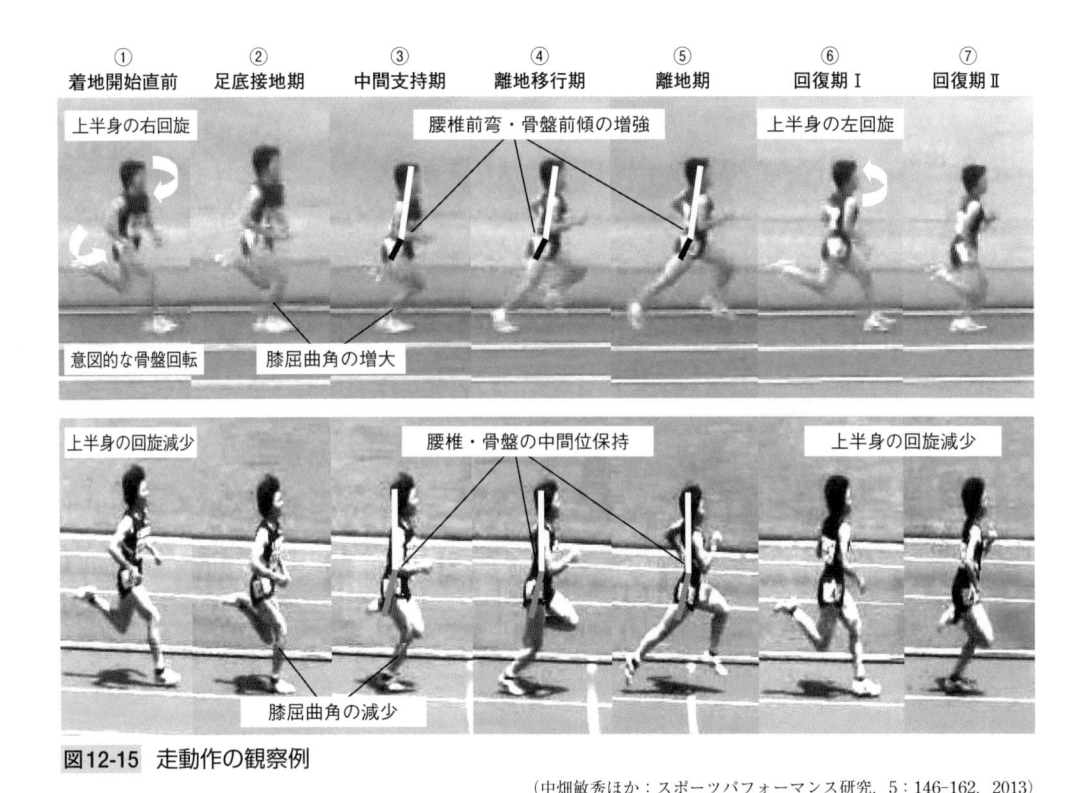

（中畑敏秀ほか：スポーツパフォーマンス研究，5：146-162，2013）

表12-1 障害とパフォーマンス低下につながる走動作の着目点

走動作の着目点	観察される相	現場でよく使われる言葉	障害発生に関わる要因	パフォーマンスを低下させる要因
上半身の回旋動作	① ⑥	「上半身がブレる」	骨盤コントロールが不良で，下行性運動連鎖によるマルアライメントが生じる。	左右の脚の力学的エネルギー交換が骨盤でできていない。
右膝屈曲角右足背屈角の増大	② ③	「膝が潰れる」	足部の衝撃緩衝能が低下し，骨や腱にストレスが加わる。	接地時にブレーキがかかり減速する。
腰椎前弯・骨盤前傾の増強	③ ④ ⑤	「腰が引ける」	下行性運動連鎖による下肢マルアライメント，腰椎へのストレスが増大する。	股関節伸展角の減少で股関節角変位が小さくなる。

まず，上半身の回旋動作（①⑥）について，阿江（2005）は左右の脚の力学的エネルギー交換が骨盤でうまくできていない選手は，上半身のブレが見られると言っている。脚を前に振り出す際，意図的に骨盤の回転運動を出すと関節力パワーが末梢へ流れるため，骨盤方向へ流れる力学的エネルギーが減少し，対側脚に伝えることのできる力学的エネルギーも減少し，ロスが生じる（阿江 2005）といわれる。実際，図の写真の選手も意図的な骨盤の回転運動を意識しており，それに当てはまっていた。また，臨床上，このような選手は動的アライメント評価でも骨盤が安定せず，障害につながる下肢のマルアライメントが観察されることが多い。

次に，右膝屈曲角ならびに右足関節背屈角の増大（②③）について，この接地局面における地面反力は，低速時で体重の2.5倍，高速時で体重の4倍といわれ（阿江 1984），この衝撃を緩衝するために足部は回内し，アーチが低下する相でもある。この選手のように膝や足関節が急激に潰れると，後足部では急激な過回内が生じ，その周囲の筋腱に負担が伴う。合わせて，急激な足部アーチの低下に伴い足部の衝撃緩衝能は低下し，その衝撃は足部や下腿に加わることで骨や腱へのストレスを増大させるものと考えられる。

さらに，腰椎前弯・骨盤前傾の増強（③④⑤）について，これは，①と同様に体幹や股関節周囲筋群による腰椎・骨盤アライメント保持ができていないことや，③中間支持期以降の股関節伸展制限で腰椎前弯による代償動作が生じていることが考えられる。このような腰椎前弯の増

【スポーツ障害との関連性】
シンスプリント

シンスプリントは，ランニングやジャンプなどの繰り返し荷重を要するスポーツ競技者に生じやすい下肢の代表的なスポーツ障害で，脛骨遠位1/3後内側部に慢性的な運動時痛が生じるものである。症状部分と筋の関係では，ヒラメ筋，長趾屈筋とその深部の下腿の筋膜は疼痛部位に付着していることが最も多い（Beck 1994）とされている。初期症状は活動後の疼痛のみで，徐々に活動に支障をきたす疼痛となる。重症になると安静時にもうずくような疼痛が続く（Walsh 1990）。臨床現場では，一般的にランニングのfoot-strikeからmid-support直前までの荷重時に疼痛を訴えることが多く，症状が悪化するとtake-offでの疼痛も訴える。

シンスプリントの発生リスクを高める内的因子では，足部アライメントにおける過回内足があげられる。新名と鳥居（2002）は，シンスプリントを反復して繰り返す例では，下腿・踵部角（leg heel angle）が外反位を強めていると述べている。また，横江（2008）はシンスプリントの発生要因としてヒラメ筋の牽引力の過剰をあげ，解剖学的特徴からヒラメ筋内側線維による内返し作用が強いことで，荷重時の過回内足に伴うヒラメ筋付着部の牽引力の増強が，疼痛の要因であると述べている。

次にバイオメカニクス的観点から，MessierとPitter（1988）はシンスプリントの症状をもつランナーと症状のないランナーを比較した研究で，シンスプリントの症状をもつランナーでは最大回内速度が有意に高値を示すこと，背屈可動域が減少することを述べている。これは，足関節・足部の底屈・回外筋であるヒラメ筋や長趾屈筋に急激な遠心性の力が加わり，これが筋の脛骨付着部に過剰な牽引力を加えて疼痛を引き起こしているものと考えられる。これらの原因からシンスプリントの予防を考えると，まず静的アライメントでの過回内足の改善，そして，動的アライメントではfoot-strikeからmid-support直前までの足部回内速度を上げないことなどのマルアライメントに着目することが重要となる。また，機能面ではヒラメ筋や長趾屈筋の柔軟性を保つことが重要である。

強は長距離選手に多い腰痛の発生因子になる。

(中畑敏秀)

5 動作改善の具体的方法

5-1 足部アライメントに対するアプローチ法

図12-16の修正前は，下腿から足部アライメントが崩れた状態を示している。まず，フロントランジの肢位で下腿が第1趾より内側に傾斜する（A）と舟状骨が降下（B）し，短趾屈筋が収縮せず（C）に足部機能が低下した状態にあることが多い。このような足部アライメントを改善するために，フロントランジの肢位で下腿が第2趾を向いて傾斜するようにする。この下腿と第2趾の位置関係は，壇ら（2007）のいう足部が回内外中間位になるポジションとなる。下腿を第2趾に向けることで，アーチ高率の上昇や短趾屈筋の機能が改善するようであれば，マルアライメントによる足部アーチの低下を意味している。

逆に，この肢位で足部アライメントや短趾屈筋の機能が改善しなければ，足部の構築学的な破綻でアーチ高率が低下していることや短趾屈筋の機能低下を表しているものと考える。このようなケースは，インソール（図12-17）やテーピングによるアーチの補助を行う必要性がある。また，短趾屈筋単独での収縮練習も指導している。同時に，足部内在筋ならびに外在筋に対するエクササイズとして，タオルギャザーやカーフレイズも足部アライメントの改善に有効である。

5-2 障害予防とパフォーマンス向上に対する考え方

図12-15の走動作観察と表12-1での走動作の着目点を用い，現場でよく行う走動作改善に向けての考え方（図12-18）を示す。走動作の各修正ポイントに対して，身体機能の修正ポイントがあげられる。

まず，"上半身をぶらさない"ために，脚の振

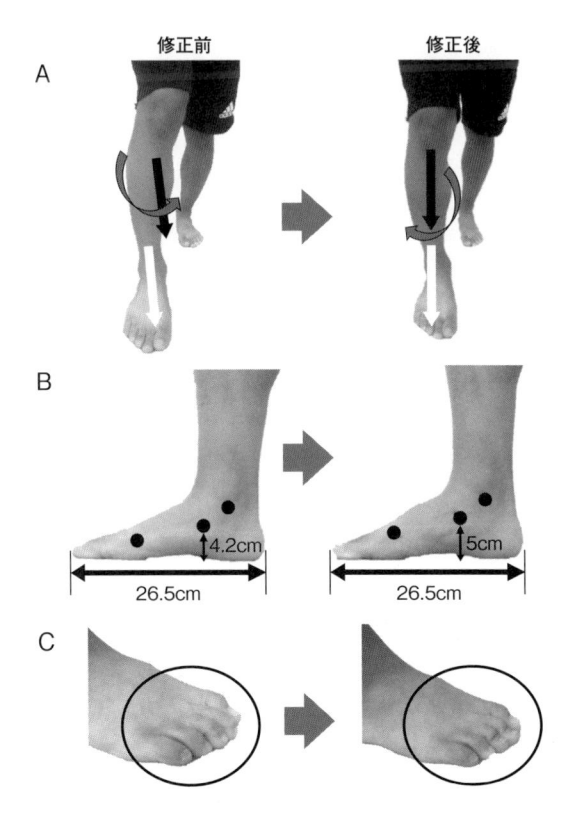

図12-16 下腿から足部までのアライメント評価および修正法
左側が修正前で，右側が修正後。A：膝の内側への傾斜。B：舟状骨の降下。アーチ高率は，修正前：15.84%，修正後：18.86%。C：短趾屈筋の収縮。

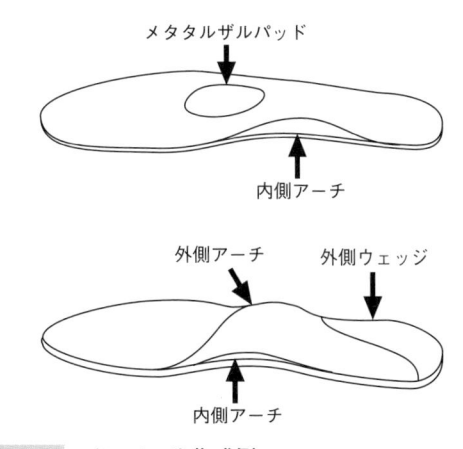

図12-17 インソール作成例

【走動作の修正ポイント】	【身体機能の修正ポイント】	【具体的な取り組み】
・上半身をブラさない	・骨盤の回転運動を意識しない ・体幹筋群の強化	・姿勢アライメントの学習 ・体幹・股関節のエクササイズ ・足部エクササイズ,インソール（図12-17）,足部テーピング ・ストレッチング（静的・動的；図12-19）
・接地から中間支持で足を潰さない	・足部アライメントの適正化 ・腹腔内圧を高める	
・中間支持から離地で腰が引けない	・姿勢アライメント（body image）の適正化 ・骨盤・股関節の柔軟性向上	

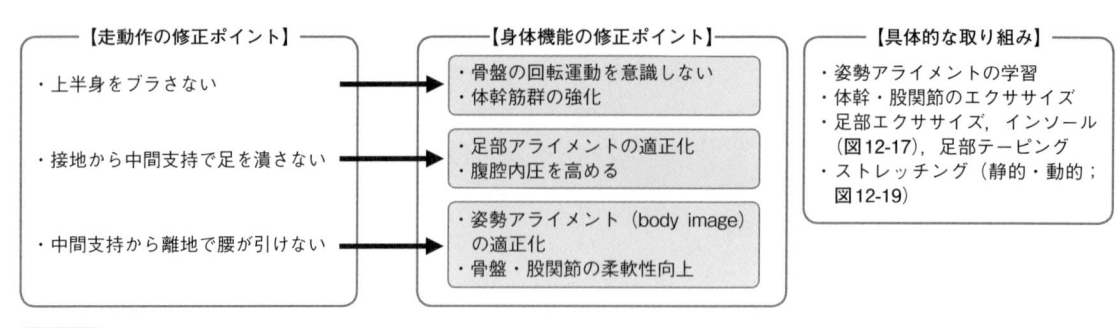

図12-18 動作改善に向けての考え方

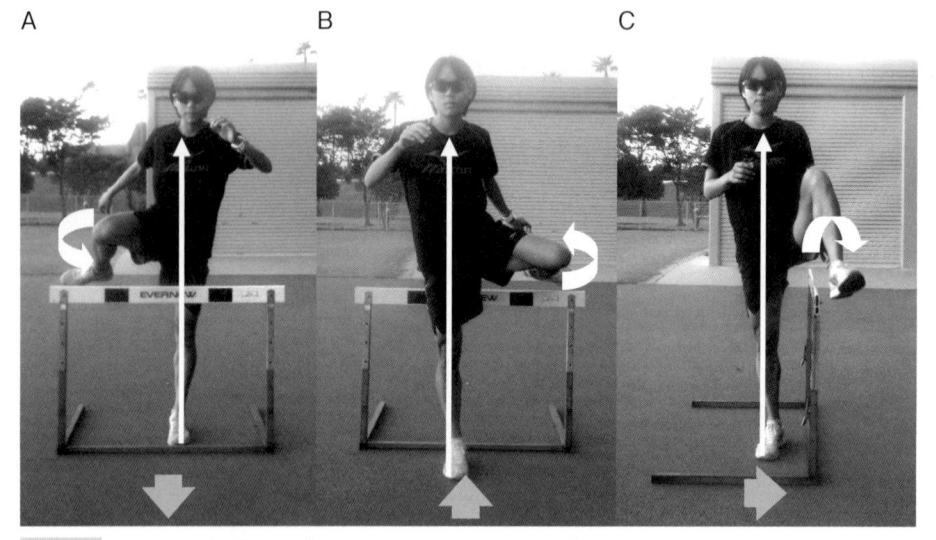

図12-19 ハードルを用いたダイナミックストレッチング
ヒップローテーション3種類。A：フロント,B：バック,C：サイド。

り出し時に骨盤の回転運動は意識させず,安定した腰椎-骨盤帯の中で自然に骨盤が回転することを目指す。そのために腰椎や骨盤の安定性に働く体幹筋群（第9章参照）の機能向上を図る。次に,"接地から中間支持で足を潰さない"ために,足部アーチ機能（図12-12）に必要な足部アライメントの評価および修正（図12-16）を図る。合わせて,リバウンドドロップジャンプなどの接地時に身体重心の過度の低下を抑え,接地時間の短縮に有効といわれる腹腔内圧（河端ら 2008）を高める。さらに,"中間支持から離地で腰が引けない"ために,まず,選手がもっている姿勢アライメントを適正にする。姿勢アライメントを適正にするうえで,選手がもっている身体のイメージと実際のアライメントにズレが生じていることがあるため,鏡などの外在性フィードバックを用いながら姿勢アライメントを適正化するとよい。また,股関節のタイトネスも腰椎アライメントを崩す因子になるため,股関節の柔軟性向上にアプローチする（図12-19）ことは重要である。

（中畑敏秀）

【リスクマネージメント】
長距離選手のリスクマネージメント

　長距離走のトレーニングでは，平均月間走行距離が500〜600km，また，強化期間になると800〜1000kmに上ることも少なくない。これは，日本臨床医学会学術委員会整形外科部会（2002）の「骨・関節のランニング障害に対する提言」である疲労骨折などの障害発生リスクを，大きく上回る走行距離である。つまり，現場サイドでは競技力向上に対して必要な走行距離でも，人体の骨関節に対しては負担が大きすぎることを意味しており，逆に走行距離を減らしてしまうと競技力向上に結び付かなくなる。

　また，女性アスリートの三徴（female athelete triad：FAT）と呼ばれる「利用できるエネルギー不足」，「（機能的）視床下部性無月経」，「骨粗鬆症」は女子長距離選手に多い問題である。しかし，実際の現場では体重の軽量化が求められることが多く，無理な減量や低い体脂肪量に伴う無月経などが生じることがある。このことが，疲労骨折や体調不良につながり，競技成績を落とす要因になることも少なくない。

　このことから，指導者やトレーナーは内科，婦人科疾患などによる障害発生リスクにも関心をもつ必要がある。つまり，アスリートに対する治療は主に骨関節や筋，靱帯などの障害に対するものが大多数を占めるが，その背景にある原因の根幹を理解しようとすることが障害発生リスクを最小限にすることであり，最大のリスクマネージメントにつながると考える。

参考文献
1) 小林寛道：走る科学，大修館書店，1990．
2) J. ダニエルズ（前河洋一，篠原美穂訳）：ダニエルズのランニング・フォーミュラ，ベースボール・マガジン社，2012．
3) ドナルド（平田総一郎，島田智明監訳）：筋骨格系のキネシオロジー，医歯薬出版，pp521-523，2006．
4) J. ペリー（武田　功ほか監訳）：ペリー 歩行分析―正常歩行と異常歩行―，医歯薬出版，2010．
5) 松尾彰文：ランニング動作解析の最近の進歩―スタートダッシュにおける地面反力からみたトップアスリートへの科学的支援―．臨床スポーツ医学，29(7)，667-672，2013．

Column 9　トップスプリンターの解析

①トップスプリンターのピッチとストライド

　2009年の世界選手権ベルリン大会（09年世界陸上）男子100mで，ボルト（Bolt）選手が9.58秒の世界記録で走りました。そのときのピッチとストライドが報告されています（松尾ら 2010）。図1は，この大会での決勝のトップ3と，日本選手のデータです。ピッチとストライドの積が走スピードであり，同じスピードになる組み合わせを1m/秒ごとに図中の斜めの線で示しています。

　ボルト選手はストライドがもっとも長く2.77mで，ルメートル（Lemaitre）選手の2.61mがそれに次ぎます。日本選手のなかには，両選手と同じくらいのピッチの選手がいますが，ストライドは2.45mと彼らよりも短くなっています。9秒台の記録でピッチがもっとも速いのはゲイ（Gay）選手の4.97歩/秒でした。

　この分析結果をみると，日本選手のピッチは世界的なスプリンターと比べても概ね同等です。そこで，さらにスピードを高めるために，もっとピッチをあげる，あるいは同じくらいのピッチでストライドを伸ばすなど，具体的な目標を設定できると考えられます。

②世界トップスプリンターの動きの特徴

　世界陸上などの大会で撮影した映像から，世界トップクラスのスプリンターの動きを分析した結果，優秀な選手ほどキック期（接地期間）の膝関節と足関節の屈・伸動作が少ないままに股関節が伸展する傾向あることが，報告されています（伊藤 2000）。

　このような観察結果から，優秀な選手（速い選手）とそうではない選手（遅い選手）のキック期の動作を模式的に示したものが図2です。両選手ともに股関節角度の伸展範囲は同じでも，速い選手のほうが前方へ進んでいることが明らかです。速い選手のキック脚は，膝・足関節の屈曲・伸展の角度変位が少なく，キック脚全体を硬くしていることがわかりました。これは短いキック時間に大きな力を地面に伝えるためには好都合で，効率的であるといわれています。

③スプリント中の骨盤の動きについて

　他の分析結果の例として，骨盤の動きについてみ

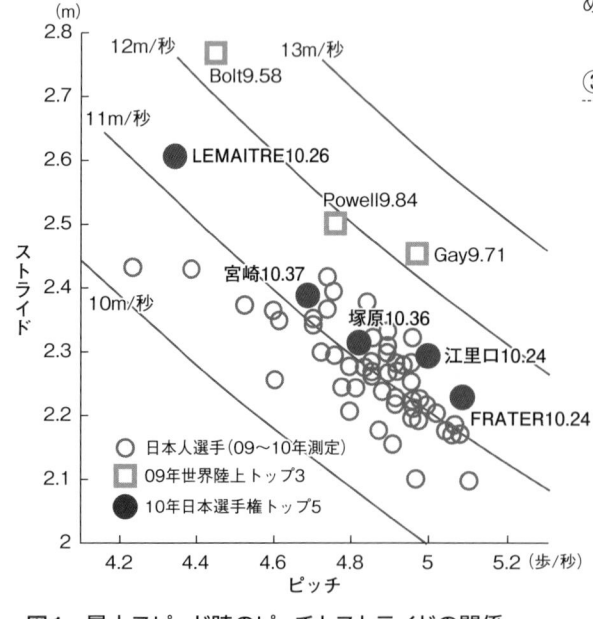

図1　最大スピード時のピッチとストライドの関係
（松尾彰文ほか：陸上競技研究紀要，6：56-62，2010）

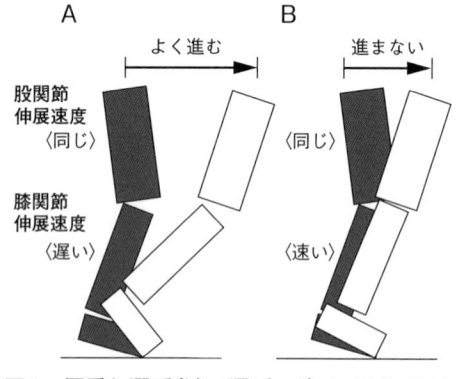

図2　優秀な選手（速い選手：A）と，そうではない選手（遅い選手：B）のキック期の動作
（伊藤　章ほか：疾走動作・筋活動・地面反力．スポーツバイオメカニクス，朝倉書店，2000）

てみましょう。**図3**には，あるスプリンターが4種類のスピードで走ったときの時間経過に伴う接地中の骨盤の回転動作を，矢状面，前額面と水平面でみた角度変化で示しました。走スピードが異なる場合を比較するために，時間軸を接地期間が1になるように調整してあります。

矢状面上の骨盤角度の表し方は，数値の増加が前傾動作，減少が後傾動作となります。この選手はどのスピードでも，接地の直後，1〜5°くらい後傾したのちに，2〜6°くらい前傾する傾向が見られました。

前額面上の角度の表し方は，接地脚側のマーカーが逆側に対して下方に動く場合を下制，上方に動く場合を挙上としています。遅いスピード（3.25m/秒と5.69m/秒）では，接地直後に1〜2°くらい挙上方向に回転した後で，5〜10°くらい下制方向に回転する傾向がみられました。スピードが速くなる（7.43m/秒と8.51m/秒）と，着地直後から下制方向にのみ回転していました。

水平面上の角度は回旋角度とし，左右の上前腸骨棘を結ぶ線と進行方向の鉛直線とがなす角度としました。負の値は接地脚側のマーカーが振出脚側よりも後方に，正の値は振出脚側よりも前方にあることを示します。どのスピードでも接地直後には，支持脚側が5〜10°くらい後方に回旋しますが，支持期の途中から逆方向つまり前方へ5〜15°くらい回旋する傾向がみられました。このような動作の様式は，他の選手でもみられています。

骨盤の動きは，3次元的に分析することで複雑な動きをしていることがわかります。また，スピードによっては，接地中に回転する方向が変わることがわかりました。

接地時間は非常に短いので，動作として意識してできるものではないかもしれませんが，実際の現象を知っておくことが，いろいろなトレーニングを工夫する場合に大切であるといえます。

（松尾彰文）

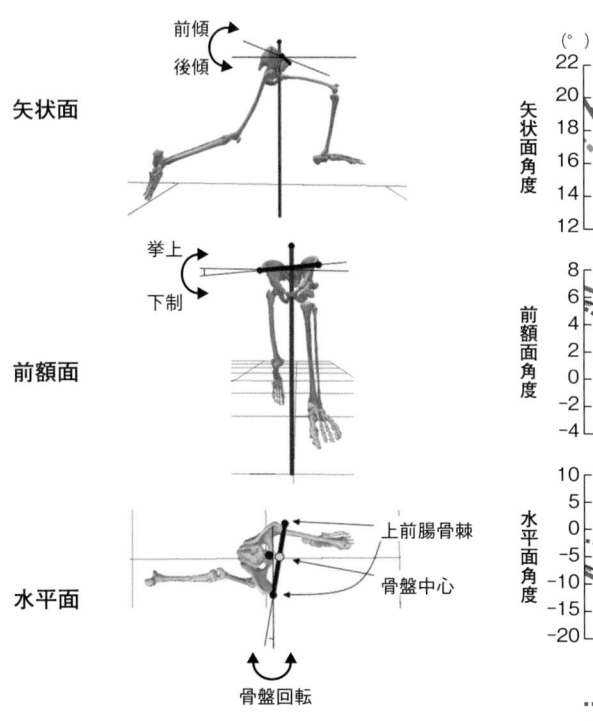

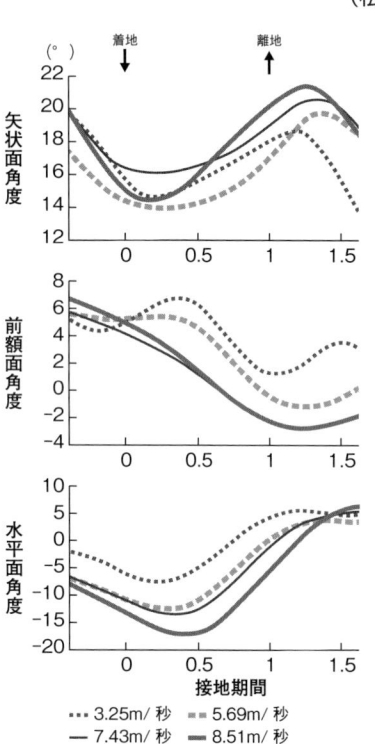

図3 接地中の骨盤角度の変化
スプリンターAが，ジョギングから比較的速いスピードで走ったときのものである。
（松尾彰文：体育の科学，56(3)：162-167，2006）

Column 10 走の経済性（ランニングエコノミー）
―ランニング障害にかかわるうえでもちたい視点―

中・長距離走は，球技のようなスポーツ種目と比べ必要とされる技術的要素が少なく，身体の生理学的な能力開発が高いレベルが要求される競技です。そのため，ランニング能力を評価する指標としては，有酸素作業能（$\dot{V}O_2max$），乳酸性作業閾値（lactate threshold：LT），ランニングエコノミー（running economy：RE）など，生理学的な評価が多く用いられます。このうち唯一，疾走技術の側面が関わってくる指標がREになります。

このREは，ランニングにおけるエネルギー消費の経済性を評価するもので，ランニングスピードと体重に対する酸素摂取量で表します。たとえば1kmを4分で走る際に，体重1kgあたり毎分50mlの酸素を消費する選手（50ml/kg/分）は，同じ速度で55ml/kg/分の酸素摂取をする選手よりも燃費が少なく，動きに無駄がない経済的なランニングをしていると評価されます。

このREに関しては，様々な研究がみられます。まず，走動作時の力学的エネルギー利用の有効性を見るために，榎本ら（1999）は長距離走の疾走技術を明らかにする研究を行っています。その結果，効率の良い疾走技術の着目点としては，両脚間での力学的エネルギーの伝達が骨盤を介して行われること（上半身がぶれないこと），接地足の支持期前半に身体重心が低下しない（接地で膝が潰れない）こと，回復脚のリカバリーが遅れない（離地で足が流れない，また，離地後の引き付け動作を素早くする）ことをあげています。また，図子・平田（1999）は，短距離種目や跳躍種目のような瞬発系種目のパフォーマンス向上にとって重要とされるストレッチショートニングサイクル（stretch shortning cycle：SSC）の能力向上が，長距離走種目のパフォーマンスでも重要であると報告しています。また，SSCを向上させるプライオメトリックトレーニングを導入することで，下肢のSSC能力およびREに改善が認められると報告されています（Paavolaienら1999，図子 2006）。

このようにREの向上は走パフォーマンス向上に貢献しますが，REの改善がランニング障害発生後の再受傷予防に効果的かどうかについての報告は多くありません。その中で，中畑ら（2013）は，足舟状骨疲労骨折術後の女子中距離選手に，姿勢アライメントや疾走動作の改善を狙ったエクササイズを実施させることでREの向上を促し，術後の再受傷予防とパフォーマンス向上に影響するかを長期的に観察しました。その結果，術後の再受傷が予防されただけでなく，劇的な走パフォーマンスの向上も観察され，REに着目した術後リハビリテーションは競技復帰を目指すランナーにとって有益なアプローチであると考えられました。

これらを踏まえ，理学療法士やトレーナーがREに着目し，術後療法やコンディショニングなどのアプローチ手法を広げることは，中長距離走の競技特性に応じた機能訓練やエクササイズを構築するための有効な手段になると思われます。

（中畑敏秀）

参考文献
1) ドナルド（平田総一郎ほか監訳）：筋骨格系のキネシオロジー，pp521-523，医歯薬出版，2006.
2) J. ダニエルズ（前河洋一ほか訳）：ダニエルズのランニング・フォーミュラ，ベースボールマガジン社，2012.
3) J. ペリー（武田 功ほか監訳）：ペリー 歩行分析 ―正常歩行と異常歩行―，医歯薬出版，2010.

第13章 投球動作の分析と動作改善エクササイズ

本章のねらい

投球障害肩の予防のためには，単純に肩周囲筋の筋力を増強するだけでは十分な対応にはならない。投球動作の仕組みを理解し，投球動作の問題点を分析し，さらにはその動作に至ってしまう運動器機能の問題点を抽出したうえで対応策を導く必要がある。本章はそのプロセスに役立てるための情報を提供することを目的とする。

Key word

- 投球動作分析のポイント
- 投球動作に影響を与える機能的要因
- 動作改善のためのエクササイズ
- 投球動作のバイオメカニクス
- ケガのリスクを高める動き

1 投球動作の分析の基礎

1-1 運動連鎖の概念と背景

投球動作は下肢，体幹，上肢の各関節が連動し，1つの動作として成り立っている。投球動作における関節運動の加重様式は模式的に示されることが多く，その代表例が図13-1である。主に下肢関節の運動が体幹，上肢関節へと連動していくイメージを示している。元来，この模式図はMorehouseとCooperが力の伝達を意味して作成したものであるが，これを改変し，1つの関節の運動が妨げられることで他の関節に加わる負荷が大きくなることを理解するために，用いられるようになってきた。

1-2 投球動作分析と運動連鎖

投球障害の発生要因として，投球動作は最も重要な問題の1つである。そのため，投球動作を分析し，痛みの発生メカニズムを考察し，投球動作の問題点を抽出することが必須と考えられるようになってきた。その中で運動連鎖というキーワードによって動作分析がなされ，肩や肘関節以外の問題点にも目が向けられるようになってきた（Kibler 1998）。実際に投球障害は肩関節や肘関節に多発するが，決して肩関節や肘関節の機能低下によってのみ発生するものではない。体幹，股関節，膝関節，足関節，足部の機能低下によって投球動作が乱れ，結果として肩関節や肘関節の痛みを誘発していることが少なくない（宮下 1996）。ただし，図13-1はこのことを示しているわけではなく，あくまでも概念図である。

1-3 動作分析に必要な考え方

図13-1はイメージを理解するためには有効である。しかし，具体的に投球障害のリハビリテーションや予防のために投球動作の問題を分析するためには，イメージのみでは対応策は見出しきれない。隣接する関節が相互にどのように影響，連動するか，ということを明確化してはじめて具体的かつ有効な対応策が導かれる。

たとえば「投球には股関節の機能が重要であ

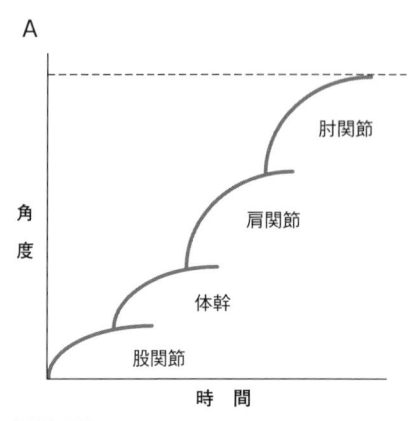

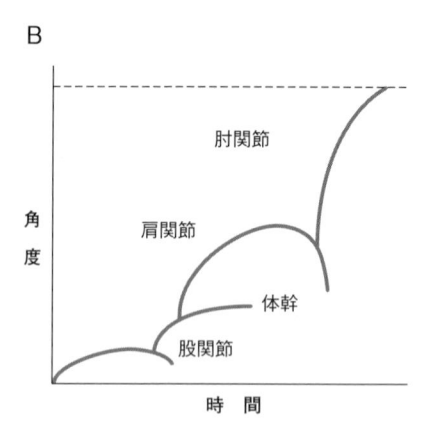

図13-1 関節運動の加重様式の変化

運動連鎖による関節運動の加重様式を示す。縦軸は，力や速度，角度などを示して利用されることが多い。Aのように下肢，体幹が安定し一定した運動を呈すると上肢も同様の運動をする。しかし，Bに示すように下肢，体幹の運動が不安定で一定しないと，角度や速度などを補うために，肩関節や肘関節の運動が大きくなる。
(Kreighbaum E, Berthels KM：Biomechanics – A Qualitative Approach for Studying Human Movement [4th ed.]，1990を改変)

図13-2 投球の位相

①ワインドアップ期：投球の始動からステップ脚（右投げの左脚）を最大挙上するまで，②早期コッキング期：最大挙上したステップ脚を投球方向に踏み出し，接地するまで，③後期コッキング期：ステップ脚が接地してから，投球側の肩関節が最大外旋位を呈するまで，④加速期：投球側の肩関節が最大外旋した位置から投球方向に加速し，ボールをリリースするまで，⑤フォロースルー期：ボールをリリースして以降，減速動作を行い，投球動作が終了するまで。

る」という認識が強まっているが，「では具体的にどのように重要であり，なぜ重要なのか」ということがあいまいでは有効な分析は行えない。詳細は後述するが，投球動作を分析するためには投球動作における各関節の運動を理解する必要がある。そして，各関節の運動からその関節に必要な機能を考える。

2 投球の位相

投球は始動から動作の終了まで位相に分けられる。位相の分類方法は様々であるが，最も一般的に用いられる分類方法は，投球を5つの位相に分ける方法（Jobe 1984）である（図13-2）。

【スポーツ障害との関連性】
投球障害肩

投球障害肩とは，投球にともなって肩の各部位に損傷や炎症を生じる疾患の総称である。上腕二頭筋長頭腱炎，肩峰下滑液包炎，関節唇損傷などの疾患が含まれる。病態は様々であるが，考え方としては投球動作に伴う肩の痛みを主体とした症候群となる。そのため，肩や肘にストレスが強まる投球動作や，投球動作に影響を及ぼす関節機能の低下への対応が重要となる。

3 投球動作における肩の運動

肩は肩甲上腕関節のみならず，肩甲骨の運動となる肩甲胸郭関節，肩鎖関節，胸鎖関節そして胸椎・胸郭も連動している機能体であり，肩複合体とされている。投球時にも決して肩甲上腕関節のみで運動するのではなく，肩甲骨や胸椎・胸郭と連動している。投球時の肩複合体の運動を理解することが投球障害の対応としては必須となる。

後期コッキング期で肩が外旋するが，肩関節最大外旋角度は，投手の場合160〜180°まで達するとされる（Feltner 1989；Fleisig 1995）。しかし，この角度はあくまでも体幹に対する前腕の角度であり，肩甲上腕関節だけでこの角度の外旋運動を生じているのではない。この際，肩甲上腕関節外旋運動と連動して，肩甲骨後傾運動，胸郭開大および胸椎伸展運動も生じており，肩複合体として機能している。肩最大外旋角度としては150°程度であった場合，肩甲上腕関節では約110°の外旋角度でとどまり，肩甲骨が約25°後傾し，胸椎が約10°伸展している（Miyashita 2010）。

また，肩最大外旋位からの内旋運動も同様に肩甲上腕関節の運動だけではなく，肩甲骨などの運動が非常に重要である。図13-3のように多くの投手は加速期における肩内旋運動では肩甲骨前傾運動を主体としている。肩甲上腕関節の内旋運動は，リリース以降のフォロースルー期で行われている。選手によって特徴は異なり，加速運動の主体が肩甲上腕関節の場合もあれば，肩甲骨前傾運動であったり，胸椎屈曲運動であったりすることもある（宮下 2009）。

4 肩外旋運動を生じるメカニズム

投球障害肩が最も発生しやすい位相は，後期コッキング期から加速期にかけて肩外旋運動が生じるときである。肩外旋運動はlagging back（後方遅延）現象（Kreighbaum 1996）によって誘発される（図13-4）。lagging back現象とは，投球の後期コッキング期から加速期に切り替わる際，身体の近位部に対して遠位部が遅れる現象である。投球では体幹・骨盤回旋運動や肩関節水平屈曲運動により，上腕および前腕の近位端は投球方向に移動し，ボールをもった手部は後方に残る。その結果として肩関節は外旋する。つまり，この位相における肩関節外旋運動は，主に体幹・骨盤回旋および肩関節水平屈曲の運動により誘発される。プレイの状況に応じるため，または他の関節からの連動の結果として，体幹・骨盤回旋運動または肩関節水平屈曲運動のいずれかを主体としてlagging backを生じる。

5 肩外旋運動に影響を及ぼす要因

lagging back現象による肩外旋運動の効率は，体幹・骨盤回旋の開始となる位相である早期コッキング期でのステップ脚の足部接地時における投球側上肢の肢位に規定される。いわゆる「トップポジション」といわれる肢位である。ステップ脚足部接地時に図13-5Aのような肢位であれば，骨盤・体幹の回旋運動に伴って肩は効率良く外旋運動を行うことができる。この際

の外旋運動は胸椎伸展や胸郭開大を伴い，肩甲骨の後傾運動も十分に生じやすい．しかし，たとえば図13-5Bのように肩内旋位が強まったり，肩伸展位であったり，肩外転角度が少なかったりする場合には肩複合体として効率良く外旋運動ができない．また，胸椎・胸郭のアライメントに問題があり，円背のような場合も肩複合体全体で外旋運動をすることができない．

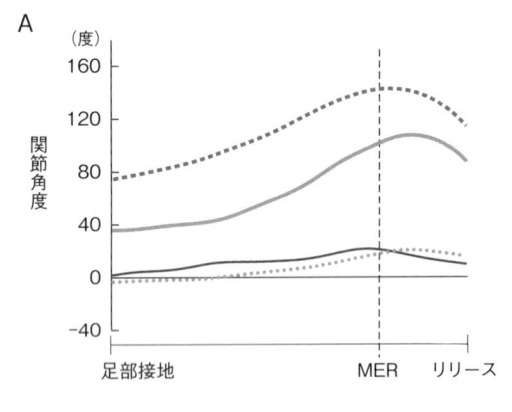

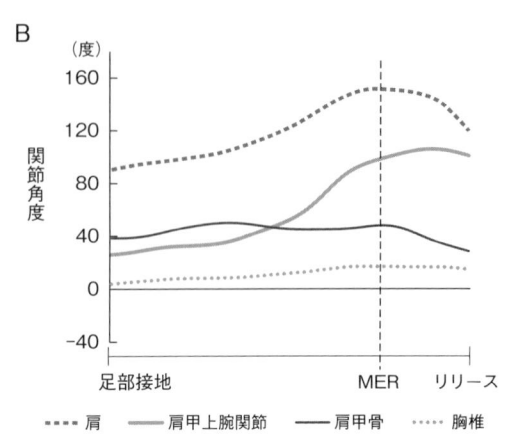

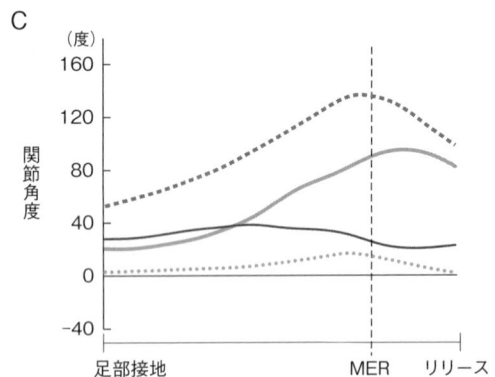

図13-3 後期コッキング期から加速期における肩複合体の運動様式

図中の「肩」は体幹と前腕のなす角度で肩複合体全体の外旋角度を示す（図中，外旋がプラス，内旋がマイナス）．「肩甲上腕関節」は肩甲上腕関節外旋角度を，「肩甲骨」は肩甲骨後傾角度を，「胸椎」は胸椎伸展角度を示す．MERは肩最大外旋位であり，MERからリリースまでが加速期となる．
Aは加速期に肩甲上腕関節内旋運動の変化量が最も多く，Bは肩甲骨前傾運動の変化量が最も多い．Cは胸椎屈曲運動の変化量が最も多い．
（宮下浩二・小林寛和：日本整形外科スポーツ医学会雑誌，30：113-118, 2010）

図13-4 lagging back現象により生じる後期コッキング期での肩外旋運動

後期コッキング期で，運動連鎖により肩外旋運動が誘導されるメカニズムを示す．体幹・骨盤回旋運動からの連動により，上腕および前腕の近位端は投球方向に移動し，ボールを持った手部は後方に残った結果として肩外旋運動が生じている．そのため，股関節・体幹の回旋運動が重要になる．

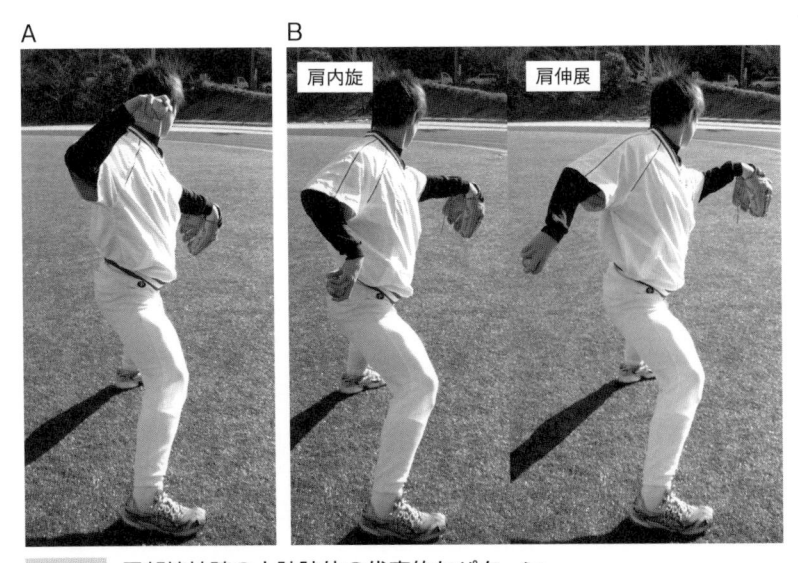

図13-5 足部接地時の上肢肢位の代表的なパターン
Aが最も効率的なlagging back現象を誘導できるが，Bは骨盤・体幹との連動が効率よく行えず，投球障害の発生やパフォーマンスの低下につながりやすい。

6 トップポジションに影響を及ぼす要因

　ステップ脚の足部接地時の上肢肢位は，それ以前となる早期コッキング期における体重移動時の肩の運動や肘，前腕，手・指からも影響を受ける。

　ワインドアップ期で胸の前で両手を合わせ，その後にグラブと手を離す。早期コッキング期では，いったん下方に上肢を降ろし，ステップ脚の足部接地にかけて再度上肢を挙上してくる。いわゆる「テイクバック」である。このときの上肢の挙上は肩関節外転が中心であるが，この外転運動時に同時に過剰に肩の内旋や伸展運動が強められると挙上制限につながる（宮下2012）。また，テイクバックは肘関節屈曲と前腕回内・回外運動とも連動しているため，これらの機能，運動の影響により挙上運動が制限されることもある（図13-6）。

7 各位相で障害が引き起こされる要因

7-1 テイクバック時の痛み

　テイクバック時の痛みは，挙上時に肩峰下を中心として，痛みなどの症状が生じることが多い。テイクバック動作では，肩内旋位で上肢を挙上することが多い。一方で，肩外転動作は通常，肩甲上腕関節外旋を伴う。肩内旋位での挙上動作をスムーズに行うためには，肩甲骨面～水平内転側で上肢を挙上する必要がある。肩甲上腕関節内旋，水平伸展および伸展位での挙上動作では，大結節が肩峰下へスムーズに入り込めず，ストレスが加わりやすくなる。

　さらに，これらの肩内旋，水平伸展，伸展位での挙上動作では，上腕骨頭が求心位から逸脱しやすくなる。上腕骨頭の前方偏位（forward humeral head：FHH）をはじめとする関節窩と上腕骨頭の適合性の低下した状態での挙上動作は，関節唇などの関節内組織へのストレスとなり，痛みを引き起こす。特に，「後ろに手を引きすぎた」テイクバックによって，肩後方に

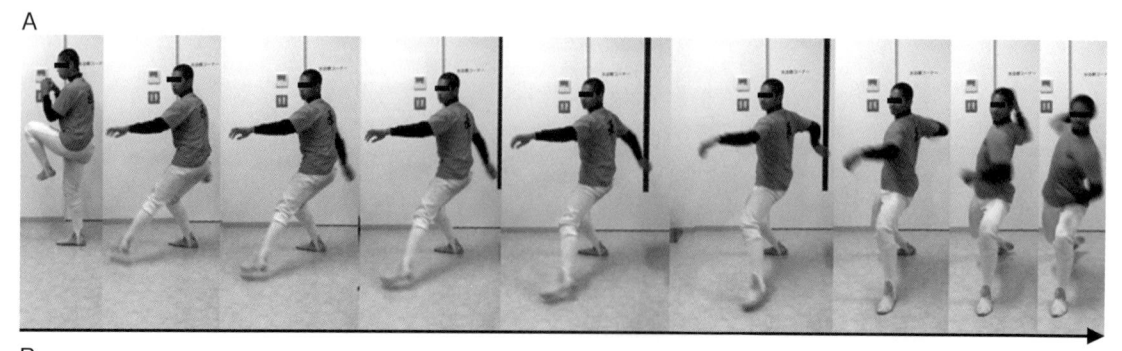

図13-6 前腕可動域制限によるテイクバック動作への影響
Aは投球側に前腕回内制限がみられる。これによりテイクバック動作で肩の伸展や内旋が代償的に強まり，いわゆる「手を後方に引きすぎた」動作になっている。Bは前腕の可動域制限を解消した後の投球動作（シャドーピッチング）である。肩外転運動が早期から行われ，体幹回旋運動と効率よく連動して肩外旋運動を生じている。

つまり感および痛みを訴える選手は多い。

これらの痛みを引き起こす関節機能および動作上の問題としては，以下の項目があげられる。

7-1-1 上肢関節機能低下によるテイクバック動作の問題

①腱板機能低下

様々な要因によって腱板機能が低下した状態での外転動作は，上腕骨頭が求心位に保持できておらず，肩峰下でのインピンジメント（impingement）などのリスクが高まる。また，テイクバック動作を行う際に棘上筋機能が低下していた場合，肩甲骨前傾と併せて，見かけ上の肩外転運動を棘下筋の作用により行うことがある。この運動は肩甲上腕関節では水平伸展を伴うため，FHHも誘発し，投球障害を引き起こす要因となる。

②肩甲上腕関節内旋制限

肩甲上腕関節内旋制限は，小円筋，三角筋後部線維や上腕三頭筋長頭などの筋・腱組織に起因することが多い。これらの柔軟性低下は，同時に挙上制限にもつながるため，結果として「肘さがり」などの不良な投球動作を誘発する。

また，相対的に内旋動作を強めた状態でテイクバック動作を行うと，代償として過剰な肩甲骨前傾や上腕骨頭の前方への偏位が生じ，その後の動作にも影響を及ぼす。

③前腕回内制限

肘関節・前腕の運動や機能低下が，肩関節の運動に影響を及ぼす。前腕の回内運動は，肩関節内旋，伸展に連動しやすい。そのため，回内可動域制限を有する選手は，早期コッキング期での肩関節の挙上時にスムーズな回内運動ができず，より肩関節内旋，伸展方向への連動が誘発されやすい（宮下 2008）。

④肩甲骨可動域制限

　肩甲骨内転，上方回旋，後傾の可動域制限は，スムーズなテイクバック動作を行ううえで障害となる。特に肩甲骨の内転に対して肩甲上腕関節の水平伸展が強まった場合，上腕骨頭が偏位するだけでなく，挙上方向の動作が制限されることによって，結果として，いわゆる「肘の下がった」投球動作となることが多い。

⑤肩動揺性および不安定性

　肩甲上腕関節の動揺性および不安定性を有する選手は，前述の理由によるFHHなどの上腕骨頭の偏位がより生じやすくなる。不安定性の中でも，特に前方関節包の弛緩は多くの選手にみられ，痛みの原因となる。

7-1-2 下肢・体幹機能および投球動作の問題

　下肢・体幹機能が低下した投球動作として，早期コッキング期におけるいわゆる「体の開いた」「上体の先行した」投球動作があげられる。これらの投球動作は，ステップ脚接地以降，肩外転角度の不足や水平外転運動が強調されることで生じるストレスが肩関節の各部位に加わる。

　「体の開いた」「上体の先行した」など下肢・体幹が主要な問題となる投球動作に至る原因としては，以下の項目があげられる。

①骨盤アライメント

　ワインドアップ期での片脚立位姿勢および早期コッキング期での骨盤アライメントで重要なことは，体幹および股関節周囲筋機能を十分に発揮でき，身体重心をコントロールできる肢位に保持するということである。投球動作では，通常，ワインドアップ期のステップ脚の挙上に伴って，骨盤後傾が生じる。その際に，臀筋群や外旋筋群の十分な収縮を伴っていない場合，その後の位相においてもその機能を発揮することは難しい。また，股関節周囲筋の機能を十分に発揮できていない場合，骨盤後傾による相対的な股関節外転外旋位をコントロールできず，その後の位相での股関節屈曲／骨盤前傾が制限される。結果として身体重心が早期に投球方向，あるいは後方へ偏位してしまい，「体の開いた」「上体の先行した」投球動作へとつながる。

　加えて，本来，身体重心は，下肢・体幹および非投球側上肢によって，コントロールする必要がある。しかし，下肢・体幹によって身体重心がコントロールできていない場合，すなわちいわゆる「タメ」がつくれていない場合，早期コッキング期以降での「体の開いた」「上体の先行した」投球動作につながる。そこで，身体重心をコントロールするために投球側上肢によって「タメ」をつくろうとする選手も多く，早期コッキング期での過剰な肩伸展などの動作につながる（図13-7）。結果として，上肢の自由な動きが阻害され，テイクバック動作の過程でFHHなどの上腕骨頭の偏位にもつながる。

②頭・頸部，胸郭アライメント

　不良な頭・頸部，胸郭アライメントは，体幹

図13-7 早期コッキング期における投球側上肢の代償動作

本来，早期コッキング期におけるいわゆる「タメ」は，体幹や下肢，非投球側上肢でつくられる。しかし，それらが不十分な場合には，（黒矢印で示したように）肩伸展など投球側上肢の動作で「タメ」をつくろうとする選手も多い。結果として，上肢の自由な動きが阻害され，テイクバック動作の過程でFHHなどの上腕骨頭の偏位にもつながる。

機能の低下や肩甲骨をはじめとした上肢機能の低下を招く。テイクバック動作では，肩甲骨の内転，上方回旋および後傾が要求される。これらの動きには胸郭開大可動域が重要である。さらに胸椎後弯およびチンアウト姿勢は，肩甲骨内転動作の際に僧帽筋下部の活動を制限する一方で，僧帽筋上部線維の収縮が誘導され，結果として肩甲骨挙上が先行してしまい，肩甲骨上方回旋，後傾が制限される（図13-8）。また，これらの不良な頭・頸部，胸郭アライメントは，骨盤アライメントから誘導されることが非常に多いため，連動を確認する必要がある。

③軸足機能

片脚立位の安定性を低下させる軸足の関節機能の問題としては，足関節捻挫後の関節不安定性，マルアライメントとして扁平足，外反母趾，内反小趾などがあげられる。内側アーチの低下などによって，片脚立位時の重心が内側に偏位した場合，早期コッキング期での重心移動の際に，いわゆるknee-in & toe-outを誘導してしまう。その結果，臀筋や外旋筋を効率的に使えないばかりでなく，股関節内旋から骨盤の非投球側方向への回転が生じ，いわゆる体の開きにつながる。また，軸足股関節が過度に内旋（knee-in）し，軸足側骨盤が下方へ落ち込むことにより，軸足の床反力が効率的に受けられず，結果としてステップ脚への体重移動が不十分となってしまう選手もみられる。

一方，足関節捻挫後の内反不安定性や内反小趾などにより，骨盤が非投球側方向へ偏位し，いわゆるトレンデンブルグ様となった場合，中・小臀筋の活動が抑制され，早期コッキング期以降のこれらの筋群の活動に影響を与える。

7-2 肩最大外旋位（maximum external rotation：MER）前後での痛み

後期コッキング期から加速期にかけては投球障害が最も発生しやすい位相である。特にMER位は最大限，肩関節が外旋しており，最も障害が多い。投球動作における肩外旋運動は，lagging back現象の結果として，肩甲上腕関節外旋とともに，肩甲骨が上方回旋，後傾，内転運動を伴う。ただし，肩関節と肩甲骨の連動については，個々のパターンが非常に多様であり，スキルによっても大きく異なる。また，見かけ上の肩最大外旋位と肩甲上腕関節の最大外旋位は必ずしも一致していない（宮下 2010）。基本的には，肩甲上腕関節が最大外旋位を呈する際に疼痛は発生すると考えられる。

MERでの痛みは，肩甲上腕関節外旋に伴う上腕骨頭の前方へ偏位による肩関節前方組織への伸張ストレスや，後上方関節唇と腱板のインピンジメント（internal impingement：Walch 1992）による痛みが多い。また，前方だけでなく，上腕骨頭が求心位にない状態での外旋強制によって痛みが生じる。

これらの動作を引き起こす問題は，後期コッキング期から加速期にかけての問題だけでなく，早期コッキング期以前の不良な投球動作にも影響を受ける。これらを整理して，投球動作を観察する必要がある。

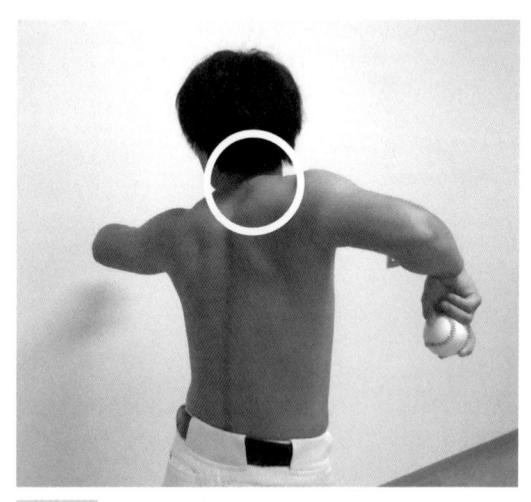

図13-8 テイクバック動作における僧帽筋上部線維優位の肩甲骨内転運動
テイクバック動作での肩甲骨内転運動において，僧帽筋上部線維の収縮が優位となった場合，肩甲骨挙上が先行してしまうことで，肩甲骨上方回旋，後傾運動が制限される。

7-2-1　トップポジションでの問題

　トップポジションは肩外旋運動に大きな影響を与える。図13-5Aのようなトップポジションを迎えるためには，テイクバック動作を円滑に行う必要があるが，前述のような関節機能の低下および不良な投球動作は，肩内旋，水平伸展，伸展位でのテイクバック動作を招く。トップポジションで，肩内旋，水平伸展，伸展位を呈した場合，その時点で上腕骨頭は関節窩に対して前方へ偏位しており，MER位に向かう中でより前方偏位が強調され，肩甲上腕関節へのストレスが高まる。

　また，トップポジションにおいて，いわゆる「上体の先行した」「体の開いた」状態となっていた場合，トップポジション以降の骨盤の回転運動に伴う体幹・胸郭および肩甲骨の動きに対して，上腕骨が遅延するため肩甲上腕関節へのストレスが高まる。そして，これは肩甲骨をはじめとした上肢機能の低下やトップポジションにおける誤った上肢位置によって，より危険性が高まる。

7-2-2　後期コッキング期以降の上肢機能低下による外旋動作の問題

①上腕骨頭の前方偏位（FHH）

　通常，肩関節は最大外旋時，関節唇や関節上腕靭帯，上腕二頭筋長頭腱などにより，骨頭と関節窩が求心位を取り合って安定している。しかし，小円筋，棘下筋，上腕三頭筋や三角筋後部線維などの肩後方組織の過緊張や前方関節包の弛緩などにより，上腕骨頭が外旋時に前方へ偏位することによって，肩関節前方組織への伸張ストレスや肩後方でのinternal impingementなどが生じる。外旋時の上腕骨頭の前方への偏位をコントロールし，求心位に保持させることは非常に重要である。

　なお，トップポジションにおいて，すでにFHHを呈している場合，MER位でFHHを呈する危険性がより高まる。

②肩甲骨・胸郭可動域制限

　投球動作での肩外旋運動において，肩甲骨後傾運動は最も大きな役割を果たしている（宮下2009）。肩甲骨後傾運動の減少は，肩甲上腕関節外旋への依存が増加する可能性があり，これにFHHなどの要素が加わると投球障害へと至るリスクが高まる。さらに肩甲骨後傾を獲得するためには，肩甲骨上方回旋可動域も併せて必要となる（図13-9）。いわゆる「肘の下がった」投球動作は肩外転角度が減少した投球動作であり，肩甲骨上方回旋が不十分となるため，結果として肩甲骨後傾も制限される。また，早期コッキング期から引き続き，肩甲骨内転可動域の制限は，肩甲上腕関節水平伸展を誘発してしまう。

　加えて，土台となる胸郭・胸椎の機能低下は肩甲骨の運動に影響を及ぼす。特に自動での胸郭の開大可動域は重要となる。また，この動作

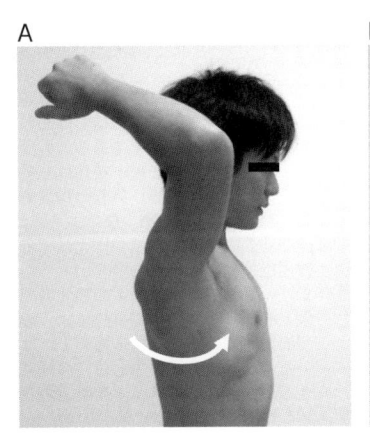

図13-9　肩甲骨後傾と上方回旋の関係
肩甲骨後傾運動を円滑に行うためには，Aのような肩甲骨の上方回旋が必要となる。Bのように，肩外転角度の不足などによって肩甲骨上方回旋が不十分になると，肩甲骨下角が十分に外側に移動しないため，肩甲骨後傾運動が制限される。

は疲労などにより制限されやすいため，注意が必要である（宮下 2012）。

7-2-3 後期コッキング期以降の下肢・体幹機能および投球動作の問題

後期コッキング期から加速期での下肢・体幹機能は，円滑なlagging back現象を導くためのステップ脚の安定性および体幹筋力が重要となる。また，トップポジションに加え，後期コッキング期以降においても，下肢，体幹の安定性が不足するといわゆる「体の開いた」「上体の先行した」投球動作となる。

この位相での下肢・体幹機能および投球動作の問題としては，以下の項目があげられる。

①ステップ脚安定性

足部接地以降，ステップ脚の下肢関節には非常に強い負荷が加わる。移動した体重をステップ脚で支持し，反力を受けることでステップ脚股関節を中心とした骨盤の回転運動を誘発する。つまりステップ脚の下肢は，後期コッキング期で骨盤回転の軸となるための安定性を要求される。

股関節周囲筋の中でも臀筋や外旋筋群，ハムストリングの柔軟性低下は，ステップ脚の股関節屈曲，内旋，内転可動域を制限する。これは荷重位での骨盤前傾運動を制限するため，後期コッキング期以降，ステップ脚への荷重が不十分となる原因となる。また，骨盤後傾位となることによっても，股関節の動きが制限されるため，結果として骨盤の回転が不十分となってしまう（図13-10）。

また，これらの可動域は，passiveな可動域のみでなく，荷重位でのactiveな可動域が重要となる（宮下 2012）。ステップ脚に対して骨盤を引き付けるように，股関節を屈曲，内旋，内転できるだけの可動域および筋力が必要であり，これらの可動域および筋力が低下することによってステップ脚が不安定になり骨盤が効率的に回転できなくなる。

②体幹の安定性

股関節機能に加え，骨盤回転に連動した体幹回旋運動を安定して行えるだけの体幹回旋筋力が必要である。体幹回旋運動に伴い，体幹は非投球側方向へ側屈する力を受ける。その際，腹

図13-10　骨盤アライメントと骨盤回旋運動の関係

A：骨盤中間位，B：骨盤後傾位。骨盤回旋運動において，回旋方向の股関節内旋可動域は重要である。しかし，立位において骨盤が後傾位を呈すると股関節は外旋，外転，伸展方向へ誘導されるため，Bのように，股関節の内旋運動の減少によって骨盤回旋運動が制限されやすい。
また，骨盤アライメントの変化の結果としての股関節外転外旋位は，股関節周囲筋の作用によるものではないため，大腿骨頭を求心位に保持できていない場合も多く，自動運動である骨盤回旋運動の制限につながる。

筋群による腹圧の上昇により過剰な側屈を制動している。非投球側方向への側屈が強まると，いわゆる「体の開いた」「腕が遅れた」投球動作へとつながる。また，体幹回旋筋力が不十分であると，肩甲帯などの上体が先行した体幹回旋運動が誘発される。

7-3 リリース～フォロースルーでの痛み

肩関節が最大外旋位を呈して内旋運動に切り替わると加速期となる。このとき同時に肩関節水平内転運動および肩甲骨は外転・下方回旋・前傾運動を呈する。さらに，リリース以降，肩甲上腕関節の急激な内旋・水平内転運動および肩甲骨の外転運動が生じる。同時に加速期に投球方向へ運動している肩関節を減速させている。

リリース時に疼痛が生じる原因としては，肩甲上腕関節内旋に対し肩甲骨前傾運動が先行して生じることによる肩峰下へのストレスや，肩甲上腕関節過内旋運動による肩峰下および肩後方組織へのストレスがあげられる。また，リリース以降，肩甲骨外転と比較して肩甲上腕関節水平内転が過度に生じることで，肩後方組織への伸張ストレスおよび肩前方組織への圧迫ストレスが加わり，疼痛が生じる。

これらの動作を引き起こす関節機能および動作上の問題としては，以下の項目があげられる。

7-3-1 上肢関節機能低下によるリリース～フォロースルーの問題

加速期の肩内旋運動は，肩甲上腕関節の内旋運動のみでなく，胸椎の屈曲，回旋運動，肩甲骨の前傾，外転，下方回旋運動，肘関節伸展運動，前腕回内運動，手関節橈屈，掌屈運動など，多くの関節が関与しており，これらがスムーズに連動することで，初めて効率的な加速期の内旋運動といえる。特に遠位からの連動は重要であり，手部の動作に連動できるだけの近位関節の可動域が必要となる。

7-3-2 下肢・体幹機能および投球動作の問題

リリース以降，股関節，体幹を主体とした減速運動ではなく，肩関節に依存した減速運動となった場合，棘下筋，小円筋などの肩後方組織へストレスが加わる。

股関節，体幹を主体とした減速運動を行うための条件としては，ステップ脚股関節の柔軟性があげられる。足部接地以降，股関節の柔軟性は重要となるが，フォロースルー期では，その重要度がより高まる。これらの筋群の伸張性低下はフォロースルーでの骨盤前傾を阻害し，結果として肩関節に依存した減速運動となる。また，骨盤回転の不足，軸足の床反力の伝達不足などにより，体重のステップ脚への移動が不足した場合，代償として肩甲上腕関節の過内旋や肘を突き出した投球動作となる。

8 動作改善の具体的方法

8-1 上肢機能への対応

投球側上肢におけるエクササイズは，肩甲上腕関節が求心位を安定して保持できるような機能の獲得を目指すことが基本となる。投球動作の各位相で上肢は様々な肢位を取ることになるが，それに伴い肩甲上腕関節も内外旋や外転など多くの動作を要求される。さらに肩甲上腕関節だけでなく，上腕骨の動きに対して肩甲骨が十分に追従できるだけの肩甲胸郭関節の機能（柔軟性，筋力）も必要となる。

8-1-1 肩後下方ストレッチング（図13-11）

ストレッチングの方法としては，図のような方法があるが，肩峰下に炎症がある場合などは，疼痛を誘発することがあるため，注意を要する。

8-1-2 肩甲骨周囲筋ストレッチング（図13-12）

投球動作における上腕骨の動きに対して，十分に対応できるだけの肩甲骨の柔軟性が必要となる。肩甲骨周囲筋は，筋のサイズが大きいた

【リスクマネージメント】
トレーニング要因（投球数）

投球障害肩の発生には投球動作や，その動作に影響を及ぼす関節機能の問題が深く関与する。しかし，投球動作は決して一定のものではなく，非常に不安定なものであり，1球ごとにわずかながら変化する。この変化は投球数の増加とともに大きくなることが多く，投球障害につながりやすい。

投球障害を予防するために投球数が規定（投球数の制限）されることがある。これはルールなどから障害を予防するマネージメント法であり，有効であることは間違いない。ただし，投球数制限は様々な要因により，その意味が異なる。試合展開，勝敗さえもが左右されるため，World Baseball Classic（WBC）の中継でも話題になったように賛否両論がある。対象が，小学生，中学生などの発育期であればさらに意味，重要性は変化する。日本臨床スポーツ医学会からも，医学，医療の立場から非常に詳細に提言がなされている。

リトルリーグでも投球数の規定がされている。また，様々なリーグや団体で独自に投球やスケジュールを規定している場合もある。高校野球ではまだ実施にいたっていないが，全国高校野球選手権大会第95回大会（2013年）からは，準決勝の前日に休養日を設けるなどの策を講じている。

実際には，非常に多くの要因により規定されているため，練習も含めて「何球」と具体的に示すと，その数字だけが1人歩きをしてしまう。逆に，その球数までは大丈夫，という危険な発想にも至る。選手個々によって上限が異なるのは当然であり，日々の練習では，年齢，性別，身体機能，発育の程度，技術などを加味して指導者が観察しながら決めるのが理想ではある。試合になるとさらに勝敗が絡むため，チーム全体のマネージメントにまでかかわる。

め，一方向のみではなく，上肢の肢位に変化を加えながら，複数方向にストレッチングを行うことで，より効果的になる。

8-1-3 腱板エクササイズ（図13-13）

棘上筋のエクササイズとしては，チューブなどを用いた外転エクササイズなどがあげられるが，上腕骨頭の前方への偏位や肩甲骨での代償動作が生じてしまうと，効果的なエクササイズとならない。ポジショニングおよび運動方向に十分配慮する必要がある。

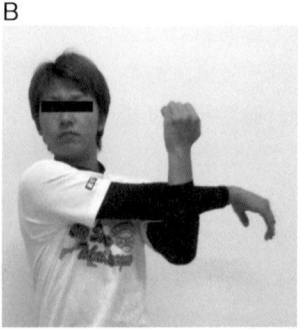

図13-11 肩後下方ストレッチング
本文7-1-1②，7-2-2①項で示した問題への対応となる。A〜Cは肩後下方のストレッチングであるが，いずれも肩峰下にストレスがかかりやすいため，疼痛の有無を確認しながら行う。

図13-12　肩甲骨周囲筋ストレッチング

本文7-1-1④，7-2-2②項で示した問題への対応となる。Aは大胸筋のストレッチング，Bは広背筋のストレッチング，Cは菱形筋，僧帽筋のストレッチングである。いずれも一方向のみではなく，上肢・体幹の肢位に変化を加えながら，複数方向にストレッチングを行うことで，より効果的になる。

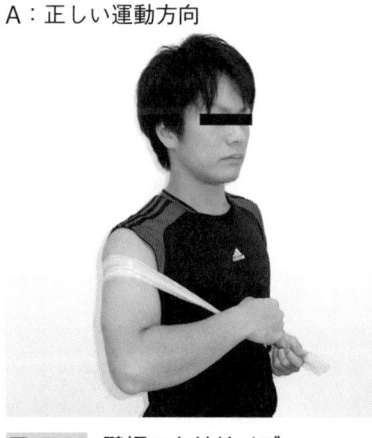

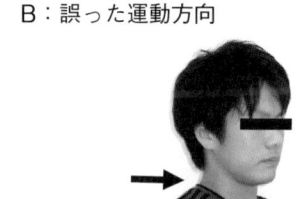

A：正しい運動方向　　　B：誤った運動方向

図13-13　腱板エクササイズ

本文7-1-1①項で示した問題への対応となる。写真は棘上筋のエクササイズである。本来は，Aのように肩甲骨面上での外転動作を行う必要がある。しかし棘上筋機能が低下している場合，Bのように，肩甲上腕関節が伸展し，上腕骨頭が前方に偏位した状態でエクササイズを行う選手がみられる。このような場合，テイクバック動作においても肩甲上腕関節伸展，水平伸展方向への動作が強くみられることが多い。棘上筋のエクササイズを行う際に注意する点は，肩甲骨（烏口肩峰アーチ）と上腕骨（小・大結節）の位置関係である。エクササイズに伴って上腕骨頭が前方や上方へ偏位することなく，しっかりと求心位に保持されていることが必要である。

8-1-4　肩甲骨周囲筋エクササイズ（図13-14）

　肩甲骨周囲筋のトレーニングは，筋力強化だけでなく，正しい使い方を習得することが重要となる。特に，僧帽筋下部や前鋸筋のエクササイズは，代償動作が非常に生じやすいため注意が必要である。

　肩甲骨内転のエクササイズは，僧帽筋下部線維の収縮を意識して行う。そのためには，僧帽筋上部線維による代償動作が生じないようにすることが重要である。チンアウト姿勢や円背姿勢は，僧帽筋下部ではなく，上部線維の収縮につながりやすいため注意を要する。加えて，肩甲上腕関節の伸展動作が生じないように行うことが重要である。エクササイズはまず，下垂位

第13章　投球動作の分析と動作改善エクササイズ

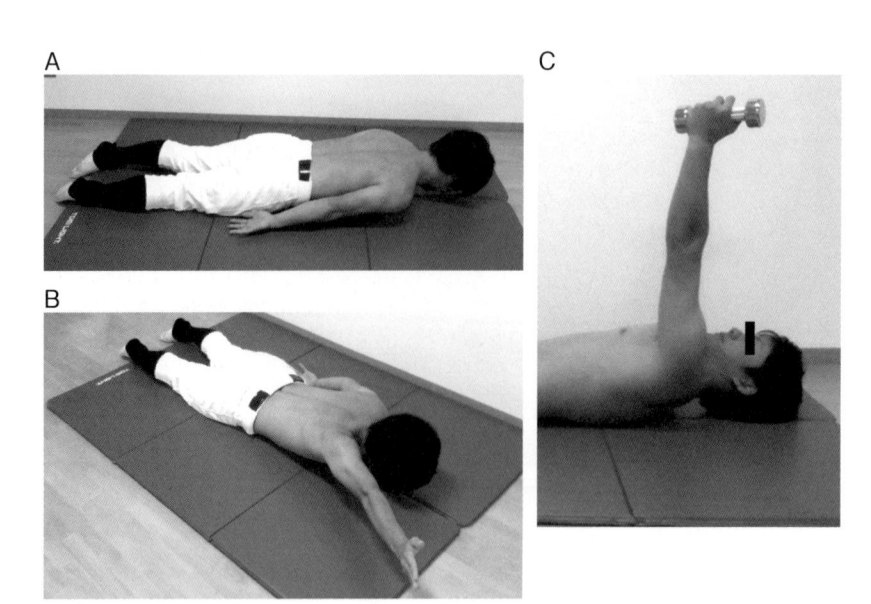

図13-14 肩甲骨周囲筋エクササイズ

本文7-1-2②，7-2-2②項で示した問題への対応となる。A，Bはいずれも僧帽筋下部線維のエクササイズである。まずは，Aのように上肢下垂位での肩甲骨下制，内転運動を行う。その際，脊柱伸展および肩甲上腕関節伸展動作が出現しないように行う。上肢下垂位での僧帽筋下部による肩甲骨の下制，内転運動を行えるようになった段階で，Bのように上肢挙上位でのエクササイズに徐々に移行していく。
Cは前鋸筋のエクササイズである。特に下部線維の収縮は重要であり，それを促すために，下角を十分に外転させるようにエクササイズを行う必要がある。また，大胸筋や僧帽筋上部線維による代償動作がみられることが多いため，注意を要する。

で行い，状態に合わせて，徐々に上肢外転位でエクササイズを行っていく。最終的には，テイクバック動作に近い肢位で行うようにする。

　前鋸筋のエクササイズは，肩甲骨のスムーズな上方回旋を獲得するために行う。前鋸筋のエクササイズは，基本的に肩甲骨外転動作で行うが，その際に代償動作として，肩甲骨挙上や大胸筋による肩甲骨外転が生じてしまう選手が非常に多い。その場合，スムーズな上方回旋が得られないため，注意を要する。

8-2 体幹への対応

　体幹機能として，重要なことは，下肢の運動によって生じたエネルギーを効率よく上肢に伝達することである。投球動作中に過度な側屈や伸展が生じると，効率よくエネルギーを伝達できない。また，肩甲骨など上肢機能に影響を与えるため，胸郭の柔軟性を獲得する必要がある。

8-2-1 体幹エクササイズ（図13-15）

　エクササイズとしては，クランチに加え，腹斜筋のエクササイズ，フロントブリッジ，サイドブリッジなどを行う。クランチ，腹斜筋のエクササイズでは，左右差を生じる選手が非常に多いため，注意を要する。また，投球動作の中で，脊柱の側屈や過伸展が出現する位相を把握し，その肢位を再現するような形でフロントブリッジやサイドブリッジを行うとより問題点が把握しやすくなる。

8-2-2 胸郭開大エクササイズ（図13-16）

　胸郭に付着する筋である腹直筋や腹斜筋のストレッチングを行い，胸郭の柔軟性獲得を図る。さらに，自動運動での胸郭開大のエクササイズを行うことが重要となる。特に，この動作は疲労などにより制限されやすいため，注意が必要である。

図13-15 体幹エクササイズ

本文7-2-3②項で示した問題への対応となる。体幹のエクササイズの方法については様々な方法があるが、代償動作に注意して行う。写真のようにフロントブリッジ（A）やサイドブリッジ（B）において、胸椎後弯、腰椎伸展や脊柱側屈を呈する選手は、実際の投球動作においても同様の動作を行うケースが多い。投球動作では、後期コッキング期以降の骨盤回旋などによって、脊柱に回旋や側屈ストレスが加わる。体幹のエクササイズによって、これらのストレスに十分に対抗できる体幹機能を獲得しなければならない。

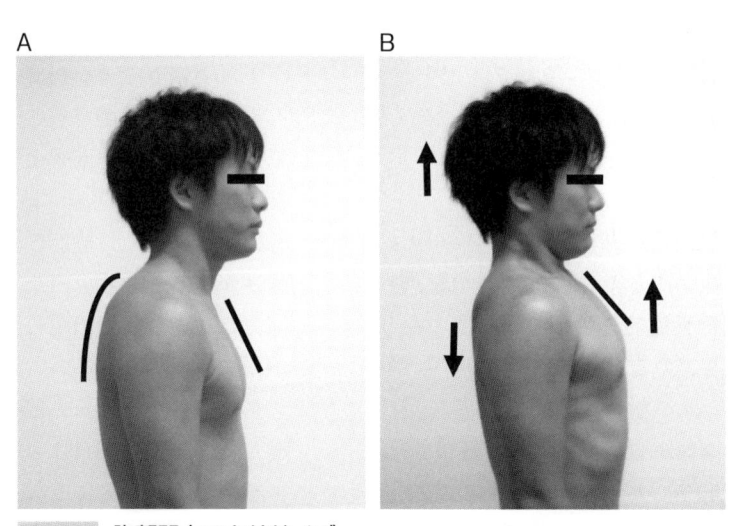

図13-16 胸郭開大エクササイズ

本文7-1-2②、7-2-2②項で示した問題への対応となる。Aのように、日常生活での姿勢において、胸椎後弯が強まり、胸郭の狭小化が生じている選手は多い。Bのように、チンインおよび胸椎伸展した状態で、胸郭を開大させるエクササイズを行い、可動域を改善させる必要がある。その際、腰椎前弯が強まらないように注意する。

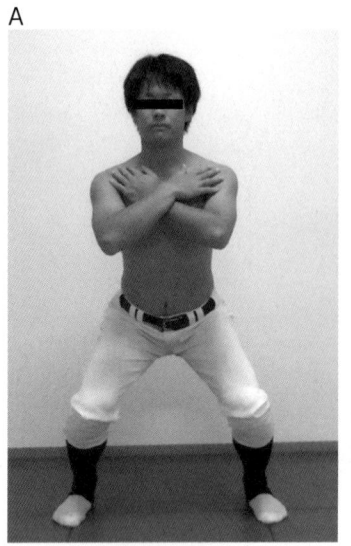

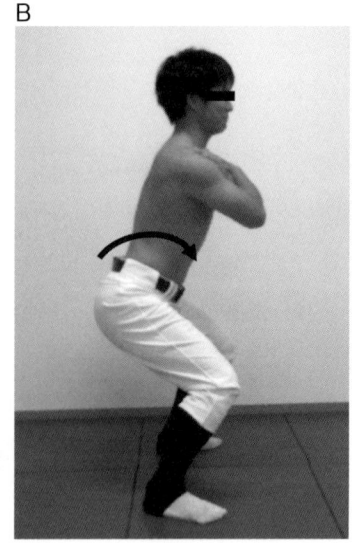

図13-17 軸足股関節のエクササイズ
本文7-1-2①項で示した問題への対応となる。早期コッキング期における軸足の股関節屈曲／骨盤前傾を意識したうえで、体幹および股関節周囲筋をしっかりと収縮させながら、スクワットを行う。十分に行えるようになった段階で、片脚でのスクワットやワイドスタンスでのスクワットなど、より投球動作に近いポジションで行う。

8-3 下肢への対応

下肢機能で重要となるのは、軸足では片脚立位以降、骨盤アライメントをコントロールし、安定したトップポジションを迎えることであり、ステップ脚ではトップポジション以降、安定した支点をつくることである。

8-3-1 軸足股関節のエクササイズ（図13-17）

安定した片脚立位姿勢をとるためには、臀筋群および股関節外旋筋群の機能が重要であり、機能低下が生じている場合はエクササイズが必要となる。また、早期コッキング期以降、股関節屈曲／骨盤前傾が生じるが、その動きを獲得するために有用なエクササイズとしてスクワットがあげられる。体幹および股関節周囲筋をしっかりと収縮させたうえで、股関節屈曲／骨盤前傾を意識して行う。十分に行えるようになった段階で、片脚でのスクワットやワイドスタンスでのスクワットなど、より投球動作に近いポジションで行う。

8-3-2 ステップ脚股関節のストレッチング（図13-18）

トップポジション以降、骨盤は非投球側方向へ回転、前傾運動を行うが、その際に股関節内転、内旋、屈曲方向への柔軟性低下が存在すると、十分な骨盤回転、前傾運動が得られない。特に、臀筋群、外旋筋群やハムストリングの柔軟性が重要となる。また、股関節深屈曲位にて、前方につまり感が出現し、臀部のストレッチ感が得にくい場合も多い。パートナーストレッチングを行う際には、大腿骨頭を後外側方向へ誘導し、つまり感が出にくい肢位でストレッチングを行うことが重要となる。

8-3-3 ステップ脚股関節のエクササイズ（図13-19）

ステップした下肢に対して骨盤を引き付けるように回転、前傾させるためには、股関節内転

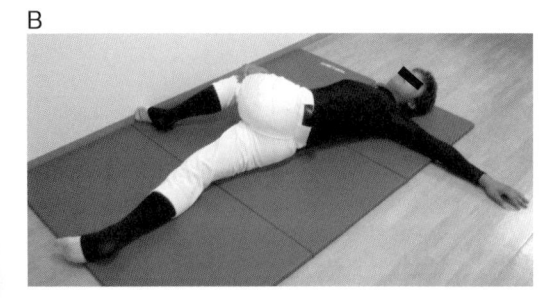

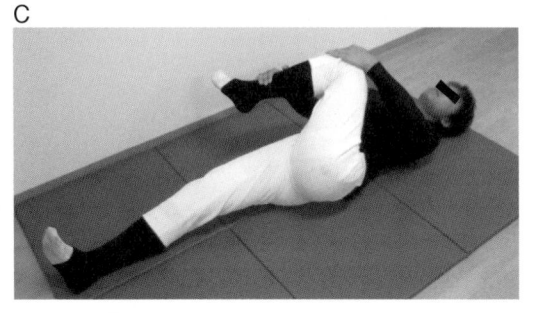

図13-18 ステップ脚股関節のストレッチング
本文7-2-3①,7-3-2項で示した問題への対応となる。Aは,ハムストリングのストレッチングである。胸腰椎の後弯が生じないよう,股関節屈曲/骨盤前傾を意識して行う。B・Cは,いずれも臀筋群のストレッチングである。股関節の屈曲,回旋,内外転角度を変化させながらストレッチングを行う。トップポジション以降の骨盤の回転,前傾運動を十分に得られるよう股関節内転,内旋,屈曲可動域の獲得を図る。

図13-19 ステップ脚股関節のエクササイズ
本文7-2-3①,7-3-2項で示した問題への対応となる。写真は荷重位でのステップ脚股関節のエクササイズである。実際の投球動作と同様に,ステップ脚にしっかりと荷重させた状態で骨盤を引き付けるようにエクササイズを行う。

筋群および腸腰筋の機能が重要となるため,これらの筋のエクササイズを行っていく。また,股関節内転筋群や臀筋群のエクササイズに加え,ステップ脚を固定した状態から骨盤を引き付けるようなエクササイズを臥位,そして立位で行っていく。さらに,その際,上肢,体幹との連動も併せて評価することで,より問題点が明確となる。

(宮下浩二・小山太郎)

参考文献
1) 信原克哉:肩 その機能と臨床[第4版],医学書院,2012.
2) 宮下浩二:スポーツ動作の観察・分析 ⑤投,アスリートのリハビリテーションとリコンディショニング上巻・外傷学総論/検査・測定と評価—リスクマネジメントに基づいたアプローチ—(小林寛和編),文光堂,pp185-194,2010.
3) 宮西智久:野球のピッチング—キネティクス—,バイオメカニクス 身体運動の科学的基礎(福永哲夫ほか編),杏林書院,pp268-281,2004.

Column 11　スポーツ動作の3次元分析

　私たちが普段行っているスポーツ動作は，一瞬のうちに多くの複雑な動きを行っています。これらはすべて3次元での動きであることから，動作分析も非常に高度なテクニックを必要とします。しかし現在は，動作分析機器の発展によって多くの情報が比較的容易に得られるようになりました。

　スポーツ動作を3次元で分析するには，主に光学式モーションキャプチャーシステム，ハイスピードカメラ，フォースプレートなどを用います。以前は複数のハイスピードカメラを同期させてスポーツ動作を同時に撮影し，それぞれのカメラの2次元画像を1コマずつデジタイズ（身体の計測点をプロットしていく作業）したあと，それらを組み合わせて3次元に構築することで動作分析を行ってきました。この方法は，カメラがセットできればどこでもできるというメリットがあるので，用途に応じて今でも用います。しかし，分析にはかなりの時間がかかっていました。

　そこで新たに登場したのが，光学式モーションキャプチャーシステム（図1，2）です。これは，光を反射する特別なマーカーを身体の必要な部位に貼付し，複数の専用カメラをセッティングしたエリア内に入ることで，即座にマーカーの位置情報をとらえて3次元に構築する技術です。このモーションキャプチャーの出現により，3次元動作分析は一気に便利で，正確な技術として発展しました。3次元動作分析では，身体重心や身体各部位の変位，速度，加速度の変化，各関節の角度，角速度，角加速度の変化などが計算されます。さらに各部位の動きから逆算する方法によって，関節トルクやメカニカルパワーを算出することも可能です。このようにして，ダイナミックな動きの中でのどの局面でどの部位が一番活躍しているかなどを推察することができます。

　さらに，モーションキャプチャーで動作分析を行うときは，同時にフォースプレートを同期して床反力波形を取るのが一般的です。たとえば，野球の投手の投球動作を分析する場合，私たちは簡易マウンドを組み，それにフォースプレートを組み込むことで，軸足と踏み込み足の床反力を計測し，身体の動きとともに分析します。投球動作では，踏み込み足を強く踏み込み，床反力の大きい投手のほうが，速いボールを投げることができることなどが，すでにわかっています。

　3次元動作分析は，現在も機器が進歩しており，水中でのモーションキャプチャーも可能となりました。今後あらゆる場面でのスポーツ動作が分析され，パフォーマンス向上に役立つもっと多くの情報が提供できるようになると思います。

（前田　明）

図1　光学式モーションキャプチャーシステムとフォースプレートを用いた3次元動作分析の様子

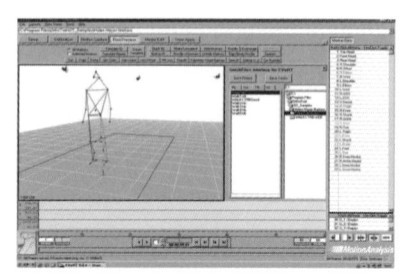

図2　光学式モーションキャプチャーを用いた分析事例

第14章 ジャンプ・着地動作・切り返し動作の分析と動作改善エクササイズ

本章のねらい

ジャンプ・着地動作・切り返し動作は，スポーツ活動だけでなく，日常生活においても用いられる運動である。本章では，これらの動作についてバイオメカニクス的観点から概説し，パフォーマンスの向上や障害の予防に必要な基本的な要因を理解できるようにする。また，障害予防のための動作改善エクササイズについても紹介する。

Key word

- ジャンプ
- 着地動作
- 切り返し動作
- バイオメカニクス
- 動作改善エクササイズ

1 ジャンプ

1-1 ジャンプとは

ジャンプ（jump）とは，「自身の脚で床などを押して（蹴って）空中に飛び出すこと」を意味し（Chapman 2008），一般には「跳躍」や「跳ぶこと」と訳される。また，脚や足部以外の部位（臀部や手部など），あるいは道具を使って跳ねることもジャンプに含める場合が多い。

ジャンプの目的は，身体を意図した高さまでもち上げる（投射する）ことであるが，身体をもち上げる理由は，日常生活やスポーツの場面によって様々である。スポーツの中で実施されるジャンプは，大別すると以下に分類できる。

- 高さを狙いとしたジャンプ
- 距離を狙いとしたジャンプ
- 何か別の目的を遂行するためのジャンプ

高さを狙いとしたジャンプには，垂直跳びや走り高跳びなどがあり，距離を狙いとしたジャンプには，走り幅跳びなどがあげられる。何か別の目的を遂行するためのジャンプには，球技における高い位置のボールを捕ったり，打ったりするためのジャンプ，ひねりや宙返りの実施を目的としたジャンプ，表現動作としてのジャンプなどが含まれる。

英語では，ジャンプと似た語彙に leap, hop, skip, step などがあり，厳密にはジャンプは両足着地をともなう運動を指すようである（深代 1990）。日本語でも外来語としてのジャンプの他に跳躍，跳ぶ，飛ぶなどの様々な語彙が似たような意味合いで使用されているが，明確な区分はないようである。ここでは，最初に述べた定義に基づいてジャンプを取り扱っていく。

1-2 ジャンプの分類

ヒトの形態は，下肢の往復運動に適したものになっているため，人間にとっての自然なジャンプも走り幅跳びのような片足踏み切りの運動である。しかし，ヒトの運動は，自然の中での生活への適応のために発生した運動だけでなく，文化的適応の中で育まれた運動も存在する。そのため，スポーツの中の様々なジャンプに見られるような

不自然に見える様式のジャンプも行われる。

　ジャンプの分類は，様々な観点から行われているが，進化・発展の過程から分類したもの，スポーツの中で行われているジャンプをその目的や様式に基づいて分類したものがある（表14-1）。進化・発展の過程から分類したものは，生存・生活の中から生じたジャンプと，スポーツや表現運動などの中で行われる文化として創造されたジャンプに大別される。スポーツの中でのジャンプは，目的，方向，助走の有無，踏み切りや着地の様式，道具の有無などに基づいて分類される。また，これらの分類項目の他にも回転運動の有無などがあげられる。

1-3 力学的にみたジャンプ

　ジャンプによって到達できる高さは，離地時の身体重心の鉛直速度（v_2）と高さ（h_2）によって決まる。跳躍高は，この高さから立位時の身体重心高（h_0）を引いた値で，離地時までに足部の底屈や腕の振り上げなどによってもち上げた身体重心の上昇距離（h_2-h_0）と離地後に身体重心が上昇した距離（h_3-h_2）を合わせた距離に等しい（図14-1）。離地時の鉛直速度（v_2）は，力積と運動量の関係から求めることができる。

$$\varSigma F \Delta t = (GRF - mg)\Delta t = mv_2 - mv_0 \quad (1)$$

　ここでv_0はジャンプ開始時の鉛直速度，v_2は離地時の鉛直速度，$\varSigma F$はジャンプにおいて地面を押す力の反力（地面反力）の鉛直成分と重力の総和，Δtはジャンプの動作時間，mは身体質量，gは重力加速度を示す。v_2を大きくするためには，力積（$\varSigma F \Delta t$）を大きくする必要がある。力積は，鉛直方向の身体に作用する力と作用する時間の積で，図中の斜線の面積に相当する。身体に作用する力には地面反力だけでなく重力も作用することに注意する必要がある。したがって，身体に作用する力とその力が作用する時間を大きくすることがv_2を大きくすることになる。

1-4 ジャンプのバイオメカニクス

1-4-1 垂直跳び

　助走をともなわない高さを狙ったジャンプとして，最も広く行われているものである。体力テストとして実施されているこの運動は，パワー発揮の指標として用いられている。よくトレーニングされたスポーツ選手では，1m近くジャンプする者もいる。また，垂直跳びにおける床反力のピーク値は，1100～1700N程度の範囲であったと報告されている（深代1990）。

　垂直跳びのパフォーマンスを高める技術として，反動動作（countermovement）と振込動作が用いられる。

　反動動作は，主動作の前に一度逆方向に運動する動作である。垂直跳びの場合には，上昇運

表14-1　ジャンプの分類

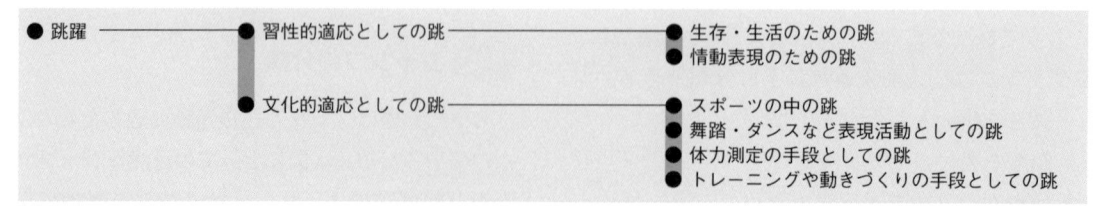

● 跳躍 ─── ● 習性的適応としての跳 ─── ● 生存・生活のための跳
　　　　　　　　　　　　　　　　　　　　● 情動表現のための跳
　　　　　　● 文化的適応としての跳 ─── ● スポーツの中の跳
　　　　　　　　　　　　　　　　　　　　● 舞踏・ダンスなど表現活動としての跳
　　　　　　　　　　　　　　　　　　　　● 体力測定の手段としての跳
　　　　　　　　　　　　　　　　　　　　● トレーニングや動きづくりの手段としての跳

● スポーツの中の跳

目的	方向	助走	踏切と着地	道具
距離志向動作 距離有意動作	垂直方向 水平方向	有 無	片足 両足	有 無

（深代千之ほか：跳ぶ科学，p19，大修館書店，1990）

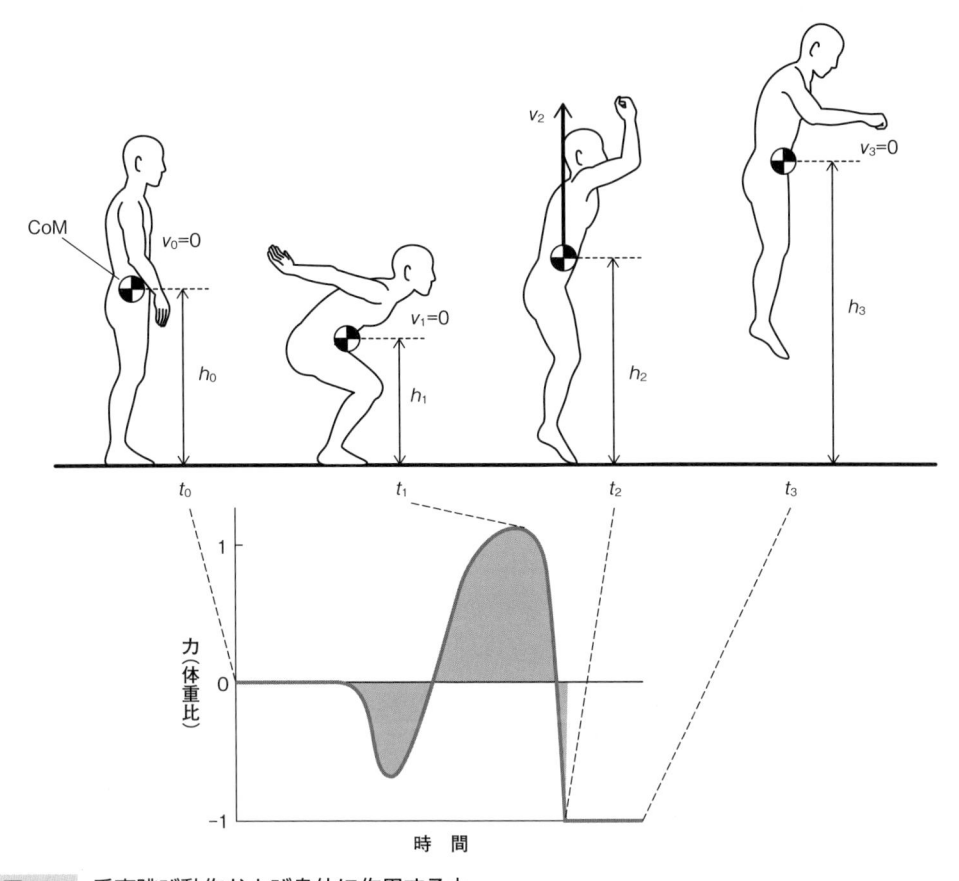

図14-1 垂直跳び動作および身体に作用する力
CoM：身体重心，t：各時点（t_0：立位時，t_1：最下点，t_2：離地時，t_3：最高点），v：速度，h：身体重心高。

動に先駆けて一度，身体を下降させる動作となる。この動作の利点は，下肢の主動作筋の伸張反射を利用しているといわれる。また，スクワットジャンプ（かがんだ姿勢からのジャンプ）に比べて最下点での床反力が大きい点，筋や腱などのストレッチショートニングサイクルを利用できる点，プレアクティベーション（事前の筋活動）により筋出力の立ち上がりが良い点などがパフォーマンスの向上に貢献するとされる。実際の反動動作では，一度，股関節屈曲80°，膝関節屈曲85°，足関節背屈70°程度の下肢の屈曲が行われ，その後，伸展へ移行する。

一方，振込動作とは，身体の一部をねらいとする方向に振り込む動作である。垂直跳びでは，上肢を真上へ振り上げる運動が振込動作にあた

る。この動作の利点は，接地中の身体重心の移動距離を大きくし，接地時間を延ばすことや肩関節においても仕事ができる点，上肢の振込動作によって下肢の伸展速度が減少することによって，筋収縮速度も小さくなり発揮可能な筋力が増加することなどがあげられる。垂直跳びでは，腕の振込動作が20％程度貢献すると見積もられている。

1-4-2 リバウンドジャンプ

リバウンドジャンプ（rebound jump）とは，跳ね返る跳躍を意味し，着地からすぐにジャンプする運動で（**図14-2**），股関節や膝関節の屈曲・伸展動作を小さくし，短時間（0.2秒以内）で大きなパワー発揮を行う運動である（金高 2004）。

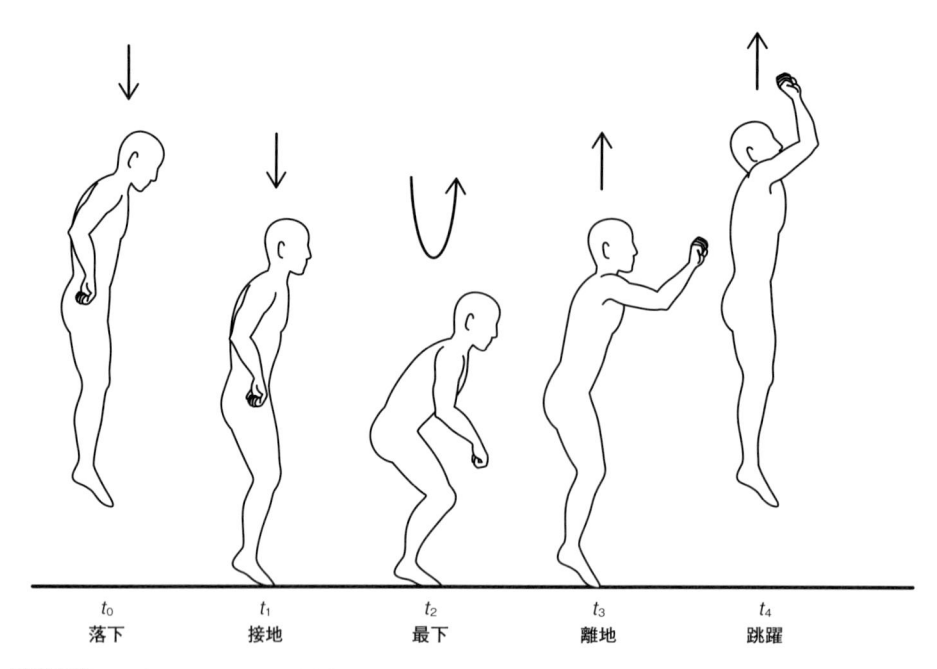

図14-2　リバウンドジャンプ動作
着地からすぐにジャンプする運動で，短い踏切時間で高い跳躍高が求められる。t：各時点（t_0：落下時，t_1：接地時，t_2：最下時，t_3：離地時，t_4：跳躍時）。

この運動は，球技などにおける急な方向転換のように応用された形式で利用されることが多い。応用された形式で実施されることが多い運動ではあるが，他の運動（例：スプリント）のパフォーマンスとの関連が見られることから，近年では，リバウンドジャンプ能力の測定が行われている。この評価には，評価視点として跳躍高のみを用いるFテスト（腰に手をあてた状態で連続ジャンプを行い，最大跳躍高を測定するテスト）や，跳躍高と踏み切り時間を用いるRJ指数（rebound jump index），RJパワーなどが使われている（金高 2004）。リバウンドジャンプ中に発揮される片脚あたりの各関節トルクのピーク値は，股関節が150Nm程度，膝関節が200Nm程度，足関節が220Nm程度であり，垂直跳びに比べて膝関節や足関節での発揮が大きく，股関節での発揮は小さい（深代 1990）。

1-4-3　助走を用いたジャンプ

助走を用いたジャンプは，一般に片脚での踏み切りを用いることが多い。また，助走の勢いをジャンプへ活かすことができるため助走のないジャンプ（垂直跳びやリバウンドジャンプなど）よりも大きな跳躍高を得ることができる。

①走幅跳

走幅跳は，助走から片脚で踏み切り，できるだけ前方遠くへ跳び，その距離を計測する種目である。一流の競技者では，9m近い距離を跳ぶ選手もいる。走幅跳の記録は，踏切距離（踏切板から離地時の身体重心までの距離），空中距離（離地時の身体重心から着地時の身体重心までの距離），および着地距離（着地時の身体重心から接地面の最後部までの距離）から成り立つ。その中でも空中距離が跳躍距離と最も関連が高い。空中距離は，離地時の身体重心の高さと着地時の身体重心の高さの差，および離地時の身体重心の水平速度と鉛直速度によって決定される。離地時の鉛直速度は，跳躍時間を決定し，この時間に水平速度を乗じることで空中距離を算出することができる。

踏切は，助走の速度を離地時の水平速度と鉛直速度へ変換する重要な局面である．踏切動作は，身体の起こし回転，上肢・振り上げ脚の振り上げ，踏切脚の伸展の3つに分けて整理できる（図14-3）．身体の起こし回転は，接地足を中心に身体を前上方へ回転させる運動で，特に踏切前半に水平速度を鉛直速度へ変換する．上肢・振り上げ脚の振り上げは，上肢や振り上げ脚を積極的に前上方へ振り上げる動作で，前述した振込動作に相当する．踏切脚の伸展は，地面を強く押し脚を伸展させる動作で，踏切後半での速度獲得に貢献する．効果的に空中距離を得るためには，投射方向（踏切角度）も重要であり，20°程度が最も空中距離を得られるとされる．また，踏切局面での地面反力の大きさは，インパクトでは体重の10倍程度，その後の伸展局面では体重の4倍程度である（McNitt-Gray 2000；深代 1990）．

②両足でのジャンプ

バレーボールのスパイクジャンプやバスケットボールのジャンプシュートなど球技の中では，両足で踏切るジャンプが用いられることがある．バスケットボールなどで用いられるジャンプでは，対戦相手をかわすことが必要なために助走の勢いを十分に活かすことができない場合も多く見られるが，ネット型種目であるバレーボールのスパイクジャンプでは，比較的しっかりと準備をして両足でジャンプを行うことができる．バレーボールのスパイクジャンプは，4m/s程度の助走からの実施が最も高い跳躍高（約0.8m）を得ることができるといわれている．他の助走を用いたジャンプと同様に鉛直速度を獲得するため，踏切動作では身体の起こし回転，上肢の振り上げ，脚の伸展が行われるが，助走速度が小さいため跳躍高の獲得には，身体の起こし回転の貢献が小さく，上肢の振り上げや脚の伸展による貢献が大きい．このときの床反力のピーク値は，リードレッグ（先に接地する脚）では体重の6倍程度，ラグレッグ（後から接地する脚）では体重と同程度である（McNitt-Gray 2000）．

1-4-4 弾性体上でのジャンプ

トランポリンや板飛び込みの飛び板，体操競技の跳馬や器械運動の跳び箱の踏み切り板は，大きく変形し元に戻る高い弾性特性をもっている．これらの用具の上でのジャンプは，固い床上でのジャンプと異なり，用具の弾性をうまく利用することが重要となる．

柔らかい弾性体上でのジャンプ（トランポリンなど）では，股関節と膝関節をわずかに屈曲した姿勢で接地し，下肢の関節を伸展しながら離地に至る（伊藤ら 2000）．トランポリンに比べると固い弾性体である跳馬の跳躍板での踏切動作は，一旦，わずかに屈曲し，その後，伸展して離地に至る（佐野ら 2007）．このように様々な弾性体の固さ（弾性係数）に応じて，動作自体も変容させることが重要である．

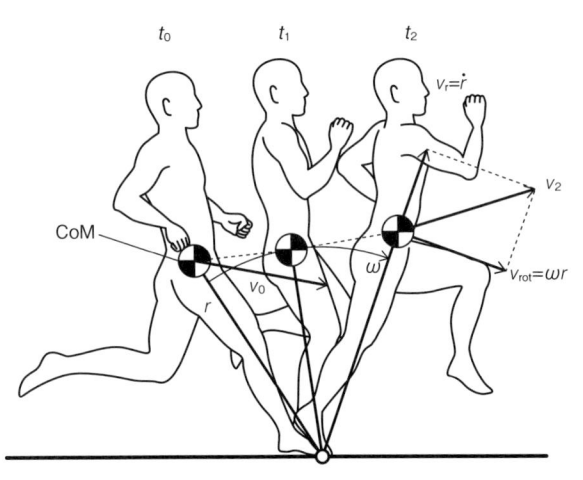

図14-3 踏切動作の模式図
CoMは身体重心．t_0は接地時，t_1は踏切脚が最も縮んだ時点，t_2は離地時，rは半径（足部から身体重心までの距離），ωは角速度（身体重心の足部まわりの回転速度），vは速度を示す．離地時の速度（v_2）は，身体の起こし回転による成分（v_{rot}），上肢・振り上げ脚の振り上げと踏切脚の伸展を合わせた成分（v_r）に整理される．

2 着地動作

2-1 着地動作とは

着地は,「空中から地面に降り着くこと」で,日常生活では,足で地面に降りることを意味する。着地動作は,身体が地面に衝突する際,身体に損傷が生じないように運動エネルギーを消失させることを目的とした運動である。また,着地動作を力学的観点から見るとその目的は,その後に続く運動を実施するために接地時の運動量を効果的に変換することと捉えることもできる (McNitt-Gray 2000)。着地動作中,筋や腱,床反力による力やトルクは,下肢への負荷を生じる。傷害を避けるためには,これらの負荷を身体が耐えうる範囲内に収めることが重要となる。広義の着地動作には,ジャンプの踏切の前半部分も含まれるが,ここではジャンプの踏切は除き,着地して止まる動作(運動量や角運動量を大きく減少させる動作)について述べる。

2-2 力学的にみた着地動作

身体を質点として捉えると着地動作は,力学的仕事と力学的エネルギーの関係,または,力積と運動量の関係で説明することができる。ある高さから飛び降りて着地することを力学的仕事と力学的エネルギーの関係から考える(図14-4)。飛び降りる時点(t_0),足が地面に接地する時点(t_1),および着地動作を完了する時点(t_2)の力学的エネルギーは,以下になる。

$$mgh_0 = mgh_1 + 1/2 mv_1^2 = mgh_2 - W \quad (2)$$

ここでmは身体質量,gは重力加速度,h_0〜h_2は各時点での身体重心の高さ,vは身体重心の速度,Wは力学的仕事を示している。時点t_0の位置エネルギーの一部は,時点t_1までに運動エネルギー($1/2 mv_1^2$)へ変換されるが,総量としての力学的エネルギーは,時点t_0と時点t_1は等しい。時点t_1以降に運動エネルギーがゼロになるように時点t_1から時点t_2の間に力学的仕事(W)がなされる。このときなされる力学的仕事は,エネルギーを吸収する負の仕事である。したがって,時点t_2の位置エネルギーから着地動作でなされた負の仕事を減じると元の力学的エネルギー(mgh_0)に等しくなる。

また,力学的仕事は力と距離の積であるので,以下の式で示すことができる。

$$W = \Sigma F \cdot s = (GRF - mg) \cdot (h_2 - h_1) \quad (3)$$

ここでGRFは地面反力,sは力を加えられた状態で移動した距離を示す。ここで示した着地動作では,身体に作用する力は,地面反力(GRF)と重力($-mg$)のみなので,ΣFは,地面反力から体重を減じた値となる。停止距離(s)は,時点t_1から時点t_2までに移動した距離なので$h_2 - h_1$となる。力学的仕事(W)は,これらの力と距離の積なので,地面反力の大きさと停止距離が力学的仕事に影響を与える。

力学的仕事と力学的エネルギーの関係と同様に力積と運動量の関係から着地動作を捉えることもできる。

$$\Sigma F \cdot (t_2 - t_1) = mv_2 - mv_1 \quad (4)$$

左辺は力積を示し,身体に作用する力(地面反力から体重を減じた値)と作用した時間の積である。右辺は運動量の変化を示す。着地動作で止まることを考えた場合,v_2はゼロなのでmv_2もゼロとなり,運動量の変化は$-mv_1$と等しくなる。これらの関係から,着地動作で運動量を減少させるには,地面反力の大きさと作用する時間が関係することがわかる。

2-3 着地動作のバイオメカニクス

2-3-1 落下からの着地動作

ある高さから飛び降りて着地動作を行う際,身体への負荷を減じるために着地動作中の地面反力を小さくすることを意図した場合,地面反力を受ける距離を長くすることが有効である(式3)。そのための方略の1つは,できるだけ高い位置で接地することである。これは,脚を伸ばし,腕を挙上することによって達成できる。もう1つの方略は,最後に静止する高さを低く

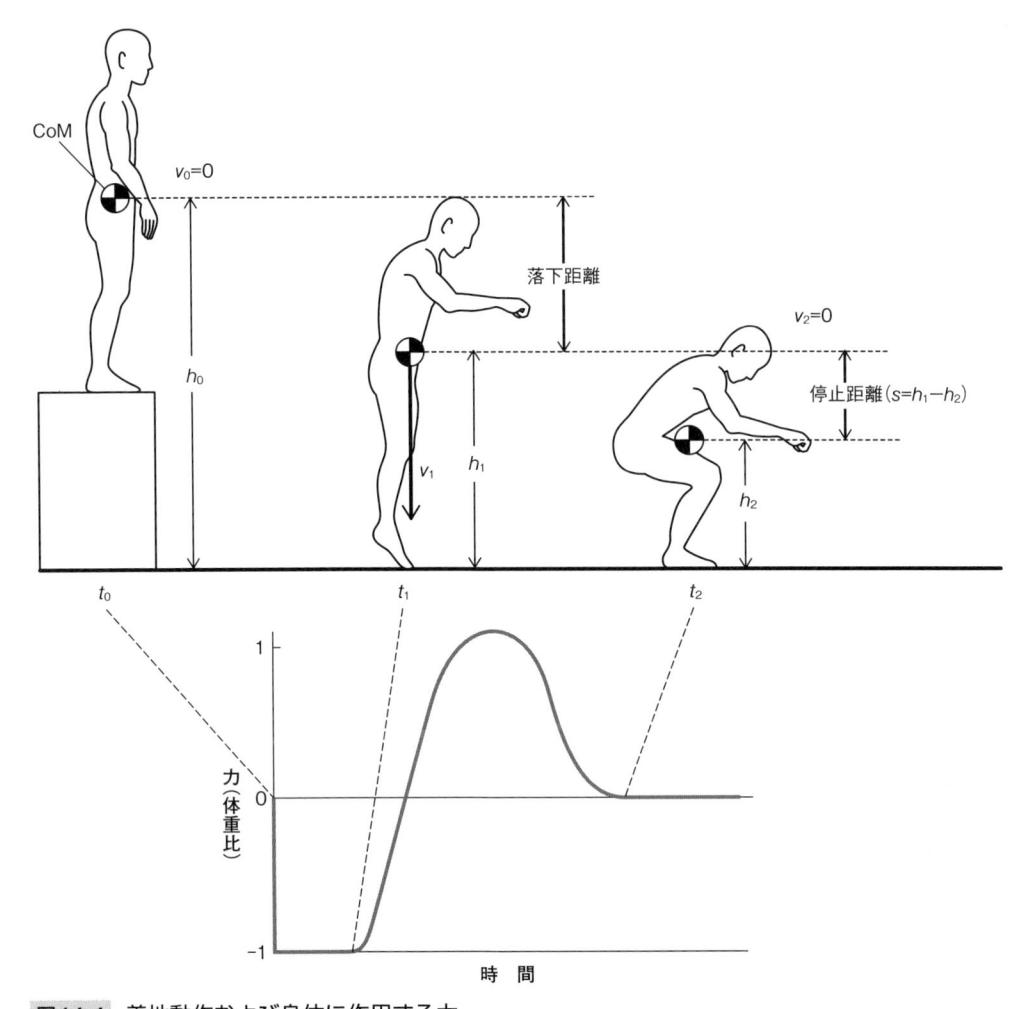

図14-4　着地動作および身体に作用する力
CoM：身体重心，t：各時点（t_0：立位時，t_1：接地時，t_2：停止時），v：速度，h：身体重心高．

することである．これは，脚を深く曲げ，腕を降ろし，体幹を前傾させることで達成できる．このように着地動作での身体重心の停止距離を大きくすることによって，地面反力を小さくすることが可能となる（図14-5）．

しかし，一方で股関節や膝関節の大きな屈曲は，地面反力の作用線から各関節を離すことになり，モーメントアームを増大させるため，地面反力による力のモーメントが大きくなり，結果として各関節は，大きな伸展トルクの発揮が要求される．場合によっては，着地の衝撃による関節の圧迫力よりも大きな伸展トルクを発揮

するための伸展筋群の張力による圧迫力のほうが大きくなることもある（Millsら 2009）．着地動作中の地面反力のピーク値は，落下の高さや着地動作によって異なるが，体重の16倍程度までは，調整が可能である（McNitt-Gray 2000）．

2-3-2　着地動作にともなう回転運動

落下からの着地動作において，身体重心が着力点の真上にない場合，着地動作中に足部を回転中心とした回転運動が生じる（図14-6）．そのため，着地動作では，並進運動だけでなく回転運動についても考慮する必要がある．この回転

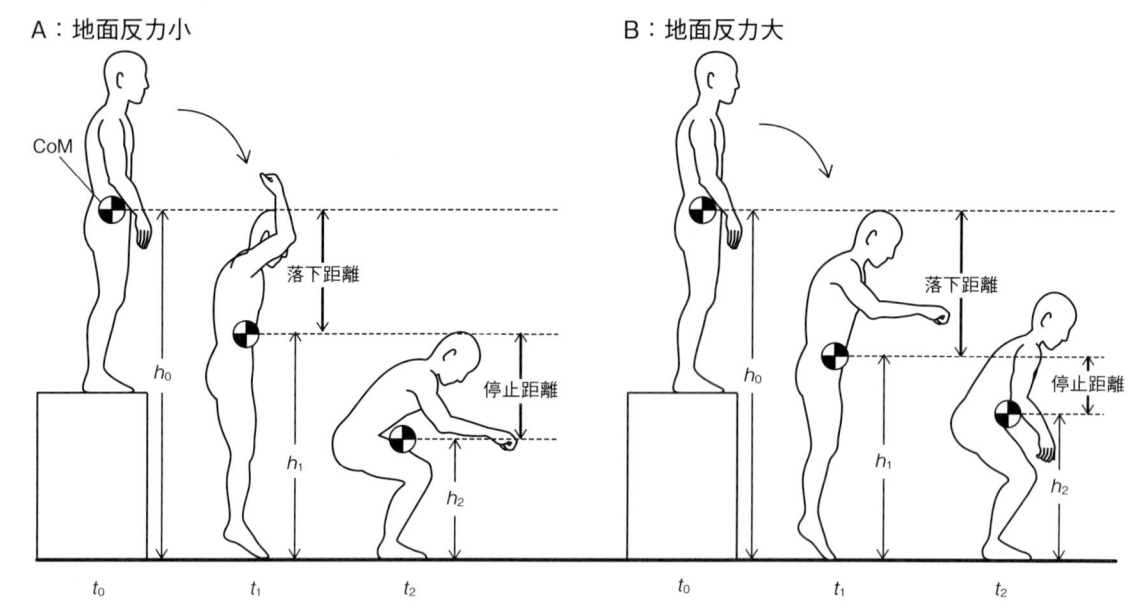

図14-5 様々な着地動作

Aの着地動作はBの着地動作に比べて落下距離（h_0-h_1）が短く，停止距離（h_1-h_2）が長い。そのため地面反力を受ける距離が長いAの着地動作は，Bの着地動作に比べて地面反力が小さい。CoM：身体重心，t：各時点（t_0：立位時，t_1：接地時，t_2：停止時），h：身体重心高。

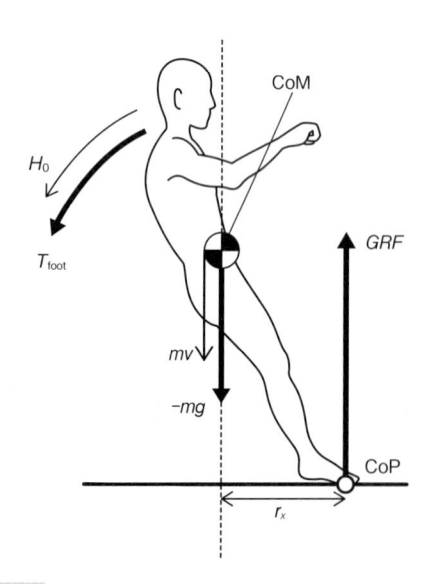

図14-6 身体重心（CoM）が着力点（CoP）の真上にない場合の着地動作

この場合，重力による力のモーメント（$T_{foot}=r_x\times(-mg)$）を生じ，足部まわりの角運動量（$H_0=r_x\times mv$）をもつ。
CoM：身体重心，CoP：着力点，GRF：地面反力，H_0：足部まわりの角運動量，T_{foot}：足部まわりの力のモーメント，m：身体質量，v：速度，g：重力加速度，r_x：モーメントアーム。

運動を生じる力のモーメント（トルク）（T_{foot}）の大きさは，回転中心から身体重心に作用する力の作用線までの距離（モーメントアーム）（r_x）と重力（$-mg$）の積となる。

$$T_{foot} = r_x \times (-mg) \quad (5)$$

また，接地時の落下速度によって足部まわりの角運動量（H_0）をもつ。

$$H_0 = r_x \times mv \quad (6)$$

着地動作中の角運動量の変化（H_1-H_0）と角力積の関係は，以下になる。

$$T_{foot}\Delta t = H_1 - H_0 \quad (7)$$

接地時の角運動量の方向と重力による力のモーメントの方向は同一なので，そのままでは転倒することになる。転倒を避けるように着地動作中の回転運動を減少させる（H_1をゼロに近づける）ためには，着地動作中に股関節を屈曲させたり，腕を回すことによって身体重心を着力点の反対側へ移動させたり，足を踏み出すことによって着力点を移動させて力のモーメントの方向を逆にする必要がある。

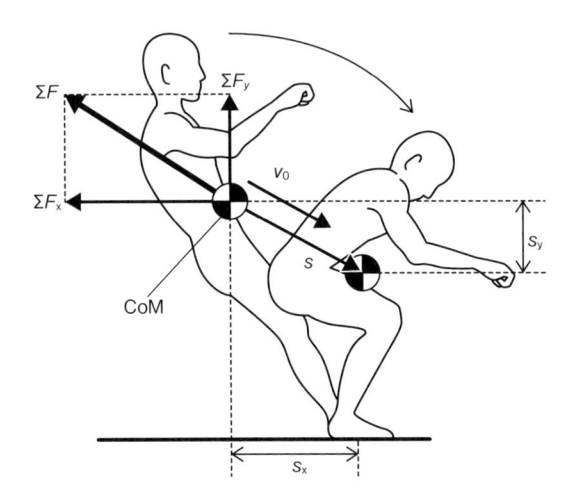

図14-7 水平運動をともなう着地動作
斜め方向の速度（v_0）をもって接地する。着地動作中は，速度を打ち消す方向に力の総和（ΣF）が作用する。また，身体重心（CoM）も斜めに移動（s）する。

2-3-3 水平運動をともなう着地動作

水平運動をともなう運動からの着地動作を行う場合，鉛直速度の減少だけでなく水平速度の減少も必要となる。そのため床反力も鉛直成分だけでなく水平成分についても考慮する必要がある（図14-7）。着地動作中になされる力学的仕事は，力の総和と距離の内積であるので，水平成分と鉛直成分をそれぞれ乗じて積算する必要がある。

$$W = \Sigma F \cdot s = GRF_x \cdot s_x + (GRF_y - mg) \cdot s_y \quad (8)$$

また，水平運動をともなう場合，接地中に足部まわりの力のモーメントや角運動量によって，回転運動をもつことになる。そのため，先述した着地にともなう回転運動と同様に着地動作中の角力積と角運動量を考慮して，並進運動だけでなく回転運動も減少するような着地動作が求められる。

2-3-4 回転運動をともなう着地動作

宙返りのように回転運動をともなった運動からの着地動作では，並進運動だけでなく回転運動の制御も必要となる。この場合，着地動作中に受ける力のモーメントが，接地時の角運動量を打ち消すように身体重心と足の着く位置（着力点の位置）を調節する必要がある。接地時の足まわりの角運動量（H_foot）は，身体重心まわりの角運動量（H_cg）と身体重心の足まわりの角運動量（$r \times mv$）の和となる。

$$H_\text{foot} = H_\text{cg} + r \times mv \quad (9)$$

回転運動をともなう着地動作では，並進の運動量を減少する力の発揮だけでなく，角運動量も減少できる条件の接地姿勢をつくり，着地動作の最後に身体重心が支持基底面の上に入るように制御することが課題となる。

3 切り返し動作

3-1 切り返し動作とは

切り返し動作は，進行方向を急激に変更する動作で，他に方向転換（走）や方向変換（走）などの用語が用いられることもある。バスケットボール，サッカー，ラグビーなどの球技では，相手をかわすための能動的な走方向の変更やボールや相手選手の動作に対応した受動的な走方向の変更が多く行われる。このような球技において切り返し動作の能力は，競技成績に大きく影響し，この能力には直線的な走能力，認知，判断，技術，下肢筋力など多くの要素が関係する。すばやい切り返し動作では，下肢が大きなパワー発揮をする必要があり，この下肢への負担は，足および膝関節の傷害を引き起こす主な原因とされる。一方で合理的な切り返し動作は，パフォーマンスの向上だけでなく，傷害予防にも有益であることから，切り返し動作に関する知見は，指導法やトレーニング法の構築に役立つことが示唆されている（鈴木ら 2010a）。

3-2 切り返し動作の種類

切り返し動作に用いられるステップは，文献によって用いられる用語は異なるが，主にサイドステップとクロスステップの2種類に分類さ

れる（図14-8）。サイドステップ（またはオープンステップ，サイドステップカット）は，変更方向と反対の足を変更方向と反対側へ大きく踏み出して切り返す動作である。クロスステップ（またはクロスオーバーカット）は，変更方向と同側の足を交差させて変更方向と反対側へ踏み出す切り返し動作である。方向を変更する角度や走速度などにもよるが，方向変更に要する所用時間は，一般にサイドステップが短く，クロスステップのほうが長くなる傾向が見られる（藤原2000）。

3-3 力学的にみた切り返し動作

切り返し動作は，方向を変換する角度の大きさに応じた地面反力を発揮して，身体重心速度の方向を変えることと，とらえることができる（鈴木ら 2010b）。切り返し動作もジャンプと同様に支持脚まわりの回転運動，上肢・遊脚の振込，支持脚の屈伸の3つに分けて整理できる

（図14-9）。支持脚まわりの回転運動は，時々刻々と方向を変える3次元の運動である。このときの地面反力は，進行方向成分と鉛直成分は走動作と似たパターンを示すが，進行方向成分は高速走行（約10m/秒）と同程度の大きさで，ブレーキと加速がともに大きい。鉛直成分は低速走行（約3m/秒）と同程度である。内側成分は，常に内側方向に力を受け，この力が方向を変換する原動力となる（図14-10）。

3-4 切り返し動作のバイオメカニクス

切り返し動作には，走速度や方向を変更する角度，予め方向を変更する場所やタイミングがわかっているかどうかといった要因が関係する。方向を変更する角度と場所がわかっているジグザグ走では，サイドステップとクロスステップの間に所要時間の差は見られないようであるが，方向を変更する角度が大きくなると走速度が遅くなり，有意に方向の変更に時間がか

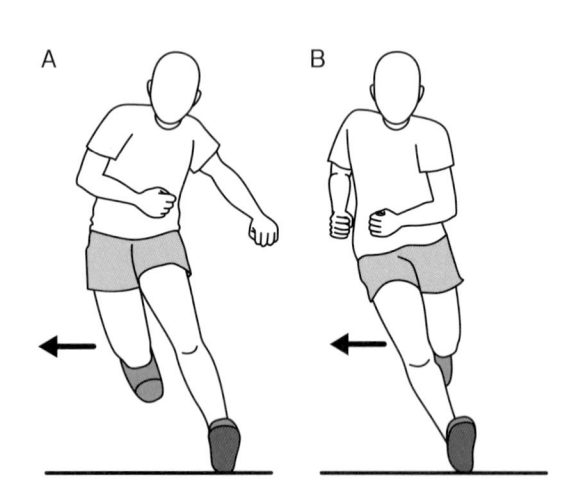

図14-8 切り返し動作の種類
A：サイドステップ，B：クロスステップ。図中の矢印は変更方向を示す。
（藤原素子：走方向の変更．スポーツバイオメカニクス，pp20-22, 朝倉書店，2000より一部改変）

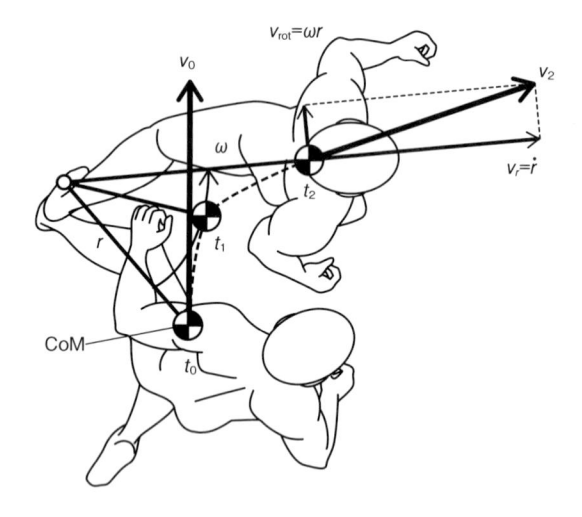

図14-9 切り返し動作（サイドステップ）の模式図
CoMは身体重心，t_0は接地時，t_1は踏切脚が最も縮んだ時点，t_2は離地時，rは半径（足部から身体重心までの距離），ωは身体の支持脚まわりの角速度，v_0およびv_2は，アプローチ方向および変更方向の速度を示す。離地時の速度（v_2）は，身体の回転による成分（v_{rot}），上肢・遊脚の振込と踏切脚の伸展を合わせた成分（v_r）に整理される。身体の支持脚まわりの回転運動は，水平面内だけでなく上下にも回転が生じる3次元の運動である。

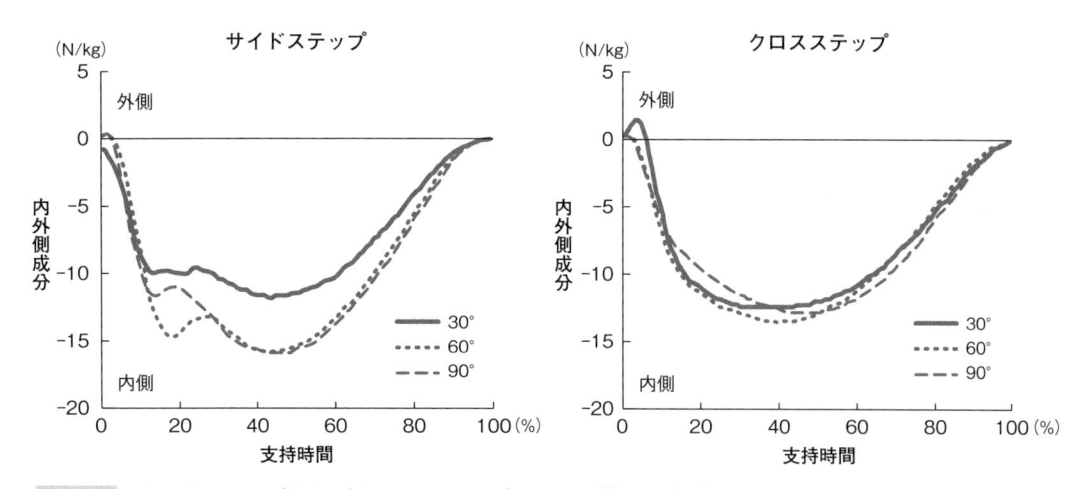

図14-10 サイドステップおよびクロスステップにおける地面反力（内外側成分）の変化
実線は方向の変換角度30°，点線は60°，破線は90°の時点のデータを示す。
ここで示す内側は，図4-18の矢印の方向である。

(鈴木雄太ほか：体育の科学，60 (11)：751-755, 2010より一部改変)

かる傾向がある。所要時間が同じ場合，サイドステップは，1歩で方向を大きく変更できるが，クロスステップは，1歩で方向を変更できる角度が小さいため，大きな方向の変更が必要な場合には，前後のステップも利用して切り返し動作を行わなければならない。

ジグザグ走の速い人は，サイドステップでは切り返し動作後半での脚伸展や大腿の前傾が大きく，クロスステップでは，変更方向とは反対の前方へ大きく足を出し，大腿を前傾させて切り返していた（鈴木ら2010a）。これらの情報は有益な示唆を含んでいると考えられるが，予め切り返し動作の方向がわかっている場合とわかっていない場合では，動作に相違が見られることが指摘されており（木村ら2010），実際の取り扱いでは慎重に考慮する必要があろう。

切り返し動作中のステップでは，ブレーキをかけて内側方向への地面反力を得る必要があるが，一般にクロスステップに比べてサイドステップのほうが，内側方向への反力，力積とも大きい。そのため，切り返し動作後の身体重心の速度は，サイドステップのほうが大きくなるようである（藤原2000）。下肢で発揮される関節トルクは，ジグザグ走における切り返し動作中では，サイドステップとクロスステップともに足関節の底屈トルクと膝関節の伸展トルクが発揮される（図14-11）。これらの関節トルクは，身体の支持と後半の加速に作用すると考えられている。また，股関節の屈曲伸展トルクは，両ステップともに前半に伸展トルク，後半に屈曲トルクを発揮する。これらの関節トルクは，前半の身体の推進と後半の大腿を前方へ引き出す準備に作用すると考えられている。内転外転トルクは，サイドステップでは，接地直後に大きな内転トルクを発揮し，その後，走方向の変更角度が小さい場合には外転トルクを発揮するが，大きい場合には内転外転トルクは発揮されない。

一方，クロスステップでは，接地直後に大きな外転トルクを発揮し，その後も全体を通して外転トルクを発揮する（鈴木ら2010b）。切り返し動作では内側方向の地面反力が必要なことは先述したが，この反力は内転外転トルクの発揮によって得られる訳ではなく，脚の伸展によるところが大きいようである。したがって，これらの脚の伸展が適切な方向へ向くように足の着く位置や姿勢を制御することも関節トルクの発揮と同様に重要である。

(山田　哲)

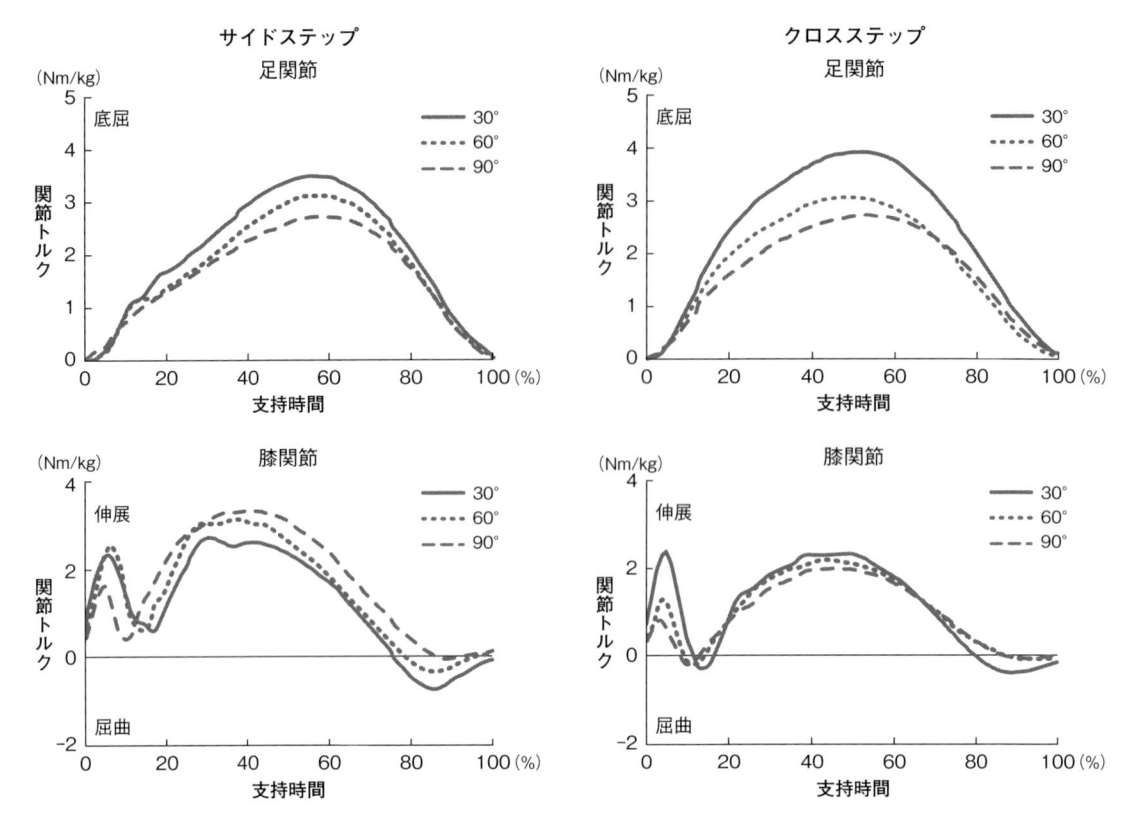

図14-11 サイドステップおよびクロスステップにおける下肢関節トルクの変化
実線は方向の変換角度30°，点線は60°，破線は90°の時点のデータを示す．
(鈴木雄太ほか：体育の科学，60(11)：751-755，2010より一部改変)

4 ケガのリスクを高める動き，動作改善の具体的方法

4-1 ジャンプ・着地動作

　ジャンプ動作と着地動作は逆の動作と捉えることができるとともに，一連の動作と考えることもできる．また，ジャンプ動作，着地動作に関連する外傷や障害の発症機転については共通する部分が多いので，本項ではジャンプ・着地動作としてまとめて話を進める．

　外傷や障害が発生する際のジャンプ・着地動作時における代表的な下肢アライメントは，膝が内側に入るknee-inと下腿前傾や股関節屈曲の少ない踵荷重位である（図14-12）．knee-inでは膝関節内側支持機構に伸張ストレスが加わり膝関節外側には圧縮ストレスが加わる．また足の向きにより，大腿骨に対する下腿の外旋や内旋という回旋ストレスも加わる．膝関節内側支持機構に伸張ストレスが加わると，膝内側側副靱帯損傷や鵞足炎を引き起こすおそれがあり，膝関節外側への圧縮ストレスは外側半月板損傷を引き起こす可能性がある．過度の回旋ストレスが加わることにより，膝前十字靱帯（ACL）損傷が引き起こされる可能性も高くなる（川野 2001）．下腿前傾や股関節屈曲の少ない踵荷重でのジャンプ・着地動作では，二関節筋である大腿直筋の伸張ストレスが大きくなりジャンパー膝（膝蓋靱帯炎）やオスグッドシュラッター病を発症する可能性が高い．特に大腿直筋が短縮しているとその可能性はさらに高くなる（川口 2011）．

　これらの外傷や障害を予防するためには，

図14-12 外傷や障害が発生する際のジャンプ・着地動作時における代表的な下肢アライメント
A：knee-in，B：下腿前傾や股関節屈曲の少ない踵荷重位。

　ジャンプ・着地動作の際，①前額面上での下肢アライメントをニュートラルにする，②体幹を安定させ股関節・膝関節・足関節が連動した動きをつくる，ことが重要となる。

　具体的なエクササイズとしては，前額面上の下肢アライメントをニュートラルに保持したスクワットや低い台からの立ち上がり・しゃがみ込みエクササイズを行う。スクワットを行う際，「足よりも膝が前に出ないように」と指導されることがあるが，このようなスクワットでは踵荷重になってしまい，大腿直筋の伸張ストレスが大きくなるので，「踵の上に臀部を下ろすように」指示しながらスクワットを行わせる。また，低い台からの立ち上がり・しゃがみ込みエクササイズは，下腿の前傾を意識的に行うエクササイズとして有効である。スクワット，立ち上がり・しゃがみ込みエクササイズでは，股関節屈曲・伸展，膝関節屈曲・伸展，足関節背屈・底屈を同期して行うことを意識し，膝が内側に入らないようにする（図14-13）。スクワットや立ち上がり・しゃがみ込みの際，膝が内側に入る場合は，股関節外旋筋力や外転筋力が不足していることも多いので，股関節外旋筋，外転筋の筋力増強エクササイズを並行して行う。前額面上でのアライメントをコントロールしながらスクワットや立ち上がり・しゃがみ込みができるようになったら，下肢アライメントに注意を払いながら片脚で低い台からの立ち上がり・しゃがみ込みを行う（図14-14）。このとき，趾かみ（足趾の屈曲）するとスムーズな下腿前傾を誘導できないだけでなく，ウィンドラス機構（第12章参照）を上手く使うことができなくなるので（図14-15），趾かみしないようにする。

　次に，実際のジャンプ動作への導入として，コンビネーションカーフレイズ（図14-16）を行う（川野 2003）。

　コンビネーションカーフレイズに続き，その場でのジャンプ・着地動作から徐々に行い，競技で必要とされるジャンプ・着地動作へ移行する。このときも下肢アライメントをニュートラルに保ちながら趾かみしないようにし，足関節，膝関節，股関節の動きを連動させる。

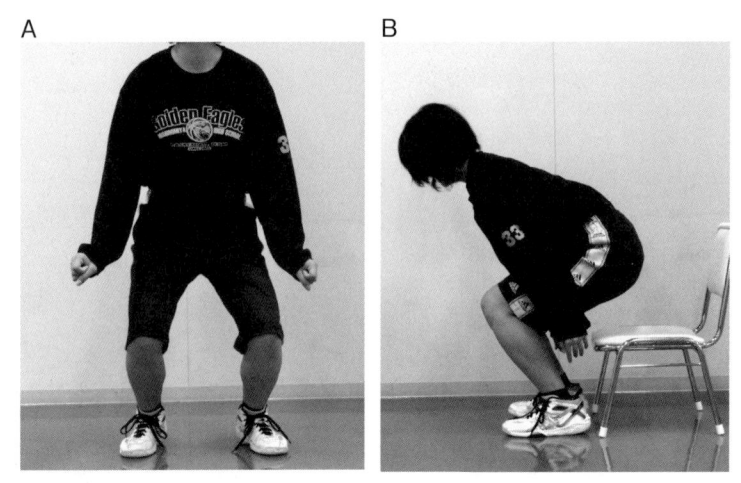

図14-13 スクワットと立ち上がり・しゃがみ込みトレーニング
A：スクワット，B：低い台からの立ち上がり・しゃがみ込み。

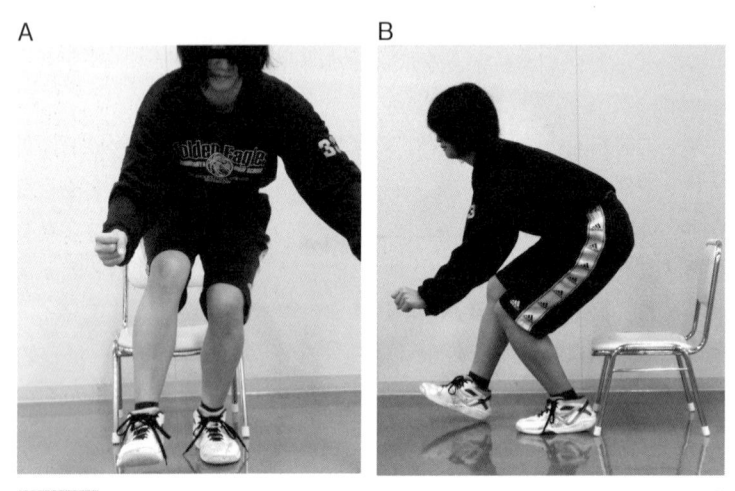

図14-14 片脚での低い台からの立ち上がり・しゃがみ込みトレーニング
A：正面，B：側面。

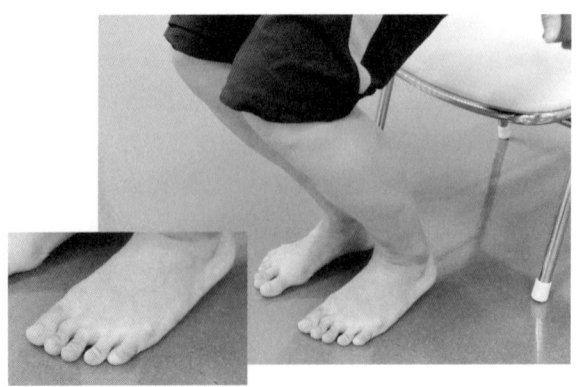

図14-15 趾かみした状態での低い台からの立ち上がり・しゃがみ込み

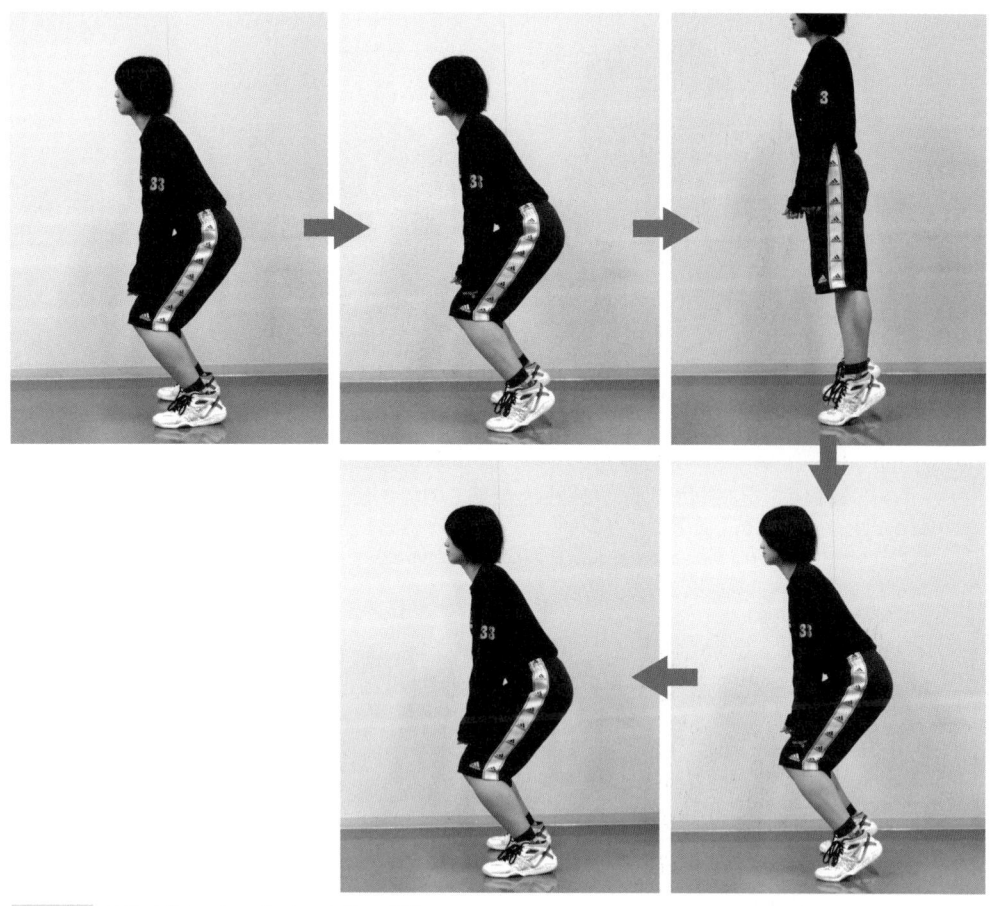

図14-16 コンビネーションカーフレイズ

4-2 切り返し動作

　切り返し動作では進行方向を急激に変えるが，その際，足底面が地面に接地した状態で切り返しを行うと，足関節，膝関節に大きな回旋ストレスが加わる．たとえば右下肢を軸にして左への切り返しを行った場合，つま先が外を向き膝が内側に入るknee-in & toe-outというアライメントを呈する（図14-17A）．右足を軸にして右への切り返しを行うと，つま先が内側を向き膝が外に逃げるknee-out & toe-inというアライメントを呈する（図14-17B）．

　knee-in & toe-outというアライメントでは，膝関節内側支持機構に伸張ストレスが加わり，膝内側側副靱帯損傷や鵞足炎を引き起こすおそれがある．また，膝関節外側への圧縮ストレスは外側半月板損傷を引き起こす可能性がある．過度の回旋ストレスが加わることにより，膝前十字靱帯損傷が引き起こされる可能性も高くなる．また，足部・足関節は外転，回内し外反捻挫や後脛骨筋腱炎を引き起こす可能性がある（図14-18A）．knee-out & toe-inというアライメントでは，膝関節外側支持機構に伸張ストレスが加わり膝外側側副靱帯損傷や腸脛靱帯炎を引き起こすおそれがあり，膝関節内側への圧縮ストレスは内側半月板損傷を引き起こす可能性がある．過度の回旋ストレスが加わることにより膝前十字靱帯損傷が引き起こされる可能性も高くなる．また，足部・足関節は内転，回外し内反捻挫や腓骨筋腱炎を引き起こす可能性があ

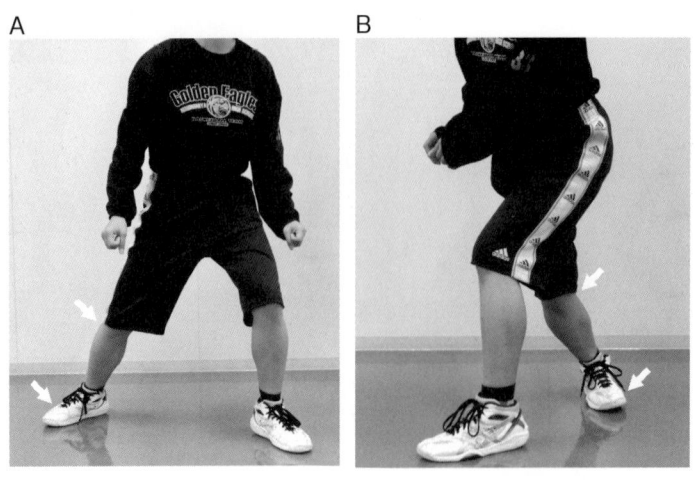

図14-17 足底面が地面に接地した状態での切り返し動作時における右下肢アライメント
A：knee-in & toe-out，B：knee-out & toe-in。

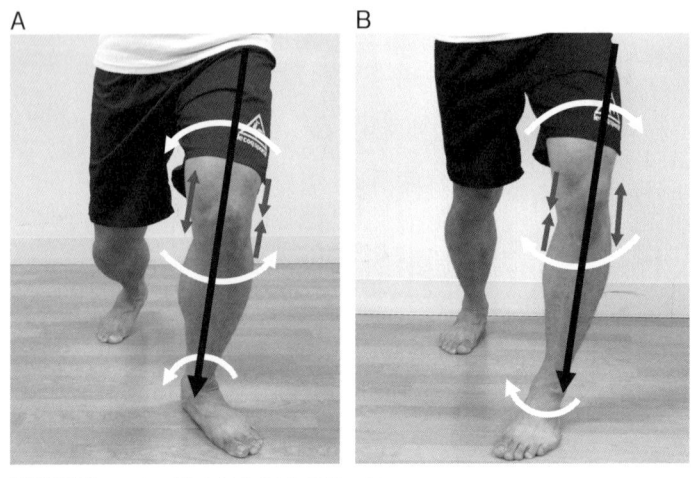

図14-18 下肢の代表的な外傷発生パターン
A：knee-in & toe-out，B：knee-out & toe-in。

る（図14-18B）（川野 2001）。

競技復帰や障害予防のエクササイズとしては，下肢を1つの剛体として股関節を中心に動かし，膝関節，足関節・足部に回旋ストレスが加わらないようにすることが大切である。

具体的には，構えの姿勢でのツイスティング，ツイスティングからのステップエクササイズを行う。

構えの姿勢を取り，体幹，骨盤帯を動かさないよう踵を浮かしながら母趾球を中心として股関節の内旋・外旋にてツイスティングを行う（図14-19）。趾かみがあると母趾球荷重ではなく足尖部荷重でのツイスティングとなり，外反母趾を引き起こす可能性が高くなる。

次に，ツイスティングからのステップ（図14-20A），クロスオーバーステップ（図14-20B）を行い，競技復帰へと結び付ける。

ツイスティング，ツイスティングからのス

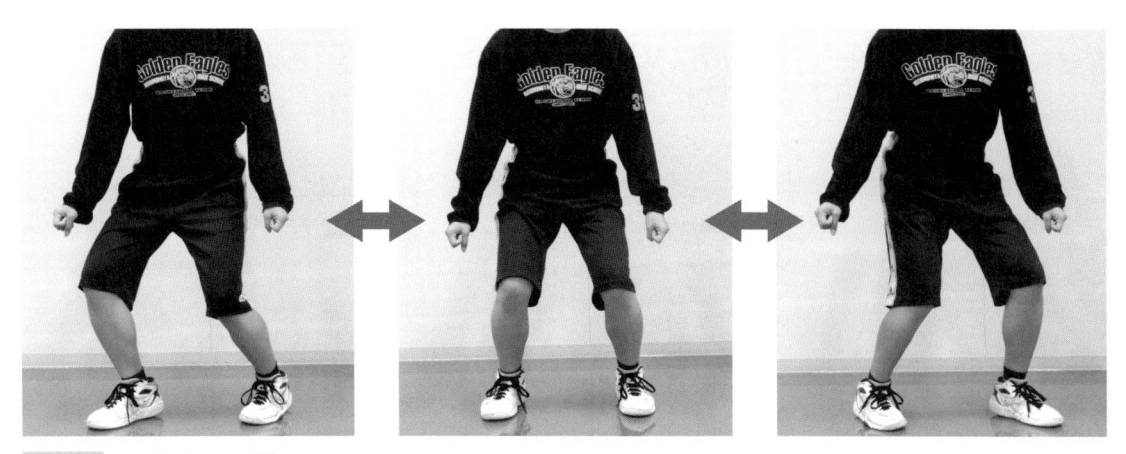

図14-19 ツイスティング

図14-20 ツイスティングからステップへ
A：ステップ，B：クロスオーバーステップ。

テップエクササイズでは，骨盤帯を中間位としニュートラルな下肢アライメントで行うことが重要である。

（川口浩太郎）

参考文献
1) 深代千之，山際哲夫（宮下充正監修）：跳ぶ科学，大修館書店，1990．
2) McNitt-Gray JL：Musculoskeletal loading during landing. Biomechanics in Sport (ed. Zatsiorsky, VM), pp523-549, Blackwell Science, 2000.
3) Chapman AE：Biomechanical Analysis of Fundamental Human Movements, Human Kinetics, 2008.

Column 12　膝前十字靱帯（ACL）損傷の発生メカニズムと予防エクササイズ

　膝前十字靱帯（ACL）損傷は，スポーツの現場で多発するケガであり，世界中の多くの研究者や医療関係者，また現場の指導者，トレーナーや選手が問題解決に取り組んでいます。すでに，第5章で受傷機転などの基礎知識については取りあげられているので，ここでは近年の研究の数々を紹介したいと思います。

①膝ACL損傷の発生メカニズム

　非接触型膝ACL損傷の発生メカニズム解明を目的とした研究論文は，世界的に多く発表されていますが，現時点では明確な結論には至っていません。ここでは，屍体膝解剖，MRI画像所見，ビデオ分析などの観点から，発生メカニズム解明の手がかりとなるものをまとめました。

　屍体膝を用いた実験で膝ACLへのストレスを調べた研究（Bernsら1992；Markolfら1995；Kanamoriら2000）と，膝ACL損傷受傷後のMRI画像において骨挫傷（bone bruise）の位置を調べた研究（Grafら1993；Viskontasら2008）から，膝ACL損傷時には，脛骨の前方移動，膝関節外反，脛骨内旋が起きていることが推測されています。

　ただし，屍体膝実験やMRI画像所見から考えられた発生メカニズムが，実際の膝ACL損傷時に生じる運動・所見であるのかは不明です。そこで，実際の受傷シーンのビデオ分析から発生メカニズムを報告した研究も散見されます。ビデオ分析の結果，着地やストップ，方向転換，カッティング動作時の受傷が報告され，体幹後傾や側屈位がみられることが指摘されました（Bodenら2000；Olsenら2004；Krosshaugら2007；Hewettら2009）。Kogaら（2010）は，複数方向からのビデオ撮影により，3次元的に受傷シーンの運動を分析しています。膝関節角度の急激な変化と最大床反力（垂直成分）の生じたタイミングから，膝ACL損傷は接地後40ミリ秒付近で発生したと考えられ，このとき，膝関節は軽度屈曲・外反・内旋位でした。

　また，スポーツ動作の特徴から膝ACL損傷のリスクを唱えたHewettら（2009）による前向き疫学研究では，両脚着地動作において，膝関節外反角度，外反モーメントの左右差が，膝ACL損傷のリスクになることが報告されています。

　以上の研究から，着地やストップ，方向転換，カッティング動作時に，体幹後傾・側屈位，膝関節軽度屈曲・外反・内旋位，脛骨前方移動によって，膝ACLへのストレスが増大し損傷が発生すると考えられます。実際に膝ACLへどのようなストレスが生じているかは，より詳細な受傷シーンの分析や，靱帯にかかるストレスのバイオメカニクス研究などにより，今後明らかにしていく必要があります。

②膝ACL損傷の予防エクササイズ

　膝ACL損傷の予防を目的とした研究も，世界的に進められています。予防介入を実施した先行研究のうち成果のあったものの特徴をみると，ストレッチング，筋力，バランス，プライオメトリック，アジリティなどのエクササイズ，口頭や視覚でのフィードバックによる動作指導などから，複数の方法を取り入れた予防プログラムが用いられています（Stojanovicら2012；Daiら2012）。

　筋力向上のエクササイズでは，（受傷シーンによくみられる）片脚での動作の安定性を高めるために体幹筋，膝関節外反をコントロールするための股関節周囲筋，また（発生メカニズムとして考えられる）脛骨前方移動に拮抗するハムストリングスを鍛えることが重要です。バランス，プライオメトリック，アジリティなどのエクササイズや，動作指導を適切に行っていくためにも，十分な筋力を獲得させなくてはいけません（Hewettら1999；Mandelbaumら2005）。

　バランス向上のエクササイズは，膝関節周囲の神経筋機能を改善し，動作における膝関節の安定性を

高める効果があります（Paternoら 2004；Cooperら 2005）．スポーツ動作時の膝関節外反モーメント・内旋モーメントを減少させることも報告されています（Cochraneら 2010）．

プライオメトリックやアジリティのエクササイズは，最大床反力（垂直成分），股関節内・外転モーメントを減少させ，下肢のパワーを増大させる効果があります（Hewettら 1996）．また，多くのパターンの筋活動を促し，実際のスポーツ動作に見られる多平面での運動をトレーニングすることができます（Bienら 2011）．

口頭や視覚でのフィードバックによる動作指導では，最大床反力を減少できるように股関節，膝関節，足関節を十分に屈曲し，膝関節外反が起きないようにすること，体幹を後傾・側屈させないことが重要です（McNairら 1990；Onateら 2005；Dempseyら 2009）．

ストレッチングは，上記のエクササイズ，動作指導を正しく実施するために，膝関節だけでなく股関節や足関節周囲筋に対して行い，荷重位での十分な体幹前傾，膝関節屈曲が獲得できる状態にすることが大切です．

先行研究で実施されたような複数のエクササイズを取り入れた方法を，チーム全体として実施する場合，多くの時間を膝ACL損傷の予防プログラムに費やすことになり，プログラムの導入は現実的に難しい場合も少なくありません．近年は，膝ACL損傷リスクの高い選手を判別するスクリーニング方法が報告されており（Myerら 2010），チーム全体へ予防プログラムを導入するのではなく，膝ACL損傷のリスクの高い選手に対して予防プログラムを実施する簡便な方法も効果があると報告されています（Myerら 2007；DiStefanoら 2009）．

また，加賀谷ら（2009）は，膝ACL損傷の発生メカニズムと考えられている膝関節外反の増大には，股関節や足部が関連することを報告しました．膝ACL損傷の発生メカニズムの原因はどこにあるのかを考え，選手の特徴に適した予防エクササイズを実施していくことでチームや選手への負担を軽減し，効果的な予防エクササイズの導入が可能となるのではないでしょうか．

（伊藤　渉）

参考文献
1) 福林　徹・蒲田和芳監修：ACL損傷予防プログラムの科学的基礎，NAP，2008．
2) American Orthopaedic Society for Sports Medicine：Understanding and Preventing Noncontact ACL Injuries, Human Kinetics, 2007.

付録：全身骨格・体表筋図（前面・後面）

▎骨格

前面　後面

- 頭蓋骨（ずがいこつ）
- 頸椎（けいつい）
- 鎖骨（さこつ）
- 肩甲骨（けんこうこつ）
- 肋骨（ろっこつ）
- 胸骨（きょうこつ）
- 胸椎（きょうつい）
- 剣状突起（けんじょうとっき）
- 上腕骨（じょうわんこつ）
- 腰椎（ようつい）
- 橈骨（とうこつ）
- 尺骨（しゃっこつ）
- 仙骨（せんこつ）
- 寛骨（かんこつ）
- 骨盤（こつばん）
- 尾骨（びこつ）
- 大腿骨（だいたい）
- 膝蓋骨（しつがいこつ）
- 腓骨（ひこつ）
- 脛骨（けいこつ）

▎筋肉

前面　後面

- 胸鎖乳突筋（きょうさにゅうとつきん）
- 僧帽筋（そうぼうきん）
- 大胸筋（だいきょうきん）
- 三角筋（さんかくきん）
- 広背筋（こうはいきん）
- 上腕二頭筋（じょうわんにとうきん）
- 上腕三頭筋（じょうわんさんとうきん）
- 腹直筋（ふくちょくきん）
- 大腿四頭筋（だいたいしとうきん）
- 大殿筋（だいでんきん）
- 大腿二頭筋（だいたいにとうきん）
- 腓腹筋（ひふくきん）
- 前脛骨筋（ぜんけいこつきん）
- アキレス腱（けん）

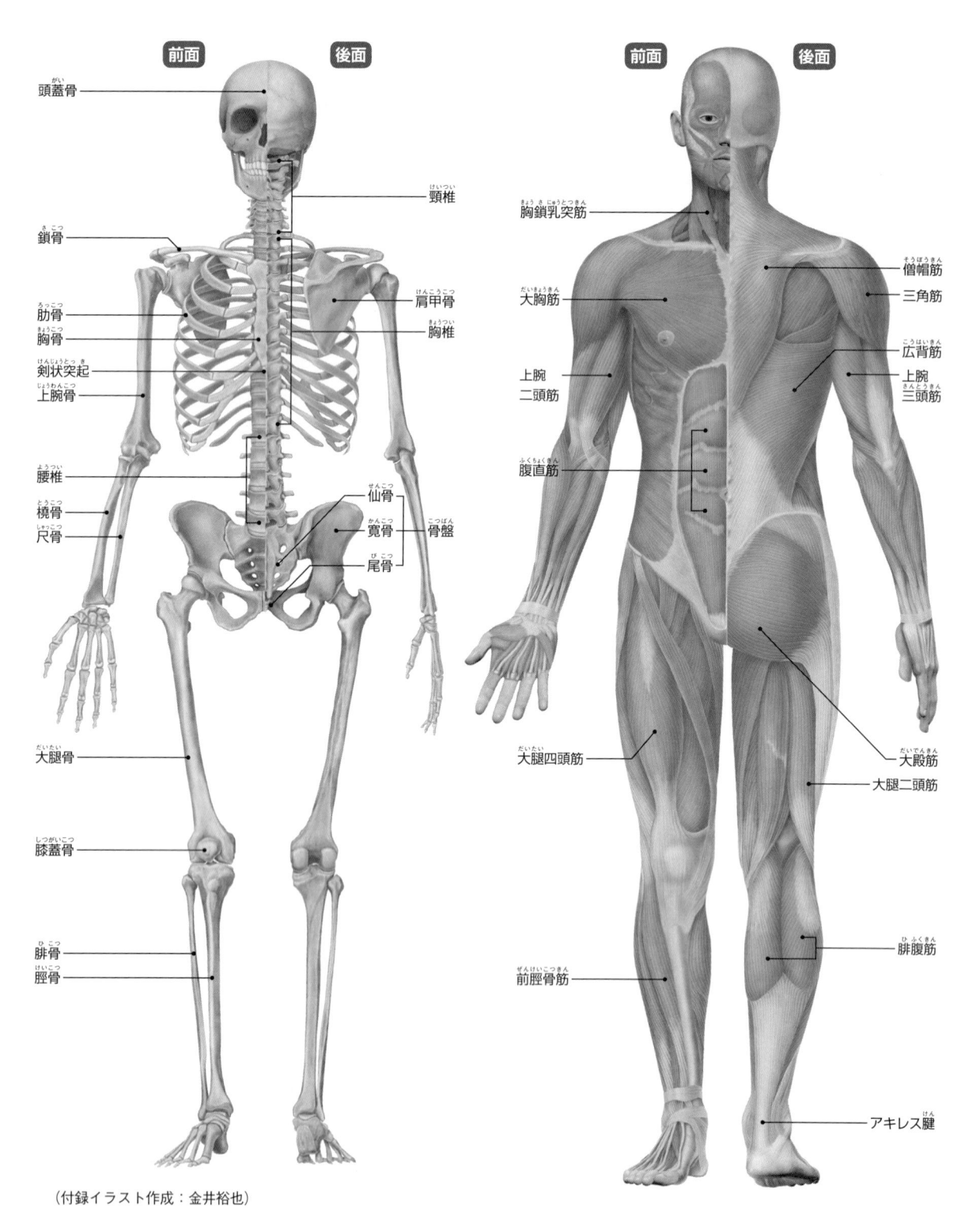

（付録イラスト作成：金井裕也）

索引

あ行

アクチン ……………………………… 36
アスレティックトレーナー ………… 87
アスレティックリハビリテーション
　…………………………………… 87, 129
アーチ高率 ………………………… 201
圧痛点 ……………………………… 171
アデノシン三リン酸　→ ATP
アライメント ……………………… 106
アライメント修正 ………………… 112
アルキメデスの原理 ……………… 93
鞍関節 ……………………………… 59
安定性 ……………………………… 142
意志 ………………………………… 20
痛み ……………………………… 15, 45
　──の悪循環 …………………… 173
1RM ……………………………… 123
位置エネルギー …………………… 99
1次骨化中心 ……………………… 49
1次連合野 ………………………… 20
移動運動 …………………………… 5
インソール ………………………… 201
インターバルトレーニング ……… 187
ウィンドラス機構 ………… 197, 237
ウエイトスタック方式 …………… 125
ウォーミングアップ ……………… 157
浮趾 ………………………………… 198
羽状角 ……………………………… 34
羽状筋 ……………………………… 34
運動イメージ ……………………… 114
運動エネルギー …………………… 100
運動学 ……………………………… 88
運動器不安定症 …………………… 191
運動習慣 …………………………… 137
運動制御 ……………… 19, 114, 145
運動性無月経 ……………………… 85
運動前野 …………………………… 20
運動単位 …………………………… 26
運動能力 …………………………… 9
運動力学 …………………………… 88
運動量 ………………………… 94, 226
運動量保存の法則 ………………… 94

運動連鎖 …………………………… 207
エクササイズ ……………………… 1
エストロゲン ……………………… 55
エネルギー的体力 ………………… 6
エピテノン ………………………… 41
エラスティックゾーン …………… 141
遠心加速度 ………………………… 97
エンドフィール …………………… 73
応急処置 …………………………… 81
凹凸の法則 …………………… 68, 166
オスグッドシュラッター病
　…………………………… 56, 84, 236
オーバーストレッチ ……………… 169
オーバーユース ……………… 54, 113
オープンステップ ………………… 234

か行

介護予防 …………………………… 136
外傷予防 …………………………… 112
外側側副靱帯 ……………………… 78
外的刺激 …………………………… 20
回転運動 …………………………… 231
解糖系 ……………………………… 40
開放運動連鎖 ………………… 71, 122
解剖学的立位肢位 ………………… 63
海綿骨 ……………………………… 47
踵荷重位 …………………………… 236
可逆性の原理 ……………………… 42
角運動量 ……………………… 94, 232
顆状関節 …………………………… 59
加速度 ……………………………… 94
肩後下方ストレッチング ………… 217
肩最大外旋位 ……………………… 214
肩動揺性 …………………………… 213
肩不安定性 ………………………… 213
滑液 ………………………………… 61
活動電位 …………………………… 29
滑膜 ………………………………… 61
滑膜性関節 ………………………… 58
可動関節 …………………………… 57
可動性 ……………………………… 139

過負荷の原理 ………… 10, 42, 132
構え ………………………………… 105
カルシウム ………………………… 48
換気閾値 …………………………… 180
慣性モーメント …………………… 96
関節 ………………………………… 57
関節運動 …………………………… 63
関節運動学 ………………………… 65
関節運動連鎖 ……………………… 109
関節過可動性 ……………………… 71
関節可動域 …………… 62, 141, 156
関節可動域制限 …………………… 71
関節機能異常 ……………………… 71
関節固有感覚 ……………………… 119
関節弛緩性 ………………………… 70
関節軟骨 ……………………… 47, 59
関節包 ……………………………… 61
関節包内運動 ………………… 65, 166
関節モビリゼーション …………… 166
患部外トレーニング ……………… 130
機械的軸 …………………………… 63
基礎体力 …………………………… 104
基本肢位 …………………………… 63
基本的立位肢位 …………………… 63
球関節 ……………………………… 59
胸郭アライメント ………………… 213
胸郭開大エクササイズ …………… 220
競技能力 …………………………… 175
胸髄 ………………………………… 24
極座標 ……………………………… 88
切り返し動作 ……………………… 233
筋腱移行部 ………………………… 41
筋原線維 …………………………… 35
筋・腱複合体 ……………………… 41
筋持久力 …………………………… 123
筋柔軟性 …………………………… 66
筋節 ………………………………… 35
筋線維 ……………………………… 35
筋損傷の修復 ……………………… 43
筋タイトネステスト ……………… 156
筋電図 ……………………………… 29
筋肥大 ……………………………… 123

筋紡錘	24
筋膜	170
筋力	242
空中距離	228
偶力	89
屈曲反射	26
クリニカルマッサージ	170
クーリングダウン	157
グレーディング	33
クロスオーバーカット	234
クロスオーバーステップ	240
クロスステップ	233
クロストレーニング	186
グローバルシステム	138
頚髄	24
形態計測	52
ケガの予防	87
ケガのリスク	104, 197
血圧反応	43
腱	41
健康関連QOL	136
健康関連体力	175
肩甲胸郭関節	209
肩甲骨可動域制限	213
肩甲骨・胸郭可動域制限	215
肩甲骨周囲筋エクササイズ	219
肩甲骨周囲筋ストレッチング	217
肩甲上腕関節	209
肩甲上腕関節内旋制限	212
健康づくりのための身体活動基準2013	183
腱細胞	41
原始骨髄	49
腱損傷の修復	44
腱盤エクササイズ	218
腱盤機能低下	212
コアスタビリティ	144
光学式モーションキャプチャー	196, 224
交叉性伸展反射	26
後十字靭帯	78
恒常性	10

行動系体力	6
呼吸商	181
呼吸の機能分化	148
国際単位系	88
骨運動	63, 166
骨格	46
骨格筋	34
骨芽細胞	47
骨形成	49
骨細胞	47
骨質	47
骨髄	48
骨折	76
骨粗鬆症	85
骨端線損傷	81
骨端軟骨組織	49
骨軟骨障害	83
骨年齢	53
骨盤	204
骨盤アライメント	213
骨膜	47
固定の肢位	68, 166
固有感覚	119
コリオリ力	98
コンディショニング	87
コンビネーションカーフレイズ	237
コンプレスストレッチング	164

さ行

最終域感	73
最大筋力	123
最大骨量	85
最大酸素摂取量	175
——の基準値	183
最大心拍数	177
最大反復回数	122
サイドステップ	233
サイドステップカット	234
サイバネティクス的体力	6
挫傷	76

挫創	81
擦過創	81
作用反作用の法則	89
サルコメア →筋節	
酸化ストレス	53
3次元動作分析	196, 224
酸素摂取予備量	184
酸素摂取量	206
視蓋脊髄路	23
軸足機能	214
軸足股関節のエクササイズ	222
軸回旋	167
自己抑制	26, 163
支持基底面	90, 107
自重 →自体重	
矢状−水平軸	64
矢状面	64
姿勢	105
——の安定性	106
姿勢アライメント	202
姿勢制御戦略	115
持続性	139
持続トレーニング	187
自体重	126
質点	90
至適強度	43
シナプス	19
シーバー病	84
地面反力	226
車軸関節	59
ジャンパー膝	236
ジャンプ	225
重心	90, 107
柔軟性	156
重量固定法	123
重力加速度	89, 94
主観的運動強度	181
衝撃緩衝	142
小脳	20
上腕骨頭の前方偏位	215
除脂肪体重	54
女性アスリートの3徴	203

索引

女性ホルモン 55
事例研究 15
深筋膜 170
神経筋支配比 26
神経筋接合部 34
神経系コントロール 143, 149
神経細胞 →ニューロン
シンスプリント 83, 200
靭帯 61
身体運動 61
靭帯結合 58
靭帯損傷 75, 78, 82
身体の起こし回転 229
新体力テスト 13
伸張-短縮サイクル運動 41
身長発育速度 52
身長発育速度曲線 53
伸張反射 25, 161
心的現実 15
深部横断的マッサージ 174
深部筋群 138
深部マッサージ 174
心理・精神的体力 6
心理とケガ 15
随意運動 20
垂直軸 64
垂直跳び 226
水平面 64
スカラー量 89
スキャモンの発育曲線 52
スキル 8
スクワット 237
スタティックストレッチング 161, 165
スティックピクチャー 194
スティフネス 52
ステップ 240
ステップ脚安定性 216
ステップ脚股関節
　——のエクササイズ 222
　——のストレッチング 222
ストライド 192, 204

ストレッチ 158
ストレッチング 158, 217
スプリンター 204
スペーシング 33
滑り 167
スポーツ外傷 76
スポーツ障害 76, 82
　——との関連性 29, 75, 134, 152, 157, 165, 180, 200
スポーツ心臓 180
スポーツパフォーマンス 111
生活習慣病 4
静止長 41
成長軟骨板 50, 80
成長ホルモン 50
静的コントロール 143, 149
静力学 88
赤核脊髄路 23
脊髄反射 24
脊椎の可動性 140
摂食障害 85
切創 81
絶対筋力 42
線維性関節 58
線維軟骨結合 58
前運動野 20
前額-水平軸 65
前額面 64
浅筋膜 170
前十字靭帯 78
前十字靭帯（ACL）損傷 79, 119, 236
　——の発生メカニズム 242
　——の予防 242
全身持久力 175
仙髄 24
漸増運動負荷テスト 184
前庭脊髄路 23
前腕回内制限 212
総合体力 6
相互作用トルク 98
創傷 76

走動作 192
相動性 139
相反性促通 163
測定・評価の具体例 40, 53, 62, 66, 70, 117, 184
足部アライメント 201
速筋線維 8, 37
損傷頻度 77

た行

体幹エクササイズ 220
体肢骨 46
体重支持指数 134
ダイナミックストレッチング 164
大脳基底核 20
大脳皮質 20
タイプF 26
タイプS 26
体幹骨 46
タイミング 33
体力・運動能力調査 13
ダイレクトストレッチング 164
多関節運動 122
立ち上がり・しゃがみ込み
　エクササイズ 237
タバタプロトコル 187
短趾屈筋 201
段階的リハビリテーション 130
単関節運動 121
単収縮 36
弾性 92
弾性エネルギー 99
弾性体 229
男性ホルモン 55
力
　——の伝導 142
　——のモーメント 90, 232
遅筋線維 7, 37
遅発性筋痛 45
着地距離 228
着地動作 230

247

中枢神経系	18
超回復	11
長管骨	50
蝶番関節	58
跳躍高	226
直交座標	88
椎間関節	140
ツイスティング	240
使いすぎ症候群	83
槌趾	198
定位	106
テイクバック	211
抵抗・防衛系体力	6
適応性	10
伝統的マッサージ	170
投球障害肩	209
投球数	218
投球動作	207
投球の位相	208
頭・頸部アライメント	213
動作改善	201, 217, 236
動作の難易性	112
動作分析	207
等尺性収縮	39
投射方向	229
動静脈酸素較差	177
等速(度)性筋力測定	40, 132
等速度性収縮	39
投打運動	5
等張性収縮	39
疼痛	83
動的コントロール	143, 149
動的 heel-floor テスト	109, 110
動的 Trendelenburg テスト	109, 110
動力学	88
特異性の原理	10, 42
徒手筋力評価	133
トラス機構	197
トリガーポイント	171
トルク →力のモーメント	
トルクインパルス →トルク力積	
トルク力積	95

な行

内側側副靱帯	78
内的コントロール	146
内的要求	20
内軟骨性骨化	49
軟骨結合	58
軟骨性関節	58
軟部組織モビライゼーション	166, 172
2次骨化中心	50
二重課題干渉	113
ニュートラルゾーン	141
ニュートラルポジション	141
ニュートンの運動法則	89
ニューロン	18
捻挫	75, 76, 82
——の重症度	78
粘性	99
粘弾性	99

は行

破骨細胞	48
パフォーマンス向上	112
バランス	242
バランスエクササイズ	116
バランスコントロール	142
バランスツール	117
バランス能力	115
バリスティックストレッチング	161
反動動作	226
ハンドヘルドダイナモメーター	134
膝関節捻挫	78
膝前十字靱帯（ACL）損傷 →前十字靱帯（ACL）損傷	
皮質延髄脊髄路	22
皮質骨	47
皮質脊髄路	22
皮質連合野	20
尾髄	24
ヒステリシス	99
ピッチ	192, 204
表在筋群	138
表面筋電図	30
非予測的動作	113
ピラミッド法	124
疲労骨折	85
ファンクショナルリーチ	117
不安定性	141
フィードバック	29, 144
フィードフォワード	29, 143
フォースプレート	193
副運動	65, 166
腹腔内圧	139, 154
浮心	93
不随意運動	20
フックの法則	92
不動関節	57
踏切距離	228
踏切動作	229
フリーウエイト	124
振込動作	226
浮力	93
プレートローディング方式	125
プロロングストレッチング	163
平衡運動	5
閉鎖運動連鎖	71, 122
平面関節	59
ベクトル量	89
ヘモグロビン濃度	178
縫合	58
紡錘状筋	34
歩行周期	188
歩行の位相区分	188
補足運動野	20
骨	46
——の硬さ	52
——のリモデリング	51
ホームエクササイズ	132

索引

ま行

膜性骨化	49
マグネシウム	48
末梢神経系	18
慢性外傷	83
ミオシン	36
ミネラル	48
無酸素性運動	7
無酸素性作業閾値	180
メカニカルストレス	54
メカノレセプター	119
メディカルリハビリテーション	129
メンタルプラクティス	114
網様体脊髄路	23
目標 $\dot{V}O_2$	185
目標心拍数	185
モーションキャプチャー	197, 224
持ち上げ動作	155
モビライゼーション	166

や行

野球肩	83
野球肘	83
有酸素系	41
有酸素性運動	7
床反力	189
趾かみ	237
ゆるみの肢位	68, 166
腰髄	24
予防	82

ら・わ行

ランチョ・ロス・アミゴス式	188
ランニングエコノミー	206
ランニング膝	83
離開	167
力学的エネルギー	199, 230
——の保存則	100
力学的仕事	230
力積	94, 226
リスクマネージメント	43, 169, 173, 186, 203, 218
立位姿勢分類	145
リバウンドジャンプ	227
リモデリング（骨の）	51
リン	48
裂離骨折	81
レバーアーム	53
レベリングオフ	181
老年症候群	136
ローカルシステム	138
ロッカー機能	190
Ia 抑制	25
Ib 抑制	163

欧文

ACL	→前十字靱帯
ADL	3
AT	→無酸素性作業閾値
ATP	40
ATP-CP 系	40
bracing	146
CKC	→閉鎖運動連鎖
CT 法	51
DDT	→動的 Trendelenburg テスト
DEXA 法	51
FF	26
FHH	→上腕骨頭の前方偏位
FR	26
GXT	→漸増運動負荷テスト
HFT	→動的 heel-floor テスト
hollowing	146
knee-in	236
knee-in & toe-out	108, 239
knee-out & toe-in	108, 239
lagging back（後方遅延）現象	209
LCL	→外側側副靱帯
LHA	197
MCL	→内側側副靱帯
MD 法	51
MER	→肩最大外旋位
MMT	→徒手筋力評価
MUAP	29
navicular drop テスト	111
NDT	→ navicular drop テスト
OKC	→開放運動連鎖
PCL	→後十字靱帯
PDCA サイクル	132
PNF	163
RICE 処置	82
ROM	→関節可動域
RPE	→主観的運動強度
Sharmann core stability test	148
SI 単位系	→国際単位系
SSC	→伸張-短縮サイクル運動
star excursion test	117
Time and go テスト	192
toe-out	197
TUG	→ Time and go テスト
TW2 法	53
typeII 線維	38
typeI 線維	38
$\dot{V}O_2$max	→最大酸素摂取量
$\dot{V}O_2$R	→酸素摂取予備量
VT	→換気閾値
WBI	→体重支持指数

[編著者紹介]

西薗秀嗣（にしぞの　ひでつぐ）
1950年生まれ。1979年東京大学大学院教育学研究科博士課程修了。
現在，鹿屋体育大学スポーツ生命科学系 スポーツトレーニング教育研究センター・教授。
教育学博士。

加賀谷善教（かがや　よしのり）
1963年生まれ。2010年鹿屋体育大学大学院体育学研究科博士後期課程修了。
現在，昭和大学保健医療学部理学療法学科・准教授。
博士（体育学）。日本体育協会公認アスレティックトレーナー。

ケガをさせない エクササイズの科学 —トレーニングから運動療法まで—
© Hidetsugu Nishizono & Yoshinori Kagaya, 2015　　NDC 780／vi, 249p／26cm

初版第1刷　———　2015年4月20日

編 著 者　———　西薗秀嗣／加賀谷善教
発 行 者　———　鈴木一行
発 行 所　———　株式会社 大修館書店
　　　　　　　〒113-8541　東京都文京区湯島 2-1-1
　　　　　　　電話 03-3868-2651（販売部）　03-3868-2299（編集部）
　　　　　　　振替 00190-7-40504
　　　　　　　[出版情報] http://www.taishukan.co.jp

装　丁　———　倉田早由美（サンビジネス）
本文デザイン・DTP ———　株式会社サンビジネス
印刷所　———　広研印刷
製本所　———　ブロケード

ISBN978-4-469-26776-1　Printed in Japan
Ⓡ本書のコピー，スキャン，デジタル化等の無断複製は著作権法上の例外を除き禁じられています。本書を代行業者等の第三者に依頼してスキャンやデジタル化することは，たとえ個人や家庭内の利用であっても著作権法上認められておりません。